# 古典文獻困學叢稿

楊新勛 著

鳳凰出版社

圖書在版編目（ＣＩＰ）數據

古典文獻困學叢稿 / 楊新勛著. -- 南京 ： 鳳凰出
版社，2023.9
ISBN 978-7-5506-3981-2

Ⅰ．①古… Ⅱ．①楊… Ⅲ．①古文獻學－研究－中國
Ⅳ．①G256.1

中國國家版本館CIP數據核字(2023)第152752號

| | |
|---|---|
| 書　　　　名 | 古典文獻困學叢稿 |
| 著　　　者 | 楊新勛 |
| 責 任 編 輯 | 崔廣洲 |
| 裝 幀 設 計 | 陳貴子 |
| 責 任 監 製 | 程明嬌 |
| 出 版 發 行 | 鳳凰出版社(原江蘇古籍出版社) |
| | 發行部電話025-83223462 |
| 出版社地址 | 江蘇省南京市中央路165號,郵編:210009 |
| 照　　　排 | 南京凱建文化發展有限公司 |
| 印　　　刷 | 徐州緒權印刷有限公司 |
| | 江蘇省徐州市高新技術産業開發區第三工業園經緯路16號 |
| 開　　　本 | 652毫米×960毫米　1/16 |
| 印　　　張 | 21.75 |
| 字　　　數 | 324千字 |
| 版　　　次 | 2023年9月第1版 |
| 印　　　次 | 2023年9月第1次印刷 |
| 標 準 書 號 | ISBN 978-7-5506-3981-2 |
| 定　　　價 | 98.00圓 |
| | (本書凡印裝錯誤可向承印廠調換,電話:0516-83897699) |

# 序　一

楊君新勛，博士就讀於北京大學中國古典文獻學專業，師從楊忠先生，2003 年來南京師範大學任教，至今已歷廿載。新勛教授教學認真，深受學生歡迎；治學勤奮，已出版《宋代疑經研究》《經學蠡測》暨《經學卮言》校注、《張九成集》點校等著作。近日以《古典文獻困學叢稿》（以下簡稱《叢稿》）相示，囑爲之序。新勛教授關注領域廣泛，所論各題，余均無專門研究，奉讀一過，獲益實多，勉爲短文，以致祝賀之意焉。

《叢稿》收錄論文 26 篇，有關《論語》者 9 篇，《楚辭》6 篇，四庫學研究 8 篇。其餘三篇，分別與《七略》、海外漢學相關。

經書注疏版本研究是新世紀學界關注重點之一，新著迭出，成績斐然。新勛教授對《論語注疏》自宋至清主要版本有系統探索，以爲宋元《論語注疏》版本系統有三，分別爲蜀大字本、元元貞本、元十行本。元十行本於明初、正德、嘉靖年間均經多次修版，影響巨大，爲明李元陽本、國子監本、汲古閣本及清武英殿本和阮刻本之祖本。新勛教授通過各版本梳理研究，揭示其遞修層次關係，提出明李元陽本是據元十行本嘉靖重校修版的重新翻刻本，清阮元所刻《十三經注疏·論語注疏解經》底本爲臺灣“國圖”所藏元十行本之正德十六年遞修本或類似版本，頗有見地。新勛教授對乾隆初年刊刻武英殿本《論語注疏》之底本、校本以及新增釋文來源進行探討，揭示其校勘成就，對於人們認識使用此一版本具有重要參考價值。

《叢稿》於《四庫全書》研究也多有創獲。《四庫全書總目》之前四庫提要形態相當複雜，有分纂官爲各書撰寫之提要，有彙總成編之《四庫全書初次進呈存目》，有《武英殿聚珍版叢書》諸書提要，有《四庫全書薈要》及各閣《四庫全書》書前提要，有《四庫全書總目》稿本，有定本《總目》和《四庫全書簡明目録》，類型繁多。即便定本《總目》，也有殿本、浙本、粤本之別。《總目》之前各種提要，與《總目》不但互有詳略，而且版本信息（包括書名及卷數等）、作者、內容介紹、評價諸方面差異頗多，各有優長。《論〈四庫全書總目〉之前四庫提要的學術價值》以經部文獻爲中心，揭示出《總目》之前相關提要的價值。《四庫提要版本著録申論》等篇循此思路加以推闡，抉發幽隱，多言前人之所未言。相關成果，也啓發後人循此思路繼續探索。利用已有成果提供之綫索，系統研究相關問題，可以大大推進和深化四庫學研究，全面總結這一歷史事件，具有重大學術價值。偶憶周君録祥碩士論文《〈四庫全書簡明目録·集部〉訂誤》亦與此相類，後嘗申請國家社科項目，亦多有發明，惜未能專力爲之。

《叢稿》於詞語訓詁亦多有獨到之見。

《論語·爲政》:"子曰:'攻乎異端，斯害也已。'"歷代治《論語》者，對其中"攻""也已"之解釋衆説紛紜。新勛教授肯定程樹德"攻"指攻伐，符合《論語》語例;并對《論語》包含"也已""也已矣"之文句進行窮盡式研究，以爲"也已""也已矣""均爲表示肯定句的語氣詞，有强調意味，所以也可以句末用感歎號"。證之以《左傳》等先秦典籍，其結論應屬可信。

《楚辭·九章·惜誦》:"惜誦以致愍兮，發憤以抒情。"王逸注:"惜，貪也。誦，論也。致，至也。愍，病也。"王逸釋"惜"爲"貪"、"誦"爲"論"，洪興祖云"惜誦者，惜其君而誦之也"，朱熹釋"惜"爲"愛"、"誦"爲"言"，解説皆失之迂曲牽强。新勛教授取前人之説，釋"惜"爲"昔"，釋"誦"爲"諫"，頗有見地。試爲稍作補證。《詩·大雅·桑柔》:"大風有隧，貪人敗類。聽言則對，誦言如醉。"馬瑞辰曰:"誦言即諷諫之言也。詩言貪人好譽而惡諫，聞譽言則答，聞諫言則如醉。"[1]《説文》:"誦，諷也。"又曰:"諷，誦也。"誦、諷常用作諷誦之義，亦有諷諫之義。如《國語·周語上》:"矇誦。"韋昭注:"《周禮》，矇主弦歌、諷誦。誦，謂箴諫之語也。"《國語·楚語上》:"在輿有旅賁之規，位宁有官師之典，倚几有誦訓之諫，居寢有褻御之箴，臨事有瞽史之導，宴居有師工之誦。"韋昭注:"誦，謂箴諫時世也。"《詩·小雅·節南山》:"家父作誦。"馬瑞辰曰:"誦與諷對文則異，散文則通。作誦蓋即作詩以爲諷諫也。"[2]《韓非子·八經》:"故使之諷，諷

---

① 馬瑞辰:《毛詩傳箋通釋》卷二十六，中華書局，2004 年，第 973 頁。
② 馬瑞辰:《毛詩傳箋通釋》卷二十，中華書局，2004 年，第 599 頁。

定而怒。"王先慎《集解》:"諷,諫也。"

《離騷》:"紛吾既有此内美兮,又重之以脩能。"王逸注以賢能、才能之義解"能"字,後代注家多襲用此義。新勛教授以爲:"能"當讀作"態",《招魂》"姱容修態","修"與"姱"相對爲文,"姱"爲美,王逸多處釋義同,則"脩"亦當爲美義,并舉《楚辭》"能""態"互用之例,指出此處之"脩能"即"脩態",指美好之外貌,正與《招魂》"姱容修態"之"修態"同意,張衡《兩京賦》"要紹修態"用法含義亦同。可謂不刊之論。

《離騷》:"日月忽其不淹兮,春與秋其代序。"前人多解"淹"爲"久"。新勛教授以爲此處淹字"引申爲滯、留之義",其言是也。淹與滯留義通。《爾雅·釋詁》:"曩、塵、佇、淹、留,久也。"邢昺疏:"淹滯、留止皆稽久也。"《楚辭》東方朔《七諫》"桂蠹不知所淹留兮",王逸注:"言桂蠹食芬香,居高顯,不知留止。"

它如釋《離騷》"枝葉雖畟萎病絶落,何能傷於我乎"之"傷"爲"妨";又以同義連文釋《楚辭·九歌·大司命》"吾與君兮齊速,導帝之兮九坑"之"齊速",爲"疾速"之意,信而有徵,可爲解頤。

《禮記·學記》:"學然後知不足,教然後知困。知不足,然後能自反也;知困,然後能自强也。故曰教學相長也。"《叢稿》以"困學"名書,蓋取義於此。新勛教授長期從事"《論語》導讀""《楚辭》導讀"教學工作,曾分别申報項目,出版專著。夫學以助教,教以促學,兩翼并舉,相輔相成,爲教學研究之理想狀態。相信新勛教授必能持之以恒,收穫更爲豐碩之成果。

趙生群
2023 年 6 月 5 日於山東大學宿舍

# 序　二

　　楊君新勛,碩士師從北京師範大學樊善國先生,博士師從北京大學楊忠先生,學出名校名師,學術功底深厚,熱衷經學,著作頻出。我的書架上,有他的孔廣森《經學卮言》校注、《張九成集》點校、《經學蠡測》、《宋代疑經研究》等著作,近又以《古典文獻困學叢稿》(以下簡稱《叢稿》)見示,蓋取《禮記·學記》"教然後知困"之意,洋洋 30 餘萬字,望能爲之作序。回想二十多年前,第一次在南師隨園的南山專家樓相見,當時還是一個充滿稚氣的小伙子,如今成爲富有學術造詣的教授,成爲我們古典文獻專業的中堅,我由衷感到高興。我們生活上時有相聚之歡,學術上常有切磋之樂,作序也算是一種同事朋友間的信任和贊許吧。

　　《叢稿》共收論文 26 篇,約分爲三個板塊:一是《論語》系列研究,一是《楚辭》系列研究,一是《四庫全書》系列研究。自成體系,與不少論文集如同雜貨鋪相比,更有專攻的特色,顯得更爲珍貴。《論語》系列 9 篇,從版本和文獻傳承以及詞語進行考論,其中多有前人未曾關注和未發者。比如《論語·先進》中"屢空"釋文"力從反",蜀大字本所附釋文作"力住反",可糾正通志堂本釋文之誤,今日標點本因《論語》未附釋文而未糾正。《楚辭》系列 6 篇,其中 3 篇考釋詞語,均在前人注釋的基礎上提出了自己的見解,實爲教學中鑽研所得。《四庫全書》系列 8 篇,是結合江慶柏先生主持的重大項目《四庫提要彙輯彙校彙考》展開的全方位研究。"四庫學"研究向來是古文獻研究的重大板塊,研究成果衆多,梳理資料都不易,作者在親自考察文獻資料的基礎上,糾正了不少前人研究存在的疏漏,發現了不少前人沒有發現的問題,比如對崔富章、夏長樸等前輩研究的辨證,使"四庫學"研究向縱深推進,這正是學界所需要的,其價值就不言而喻了。另外 2 篇,是對美國漢學家田浩的訪談和評介,也反映出作者學術視野的開闊。

細讀《叢稿》論文,重要特色有二:

一、涉及的文獻領域非常寬廣。就《論語》系列論文而言,不僅有微觀的詞語考釋,更多的是以《論語注疏解經》爲基點對《十三經注疏》版本的考述。衆所周知,《十三經注疏》經歷了單經本、經注本、經注疏合刻附釋文的過程,形成的源流非常複雜,文本形成的歷史跨度很大,歷代研究成果衆多,要解決其中某個具體問題,不從經學發展和版本流變的角度進行深入研究是難以弄清楚的。《叢稿》論文除了專篇就邢昺《論語正義》對皇侃《論語義疏》的繼承、改動與發展論述外,還通過對蜀大字本《論語注疏》、宋八行本越刻殘本、明李元陽本、清武英殿本以及玉海堂本《論語注疏解經》的詳細校勘,評判各本的優劣,對諸多問題進行了考辨;并對十行本《十三經注疏》與李元陽本的關係進行考論,將《十三經注疏》的版本傳承情況清楚地展現在讀者面前,使《論語注疏》的問題得以坐實,不僅是《十三經注疏》系列研究之必需,也是單經研究所必需。就《四庫全書》系列來看,《四庫全書》涉及的文獻更多,各種文獻涉及多種版本,《提要》經過多次撰寫,産生的錯誤也很多,前人研究的成果也非常豐富,要考辨其中的問題,不僅要對《四庫全書》涉及的文獻進行排查,還要對前人的成果進行甄別,所謂披沙淘金,這遠比某個作家某部作品的研究更爲複雜,需要下更大的功夫,付出更多的勞動,方能有所斬獲。多年前,我們整理《五禮通考》時,對秦蕙田所説的"内府本"并不清楚,通過校勘才知道是武英殿本,讀了《叢稿》中《四庫提要版本著録申論》一文,"内府刊本""内府藏本"等概念方始瞭然。將具體的文獻問題進行歷史時空的定位考察,我從《叢稿》論文中深刻地體會到了。

二、探討的問題頗爲精深。《叢稿》論文涉及的文獻,都是古代最重要也是最基本的典籍。《論語》《楚辭》《十三經注疏》《四庫全書》都是著名的典籍,歷代研究成果可謂汗牛充棟,要從前人的説法中發現問題實屬不易,需要敏鋭的眼光和縝密的思考。記得當初讀碩士時,徐復先生時常告訴我們要多讀書,讀書要得間,得間就是找出問題,從而解決問題。從古書中找出問題談何容易,從著名典籍中找出問題就更難。我們會不時讀到一些論文爲寫文章而設置問題,甚至本没有問題卻無中生有,不僅今人如此,古人亦然。觀《叢稿》論文幾篇關於《論語》和《楚辭》詞語考釋的文章都是建立在廣泛收集前人注解的基礎上,詳細分析注解的緣由，結合歷史思想文化的發展變遷，提出自己的見解。比如《論語》中"無所取材"關於"材"字的解釋，上自鄭玄，下至楊伯峻，各有己見，作者既根據文字語境，又結合人物思想的分析，確定"材"字的詞義，可爲確論。再如《楚辭》中"修能"之"能"，作者通過"能"字的文字流變，考辨了古代王逸、洪興祖、朱熹、王夫之、朱駿聲、今人姜亮夫等多家説法，論證了釋爲"態"的理據，令人信服。又如"齊速"之"齊"，利用《説文》《爾雅》《玉篇》等字書以及《史記》《商君書》《荀子》《尚書大傳》等多種文獻的注釋廣爲求證《楚辭》"齊速"之義，使之成爲定解。其例甚多，讀者自可得之。

　　當然，文獻問題的考證難以畢其功於一役。文獻的版本流傳因時代而變，對文獻文句的解釋也因社會的思想、文化變遷而改變，經有今古文之爭，學有漢、宋之辨，既有傳統的承繼，又有觀念的更新。文獻的注釋，也存在本源與流變，經學文獻經歷了經典化的過程，每個時代都有變化，用哲學化的觀點去否定《周易》是占卜書，如同宋人用愛情詩去解釋《詩經》的觀念去否定漢人對《詩經》的解釋同樣不可取。否定前人之説，證據必須確鑿。比如《論語》中"繪事後素"，已有很多討論，鄭玄在《周禮·考工記》中明確解釋爲"素，白采也。後布之，爲其易漬汙也"。若要否定鄭玄的解釋，當回答讀者鄭玄爲什麼要這樣解釋，如果解釋錯誤，其原因何在，可有更充分的證據證明鄭氏誤説。後人的解釋不能輕易作爲否定前人的證據，否則就有曲學多辯之嫌，難以使讀者信服。我想，文獻研究如同打殲滅戰，方位越全，角度越多，解決問題會越徹底。

　　借用《尚書·説命下》孔穎達疏的一句話"知困必將自强"，楊君必將自强，我期待有更多高質量的著述問世，是爲勉。

方向東
2022 年 6 月於龍江白雲園

# 目　録

# 《論語》解詁三則

　　雖然《論語》産生至今已有兩千多年,歷代注本汗牛充棟,但是許多地方仍然難有確解。筆者講授《論語》十有餘年,遂對其中三處地方加以考訂,撰成此文,敬祈方家是正,以防貽誤學子。

## "攻乎異端,斯害也已。"

　　《論語·爲政》:"子曰:'攻乎異端,斯害也已。'"

　　此章很短,却衆説紛紜,爭議主要在三處:一是"攻"字,何晏《集解》云"攻,治也",邢昺沿此,①朱熹承范氏亦作此解,②劉寶楠亦襲此;③然孫奕《示兒編》云"攻,如'攻人惡'之'攻'",④責備、指責義,引申爲攻擊,趙翼、王闓運、程樹德從之。二是"異端",何晏訓爲殊途不同歸者,皇侃、邢昺以諸子百家實之,朱熹指爲楊墨佛老,後三人之説顯與孔子時空懸隔,崔適《論語足徵記》認爲是他技奇巧,⑤程樹德認爲是雜學小道。⑥　三是"已"字,自孫奕始以"止"釋"已"字,後趙翼、李恭、錢大昕、焦循等均沿之,劉寶楠傾向於此説,今人楊伯峻從之,程樹德認爲"已"爲語詞。

　　應該説,程樹德從《論語》文例的角度認爲"攻"指攻伐,"已"爲語詞,

---

　　①　邢昺:《論語注疏》卷一,蜀大字本,《日本宫内廳書陵部藏宋元版漢籍影印叢刊》,綫裝書局,2002年。

　　②　朱熹:《四書章句集注》,中華書局,2001年,第 57 頁。

　　③　劉寶楠:《論語正義》,中華書局,1998年,第 58—59 頁。

　　④　孫奕:《示兒編》卷五,元劉氏學禮堂刻本。

　　⑤　崔適:《論語足徵記》卷上,國立北京大學出版部,1922年,第 1 頁。

　　⑥　程樹德:《論語集釋》,中華書局,2008年,第 108 頁。

甚是；但他承漢儒認爲“異端”即《中庸》中孔子所云“素隱行怪”、子夏所云“小道”，把此句解爲孔子反對異己，行黨同伐異之説，又有彌合皇侃、邢昺之説嫌疑，未免失之。所以今人楊伯峻《論語譯注》未採其説，仍訓“已”爲“止”，將此章理解爲“批判那些不正確的議論，禍害就可以消滅了”。① 則此章仍有可説者。

楊按：“也已”，《定州漢墓竹簡論語》（文物出版社，1997 年，第 12 頁）同，日本岩崎文庫藏正和四年（1315）鈔本《論語集解》、日本大阪懷德堂本皇侃《論語義疏》經文作“也已矣”。《論語》中“也已”共出現 7 次，另 6 次是：“子曰：‘君子食無求飽，居無求安，敏於事而慎於言，就有道而正焉，可謂好學也已。’”（《學而》）“子曰：‘……能近取譬，可謂仁之方也已。’”（《雍也》）“子曰：‘如有周公之才之美，使驕且吝，其餘不足觀也已。’”（《泰伯》）“顏淵喟然歎曰：‘仰之彌高，鑽之彌堅……雖欲從之，末由也已！’”（《子罕》）“子曰：‘四十、五十而無聞焉，斯亦不足畏也已！’”（《子罕》）“子曰：‘年四十而見惡焉，其終也已！’”（《陽貨》）均爲表示肯定句的語氣詞，有強調意味，所以也可以句末用感歎號。“也已矣”共出現 8 次，分別是：“子曰：‘泰伯，其可謂至德也已矣。三以天下讓，民無得而稱焉。’”（《泰伯》）“孔子曰：‘……三分天下有其二，以服事殷。周之德，其可謂至德也已矣。’”（《泰伯》）“子曰：‘法語之言，能無從乎？改之爲貴！巽與之言，能無説乎？繹之爲貴！説而不繹，從而不改，吾末如之何也已矣！’”（《子罕》）“子曰：‘亦各言其志也已矣！’”（《先進》）“子張問明。子曰：‘浸潤之譖，膚受之愬，不行焉，可謂明也已矣。浸潤之譖，膚受之愬，不行焉，可謂遠也已矣。’”（《顏淵》）“子曰：‘不曰“如之何，如之何”者，吾末如之何也已矣。’”（《衛靈公》）“子夏曰：‘日知其所亡，月無忘其所能，可謂好學也已矣！’”（《子張》）用法全同“也已”。正如程樹德指出的那樣，《論語》字詞訓釋應以《論語》文例爲本，不可脱離文本隨意解之，則“斯害也已”的“也已”自應作語氣詞解。

雖然以“治”釋“攻”也是古訓，《詩經》《考工記》等均出現過，②但《論

---

① 楊伯峻：《論語譯注》，中華書局，2002 年，第 18 頁。

② 楊按：《詩經·小雅·鶴鳴》“他山之石，可以攻玉”，毛傳“攻，錯也”，程俊英、蔣見元《詩經注析》（中華書局，2008 年，第 531 頁）云“攻，治。攻玉，（注轉下頁）

語》此處應作攻伐講。一是上古以"治"訓"攻"的對象都是好的材質,如"攻玉""攻木""攻金","攻"有加工的意思,"異端"不管怎樣孔子都不會贊賞它,更不會去究心研治;二是《論語》中"攻"字共見 4 次,另 3 次是:"子曰:'非吾徒也。小子鳴鼓而攻之可也!'"(《先進》)"樊遲從遊於舞雩之下。曰:'敢問崇德、修慝、辨惑?'子曰:'善哉問! 先事後得,非崇德與? 攻其惡,無攻人之惡,非修慝與? 一朝之忿,忘其身,以及其親,非惑與?'"(《顏淵》)都是攻伐的意思,此處亦不應例外。

《論語》中"異端"僅此一見,上古文獻亦鮮見,這也是眾說紛紜的主要原因。"異"字《論語》中共 11 見,限於篇幅不再羅列,其他 10 處之"異"皆作"不同"或"另外"解。"端"字 3 見,另兩處,一是:"子曰:'吾有知乎哉? 無知也。有鄙夫問於我,空空如也;我叩其兩端而竭焉。'"(《子罕》)此"端"字是頭的意思,"兩端"指首尾兩頭;另一處見於《先進》,"子路、曾皙、冉有、公西華侍坐……'赤,爾何如?'對曰:'非曰能之,願學焉! 宗廟之事,如會同,端章甫,願爲小相焉。'"此"端"字一說委貌,一說禮服,均用爲動詞,與"異端"之"端"詞性不同。楊按:"端"從"耑"得音,《説文》云"耑,物初生之題也。上象生形,下象其根也",段玉裁注"古發端字作此,今則端行而耑廢,乃多用耑爲專矣",甲骨文、金文及馬王堆《老子》甲本字形與許氏、段氏語合,[1]"耑上從中爲植物之顚,下從朮爲根,中一爲地,故知耑爲端之本字。或訓本,或訓末,兼有兩端之義。"[2]戰國文獻中端字發端義常見,《管子·幼官》言"始乎無端,道也。卒乎無窮,德也",《孟子·公孫丑》言"四端"均是用此義,"端"即發端、苗頭,事物最初的萌芽。則"異端"當指不同的發端,即不同的念頭、打算,意本平實;當然裏面含有孔子的價值觀,即"異端"不但不同,而且不正確。皇侃、邢昺、朱熹以及程樹德等未免求之過鑿以致偏離了本義。實際上,孔子主張正、義和道,他告誡子路"必也正名乎",説"名不正,則言不順;言不順,

---

(續上頁注)治玉",類似者如《詩經·大雅·靈臺》"庶民攻之,不日成之"。段玉裁《説文解字注·支部》:"攻,《考工記》'攻木''攻皮''攻金',注曰'攻猶治也,此引申之義。"

[1] 楊按:戰國時期"端"字出現,曾侯乙墓竹簡已有此字,睡虎地秦簡亦有此字,清華簡《筮法》《逍命二》也兩次出現此字。

[2] 戴家祥:《金文大字典》上冊,學林出版社,1999 年,第 1066 頁。

則事不成；事不成，則禮樂不興；禮樂不興，則刑罰不中；刑罰不中，則民無所措手足"，説"其身正，不令而行；其身不正，雖令不從"，告誡季康子"政者，正也。子帥以正，孰敢不正"，他主張"君子喻於義""君子義以爲質"，認爲"不義而富且貴，於我如浮雲""上好義，則民莫敢不服"，他又説"吾道一以貫之""朝聞道，夕死可矣"。可見，孔子主張辨始以終，認爲源頭是後來發展的基礎，由此向上提陞，必然會從自己的思想出發對"異端"保持著十分清醒的認識，他對此格外警覺，主張攻击它，甚至消滅它。所以這句話應當理解爲："攻击（消滅）最初不正確的念頭，（因爲）這就是禍害呀。"

## "由也好勇過我，無所取材"

《論語·公冶長》："子曰：'道不行，乘桴浮於海。從我者，其由與？'子路聞之喜。子曰：'由也好勇過我，無所取材。'"

對於孔子"由也好勇過我，無所取材"語，鄭玄注："子路信夫子欲行，故言'好勇過我'。'無所取材'者，無所取於桴材，以子路不解微言，故戲之耳。"對此，何晏集解"一曰"提出新説："子路聞孔子欲浮海便喜，不復顧望，故孔子歎其勇曰'過我'。'無所取哉'，言唯取於己。古字'材'、'哉'同。"後世皇侃、邢昺、劉寶楠、程樹德等均取前説。朱熹承程頤以"裁"釋"材"，[1]程樹德對之亦加反駁。楊伯峻以"哉"讀"材"，甚是，但云"孔子説：'仲由這個人太好勇敢了，好勇的精神大大超過了我，這就没有什麽可取的呀'"，[2]則又失之，所解文意恐不確。

準確理解孔子這句話需要把握住三點：

一是"材"的含義。過去人們多把"材"理解爲桴材，認爲"無所取材"是孔子戲言，未免不實：一者如果找不到桴材，"乘桴浮於海"一語根本就不成立，那麼孔子所言就前後失照了；二者何晏《集解》曾引馬融注"桴，編竹木，大者曰栰，小者曰桴"語，則桴材并不難得，如《國語·齊語》就有

---

① 朱熹：《四書章句集注》，中華書局，2001年，第77頁。

② 楊伯峻：《論語譯注》，中華書局，2002年，第44頁。

"乘桴濟河"文,當爲齊魯常見之物,不會找不到。可見,此"材"作桴材解并不符合孔子此語的實際情況。正如楊伯峻所云,以"裁"釋"材",與"取"字不合,則作"裁"也不合文意、語法。那麼,此"材"只能作"哉"解,"材""哉"皆從"才"得音,之部字,此解於文字學、音韵學均無礙,語氣詞放句末亦合語法。《論語》中在句末語氣詞的"哉"字屢見,"材"字僅此1見,擬或因"桴"字而誤。

二是孔子"勇"的觀念。孔子曾經説過"非其鬼而祭之,諂也。見義不爲,無勇也"(《爲攻》),"知者不惑,仁者不憂,勇者不懼"(《子罕》),他并不反對勇,但他又説過"勇而無禮則亂"(《泰伯》),"好勇疾貧,亂也","好勇不好學,其蔽也亂"(《陽貨》),他"惡勇而無禮者"(《陽貨》),孔子這裏所説的勇近於膽量和勇氣,指不怕困難危險的精神和無所畏懼的魄力,屬於血性之勇,這是他言勇的基礎,來源於當時人們的普通表現和觀念。① 但孔子言勇又不限於此,而是高於此,自上引孔子"好勇不好學,其蔽也亂"語也能看出,孔子主張向上提陞,要將好勇和好學、和禮結合,好學可以使人視野開闊、思想提高,禮使勇得到了文明提陞,這樣人就有了明辨是非和正確決策的能力,這就將勇和義結合了起來,他説"君子義以爲上。君子有勇而無義爲亂,小人有勇而無義爲盜"(《陽貨》),"見義不爲,無勇也"(《爲政》),將勇與義結合,孔子在勇中增加了符合義的道德内涵,灌注進了價值觀因素,勇就轉化成了一定程度的道德之勇,所以孔子兩次説過"知者不惑,仁者不憂,勇者不懼"(《子罕》《憲問》),認爲勇是君子三德之一,他自謙"我無能焉"(《憲問》),就是意含了道德之勇。可見,孔子并不一味地反對"勇",他認爲人應該通過學習使血性之勇向道德之勇轉化,要以義爲出發點才好,他由此推崇道德之勇,并高度贊賞其有高尚的境界和價值。孔子也正是從這個方面贊賞卞莊子之勇的。既然孔子并不一味地反對"勇",他説子路從己"乘桴浮於海"正是對子路勇的認可甚至是贊賞,那麼再把孔子語意理解爲"(仲由)好勇的精神大大超過了我,這就没有什麼可取的"就不合理了。

三是子路其人。子路爲孔子早年弟子,少孔子九歲,有弟子長之風,

---

① 楊按:自《左傳》《國語》《晏子春秋》《管子》等言論來看,時人論"勇"已與"禮""義"等相連,而非只是"不避死",更在"行禮義"。

行事果敢，但亦失之魯莽，孔子曾稱"由也果"（《雍也》）、"由也喭"（《先進》）、"由也兼人"，要"退之"。子路的這種處事風格還有一個面向，就是看問題時常流於表面，不能深入本質，如子路對孔子應佛肸和公山弗擾之招均表不滿，就沒有看到孔子有爲於世的良苦用心；再如子路反對孔子見南子，以致孔子明心於天，也跟他未能體察孔子初衷有關；又如子路對孔子正名之説不以爲然，很大程度上是因爲他沒有把握住孔子的思想體系，所以孔子批評他"野哉"（《子路》），認爲"由也陞堂矣！未入於室也"（《先進》）。這些都説明了子路爲人的特點，這也是孔子教導他六言六弊，希望他用心於學的原因。

孔子"道不行，乘桴浮於海。從我者，其由與"語實含有難以言説的苦衷、心酸。孔子一生蹭蹬不幸，仕途受阻，才華無法施展，思想、學説無法推行，以致有"道不行"之喟。但孔子"知其不可而爲之"，認爲"鳥獸不可與同群，吾非斯人之徒與而誰與？天下有道，丘不與易也"（《微子》），有著强烈的淑世情懷，以致儀封人認爲他是天之木鐸。所以"道不行，乘桴浮於海"語更多反映了孔子的苦衷、心酸，"乘桴浮於海"是一時的意氣語，説説罷了，未必會兑現，事實上孔子晚年在魯國的行爲正否定了這一點。子路本應聞語即解，進而安慰或寬解孔子，但是他却因爲孔子"從我者，其由與"語而欣然"聞之喜"。這就讓孔子覺得匪夷所思甚至有點啼笑皆非了，所以他説"由也好勇過我，無所取材"。"好勇過我"指子路聞"乘桴浮海"語不但無懼，而且有喜色。"取"是選取、擇定，"無所取材"是孔子歎子路只聽了孔子話的表面意思，沒有分析孔子話語不同層面的含義，無法認識到他話語的内在本質，也就無法汲取其話語的深層含義，即子路沒有聽懂孔子的話，不加分辨，不知所取。

## "沽之哉！ 沽之哉！ 我待賈者也"

《論語·子罕》："子貢曰：'有美玉於斯，韞匵而藏諸？求善賈而沽諸？'子曰：'沽之哉！沽之哉！我待賈者也！'"

此章爭議在"賈"字。此"賈"字，魏晉六朝人或引作"價"字，亦有作

"賈"者,故陸德明《經典釋文》云"善賈,音嫁,一音古"。① 後邢昺《正義》認爲"此章言孔子藏德待用",將"善賈"理解爲"善貴之賈",似以"價"釋"賈",朱熹《集注》亦音"嫁"。② 劉寶楠《正義》承物茂卿《論語徵》、劉履恂《秋槎雜記》以"賈人"釋"賈",③後程樹德從之。④ 楊伯峻《譯注》訓字從劉寶楠,但注出"又同'價'",他將"賈"釋爲"識貨者"有彌合二義之嫌。《漢語大字典》"賈"字條將"求善賈而沽諸"收入"價"義下。則此章仍待明瞭。

"賈"字殷商甲骨文已有,周代金文也常見,作 🔲、🔲,從"貝""宁"(貯)。篆文作🔲。《説文·貝部》:"賈,賈市也。从貝,西聲。一曰坐賣售也。"賈從西得聲,《説文·西部》"西,覆也",反復包裹物品之意。賈本義是做買賣,⑤又一義特指坐地擺攤賣東西。《爾雅·釋言》:"賈,市也。"段玉裁《説文》注:"賈者,凡買賣之侩也。"即"賈"用作動詞,包含了買和賣這兩個行爲。由此生出販賣義、求取義,《詩經·邶風·谷風》"既阻我德,賈用不售",《文子·上禮》"琢飾詩書,以賈名譽",分別使用的就是這兩個引申義。"賈"的名詞義指商人、賈正,李學勤、彭裕商等利用《尚書·酒誥》和西周銘文均證明周初已有賈人,後特指囤積營利的坐商。《周禮·地官·司市》"以商賈阜貨而行布",鄭玄注"居賣物曰賈",《漢書·王嘉傳》"百賈震動"的"賈"也是商人的意思。"價"字後起,《説文》入新附,是"賈"在"物直"這一引申義上的今字。漢碑中"價"義的詞大都寫作"賈"。雖然宋本《玉篇》已收"價"字,但《篆隸萬象名義》未見,物值義的"價"字大概在魏晉以後才出現,如《小爾雅·廣言》:"賈,價也。"段玉裁《説文解字注·貝部》:"賈,引申之,凡賣者之所得,買者之所出,皆曰賈。俗又別其字作價,別其音入禡韻,古無是也。"所言甚是。

劉履恂據《儀禮》和《左傳》用玉、沽玉需經賈人,以明《論語》此處

---

① 陸德明:《經典釋文》,上海古籍出版社,2013年,第1367頁。
② 楊按:賈上古魚部,至南北朝魚部分出麻韻,故價音嫁,陸氏注二音。
③ 劉寶楠:《論語正義》,中華書局,1998年,第343頁。
④ 程樹德:《論語集釋》,中華書局,2008年,第602—603頁。
⑤ 彭裕商《西周金文中的"賈"》(《考古》2003年第2期):"賈字在西周金文中多爲交易、交換之義,爲動詞。""(賈字作)名詞,指與商賈有關的賈正、賈師等一類人。"

“賈”當作賈人解，於古有徵；劉寶楠進而謂下句“待賈”亦謂待賈人，可謂近於事實矣。

需補充説明者有兩點：一是從行文和語法上看“賈”應作賈人解。從行文上看，“韞”與“求”相對，“匵”與“善賈”對文，[①]“藏”與“沽”對文，兩個“諸”都是“之乎”合音的疑問兼詞，“韞匵而藏諸”與“求善賈而沽諸”屬於平行結構，選擇關係，子貢的詢問是要孔子二者選一。既然“匵”是匵，名詞，用來收藏美玉之物；那麽“善賈”也應該是名詞，用來售賣美玉之人，所以應解爲賈商，下文孔子“待賈”之“賈”承子貢語而來，也應是賈商。從語法上看，子貢比孔子爲美玉，其語中“韞”和“求”均省略主語，如果補出主語均應爲“主人”，當然子貢徵詢孔子意見，也意含著以孔子爲主人的意思，但不是語言學上的主語；孔子回答非常直接，絲毫没有掩飾自己的意圖，他説“我待賈者也”，把自我視作了子貢問句的賓語“美玉”，美玉需要賈商售賣，孔子需要“伯樂”介紹給當政者，他在等待賈人。二是自孔子生平來看，此“賈”亦應作賈人解。孔子一生汲汲仕途，疾末世而名不稱，出疆必載質，希望能遇到伯樂，有時甚至到了不擇對象的地步，如他曾應聲名狼藉的佛肸和公山弗擾之招，陽貨之語也令他心有戚戚焉，又如他衝破阻力見南子也是希望憑藉南子的特殊“行媒”身份謀得從政機會。明瞭此就可理解子貢問話後孔子如飢似渴的心理了，他實在太渴望有個把他介紹給當政者的人了。只要能有這樣的機會，他希望通過個人努力來實現理想，至於説要個“好價錢”（官職或地位）要看此後表現了。賈精於市，子貢善貨殖，故用“美玉”作喻來表示對孔子的尊重，用“藏”“沽”問其現實抉擇，用語委婉；而孔子從自己處境出發，志向一貫，

---

① 楊逢彬曾云：“形容詞‘善’在周秦時代只修飾‘人’‘士’等，作‘善人’‘善士’；農、工、商、賈、醫、匠、庖等職業名一般則用‘良’修飾，作‘良農’‘良工’‘良商’‘良賈’‘良醫’‘良庖’等。”（楊逢彬著，陳雲豪校：《論語新注新譯》，北京大學出版社，2016 年，第 174 頁）新勛按：《説文》“良，善也”，善、良義近，周秦之“善人”“善士”，也可言“良人”“良士”。《論語》《左傳》《孫子》等多用“善”少用“良”，如《論語》中“良”僅一見且爲名詞，受其影響的《禮記》《荀子》也多用形容詞“善”。不能用戰國後期的“良醫”“良庖”等詞否定春秋時“善賈”。考慮到《詩經》《儀禮》《左傳》《周禮》等均記載“賈人”“賈正”爲春秋時管理商貿的官吏，這也可從西周晚期的金文找到證據，尤其考慮到漢時《論語》原文爲“求善賈而賈諸”（如《定州漢墓竹簡論語》第 43 頁同），則用“善”修飾“賈”是很有可能的。

認爲只要有"賈商"就已大過所望了。

　　順便提及,《論語》此章應是"待價而沽"成語的原始出處。在唐人文集中"待價而沽"已出現,至宋人文集中更是多見,已爲常用成語。這樣的現象,恰與陸德明《經典釋文》注音和邢昺《論語注疏》的解釋相互印證,説明"待價而沽"成語恰好出於魏晉以來人們對《論語》此章的誤解。

　　　　　　　　　　　　（本文發表於《斯文》第三輯,今略有修改）

# "繪事後素"解

　　子夏問曰:"'巧笑倩兮,美目盼兮,素以爲絢兮'。何謂也?"子曰:"繪事後素。"曰:"禮後乎?"子曰:"起予者商也! 始可與言《詩》已矣。"(《論語・八佾》)

　　這是孔子與子夏談論《詩經》的一段名言,歷來備受關注,其中"繪事後素"成爲後世的一個固定短語,但有關這一短語的意思却衆説紛紜,并無確解。今天,對這句話的理解更影響到認識孔子思想的思維方式和理論原理。

　　對此,鄭玄的解釋:"繪,畫文也。凡繪畫,先布衆色,然後以素分布其間,以成其文,喻美女雖有倩盼美質,亦須禮以成之。"[①]以"繪"爲先,"素"爲後。宋代邢昺疏全襲其説,只是用《周禮・考工記》"畫繪之事"作了補充論證。由於此説與傳統繪畫的設色次序相合,宋以後許多學人從其説。但是,此説意序混亂,"倩盼美質"與"禮成"在孔子語中本體、喻體不明,孔子語義也含混不彰。

　　與此不同的説法始於朱熹,其《論語集注》云:"繪事,繪畫之事也。後素,後於素也。《考工記》曰:'繪畫之事後素功。'謂先以粉地爲質,而後施五采,猶人有美質,然後可加文飾。"[②]以"素"爲先,以"繪"爲後,在次序上與鄭玄、邢昺截然相反。應該説,朱熹的説法比鄭解條理更清晰,本體、喻體所指明確,[③]所以其後多有信從者,楊伯峻《論語譯注》於此云"先

---

① 《十三經注疏・論語注疏》卷三,中華書局,1980年。

② 朱熹:《四書章句集注・論語集注》卷二,中華書局,1983年。

③ 子夏引《詩經・衛風・碩人》此三句爲并列的比興句,"倩"(面頰長得好)和"目盼"(眼睛黑白分明)與"素"相應,"巧笑"和"美"與"絢"相應,鄭玄"倩盼美質"語已將詩中此意弄混。朱熹明顯意識到了這一點,并作了梳理。

有白色底子,然後畫花"明顯脫胎於朱説。但此説,以"粉地"釋"素"非是,又"後"後增"於"字,以吻合先後次序,有增字爲訓之嫌,此外,也有的地方未確。因此,清人戴震不取朱説,重拾鄭説;而劉寶楠於"素"分"太素"和"後素"前後兩種,有調和朱、鄭且將朱合於鄭中的意味。但是,劉氏"素者,無色之文;禮者,無名之樸"的解釋明顯儒、道混雜,遠離了本文。

應該説,歷來人們多將對"繪事後素"的理解與《考工記》"凡畫繢之事,後素功"聯繫,頗有啓發性。今人楊天宇《周禮譯注》將此句釋爲"凡繪畫,最後才著白色",①呂友仁《周禮譯注》將此句釋爲"凡是繪畫之事,都是最後再著白色",②意思相同,似乎都給人們重拾鄭説提供了依據。楊、呂二人於此均用《論語》鄭玄注。③ 需要指出的是,如果用楊、呂之説證明《論語》"繪事後素"的鄭説屬於循環論證,是没有説服力的。

應該指出,作爲語言和意思上都有關聯的兩句話,弄清楚《考工記》"凡畫繢之事,後素功"的意思,對於理解《論語》"繪事後素"無疑具有十分重要的意義。相對於"繪事後素"在《論語》中的孤立出現來説,《考工記》記載的意義更易弄清。

《考工記·畫繢》主要談設色的次序。《考工記·叙》曾云"設色之工,畫、繢、鍾、筐、慌",《畫繢》是將畫人和繢人兩種工匠合在了一起。其文云:"畫繢之事,雜五色。東方謂之青……西方謂之白……青與白相次也,赤與黑相次也,玄與黃相次也……五采備謂之繡……雜四時五色之位以章之,謂之巧。凡畫繢之事,後素功。"鄭玄於"玄與黃相次也"下注"此言畫繢六色所象及布采之第次",孫詒讓《周禮正義》:"云'青與白相次也'者,以下布衆采相次之法。順其次,則采益章明也。金鶚云'此五行相克者也'。"④很明顯,《畫繢》文中先出現"白",後出現"素","白""素"爲二,涇渭分明,如果以"白"釋"素",不但混淆了二者界限,而且於意尤悖:《畫繢》"五色"中含有白,"青與白相次也",設白接次於青,此與"最後

① 楊天宇:《周禮譯注》,上海古籍出版社,2005年,第641頁。
② 呂友仁:《周禮譯注》,中州古籍出版社,2004年,第591頁。
③ 鄭玄於此注:"素,白采也。後布之,爲其易漬污也。"
④ 孫詒讓:《周禮正義》卷七十九,中華書局,1987年,第3206頁。

再著白色"明顯齟齬。可見,"素"與白不同,并非色彩,"素功"應該是談作素的工作。①《畫繢》最後談到"凡畫繢之事"已是總指所有設色(當然也包含白色)一類的工作,把此當作一個整體來看,以此來談與"素功"的先後關係;而絕非前文羅列的分成三個層次的設色次序。②"繪事後素"的"繪事"應即此"凡畫繢之事",朱熹"繪事,繪畫之事也"的解釋的確,"後素"即後素功。

《考工記·畫繢》的"素"絕對不能等同於"白采"。對此,俞樾看到《考工記·畫繢》之後的《玉人》"璋,邸射素功"和鄭衆"素功,無瑑飾也"的注釋,認爲"凡不畫繢者、不雕琢者,皆謂之素功",③已經提出了較爲正確的見解。下面,對"素"略作申論。《説文》:"素,白緻繒也,从糸㲪,取其澤也。"段玉裁於此注:"繒之白而細者也……鄭注《雜記》曰'素,生帛也',然則,生帛曰素,對湅繒曰練而言,以其色白也,故爲凡白之偁,以白受采也,故凡物之質曰素,如殷下一曰'素也'是也,以質未有文也,故曰素食、曰素王,《伐檀》毛傳曰'素,空也'。澤者,光潤也,毛潤則易下㲪,故從糸㲪,會意。"④又劉熙《釋名·釋采帛》:"素,樸素也。已織則供用,不復加巧飾也。又物不加飾皆目謂之素,此色然也。"均明"素"本義是生帛,即未經漂煮加工和上色的絲織品,與練相對,《古詩爲焦仲卿妻作》"十三能織素"正用此意。生帛因呈白色,故素有白義。此素可作"質",用以受彩,但絕非"白采","白采"者文也。在此基礎上,對不加雕飾的初成品也可以"素"名,如《周禮·夏官·槀人》"春獻素,秋獻成",以"素"與精心雕琢的"成"相對正用此意。可見,鄭玄和朱熹於此的解釋均非是,鄭解與朱説有百步與五十步之比,當然,劉寶楠的説法更見離奇。

下面再談談"後"。《説文》:"後,遲也。从彳、幺、夊者,後也。"又《説

---

① 《小爾雅》:"功,事也。"《六書故·人九》:"功,沽紅切,庸也。若所謂康功、田功、土功,凡力役之所施是也。功力既施,厥有成績,因謂之功。《周禮》曰'王功曰勳,國功曰功,民功曰庸,事功曰勞,治功曰力,戰功曰多'。"《詩經·豳風·七月》:"上入執宮功。"

② 其實,楊、吕二人均看到鄭玄和孫詒讓此處的注釋,但却囿於鄭氏舊説,未探其是。

③ 孫詒讓:《周禮正義》卷七十九引,中華書局,1987年,第3311頁。

④ 段玉裁:《説文解字注》第十三篇上,中華書局,1998年。

文》云"彳,小步也,象人脛三屬相連也","夂,行遲曳夂夂,象人兩脛有所躧也","幺"爲"糸"的初文,此處有繫的意思,示人脛有所羈絆,可見,"後"是會意字,意思是行走遲慢、落後,動詞,這是"後"的本義,由此衍生出"後"的其他義項,《漢語大字典》共列其有11個義項。

《論語》中"後"字一共出現38次,除去"繪事後素"和"禮後乎"之外,"後"的用法可分爲五種情況:

(一)行走遲慢、落後,動詞,有:"非敢後也,馬不進也"(《雍也》),"子畏於匡,顏淵後"(《先進》),"三子者出,曾晳後"(《先進》),"子路從而後"(《微子》)。共4例。

(二)位置在後,與"前"相對,名詞,有:"瞻之在前,忽焉在後"(《子罕》),"揖所與立,左右手,衣前後,襜如也"(《鄉黨》),"以吾從大夫之後,不可徒行也"(《先進》),"以吾從大夫之後,不敢不告也"(《憲問》),"以吾從大夫子後,不敢不告也"。共5例。

(三)時間較晚,與"先""前"相對,副詞,有:"子曰:'先行其言而後從之"(《爲政》),"季文子三思而後行"(《公冶長》),"文質彬彬,然後君子"(《雍也》),"仁者先難而後獲"(《雍也》),"子與人歌而善,必使反之,而後和之"(《述而》),"死而後已,不亦遠乎","後死者不得與於斯文也"(《子罕》),"吾自衛反魯,然後樂正","後生可畏,焉知來者之不如今也","歲寒,然後知松柏之後凋也","翔而後集"(《鄉黨》),"先進於禮樂,野人也;後進於禮樂,君子也"(《先進》),"何必讀書,然後爲學","先事後得"(《顏淵》),"如有王者,必世而後仁"(《子路》),"樂然後笑,人不厭其笑;義然後取,人不厭其取"(《憲問》),"夫然後行"(《衛靈公》),"事君,敬其事而後其食","子生三年,然後免於父母之懷"(《陽貨》),"君子信而後勞其民……信而後諫……"(《子張》),"孰先傳焉?孰後倦焉"。共24例。

(四)將來、未來,名詞或形容詞,有:"而今而後(此"後"今譯爲"將來"),吾知免夫"(《泰伯》),"今不取,後世必爲子孫憂"(《季氏》)。共2例。

(五)子孫、後代,名詞,有"臧武仲以防求爲後於魯,雖曰不要君,吾不信也"(《憲問》)。共1例。

在詞義演變的歷史上,第二、三兩種情況是在第一種情況的基礎上引申、比喻產生的,第四、五兩種情況距離本義更遠。

　　那麼，"繪事後素"和"禮後乎"的"後"呢？人們一般認爲此"後"都是時間較晚的意思，屬於第三種情況，但事實并非如此：第三種情況中的"後"均爲時間副詞，修飾動詞（動詞絶對不能省），且多數情況下"後"前有"然"或"而"以連接前後的兩個動詞，説明此處"後"的意義需要"然"或"而"來幫助確定，其詞義虛化的色彩較濃；而"繪事後素"和"禮後乎"的"後"却意義非常實在，明顯是動詞。可見，"繪事後素"的"後"在詞性上屬於第一種情況，詞義是時間落後或次序排後，是由行走遲慢、落後比喻産生的新意義。"禮後乎"是説禮次序排得較後，"繪事後素"是説繪事的次序排得較素後，即繪事的時間晚於素。很明顯，"後"的這一義項如果前後連接兩個事物時，在表義上遠不如"後"前只有一個事物清晰，人們往往分不清孰先孰後的次序，這是"後"這個義項的一個明顯不足：這種情況和"敗"後連接賓語有點類似，而其詞義淆亂更甚，①這個用法大概漢人已經弄不明白了，鄭玄注《論語》和《周禮》就明顯説明了這一點。

　　"後"的這個義項没有被收入《漢語大字典》，這很遺憾。這裏還應指出，"後"的這個用法在漢語演變中消失，除去漢人不明白的原因外，還有其他的原因，那就是"後於"的産生："後於"的"後"即動詞"遲""晚"，"於"爲介詞，引進與時間晚的比較對象，孰先孰後的詞義表述十分明確，從而使"後"的上述用法退出了歷史。可見，朱熹用"後於"釋"後"也是可以的，只是其没有闡明個中緣由，未免令人疑信參半。

　　下面再談談"繪"。"繪"在《周禮》中作"繢"。《説文》："繪，會五采繡也。《虞書》曰'山龍華蟲作繪'，《論語》曰'繪事後素'，从糸，會聲"，"繢，織餘也，从糸，貴聲"。段玉裁以《古今韻會舉要》引《説文》補"一曰畫也"，并云"畫者，𠆊也，今謂之𠆊畫"，《虞書》"山龍華蟲作繪"之"繪"讀爲"繢"，"繢"訓畫，"繪"訓五采繡。孫詒讓《周禮正義》認爲"經典多叚繪爲繢"。這裏的繡也不只是用針縷所紩者，而是上文所引《考工記》的"五采備謂之繡"。孫詒讓認爲《考工記》中"畫""繢"分列，似乎以畫器爲"畫"，以畫衣爲"繢"，再證以《司几筵》畫純、繢純分列，此"繢"正"繪"字，謂五采繡，既包含刺繡，也括彩繪。"繪事後素"的"繪"詞義比今天要廣，因爲其施於素而名"繪"，不能叫做"畫"。可見，用今天的"繪畫"來解釋這

---

　　①　以至於學如鄭玄、朱熹者竟有截然相反的理解。

裏的"繪"并不全面、確切。

最後談談本文開首《論語》言論的實際意思：子夏問《詩經》"巧笑倩兮，美目盼兮，素以爲絢兮"是什麼意義，很明顯子夏并非不理解這三句話的字面意思，而是著眼於其中可能寄寓的社會道理，詢問可以從中引申出什麼樣的社會原則和理論。孔子回答"繪事後素"，是用當時習知的在織成生帛之後再設色繪繡這件事來作了一個形象的說明，用此來啓發子夏感悟社會原則。子夏立刻悟到了孔子學說中"禮"後，孔子對子夏的這一具體化引申表示了贊同。這句話反映了孔子在具體實踐的基礎上一步步上陞、提高認識得出理論原則的思維方式，也反映了孔子行道是修道基礎上發展、修道自然行道的理論原則，即反映了儒學知源於行、知高於行，又知在於行、知行合一的基本特色。

（本文發表於《齊魯文化研究》第六輯，今略有修改）

# 論邢昺《論語正義》對皇侃《論語義疏》的
# 繼承、改動與發展

北宋邢昺（932—1010）主持編纂的《論語正義》（以下簡稱"邢疏"）是在南朝梁皇侃（488—545）所撰《論語義疏》（以下簡稱"皇疏"）的基礎上修改、加工完成的。晁公武《郡齋讀書志》卷四著錄"《論語正義》十卷"，云："右皇朝邢昺等撰。先是，梁皇侃採衛瓘、蔡謨等十三家之說爲疏，昺等因之成此書。"①又王應麟《玉海》"咸平孝經論語正義"條云："至道二年，判監李至請命李沆、杜鎬等校定《周禮》《儀禮》《穀梁傳疏》及別纂《孝經》《論語正義》，從之。咸平三年三月癸巳，命祭酒邢昺代領其事，杜鎬、舒雅、李維、孫奭、李慕清、王煥、崔偓佺、劉士元預其事。凡賈公彥《周禮》《儀禮疏》各五十卷、《公羊疏》三十卷，楊士勳《穀梁疏》十二卷，皆校舊本而成之；《孝經》取元行沖疏，《論語》取梁皇侃疏，《爾雅》取孫炎、高璉疏，約而修之，又二十三卷。"②《四庫全書·論語注疏》書前提要亦言："昺復因皇侃所採諸儒之說爲之疏。"③今天看來，邢疏的編纂雖以皇疏爲基礎，對皇疏有繼承，但更有改動和發展，這主要表現在四個方面：

## 一、 邢疏在語言訓詁方面對皇疏的繼承和改動

皇侃在何晏《論語集解》的基礎上作疏，既疏經文，又疏注文，其中吸收了晉兖州別駕江熙《集解論語》及其他通儒的成果，有南朝《論語》注釋

---

① （宋）晁公武撰、孫猛校證：《郡齋讀書志校證》，上海古籍出版社，2011 年，第 134 頁。

② （宋）王應麟：《玉海》卷四十一，景刊文淵閣《四庫全書》本，第 944 冊，第 150 頁。

③ 景刊文淵閣《四庫全書》，第 195 冊，第 528 頁。

集成的性質,這應該是邢疏據之編纂的重要原因。

皇疏在語言訓詁上的許多成果爲邢疏所繼承。如邢疏《論語序》對"論語"一詞的解釋基本上就是依據皇侃的《論語義疏自序》而來,只是稍加融裁而已,没有太大的變動。在古人尤其是儒家重"名"的思想意識中,邢疏這樣的因襲也意涵著對皇疏《論語》訓釋的觀念、方式和成果的大體繼承,是沿著皇疏之路展開解釋的,是皇疏的"接著説"。又如對於《論語》首章的"子曰",何晏《集解》録馬融"子者,男子之通稱,謂孔子也"語,而皇疏云"子者,指於孔子也。子是有德者之稱,古者稱師爲子也",釋義遠較馬融爲長,邢疏於此就襲用了皇疏。有時皇疏内容龐雜,甚至今天看來不見得合理,邢疏也襲用皇疏,如此章"學而時習之"之"時"字,皇侃以"凡學有三時"即身中時、年中時、日中時來釋"時"字,有濃郁的南北朝"義疏"特色,邢疏於此則徑以"皇氏以爲"引起照搬皇疏。又如皇疏以禮樂相須的思路釋此篇《禮之用而爲貴》章,云"用樂和民心,以禮檢民迹……和即樂也,變樂言和,見樂功也",[①]以"樂"釋"和"字,不見得合理;邢疏也是以禮樂相須的思路釋此章,且言"和謂樂也,樂主和同,故謂樂爲和",所釋句意和字義與皇疏基本相同。又如《爲政》篇《攻乎異端》章,皇疏云"異端,謂雜書也""雜學於書史百家",邢疏言"異端,謂諸子百家之書也"也是承襲了皇疏之意。又《里仁》篇《參乎吾道一以貫之》章,皇疏承王弼《論語釋疑》以"統"釋"貫",言"忠謂盡中心也,恕謂忖我以度於人也",[②]尤其是皇疏"吾教化之道,唯用一道以貫統天下萬理也"語有濃郁的玄學意味;雖然邢疏删去了皇侃所引的王弼言論,但仍言"貫,統也""忠謂盡中心也,恕謂忖己度物也",[③]且云"言我所行之道,唯用一理以統天下萬事之理也",在詞語訓釋和句意理解上均一承皇疏。

當皇疏與何晏集解諸家的詞語訓釋相同時,邢疏也大多同於漢魏諸家和皇侃的解釋;而當皇侃和漢魏諸家注釋不同時,邢疏則在很多時候

---

① (梁)皇侃:《論語義疏》,《儒藏》(精華編)本,北京大學出版社,2005 年,第13 頁。

② (梁)皇侃:《論語義疏》,《儒藏》(精華編)本,北京大學出版社,2005 年,第65 頁。

③ (宋)邢昺:《論語注疏》,《儒藏》(精華編)本,北京大學出版社,2006 年,第61—62 頁。

遵從皇疏。如對於《學而》首章"有朋自遠方來,不亦樂乎"之"朋"字,皇疏在繼承包咸注言"同處師門曰朋,同執一志爲友"之下,接著言"朋猶黨也,共爲黨類在師門也",此爲皇侃新增之義,與包咸所釋明顯不合;但邢疏亦襲皇疏而言"朋即群黨之謂",沒有顧及孔子"群而不黨"(《衛靈公》)的言論和思想,在詞義辨析上不夠準確。類似例子俯拾即是,不贅。

應該説,邢疏確在皇疏基礎上編纂而成,在語言訓詁方面對皇疏的繼承是全面的;但是,這并不意味著邢疏在語言解釋方面對皇疏亦步亦趨,更不能説邢疏是皇疏的翻版,邢疏對皇疏改動也是較多的,甚至可以説是全方面的。

首先,何晏《論語序》言其作集解有"有不安者,頗爲改易"語,"頗"即"多",本不難理解,但皇疏云"頗猶偏也""若先儒注非何意取安者,則何偏爲改易",似有爲皇疏張本之意;雖然邢疏沒有解釋"頗"字,但其云"言諸家之善則存而不改,其不善者頗多爲改易之",明顯以"頗多"釋"頗",剔除了皇侃所加之意,而復歸於何晏語之本意。又如對於"學而第一"這一篇題,皇疏言"第者,審諦也。一者,數之始也。既諦定篇次,以《學而》居首,故曰'學而第一'也",[1]皇侃把對"第""一"的解釋與其對篇名、篇次的認識和其詮釋體系結合了起來;[2]而邢疏言"第,訓次也。[3] 一,數之始也。言此篇於次當一也",[4]也是改變了皇侃的字詞訓釋和立意角度,僅從排列次序上加以認識,訓釋理性、客觀。類似的例子較多。不難看出,邢疏在一定程度上有從總體上改變皇疏語言訓詁的思想角度,進而有從

[1] (梁)皇侃:《論語義疏》,《儒藏》(精華編)本,北京大學出版社,2005 年,第2頁。

[2] 具體可參楊新勛《論邢昺〈論語疏〉解題對皇侃〈論語義疏〉解題的繼承、調整與創新》,《儒家典籍與思想研究》第四輯(北京大學出版社,2012 年),又見《經學蠡測》(鳳凰出版社,2012 年)。

[3] "訓",元刻明正德修本、閩本、監本、毛本、殿本、薈要本、庫本、阮校本、玉海堂本作"順"。浦鏜《十三經注疏正字》卷七十六:"'第,順次也':'順',當'訓'字誤。"阮元《十三經注疏校勘記》:"浦鏜云'"順"當"訓"字誤',非也。"楊按:《廣雅•釋詁三》"第,次也",邢疏常以"某,訓某也"訓釋詞語,"第,訓'次'也"指次序、次第,不可解作"順次",浦鏜所疑是矣。

[4] (宋)邢昺:《論語注疏》,《儒藏》(精華編)本,北京大學出版社,2006 年,第9頁。

語言學上進行重新訓釋的特點。

其次，既然邢疏已經突破了皇疏語言訓釋的思想角度，轉而從語言學上加以重新訓釋，那麼他在很多地方作出正確解釋，取得成績，也就很自然了，這也體現了新的進步。如對於《學而》篇首章"學而時習之，不亦樂乎"之"亦"字，皇疏云"亦，猶重也"，皇侃認爲"亦"相當於"又"，即重叠、重複；邢疏云"君子之行非一，此其一行耳，故云'亦'也"，認爲此"亦"相當於"也""也是"，在詞義認識上明顯更爲準確。對於《論語》中他處作此用法的"亦"字，邢疏亦均改皇疏之解，反映了邢疏在此一釋義上的統一認識。又此篇《其爲人也孝弟》章"而好犯上者鮮矣"之"犯"，皇疏同熊埋之解，釋爲"諫爭"，釋義不確，且與何晏注"上，謂凡在己上者"不侔；而邢疏改用"凌犯"釋"犯"，既合注意，又與下文"作亂"相應，釋義準確。又邢疏以"是故君子務修孝弟以爲道之基本"釋此章"君子務本"，雖然"務修"云云有增字爲訓之嫌，但其釋"務"明顯優於皇疏"務，猶向也，慕也"。[①] 又《爲政》篇《子夏問孝》章"曾是以爲孝乎"之"曾"字，皇疏云"曾，猶嘗也"，且言"誰嘗謂此爲孝乎"，於句意增"誰"字爲解，且與皇疏《八佾》篇《季氏旅于泰山》章"曾謂泰山不如林放乎"處言"曾之言則也"不一致；而邢疏承馬融言"曾，猶則也"，前後統一，雖不及王引之《經傳釋詞》卷八"曾，乃也，則也"之釋爲確，[②]但明顯較皇疏釋爲"嘗"爲優且顧及瞭解釋的統一性。類似的例子不勝枚舉。我們可以看出邢疏在詞彙訓詁上有明確的統一意識，而且在具體訓釋上注重詞義的辨析，從而使得釋義更爲準確，確實表現了語言訓詁上的進步。

## 二、 邢疏在名物制度解釋方面對皇疏的發展和完善

何晏《集解》比較簡潔，一般不解釋典章事物，對《論語》中的人物也只是簡單介紹，不作具體解釋。皇疏在這些方面有了一些改觀，對人名、地名、事物、制度等多有解釋。

---

① 　按：皇侃以"向""慕"釋"務"明顯與其玄學思想有關，有玄學釋經的特點，詳本文第四部分所論。

② 　（清）王引之：《經傳釋詞》卷八，清嘉慶二十四年刻本。

如在人名方面，何晏《論語序》，皇疏就對其中的劉向、夏侯勝、王卿、王吉、魯恭王、張禹、孔安國作了一些解釋。具體到《論語》各篇，皇疏對其中涉及的孔子弟子和相關人物，也是多有簡單而具體的解釋。如《學而》篇《吾日三省吾身》章，何晏《集解》僅録馬融語"弟子曾參也"，對理解"曾子"幫助不大；而皇疏則云"蓋姓曾，名參，字子輿"，雖然十分簡單，但也包含了基本信息。之後皇疏對子夏、顏回、樊遲等也作了類似解釋。又《爲政》篇《孟懿子問孝》章，在何晏所集孔安國注的基礎上，皇疏對孟懿子又作了進一步的解釋。又《八佾》篇《王孫賈問》章，孔安國僅注"王孫賈，衛大夫也"，皇疏則云"王孫賈者，周靈王之孫，名賈也，是時仕衛爲大夫也"，解釋具體，對理解此章文意很有幫助。

應該説，皇疏在人物解釋方面較《集解》有了一些進步，但仍有遺憾：一是不少人物仍缺乏解釋，皇疏在這方面并不全面，遺漏尚多；二是有些解釋過於簡單，意義不大；三是有些地方解釋有誤。邢疏在這些方面則作了大量的補充、完善和訂正。

如《論語序》中，對於皇疏未介紹的蕭望之、韋賢、韋玄成、庸生、包氏、周氏、馬融、鄭玄、王肅、周生烈、孫邕、鄭沖、曹羲、荀顗，邢疏均作瞭解釋；在《論語》各篇中，對皇疏中未介紹的孔子弟子有若、子禽、子貢等以及相關的孟武伯、哀公、季康子等，邢疏也均加以解釋。可以説，邢疏對《論語》中涉及的所有人物均作了全面的解釋，這是《論語》學研究的一大完善。

何晏《集解》所收的孔安國、包咸、鄭玄等對人物的解釋均十分簡單，僅僅涉及身份或名字，即便如此還有很多遺漏；皇疏應該説在這方面對《集解》有所補充，補充了一些遺漏人物的解釋，對已有的解釋也作了某些深化。但是，皇疏的補充也比較簡單，其對《集解》遺漏人物的解釋大多類似《集解》，對已有解釋的深化往往也只是淺嘗輒止。而邢疏的人物解釋則有較大的改觀：一是邢疏不滿足于《集解》和皇疏已有的解釋，對這些人物，邢疏均搜集正史、傳記、注釋及其他相關資料，對人物生平作了較爲全面的考察，使得每個人物的解釋都是一個簡單的小傳，有的也包含了一些具體的考證，澄清了一些模糊問題，而且均標注了具體的文獻出處；二是對於《集解》和皇疏未解釋的人物，邢疏也作了同樣的處理。可以説，邢疏在人物解釋方面是對《論語》學的豐富和提高，這對閱讀《論語》和《集解》有重要的參考價值。邢疏於此加以考證、標注出處之舉,反映了義疏解釋認識上的進展和嚴謹的文獻學意識,增強了注疏的學術性,有一定的進步意義。

在人物解釋方面,邢疏通過搜羅文獻,加以考證,才進而使其能够發現并改正皇疏在這方面的一些錯誤。如對於何晏《論語序》開篇"校尉劉向"語,皇疏言"劉向者,劉德之孫,劉歆之子",明顯有誤;邢疏言"劉向者,高祖少弟楚元王之後,辟彊之孫,德之子,字子政,本名更生。成帝即位,更名向",之後又言其生平和校書,不但内容翔實,而且考訂準確,糾正了劉向是劉歆之子的錯誤説法。類似的例子還有一些,限於篇幅不贅。

在職官制度方面,皇疏也有一些解釋。[①] 如皇疏對何晏《論語序》中校尉、中尉、侯、太常、光禄大夫、散騎、常侍、領軍、駙馬、都尉均作了簡單解釋,對理解此序甚有助益。又如對《學而》篇《道千乘之國》章,《集解》只是引了《司馬法》對"千乘"的解釋,十分簡單,皇疏則對其中的步、畝、復、屋、井、通、城等概念作瞭解釋,對具體資料關係也進行了梳理,許多數量關係作了推算,有助於時人對先秦古制的理解。又如《八佾》篇《三家者以雍徹》章,《集解》於"徹"無説,皇疏則解釋了天子徹禮,通過對照天子、諸侯、卿之徹禮説明了三家僭越。類似之處還有一些,不贅。但也應指出,皇疏的這些解釋較爲簡單,而且更多地方没有解釋,很不全面。

應該説,皇疏在典章事物方面的解釋只是在《集解》基礎上往前邁了一小步,是程度有限的發展,遠没有達到完善。邢疏則是在皇疏基礎上,通過豐富資料,對《論語》中所涉典章事物均作了比較具體的解釋,典章制度的認識更爲全面、深入,相關的考釋在邢疏這裹有了長足的發展,躍升了一個臺階,甚至可以説是達到了一定程度的完善。如邢疏對《論語序》中皇疏未解釋的太子太傅、前將軍、丞相、太守、司空、博士、安鄉亭侯、尚書等官職均作了具體解釋;即使對皇疏已經解釋的官職,邢疏也并非簡單重複皇疏,而是利用史傳資料和漢魏以來注家言論重加解釋。邢疏的官職解釋往往溯其歷史,明其演變,述其職責及人員,有窮其原委、

---

① 按:皮錫瑞《經學歷史》云"如皇侃之《論語義疏》,名物制度,略而弗講,多以老、莊之旨發爲駢儷之文"(皮錫瑞著,周予同注釋:《經學歷史》,中華書局,2004 年,第 123 頁),所言不確。

內容翔實的特點，這對於準確理解《論語序》中的人物和文意是很有幫助的。又如雖然皇疏針對此序已經解釋了章句、傳、注等注釋體例，但均比較簡單；而邢疏則用較爲具體、詳細的語言進一步解釋了這些概念，又增加了對"訓解"的解釋，并且闡釋了這些概念之間的關係，具有一定的系統性，表現了學理的深入。邢疏還認識到何晏《集解》"乃聚集諸家義理以解《論語》"之意，認爲這與同有"集解"之名的杜預《春秋左傳集解》"聚集經、傳爲之解"之書名同而實異，是兩種不同的"集解"，這也是立足于學術史的認識，十分有見地。這些都表現了邢疏對漢魏以來注釋體例深入、系統的認識。又如對《論語序》中琅邪、膠東、昌邑、南郡等地名，皇疏均無解釋，邢疏均給出了具體解釋；之後對《論語》各篇所涉地名，邢疏亦作了同樣處理，表現了邢疏訓釋的一致性。

事實上，不只是人名、地名、官制、體例，舉凡《論語》中涉及的天文、星象、山川、醫藥、卜筮、禮制、文物等，邢疏均在豐富材料的基礎上作了具體、簡潔的解釋，尤其是在禮制方面，邢疏往往通過考察《周禮》《儀禮》《禮記》《左傳》以及《史記》《漢書》等典籍的記載進行了較爲詳明的考證和解釋，有時甚至不厭其煩以求明其真相，其中也不乏對皇疏訛誤的糾正。如《八佾》篇《子貢欲去告朔之餼羊》章，皇疏據鄭玄《詩》注而言"腥牲曰餼"，明顯與何晏所引鄭玄注"牲生曰餼"不合，非是。邢疏指出雖然《左傳·僖公三十三年》有"餼牽竭矣"語，餼與牽相對，以致有腥曰餼之釋，皇疏不爲無據；但據《左傳·哀公二十四年》及《禮記·聘義》鄭玄注之意，此單用之"餼"是生，而非已殺，皇疏非是，邢昺的糾正確與《論語》此處以"餼"飾"羊"的文意相合，甚是。又如《鄉黨》篇《君賜食必正席》節之"君祭，先飯"，皇疏云"祭爲祭食之物也"，邢疏改爲"于君祭時"，并引《曲禮》鄭注説明"祭先"之儀，禮義和詞義都理解得更爲準確，亦甚是。

由於資料的豐富，邢疏的認識更加全面客觀，與皇疏相比有了質的飛躍，有些見解今天看來仍有啓發性。如清代以來有學人針對《論語》中的"子曰""孔子曰"作文章，認爲此二稱呼不同，其中蘊含了《論語》編纂的重要資訊，①而 20 世紀以來的出土文獻尤其是定州簡本《論語》證明這

---

① （清）崔述：《崔東壁遺書·論語餘説》，上海古籍出版社，1983 年，第 609—617 頁。

樣的説法并不合理,事實上邢疏已經指出"或言'孔子曰'者,以記非一人,各以意載,無義例也"。①

## 三、 邢疏在體例上對皇疏的發展與完善

皇疏是今知的《論語》學史上第一部"義疏",是在漢代"訓解"和魏晉"義解"的基礎上創立的新注釋體例。此疏以何晏《集解》(也可稱"注")爲本,就其體例而言,首先是用簡潔語言總括一章大意,即隱栝章旨,皇疏往往以"此章""此章明"引起;其次是分科段逐一解釋經文文句,往往先解釋字詞、典章、名物,後以"言"或"明"等概括、申發句意;最後是對注文的解釋,爲避免和之前經文的解釋重複,皇疏這部分文字較少,甚至有時不著一字,這在《雍也》篇《智者樂水》章得到了充分體現。

今天見到的《論語義疏》是從日本回傳來的文本,最先回傳的是根本遜志據日本足利學校所藏舊鈔本的校刻本,而較好保存皇疏原有體式的是 1993 年在日本出版的武内義雄合校的大阪懷德堂排印本。懷德堂本和傳世的《十三經注疏》體式有所不同,一章之内,經文沒有連接在一起,注文也沒有連接在一起,而是將經文分成若干科段或句,注文插在相應科段或句的經文之下,皇疏依次散在具體的經文、注文之下,從而形成一章之内經疏與注疏交替排列的格式。這樣,由於皇疏沒有將疏文集中列於經注之後,因此也就沒有像《十三經注疏》中那樣的"正義曰""釋曰"或"解云"之前的起訖語及節引的經、注文字,所以其經、注、疏的層級眉目和疏文結構遠不及《十三經注疏》清晰。但是,這并不妨礙我們認識皇疏已經形成了"疏"這一體例的結構,如其《學而》篇《道千乘之國》章及《爲政》篇《詩三百》章、《吾十有五而志于學》章等均爲典型的這種體例。可見,皇疏已經開始形成了"疏"的體例結構,爲邢疏的編纂奠定了基礎。

雖然皇疏開始形成了"疏"的體例,但是這種體例明顯有原初的特點,談不上統一和完善,遠不夠成熟,這主要體現在:一是皇疏已經出現了用"此章"領起歸納章旨的做法,但是以此來歸納章旨的篇章太少了,

① (宋)邢昺:《論語注疏》,《儒藏》(精華編)本,北京大學出版社,2006 年,第10 頁。

除了《爲政》篇歸納章旨的章數較多外，其他各篇諸章大多没有歸納章旨。這説明皇疏雖然已經有了歸納章旨之例，但并没有形成明確的統一意識，尤其没有形成以此作爲疏之體例的觀念。二是皇疏雖然有些篇章没有章旨，但其經文首句下是有"此""此明""此記""此言"領起的概括解釋，這些解釋有的是櫽栝章旨，但大多只是概括此章中這一科段或這一句的意思，因爲此章之後的各科段首句下往往亦有"此""此明""此記""此言"領起的解釋。如皇疏《論語》首章就分三個科段明義，各科段均有"明"字引起的科段大意，但并没有歸納章旨。由於皇疏是章内分科段和句解釋的，這説明皇疏在概括一章之意時有很强的隨意性，他對章、科段、句的地位没有嚴格區分，而且似乎對科段更重視，這影響了他對章的獨立性和重要性的認識，也阻礙了他歸納章旨意識的凸顯。

唐代初年，孔穎達主持纂修《五經正義》，之後《周禮》《儀禮》《穀梁傳》《公羊傳》之疏陸續出現，至北宋初年國子監校刻群經諸疏，并別撰《孝經正義》《論語正義》《爾雅正義》。經歷了三百餘年"疏"的編纂實踐後，"疏"的體例已經高度成熟。邢昺《論語正義》，正是在此基礎上對皇侃《論語義疏》疏的體例加以改進、完善的。① 雖然，當時邢昺主持編纂的《論語正義》爲單疏本，并没有完整流傳下來，今天存世的多是經、注、疏合刻本；但仍可據此認清邢疏的結構，而且也不難看出邢疏在體例上對皇疏的繼承、改進和完善。

今天邢疏諸本均以章爲單位排列經、注、疏，每章先列經文和注文，後再列邢疏，經注與疏之間以大"疏"字分開，眉目十分清晰。一章之内，邢疏分兩部分：一是疏解經文，結構是先列經文起訖語或全引經文，②其下首先是櫽栝章旨，均以"此章"領起（《鄉黨》篇每節以"此"領起），然後是字詞和典章名物的訓釋，最後是通解全章文意，如果本章較短或文意簡單也可只有章旨，不再作字詞、名物訓釋和文意疏通；二是疏解注文，結構是先列注文起訖語，③然後解釋注文的字詞和名物，并引用文獻論證

---

① 按：邢昺《論語注疏》中有頗多地方引用孔穎達《周易正義》《尚書正義》《毛詩正義》《禮記正義》《左傳正義》文字。

② 楊按：清武英殿本《論語注疏》删去了經文起訖語和所引經文。

③ 楊按：清武英殿本《論語注疏》改注文起訖語爲疏文所對應之注文，雖表面上使疏文與注文更加吻合，但并不符合疏體，且易生誤解。

注文,最後對注文略作疏解和説明。這樣的體例對皇疏改動是十分明顯的,主要體現在:一是將皇疏中偶爾出現的歸納章旨普遍化,除了僅有的前後相連且内容類似的幾章不歸納其章旨外,邢疏對《論語》其他篇章都歸納了章旨,即使短章也不例外,所有章旨絶大多數以"此章"領起(《鄉黨》篇每節以"此"領起,另有七章用"此一章"領起),置於每章疏文之首,地位非常突出,表現了邢疏在體例上非常明確的首列章旨意識。二是邢疏不再分科段來解釋某些篇章,即使是文字較長的章也不例外。分科段解釋經文是魏晉南北朝"義解"的一大特色,①雖然《論語》有些大的篇章可以分科段,但絶大部分篇章是不分科段的,邢疏取消這一做法無可厚非,而且這有利於章旨的歸納和其意義的彰顯,尤其是與孔穎達《禮記正義》之《禮運》《樂記》兩篇仍保留皇侃《禮記義疏》的科段形成對照,②表現出了更明確的體例意識;三是邢疏疏解經文時一般不概括每個經句的句意,而是先依次訓釋本章經文中的字詞和名物,然後再匯總疏通全章經文。應該説,由於《論語》大部分篇章較短,在具體疏解時,邢疏不再概括科段和句之大意,也就取消了科段、句對章體的干擾,自然形成了眉目清晰的章旨、字詞、名物、文意依次排列的體例結構,并且將這一意識貫穿全書,實現了"疏"這一體例在《論語》學中的最終完成。可見,經過努力,邢疏形成了成熟、完善、統一的"疏"體。《論語》學的"疏"體開始於皇疏,完成于邢疏。邢疏在《論語》學史上的"疏"體典範意義是值得肯定的。

## 四、 邢疏在思想上對皇疏的繼承與改變

皇疏産生于魏晉之後的梁代,在思想内容上有重義理闡釋的特點,表現在其對《論語》的詮釋上即注重從思想内容上對《論語》各篇章意思的認識、歸納,甚至是做出新的闡釋。這從上文所談皇疏出現對章旨及科段、文句大意的概括中已經可以看到這一點。

①　有關科段,可參看牟潤孫在《論儒釋兩家之講經與義疏》(牟潤孫:《注史齋叢稿》,中華書局,1987年,第294—296頁)一文。

②　有關孔穎達《禮記正義》之《禮運》《樂記》兩篇仍保留皇侃《禮記義疏》的科段,可參看華喆《孔穎達〈禮記正義〉取捨皇侃疏研究》,《文史》第三輯,中華書局,2014年。

還要指出的是,現在的研究表明,皇疏有一定的玄學色彩。① 皇侃在《論語義疏自序》中稱,其本以何晏《集解》爲據,採晉人江熙所集十三家,又引取了與何晏《集解》無妨的其他通儒的解釋。今天,皇疏中所引的王弼、郭象、孫綽、熊埋、江熙等的解釋均有濃郁的玄學色彩,這些人的言論尤其是王弼、郭象、江熙的解釋在皇疏中經常出現,不但給皇疏塗上了濃郁的玄學色彩,而且也影響了皇侃的思想,導致了皇疏具有一定的玄學觀念和解經方式。皇疏的很多解釋也從玄學角度著手,表現了一定的玄學特點。如《學而》篇《君子不重則不威》章,皇疏言"重爲輕根,静爲躁本。君子之體,不可輕薄也",②不但"重爲輕根,静爲躁本"來自《老子》第二十六章,而且從本和體相對的角度去認識"君子不重則不威"利用的正是玄學解經方式;又如《爲政》篇首章"爲政以德",皇疏云"言人君爲政,當得萬物之性,故云'以德'也",③正是沿用了其下所引郭象"萬物皆得性謂之德。夫爲政者奚事哉? 得萬物之性,故云德而已也"的言論和理論,反映的也是玄學的觀念,此篇《道之以政》章亦沿襲了這種解釋;又如此篇《吾十有五而志于學》章,皇疏云"此章明孔子隱聖同凡,學有時節,自少迄老,皆所以勸物也",④明顯是用玄學的價值觀念來認識孔子,歸納章旨;再如《陽貨》篇《性相近也》章,皇疏據《周易》及老子、王弼、范甯的言論發爲性無善惡、性未涉乎用的言論,也是用玄學觀念來闡釋孔子所言之"性";又下文所引皇疏釋"道"也是體現了一定的玄學意涵。可以説,皇侃不但用魏晉南北朝時期的玄學本末、體用的思維方式來認識《論語》

① 具體可參閲皮錫瑞《經學歷史》(中華書局,2004 年)、戴君仁《皇侃〈論語義疏〉的内涵思想》(《孔孟月刊》第 21 期,1977 年 4 月)、侯迺慧《皇侃〈論語義疏〉中玄學思想之評論》(《孔孟月刊》25 卷第 4 期,1986 年 12 月)、閆春新《魏晉南北朝"論語學"研究》(中國社會出版社,2012 年)第七章第二節、姜智《皇侃〈論語義疏〉的詮釋特色》(《理論界》2012 年第 8 期)、孫少飛《論詮釋學視野下皇侃〈論語義疏〉的解經思想》(《中北大學學報》2015 年第 4 期)等。

② (梁)皇侃:《論語義疏》,《儒藏》(精華編)本,北京大學出版社,2005 年,第10 頁。

③ (梁)皇侃:《論語義疏》,《儒藏》(精華編)本,北京大學出版社,2005 年,第18 頁。

④ (梁)皇侃:《論語義疏》,《儒藏》(精華編)本,北京大學出版社,2005 年,第20 頁。

的思想體系，而且用浸潤了道家玄學觀念的道、德、性、情、物等觀念來詮釋《論語》的字詞語言和思想内容。

邢疏繼承皇疏思想的一個重要體現是其所列章旨往往襲自皇疏之章旨或科段之意。當皇疏隱栝的章旨、科段大意玄學色彩不濃，尤其是較爲合理時，邢疏大多直接襲用這些章旨或科段大意，這樣的情況較多，如《爲政》篇的《詩三百》章、《吾與回言》章、《視其所以》章、《君子周而不比》章、《學而不思則罔》章、《攻乎異端》章、《人而無信》章等，邢疏均直接襲用或大體沿用皇疏。又《里仁》篇《事父母幾諫》章，邢疏言"此并下四章皆明孝事父母"，之下三章皆不再歸納章旨，此舉與皇疏此章言"此章下四章明孝"及之後三章無章旨相同，承襲之跡十分明顯。此外，也有一些邢疏沿用皇疏章旨的地方，不贅。有時，皇疏的章旨雖然有玄學色彩，但邢疏仍基本沿用，如上文所引《吾十有五而志于學》章，邢疏言"此章明夫子隱聖同凡，所以勸人也"，雖然邢昺已用"天之稟受度也"來釋"命"，不同於皇侃對"命"的"窮通之分"之釋，但其章旨仍來自皇疏，只是略有改變，其中保留了一定的玄學觀念是不難得見的；又如《衛靈公》篇《人能弘道》章皇疏言"道者，通物之妙也"，明顯糅合了道家的玄學觀念，而邢疏亦言"道者，通物之名，虛無妙用，不可須臾離"，亦是保留了皇疏的觀念和思路，而與孔子早期儒家樸素道論差別較大。

邢疏對皇疏思想有繼承，也有改變，特別是改變這方面更重要，更有意義。這主要體現在：

一是邢疏對皇疏的一些章旨或大意有改進、提高。如《公冶長》篇《伯夷叔齊不念舊惡》章皇疏云"此美夷齊之德也"，邢疏改云"此章美伯夷叔齊之行"，更爲準確；又《述而》篇《子溫而厲》章皇疏云"明孔子德也"，邢疏云"此章説孔子體貌也"，邢疏具體確切。等等。都表現了邢疏在皇疏基礎上的修正和改進，邢疏的這些改正往往使詮釋更爲準確。

二是邢疏抛棄皇疏的章旨或大意，重新概括了章旨。如《爲政》篇《由誨女知之乎》章，皇疏的章旨爲"此章抑子路兼人也"，比較空泛、不實，邢疏歸納的章旨爲"此章明知也"，除了二疏著眼的角度不同外，邢疏的概括準確；又如《八佾》篇《夷狄之有君不如諸夏之亡也》章，皇疏歸納的章旨是"此章重中國賤夷狄也"，邢疏爲"此章言中國禮義之盛，而夷狄無也",除了表現出皇侃和邢昺不同的時代詮釋角度外,邢疏的概括可能更符合《論語》原意;再如《泰伯》篇《興于詩》章皇疏言"此章明人學須次第也",邢疏言"此章記人立身成德之法也",邢疏的章旨優於皇疏。

三是邢疏在文意理解尤其是在對玄學的揚棄上對皇疏改動明顯。雖然邢疏有的地方保留了皇疏的玄學闡釋,但是大多時候邢疏還是揚棄了皇疏的玄學闡釋,一個突出的説明是邢疏幾乎完全删除了皇疏引用的王弼、郭象、孫綽、熊埋、江熙等的玄學言論,只是保留了數量很少的王弼、江熙的解釋,并且這些地方多無涉於玄學。邢疏改變皇疏玄學闡釋的一個重要體現是在闡釋觀念上與皇疏不同,如上文提到邢疏與皇疏對"命"的認識不同就是一個方面,皇疏講自然之命近於道家,而邢疏從天命立論,與早期儒學觀念更爲接近。此外,對仁、利、性等範疇尤其是對德的闡釋,邢疏亦明顯不同於皇疏。在剔除了玄學色彩之後,邢疏雖然也沿用本末、體用的抽象思維方式,但本質意涵上又在一定程度上向正統儒家復歸,如邢疏言"德"往往指道德、聖德,有很强的儒家倫理色彩。事實上,除了上引邢疏《人能弘道》章襲用皇疏用玄學觀念和方式解釋"道"之外,邢疏大多地方談的"道"都有濃郁的儒家色彩,是有儒家的本質意涵和倫理價值的,如邢疏於《學而》篇《其爲人也孝弟》章言"是故君子務修孝弟以爲道之基本。基本既立,而後道德生焉"就是一個很好的説明。所以邢疏往往言仁道、孝道、儒家之道、先王之道等,將道落於人類社會、倫理價值和行爲實踐,而并非隔著一層甚至是絶對抽象思辨的自然之道。

## 五、餘　論

南宋前期陳騤在《中興館閣書目》中曾評價邢昺《論語正義》曰"於章句、訓詁、名器、事物之際詳矣"。[①] 無獨有偶,隆興年間,朱熹編纂《論語要義》,其所撰《論語要義目録序》亦云"本朝至道、咸平間,又命翰林學士邢昺等取皇甫侃疏約而修之,以爲《正義》,其於章句、訓詁、名器、事物之

────────────

① 見王應麟《玉海》卷四十一"咸平論語正義"條引,景刊文淵閣《四庫全書》本,第 944 册,第 142 頁。

際詳矣"。① 兩位著名學者幾乎同時對邢疏作出了相同的評價,頗耐人尋味。陳氏言論後被收入王應麟《玉海》和朱彝尊《經義考》,文淵閣《四庫全書》本《論語注疏》書前提要和周中孚《鄭堂讀書記》卷一二亦承之言此書"於章句、訓詁、名器、事物之際詳矣"。② 可以説此語幾乎成了邢疏學術成就的評價。今天看來,邢疏在這些方面確實做出了很大的成績,較皇疏有了明顯改進和提高,其成就并非"詳"字所能涵蓋;邢疏這方面的成績多屬於語言學、考據學領域,但其成果并不限於這些方面,邢疏在疏體和思想上的貢獻也不應忽視。

《四庫全書總目》云:"今觀其書,大抵翦皇氏之枝蔓,而稍傅以義理,漢學、宋學兹其轉關。"③前此,乾隆四年(1739)武英殿校刻《論語注疏》,國子監祭酒陸宗楷於書末撰《論語注疏考證跋語》,云:"要其薈萃群言,創通大義,已爲程朱開其先路矣。"時皇疏尚未回傳國内,④故有邢疏"薈萃群言"語,不及《總目》所言爲確,但其"創通大義,已爲程朱開其先路矣"語實開《總目》評語之先。今天看來,陸宗楷《跋語》和《總目》對邢疏的評價未免過於粗率,因爲邢疏與皇疏文本之異絶非一句"翦皇氏之枝蔓"所能説明,而邢疏有義理,皇疏亦有義理,邢疏與皇疏在思想、義理上是明顯不同的,這種不同更值得人們探討。

今天,更應該具體深入地全面挖掘邢昺《論語正義》的學術價值。

(本文發表於《儒家典籍與思想研究》第十四輯,今略有修改)

① 朱傑人、嚴佐之、劉永翔主編:《朱子全書》第二十四册,上海古籍出版社、安徽教育出版社,2002年,第3613頁。

② 景刊文淵閣《四庫全書》,第195册,第528頁。周中孚著,黄曙輝、印曉峰標校:《鄭堂讀書記》(上),上海古籍出版社,2009年,第204頁。

③ (清)永瑢等撰:《四庫全書總目》,中華書局,1965年,第291頁。

④ 皇疏約南宋中期失傳於我國,後無複稱引之者。對其回傳,武内義雄《校〈論語義疏〉雜識》(江俠庵編譯:《先秦經籍考》,上海文藝出版社,1990年)云:"輸入中國約在乾隆二十六年辛巳(1761)之後,十年間事,獻此於遺書局。先收於《四庫全書》,次爲武英殿覆刻,次爲知不足齋重刊。"

# 蜀大字本《論語注疏》説明

《論語注疏》，魏何晏（？—249）集解，北宋邢昺（932—1010）等疏。

《論語》無單疏本存世，宋元以來《論語》集解正義合刻本，大致有三個版本系統：一是以南宋蜀大字十卷本《論語注疏》爲代表，此本現藏日本宮内廳書陵部，1929 年中華學藝社曾據以珂羅版印刷，1930 年日本澀澤榮一再次影印，2001 年綫裝書局又據以影印，2006 年北京大學出版社出版的《儒藏》（精華編）本即據此本整理；二是以南宋浙東庚司刻二十卷本《論語注疏解經》爲代表，此本據刻地稱越刻本，又因其半葉八行稱宋八行本，今上海圖書館、重慶圖書館、臺灣“故宮博物院”均藏後十卷殘本，傳世元十行本、明李元陽刻本、北監本、毛晉汲古閣刻本、清武英殿刻本、阮元刻本均屬於這一系統，在中國歷史上影響最大；三是以元代元貞十卷本《論語注疏解經》爲代表，此本爲楊守敬自日本携回的海内孤本，光緒三十年（1904），劉世珩委託陶子麟據以影刻入《玉海堂景宋元本叢書》（以下簡稱“玉海堂本”）。

蜀大字本《論語注疏》捺有“檇李顧然雝叔”“顧氏定齋藏書”“辛丑”“定齋”“誌書精舍”及“金澤文庫”“秘閣圖書之章”“御府圖書”等印。檇李指浙江嘉興一帶，《江南通志》卷一二〇載紹定（1228—1233）進士有昆山人顧然，則此本原爲昆山顧然所藏，後流出至東瀛，遂爲金澤文庫所藏，遞經楓山官庫（森立之《經籍訪古志》卷二），終入宮内廳書陵部。

今天看來，蜀大字本主要有以下幾個優點：

## 一、 刊刻最早，體式古雅，近於原貌

此本書中敬、弘、殷、匡、恒、讓、貞、桓、慎、敦、懲等字缺末筆，傳增湘認爲刻於宋光宗朝，島田翰認爲刻於寧宗朝，張麗娟據此書卷三不避寧

宗名諱"廓"字推測其刊刻於光宗紹熙年間,①今覈此書卷六第三葉釋文"椁,古廓反"亦不缺筆,則張麗娟推測爲是。此本刊刻時間要早於寧宗嘉泰、開禧年間刊刻的宋八行本,爲今存最早的《論語注疏》刻本。

從蜀大字本的題名來看,此本與宋八行本、元元貞本皆名《論語注疏解經》不同,而是每卷皆題"論語注疏";從蜀大字本作十卷來看,與《崇文總目》《郡齋讀書志》所著録邢昺《論語正義》單疏本的卷次一致,而與越刻本、元十行本等作二十卷不同。兩方面都説明,蜀大字本《論語注疏》可能來源更早,更接近邢昺疏的原貌。

此本板框高六寸二分,寬四寸三分,白口,無書耳,上下單邊,左右雙邊,上單黑魚尾。魚尾下刻"侖充×"以標示卷次,之下爲葉次。版心下方偶見刻工姓名,可辨者有先、昌二字(島田翰《古文舊書考》卷二)。半葉八行,經大字單行,行十六字;注、疏、釋文小字并雙行,行二十五字。此本屬於典型的南宋蜀刻大字本版式。

此本每卷兩篇,篇内不分段,每章按經、注、疏、釋文順序排列。雖然此本每篇篇名下不列章數,篇内也不按章分段,但是藉助經、注、疏的單元結構也不難區分各章,這種分章反映的是邢昺疏的分章,與南朝梁皇侃的《論語義疏》和朱熹的《論語集注》分章并不完全一致。具體到每章,經文之下緊連著注文,經與注以大小字區别;經注與疏文之間以大"疏"字隔開;疏文與釋文之間以大"釋"字隔開。至於疏文内部,出文與疏之間用空格隔開,這與宋八行本相同,至元十行本時才改用"〇"替換空格表示區隔更爲直觀、清晰。蜀大字本這樣的行款也是比較早的。

此本卷首爲《論語序》。首葉第一行頂格大字書"論語序",第二行空二格中字書"翰林侍講學士朝請大夫守國子祭酒上柱國賜紫金魚袋邢昺疏",第三行空二格中字書"唐國子博士兼太子中允贈齊州刺史吳縣開國男陸德明釋"。後卷一首葉第二行"學而第一"下爲大字"何晏集解""邢昺疏",之後諸篇卷皆不再署名。由於宋八行本均爲後十卷,無法對照此本,但出於宋八行本系統的元十行本卷首第一行頂格大字書"論語注疏解經序",第二三行空一格中字書"翰林侍講學士朝請大夫守國子祭酒上柱國賜紫金魚袋臣邢昺等奉敕校定",之後每卷首葉第二行"××第×"

① 張麗娟:《宋代經書注疏刊刻研究》,北京大學出版社,2013年,第390頁。

下爲"何晏集解""邢昺疏"。可基本推定宋八行本也是這樣,後明李元陽刻本、北監本、毛晉汲古閣刻本、清阮元刻本亦同。而出於元代元貞本的清光緒玉海堂刻本《論語注疏解經》之《論語序》首葉第二行署"翰林侍講學士朝請大夫守國子祭酒上柱國賜紫金魚袋臣邢昺等校定",後每卷(或篇)首葉第二行"××第×"下注"凡××章",次爲"何晏集解""邢昺疏"。從中亦可看出蜀大字本的較早樣態,當然八行本系統更多給人官方印本印象。對於此《序》,陸德明《經典釋文》作"論語序",并云"此是何晏上《集解》之《序》",唐開成石經亦作"論語序",邢昺疏亦言"故曰'論語序'",正可證邢昺所據何晏《集解》本原作"論語序"。蜀大字本作"論語序"是保存了原貌。這是因爲何晏作《集解》時名書之習尚未固定,集解是解經方式,某人經解也可以稱爲"某氏經",序是提要,所以他上書時用"論語序"之名來指他爲《論語集解》撰寫的提要。"論語注疏解經序"的名稱是不明古人這個慣例的妄改。

## 二、 文字具足,有較高文獻校勘價值

蜀大字本刊刻優良,文字工整,校勘精審,可以稱得上是校勘性善本,其校勘價值主要有:

傳世本有脫文,可據以補足。如楊守敬、繆荃孫、姜殿揚均指出《學而》之《不患人之不己知》章,蜀大字本、元貞本有注文"王曰徒患己之無能",而自元十行本至清阮元刻本皆無注文,[1]當補。島田翰指出《陽貨》之《古者民有三疾》章疏文元十行本等脫二十四字,蜀大字本、元貞本不脫,實際上此二十四字宋八行本已脫,毛本、武英殿本臆補二十九字,非是,今可據蜀大字本、玉海堂本補。沙志利指出《八佾》之《子語魯大師樂》章疏文"曰'樂其可知也'者,言作正樂之法可得而知也,謂如下文。'始作翕如也'者,言正樂始作,則五音翕然盛也。翕,盛貌。如,皆語辭",[2]阮元刻本作"'曰樂其可知也'者,言五音翕然盛也。翕,盛貌。

---

① 楊按:皇侃《論語義疏》亦無。
② 沙志利:《略論蜀大字本〈論語注疏〉的校勘價值》,《中國典籍與文化》2006年第1期。

如,皆語辭",脫二十六字,實際上此脫始自元十行本,玉海堂本有,當據補。此外,《顏淵》之《樊遲從遊於舞雩之下》章疏文"'樊遲從遊於舞雩之下'者,舞雩之處有壇、墠、樹木,故弟子樊遲隨從孔子遊於其下也",宋八行本少"下者舞雩之"五字,蜀大字本、玉海堂本有。類似的蜀大字本、元貞本有而國內傳世本脫漏的例子尤其是脫一二字者還頗有一些,不贅。

其實,還應指出的是宋八行本、元十行本、元貞本等同脫而蜀大字本不脫的情況,這些地方更能見出蜀大字本的珍貴。如《學而》之《其爲人也孝弟》章疏文引注起訖語"鮮少至少也",元十行本、玉海堂本并脫"至少"二字,蜀大字本不脫;《爲政》之《攻乎異端》章疏文引何注"善道有統,故殊塗而同歸;異端不同歸",元十行本、玉海堂本并脫"異端不同歸"五字,蜀大字本不脫;《堯曰》之《咨爾舜》章疏文"此堯戒舜,以爲君子之法於汝也。允,信也",宋八行本、元十行本、玉海堂本并脫"於汝"二字,蜀大字本不脫。這些地方更能凸顯其校勘價值。

傳世本有訛誤,可據以校正。姜殿揚曾指出《子張》之《叔孫武叔毀仲尼》章疏文"言人毀仲尼"至"不能傷其賢也"三十六字,元十行本、明李元陽本、北監本空十八字,至毛本、武英殿本、阮刻本均補上,但與蜀大字本、元貞本不同,認爲此正證"後人臆補"。此外,如《爲政》之首章"爾雅釋天云北極謂之北辰",宋八行本、元十行本、玉海堂本均誤"釋天"爲"釋文",蜀大字本不誤;《先進》之《司馬牛問仁》章疏文引注起訖語"孔曰至馬犛",宋八行本、元十行本、玉海堂本"孔曰"誤作"孔子曰",此"孔曰"指孔安國,蜀大字本不誤;《衛靈公》之《臧文仲其竊位者與》章疏文"竊,偷也。魯大夫臧文仲知賢不舉,偷安於位,故曰'竊位'",宋八行本、元十行本、玉海堂本等"竊,偷也"誤作"竊,盜也",此"偷"意爲苟且,非盜竊義,字義訓釋應與疏通句意一致,蜀大字本不誤。類似的例子多有,不贅。

與傳世本有異文,可資研究。姜殿揚、沙志利均指出《堯曰》之《子張問於孔子》章疏文"若未嘗教告而即殺之謂之殘虐"下,元十行本等僅九十一字,蜀大字本作二百一十六字;《不知命》章"正義曰此章"下,元十行本等僅八十七字,蜀大字本則有一百六十五字,異文明顯。姜殿揚認爲元十行本等有殘缺,沙志利認爲蜀大字本更接近疏文原貌。其實,宋八行本、玉海堂本這兩處均同元十行本及其以後各本，可見元十行本這兩處并非殘缺，而是淵源有自。今天看來，蜀大字本這兩處文字與皇侃《論語義疏》更爲接近，而宋八行本、玉海堂本等這樣的文字更爲簡潔，這樣的異文對我們探討邢昺疏的編訂及修改提供了材料，值得深入研究。類似的異文還有多處，只是多是一兩個字或數字，不如這兩處文字差異那麼明顯，限於篇幅，不贅。

## 三、 附有釋文，意義突出

傳世的宋八行本、元貞本《論語注疏解經》均只有《論語》的經、注和疏，而沒有陸德明之釋文，出於宋八行本的元十行本及此後的明李元陽刻本、北監本、毛晉汲古閣刻本、清阮元刻本《論語注疏解經》等也均無釋文，這和《十三經注疏》中《周易》《尚書》《詩經》等均附有釋文不同。這是令人遺憾的，所以清乾隆初年武英殿重新刊刻《論語注疏》時就綴合進釋文，形成經、注、音義、疏這樣的結構。武英殿本《論語注疏》釋文據《通志堂經解》本綴入。通志堂本《經典釋文》出自葉林宗抄本，葉本抄自錢謙益絳雲樓所藏宋本，遺憾的是錢氏所藏宋本毀於絳雲樓大火。通志堂本《經典釋文》刊刻時作了很多改動，不乏疏漏和訛誤，所以乾隆五十六年又有盧文弨校訂的抱經堂刻本。殿本《論語注疏》採入時對釋文作了刪削，由此致錯的地方不少。[①] 後來，清內府發現有宋刻宋元遞修本《經典釋文》，是目前比較好的本子，但是其中錯誤也不少。蜀大字本《論語注疏》附有釋文，每章按經、注、疏、釋文的順序排列，其收入的釋文來源要早於宋刻本《經典釋文》，意義突出。舉一個比較典型的例子，《先進》之《柴也愚》章"子曰：其回也屢空"，武英殿本出釋文"空，力從反"，釋音與被釋字不合。按：宋本、通志堂本《經典釋文》於此出文爲"屢空"二字，言"屢空，力從反"。[②] 元盱郡刊廖氏本《論語集解》和摛藻堂《四庫全書薈要》本《論語注疏》作"力縱反"，岳珂《九經三傳沿革例》言空"力縱反"，吳

---

① 可參拙文《武英殿本〈論語注疏〉析論》，《中國典籍與文化》2021 年第 2 期。

② 楊按：《經典釋文》出文多兩個字，注音其中一個字時多無確指，此當爲當時人慣例。

承仕《經典釋文序録疏證》指出"空"無力從、力縱之音,黃焯《經典釋文彙校》引錢大昕語"閲談平階《讀論語》一篇云,《釋文》'屢空力從反',似'空'有龍音。予檢《詩》釋文'屢盟''削屢''婁豐'三條,皆音'力住反',乃知'力從'爲'力住'之訛,陸氏爲'屢'音,非爲'空'音也",①并認爲"錢説最爲近理",然黃氏又疑此處陸氏爲"空"音,疑"力縱"爲"口縱"之訛。今蜀大字本正作"屢空,力住反",可知陸氏確爲"屢"音,無與於"空"字,"力從"當爲"力住"之訛改,"力縱"又"力從"之再訛,錢氏之説爲確,黃氏之疑至此可釋矣!類似的例子還有一些,如沙志利曾舉出蜀大字本釋文好的兩例,今人已有專門從音韻學角度研究此本釋文的文章,其中的學術價值還有待進一步發掘。

當然,毋庸諱言,此本也有不足,主要有二:

一是存在一些形訛字。如《論語序》疏文"又從夏侯勝問《論語》《禮服》",蜀大字本"又"誤作"文";疏文"復團圓似水蟲之科斗",蜀大字本"科斗"誤作"利";疏文"義在謙退",蜀大字本"謙"誤作"講";《學而》之《道千乘之國》章疏文"水昏正而栽",蜀大字本"栽"誤作"裁";《爲政》首章疏文"環之匡衛十二星",蜀大字本"衛"誤作"衡"。等等。

二是偶有脱字。如《論語序》疏文起訖語"叙曰至傳之"後"正義曰",蜀大字本脱"正"字;《學而》之《有子曰其爲人也孝弟》章疏文"今案注云上謂凡在己上者",蜀大字本脱上一"上"字;《君子食無求飽》章疏文"有道謂有道德者",蜀大字本無"者"字。等等。此外,蜀大字本有多處脱去邢疏引經或注時所用的"云"字、"者"字、"也"字等,不一一羅列。

此外,此本多有俗字、今字。蜀大字本用俗字如"答"作"荅"、"萬"作"万"、"謂"作"爲"、"辭"作"辝""辤"、"氣"作"炁"、"無"作"无"、"於"作"于"、"禮"作"礼"、"爾"作"尔"、"備"作"俻"、"體"作"躰"等。蜀大字本用今字如"説"作"悦"、"弟"作"悌"、"嚮"作"向"、"大"作"太"等。這種情況在宋代其他作品的蜀刻本中也比較常見。

總的來看,蜀大字本刊刻精良,除去偶有殘缺外,文字的訛脱情況多屬一兩個字的情況,且不是太多,倒文和竄亂的情況亦僅一二見,可以稱得上是校勘性善本。

---

① 黃焯:《經典釋文彙校》,中華書局,1980 年,第 313—314 頁。

蜀大字本《論語注疏》有明顯的蜀刻本特徵，行格舒朗，字大如錢，且鎸刻十分精美，字體娟秀，有歐體、柳體相結合的特點，爲宋刻之上品。

（本文爲蔣鵬翔、沈楠編《師顧堂叢書·論語注疏》所撰影印說明，今略有修改）

# 宋越刻八行殘本《論語注疏解經》析論

《論語注疏》今存宋本有兩種:一種是日本宮內廳書陵部所藏蜀刻大字本《論語注疏》十卷,1929 年我國中華學藝社曾據以珂羅版印刷,次年日本澀澤榮一再次據宮內廳本影印,後 2001 年我國綫裝書局又據以影印,2006 年北京大學《儒藏》精華編據以整理;另一種是宋越州刻本《論語注疏解經》,原二十卷,今存三部,均爲後十卷殘本,分別藏於上海圖書館、重慶圖書館和臺北"故宮博物院",顧永新先生和張麗娟女士曾略加介紹,①均語焉不詳。

有鑒於此,筆者不揣譾陋,對宋越刻八行殘本做一論述,期有補焉。

## 一、 宋越刻八行本《論語注疏解經》的版本性質

對於此書,王文進《文禄堂訪書記》曾有著録,云爲"宋紹熙浙東庚司刻本"。② 庚司是宋代提舉常平司的俗稱,掌常平倉與貸放錢穀等事,也稱倉司。臺北"故宮博物院"著録爲"宋嘉泰兩浙東路刊本"。③ 阿部隆一《中國訪書志》也定此書爲光宗紹熙間刻本,但他將與此本頗爲近似的《孟子注疏解經》定爲寧宗嘉泰間刻本,令人不解。上海圖書館著録爲宋

---

① 顧永新:《〈論語注疏〉影印説明》,《日本宮內廳書陵部藏宋元版漢籍影印叢書·論語注疏》卷首,綫裝書局,2001 年。張麗娟:《宋代經書注疏刊刻研究》,北京大學出版社,2013 年,第 313—315 頁。

② 王文進著,柳向春校點:《文禄堂訪書記》,上海古籍出版社,2007 年,第 45 頁。

③ 昌彼得《跋南宋浙刻八行殘本論語注疏解經》(《蟫庵論著全集》,臺北"故宮博物院",2009 年,第 581—586 頁)一文考證,此本有宋元之際至元至正二十一年(1361)三次修版。

刻元明遞修本,重慶圖書館著録爲宋刻本。紹熙爲南宋光宗年號,自一一九〇年至一一九四年,共五年;嘉泰爲宋寧宗年號,自一二〇一年至一二〇四年,共四年。兩説相距七年,但皇帝已兩人。當然,刊刻地點兩説也不同。

判斷古籍版本的年代,一般依據書版中的版式、字體、避諱字、刻工名、牌記、序跋以及相關記載等,以下我們據此做一番考訂。

今覈此書諱字有玄、匡、恒、桓、慎、敦、完,均缺末筆,未見諱宋光宗名。雖然此書避諱較蜀大字本嚴,但還不能據此推定爲光宗紹熙年間刊本,因爲《論語注疏》後十卷未出現寧宗御諱"擴""廓"二字,王文進的推斷未免簡單。如張麗娟據黄唐紹熙壬子(1192)所撰《禮記正義》跋"乃若《春秋》一經,顧力未暇,姑以貽同志"和沈作賓慶元六年(1200)《春秋左傳正義》題識"合五爲六,炳乎相輝"指出至此八行本始刻成"六經",則《論語注疏解經》和《孟子注疏解經》的刊刻當在此後,[1]此誠爲卓見。可見,準確認識八行本《論語注疏解經》的刊刻時間還應更多從版式、字體和刻工上做深入考察才是。

臺北"故宫博物院"藏本無鈐記,遞藏不明,但非清宮舊藏,而是原"中央博物館"藏書,其具體著録云:"存十卷,一函,一册,21 厘米 * 16.5 厘米,刊本,存卷十一——二十,卷十一缺葉一和二,葉四至十倒置於卷二十之後,卷十一數葉邊角待修補,卷二十葉六後半缺佚。"又云:"包背裝,左右雙欄,版心白口,單魚尾,中縫上記字數,中記卷次,下記葉次及刻工名。半葉八行,行十六字,小字雙行,二十二字。"著録刻工名有:徐困、毛俊、李林明、徐仁、許誅、張亨、齊、張明、石□(首)、沈思忠、沈珍、徐榮、李□(首)、符彦、何垕、王百九、陶、李用、沈仁舉、李彦、文昌、友山、徐友山、許詠、宋瑜、費、金、王桂、吴宥、仇、陳松、俞榮、德潤、永、金賢、建、任阿伴、章文、許文、壽、楊明、曹德等。

上海圖書館和重慶圖書館藏本也是僅存後十卷,138 葉,重慶圖書館藏本作兩册,亦均遞藏不明。今經全面比對版式、文字、刻工,上圖本、重慶本與臺北"故宫博物院"藏本相同,應爲同版。相比臺北"故宫博物院"藏本,上圖本、重慶本這兩個藏本已均爲綫裝,無缺葉和錯裝葉。

---

① 張麗娟:《宋代經書注疏刊刻研究》,北京大學出版社,2013 年,第 333 頁。

今經查覈,可在臺北"故宫博物院"著録刻工基礎上,略作增補,還有王子文、董用、曹德新、李斌、洪坦、丁之才、石寳、李寳、金彦、王祜(祐)、陳析、婁正、楊昌、□濮、金潛、貴、孝文等。

今存宋越刻八行本《論語注疏解經》均爲宋刻元明遞修本,其中宋版有的無刻工,有的有刻工,大多版面經過修補;元版與宋版版式基本相同,但版心上方刻大小字數,刻工與宋版刻工有別。今根據版式、行款、字體,參考刻工名,可將此本的版面大致分爲四類:一類是左右雙邊,白口,單魚尾,版心上不記字數,中刻"論語注疏幾",下刻葉碼,無刻工,大字正方挺拔,顏體,小字略呈長方,字體秀雅,略近歐體,版面文字因時間較久和多次刷印而字跡模糊且筆畫略粗,此類應爲初版,共 15 葉。二類共 73 葉,版式幾同第一類,但版心下方有刻工名,刻工有李林明、毛俊、王子文、張亨、符彦、李斌、丁之才、徐仁、張明、王祜(祐)、李彦、徐榮、沈思忠、許詠、李明、宋瑜、陳衫、俞榮、李用、金潛、洪坦、金彦、徐泳、沈仁舉、吳宥、許文等,此類版面文字筆畫亦略粗,大字端方,小字方正,字呈顏體,刻板應後於第一類。一類和二類版面頗多有局部修版者,修版字跡呆滯笨拙。三類共 48 葉,版式近上二類,但版心上方刻大小字數,版心下方多有刻工名,偶無刻工名,刻工有石寳、顧祐、曹德新、張明、徐榮、沈珍、貴、金、李寳、仇、徐困(或單字作"困")、任阿伴、王百九、徐友山(或作"友山")、德潤、何㢝、文昌、李寳、永、壽等,字體顏中含柳,與一二類刻字秀雅不同而是較稚拙。第四類 2 葉,四周雙邊,大黑口,一葉爲對雙黑魚尾,版心上方無字數,下方無刻工名,一葉爲順雙黑魚尾,刻工名楊明,均字近趙體,字體清晰,應刊刻最晚。

這些刻工中,徐仁、許詠、毛俊、王祜(祐)、金彦、李用、宋瑜、俞榮見於宋刻八行本《毛詩注疏》和《禮記正義》原版,顧祐、徐仁、吳宥、毛俊、宋瑜、許詠、李斌、丁之才、張明、符彦、李用見於宋刻八行本《春秋左傳正義》,徐仁、張亨、毛俊、顧祐、李斌、丁之才、王祜(祐)、沈思忠、李林明、李彦、宋瑜、金潛、洪坦、吳宥、許文見於宋刻八行本《孟子注疏解經》,張亨又見於南宋補刻《陳書》,丁之才見宋刊《古史》。今知宋八行本《毛詩注疏》刊於紹熙三年(1192),《禮記正義》亦刊於紹熙三年,《春秋左傳正義》刊於慶元六年(1200)。張麗娟先生據《孟子注疏解經》中刊工楊昌、楊暹二人曾見於淳熙二年(1175)嚴陵郡庠刻《通鑑紀事本末》的刊工名中,以刊工工作壽命三十年計,推測《論語注疏解經》和《孟子注疏解經》刊於寧宗嘉泰、開禧年間,最遲"不當晚至理宗時期",并據二經版刻風貌、字體風格與兩浙東路茶鹽司及紹興府所刻六經一致,刻工相通,推測《論》《孟》亦出於兩浙東路茶鹽司或紹興府。① 張麗娟先生所推甚有道理,我們可以在這個基礎上向前推進。如張先生未指出的《論語注疏解經》中刻工洪坦曾見於南宋杭本《東坡集》的刻工人名中,《東坡集》卷首有乾道九年(1173)的御制序,其時較二楊更早;尤其是《論語注疏解經》原版刻工中有大量刻工名字也多見於宋越本《毛詩注疏》《禮記正義》和《春秋左傳正義》的原版刻工名中,這説明《論語注疏解經》的刊刻應差不多與這三部經書的刊刻同時或稍晚,應該刊於寧宗嘉泰間,王國維先生"刊於慶元庚申以後"的説法大致不差,②臺灣"故宮博物院"著録此書爲"嘉泰間兩浙東路刊本"更爲準確,開禧應爲此書刊刻的時間下限。這樣看來,張麗娟先生的推測略顯保守,實際上據二楊三十年的工作壽命來推測得出的嘉泰、開禧年間正是《論語注疏解經》刊刻的時間下限。

宋越刻八行殘本《論語注疏解經》還有後世修版的問題。如任阿伴、徐困曾見於《周易注疏》《禮記正義》和《春秋左傳正義》的元代補版中,是阿部隆一《中國訪書志》著録的元代刻工;此外,徐友山、王百九、德潤、何亶、李寶、婁正也曾見於《周禮注疏》《禮記正義》和《春秋左傳正義》的元代補版中,亦當爲元代刻工。有這些刻工的版面特徵是版心上方刻大小字數,今存三種宋越刻十行本經疏與元十行本經疏的區別也是在這個方面,這説明版心上方刻大小字數是元版的一個特徵。可見,今存宋八行本《論語注疏解經》在元代經過了一定幅度的修版。

又四周雙邊、黑口、對雙魚尾版面,當屬於明初補版,時間最晚,所以字跡和版面界畫也最清晰。宋越刻八行本《論語注疏解經》在明代也經過了修版。

綜上,今存八行本《論語注疏解經》爲宋越刻宋元明遞修本。

---

① 張麗娟:《宋代經書注疏刊刻研究》,北京大學出版社,2013 年,第 333—334 頁。

② 王國維:《觀堂集林》卷二一《宋越州本〈禮記正義〉跋》,第四冊,中華書局,2004 年,第 1041 頁。

## 二、 宋越刻八行殘本《論語注疏解經》的校勘價值

宋越刻八行本《論語注疏解經》刊刻時間略晚於蜀大字本《論語注疏》,是今存較早的《論語》注疏合刻本。三部殘本均遞藏不明,歷來書目很少著録,也幾乎很少有人提及,遑論以之校勘了。如清代阮元校勘、刊刻《十三經注疏》,其《論語注疏解經》(以下簡稱"阮本")以元十行本爲底本,未曾利用宋越刻八行本;王欣夫著《景刊元貞本〈論語注疏解經〉考證》以玉海堂影印元貞本爲底本,校以阮本,也未提宋越刻八行本;又北大《儒藏》(精華編)所收《論語注疏》以蜀大字本爲底本,也未曾參校宋越刻八行本。今天看來,由於宋越刻八行本刊刻時間較早,具有很高的校勘價值。

1. 可以補傳本之脱文

傳世本子後十卷有幾處大的脱文,宋越刻八行本有的不脱,可據以彌補。

《憲問》之《不逆詐》章疏文阮本有"言先覺人者,是□□□□□□□□所以非賢者,以詐僞不信之人,爲之億度□□□□□人,故先覺者非爲賢也",兩處共脱十四字,李學勤主編《十三經注疏》標點本同闕。覈阮本所據的十行《論語注疏解經》之元刻明正德修本此兩處皆漫漶不清,[1]無法辨認。自元刻明正德修本所出的嘉靖重校修版(以下簡稱"嘉靖本")、李元陽福州府學刻本(以下簡稱"閩本")、萬曆北京國子監刻本(以下簡稱"監本")、毛晉汲古閣本(以下簡稱"毛本")不但均脱此十四字,又并脱"所"和"億度"三字,共脱十七字,且將第一處脱文之上的"是"字誤作"具"字。今宋越刻八行本作"言先覺人者,是寧能爲賢乎? 言非賢也。所以非賢者,以詐僞不信之人,爲人億度逆知,反怨恨人,故先覺者非爲賢也",文意具足,且同蜀大字本和劉世珩玉海堂景刊元貞本(以下簡稱"玉海堂本"),正可補此十四字。

《微子》篇之《子路從而後》章疏文阮本有"'長幼之節不可廢也,君臣

---

① 有關阮校本源出《論語注疏解經》的元刻明正德修本,筆者於《元十行本〈十三經注疏〉明修叢考》(《南京師範大學文學院學報》2018 年第 1 期)曾加以考辨。

之義如之何其廢之'者,言女知父子相養是知長幼之節不可廢也,反可廢君臣之義而不仕濁世,欲清絜其身,則亂於君臣之義大道理也",細繹邢疏"欲清絜其身,則亂於君臣之義大道理也"語與出文不合,且無經文"欲絜其身,而亂大倫",頗不通順。然自元刻明正德修本以來,嘉靖本、閩本、監本、毛本皆如此,阮氏亦不察。宋越刻八行本作"'長幼之節不可廢也,君臣之義如之何其廢之'者,言女知父子相養是知長幼之節不可廢也,反可廢君臣之義而不仕乎?'欲絜其身,而亂大倫'者,倫,道理也,言女不仕濁世,欲清絜其身,則亂於君臣之義大道理也",文從字順,於意亦洽,且同蜀大字本和玉海堂本,正可據補。正如沙志利指出的那樣,脫文當因兩處"不仕"重複所致,[1]但此處脫文由來已久,自元十行本已然,并非如沙志利所說始自阮本。

宋越刻八行本有的地方可補傳本一二字的脫文。雖然只補一二字,但已足見此本優長。

《子路》篇之《子謂衛公子荆》章疏文阮本有"正義曰:案《左傳》襄十九年,吳公子札來聘",按吳公子札聘魯事在襄公二十九年,此脫"二"字,阮元《校勘記》據《左傳》已校出脫文,但仍沿襲底本不補,蜀大字本、元刻明正德修本、嘉靖本、閩本、監本、毛本同脫,宋越刻八行本有"二"字,玉海堂本同有,可據補。

《衛靈公》篇之《顏淵問爲邦》章疏文"鄭玄注《弁師》云'天子袞冕,以五采繅,前後各十二旒'",傳世諸本無"各"字,然《周禮注疏》原鄭注和《左傳注疏》卷四引文皆有"各"字,此處邢疏襲用《左傳注疏》,當有,今宋越刻八行本有,蜀大字本與玉海堂本亦有,無者脫也。

2. 可以訂傳本之訛誤

顧永新等先生研究表明明代以來傳世諸本《論語注疏解經》實際上來自一個源頭——元十行本《論語注疏解經》,閩本出自元十行本的明代遞補本,監本出自閩本,毛本又以監本爲底本,[2]我們認爲阮本以元十行

---

① 沙志利:《論蜀大字本〈論語注疏〉的校勘價值》,《中國典籍與文化》2006 年第 1 期,第 31 頁。

② 顧永新:《經學文獻的衍生和通俗化》之第一章《正經注疏的衍生與刊刻》,北京大學出版社,2014 年。

的正德修本爲底本。元十行本來自南宋建陽刊刻的宋十行本，建本屬於坊刻，錯訛較多，後來輾轉翻刻中有修改也有新增，錯訛仍然較多，至阮本仍有大量訛誤存在。宋越刻八行本《論語注疏解經》屬於官刻本，刊刻精良且時間較早，與元十行本在書名、卷數、體例、出文、用字上保持著相當的一致性，元十行本所據的底本與宋越刻八行本有著十分密切的關係，這樣宋越刻八行本不但保留了較早的風貌，而且是今存元刻本一系的祖本，對後世傳本文字訛誤有正本清源的作用。

《先進》篇之《回也非助我者也》章疏文“凡師資問荅，以相發起，若與子夏論《詩》，子曰‘起予者商也’，如此是有益於己也”，嘉靖本、閩本、監本、毛本、殿本“師資”作“解資”，宋越刻八行本、蜀大字本、玉海堂本、元刻明正德修本、阮本作“師資”。按：“師資”猶“師徒”也，晉唐人語，《禮記疏》《孝經疏》皆有之，邢昺正用此意，“解資”當蒙上文“助，解也”誤改。

又同篇之《子畏於匡》章疏文“‘曰子在回何敢死’者，言夫子若陷於危亡，則回必致死”，元刻明正德修本“亡”字漫漶不清，閩本、監本、毛本、殿本、阮本作“難”，“難”與“死”不相應，今宋越刻八行本作“亡”，蜀大字本、玉海堂本同，則“難”字爲閩本誤改。

《顏淵》篇之《哀公問於有若曰》章疏文“耕百畝者，徹取十畝以爲賦。雖異名而多少同，故云‘皆什一也’”，元刻明正德修本和阮本“而”作“二”，閩本、監本、毛本作“義”，皆不辭，阮元《校勘記》已見趙岐《孟子注》作“而”，然仍認爲“義”字是。宋越刻八行本作“而”，蜀大字本、玉海堂本同，“二”蓋音訛，“義”則爲李元陽因“二”不辭妄改。

《憲問》篇之《或問子產》章疏文“正義曰‘惠，愛’，《釋詁》文”，元刻明正德修本“詁”字漫漶不清，嘉靖本、閩本、監本、毛本作“注”，不辭，“惠，愛”見《爾雅·釋詁》，阮本據改，今宋越刻八行本作“詁”，蜀大字本、玉海堂本同，阮本所改是矣。

《憲問》篇之《晉文公譎而不正》章疏文“云‘是譎而不正也’者，晉侯本意欲大合諸侯之師，共尊事天子，以爲臣之名義，實無覬覦之心，但於時周室既衰，天子微弱，忽然帥九國之師，將數十萬衆，入京師，以臨天子”，傳本“十”皆作“千”，阮元《校勘記》雖引浦鏜語“千”爲“十”之誤，但仍相沿不改。今宋越刻八行本作“十”，蜀大字本、玉海堂本同，正證明是元十行本誤作“千”。又同章疏文“溫去京師路近，因加諷諭，令王就會受

朝”，元刻明正德修本“諷”字漫漶不清，嘉靖本、閩本、監本、毛本、阮本作
“謂”，於意不通，《玉篇》“諷，譬喻也”，《廣雅》“諷，諫也”，阮元《校勘記》
曾引浦鏜語“謂”當“諷”之誤，但因無版本依據未改。今宋越刻八行本正
作“諷”，蜀大字本、玉海堂本同，證明是嘉靖本誤改爲“謂”。

《衛靈公》篇之《直哉史魚》章疏文“‘邦有道則仕，邦無道則可卷而懷
之’者，此其君子之行也。國若有道則肆其聰明而在位也，國若無道則韜
光晦知，不與時政，亦常柔順不忓逆於人，是以謂之君子也”，元刻明正德
修本“時政”二字漫漶不清，嘉靖本、閩本、監本、毛本作“政故”，則“故”字
下屬，清武英殿刻本作“時政故”。蓋嘉靖本誤認“時政”爲“政故”，清內
府館臣以“不與政故”不通再增“時”字。今宋越刻八行本正作“時政”，蜀
大字本、玉海堂本同，可證後世傳本誤改又誤增也。

《子張》篇之《叔孫武叔毀仲尼》章疏文“至於仲尼之賢則如日月，貞
明麗天，不可得而踰也”，元刻明正德修本、嘉靖本、閩本“貞明麗天”作墨
釘，監本、毛本作空格，阮本作“之至高人”。今宋越刻八行本作“貞明麗
天”，蜀大字本、玉海堂本同，可證阮本臆補也。

類似的例子較多，限於篇幅，不再贅述。

3. 宋越刻八行本的用字特點

蜀大字本《論語注疏》多用俗字，保留了一些唐寫本或五代刻書的字
體，這也是宋代蜀刻本的特徵之一，如書中有“荅”“無”“皷”“注”“旨”
“深”“蓋”“毎”“唯”“躰”“礼”“辤”“辝”“矦”“囯”“衞”“断”“耻”“属”“義”
“兊”“善”“強”等，其中以“言”“丗”“兊”爲偏旁的合體字也多用此單體字
形，又書中“本”多作“夲”。① 以上用字，宋越刻八行本《論語注疏解經》作
“答”“無”“鼓”“注”“旨”“深”“蓋”“每”“唯”“體”“禮”“辭”“侯”“國”“衞”
“斷”“恥”“屬”“義”“兌”“善”“彊”“本”等，多用正字，這和宋越刻八行本
爲官刻本，用正字，避諱較嚴相一致，與人們對越刻本與蜀刻本用字差異
的認識也相符。

宋越刻八行本《論語注疏解經》還偶用一些特殊字，如“貌”用古字
“皃”，“缺”用“闕”，“樗”用“橾”等，既不同於蜀大字本、景刊元貞本的玉
海堂本，也不同於後世所傳的十行本系統的用字。

____

① 楊按：唐《開成石經》之《論語》“本”多作“夲”。

宋越刻八行本這樣的用字特點,對於我們認識宋本尤其是宋代《論語注疏》的刊刻和原貌具有重要的版本學意義。

## 三、 宋越刻八行本《論語注疏解經》的文字疏漏

宋越刻八行本《論語注疏解經》中,因刻工偶誤造成的文字疏漏情況也不少,其中有些地方後來的元十行本、閩本、監本、毛本、阮本遞加校改,得到了一定的修正;但大量的情況是由於沒有其他倚傍,這些疏漏仍然存在,這也是證明宋越刻八行本是後世傳本祖本的一個方面。具體來講,宋越刻八行本的文字疏漏有以下幾種:

1. 形近而訛

這類訛誤較多,僅以其中的《先進》篇爲例。

《孝哉閔子騫》章疏文"間,謂非毀間廁。言子騫上事父母、下順兄弟,動靜盡善,故人不得有非間之言",宋越刻八行本最後一個"間"誤作"問"。

《南容三復白圭》章疏文"玉之缺尚可磨鑢而平,人君政教一失,誰能反覆之",宋越刻八行本"玉"誤作"王"。

《顏淵死門人欲厚葬之》章疏文"禮,貧富有宜。顏淵貧,而門人欲厚葬,故不聽之",宋越刻八行本前一"貧"字形訛作"貪"。

《魯人爲長府》章疏文"内府主良貨賄藏在内者,外府主泉藏在外者,是藏財貨曰府",宋越刻八行本"良"誤作"艮"。

《柴也愚》章何注"愚,愚直之愚",宋越刻八行本"之"誤作"丈"。

《子畏於匡》章疏文"今夫子在,己則無所敢死,言不敢致死也",宋越刻八行本前一"敢"字誤作"取"。

《子路曾晳冉有公西華侍坐》章疏文"唯曾晳獨能知時,志在澡身浴德,咏懷樂道,故夫子與之也",宋越刻八行本"晳"形訛作"暫"。

一篇之内,形訛至少有七處,其他篇章亦多有此類形訛者,如"決"誤作"次"、"止"誤作"上"、"德"誤作"律"、"拔"誤作"枝"、"乃"誤作"及",等等。這些形訛,應爲刻工疏忽所致,元十行本等有些已改正,也有些沿襲,當然也新增了一些形訛字。

2. 其他訛誤

其他訛誤的原因有多種，或因文意理解而誤，或因語音而誤，也有原因不明者，如：

《先進》篇之《孝哉閔子騫》章疏文“正義曰：此章歎美閔子騫之孝行也”，宋越刻八行本“歎”作“推”。蜀大字本、玉海堂本和傳世諸本皆作“歎”，邢疏以此“歎”字來括經文“孝哉”之語，“推”當不明文意而誤。

《顏淵》篇之《聽訟吾猶人也》章疏文“‘聽訟，吾猶人也。必也，使無訟乎’，是夫子辭；‘無情者不得盡其辭，大畏民志’，是記者釋夫子無訟之事”，宋越刻八行本前一“辭”作“使”，誤，蜀大字本、玉海堂本和傳世諸本不誤。

《憲問》篇之《桓公殺公子糾》章疏文“存亡繼絶，諸夏乂安，皆管仲之力也”，宋越刻八行本“乂”蓋因讀音誤作“義”，元刻明正德修本、閩本、阮本同誤，玉海堂本形誤作“又”，蜀大字本不誤。又同篇《以德報怨》章經文“何以報德”，宋越刻八行本“德”誤作“之”，元刻明正德修本、嘉靖本承之，閩本校改爲“德”。

《衛靈公》篇之《臧文仲其竊位者與》章疏文“竊，偷也。魯大夫臧文仲知賢不舉，偷安於位，故曰‘竊位’”，宋越刻八行本“竊，偷也”作“竊，盗也”，元刻明正德修本、嘉靖本、閩本、監本、毛本、殿本、阮本皆同，蜀大字本、玉海堂本作“竊，偷也”。按邢疏以“偷安”釋“偷”，此偷，苟且也，宋越刻八行本作“盗”當不明文意誤改，後世傳本相沿不覺。

類此者尚多，不贅。

3. 偶有衍文和脱文

宋越刻八行本有幾處脱文，如：

《顏淵》篇之《樊遲從遊於舞雩之下》章疏文“‘樊遲從遊於舞雩之下’者，舞雩之處有壇、墠、樹木，故弟子樊遲隨從孔子遊於其下也”，宋越刻八行本作“樊遲從遊於舞雩之處有壇、墠、樹木，故弟子樊遲隨從孔子遊於其下也”，少五字，元刻明正德修本、嘉靖本、閩本、監本、毛本、阮本同缺，蜀大字本和玉海堂本不少。玉海堂本所附繆荃孫《札記》認爲阮本脱“舞雩之下者”五字，我們認爲也可能誤脱“下者舞雩之”五字，當因“舞雩之”重複而脱，其脱當始於宋越刻八行本。

《子路》篇之《仲弓爲季氏宰》章孔注“女所不知者，人將自舉之。各舉其所知,則賢才無遺”,宋越刻八行本無“之各舉”三字,當因兩“舉”字重複而誤認爲一字而脱,後元刻明正德修本、嘉靖本、閩本、監本、毛本、殿本、阮本皆脱,蜀大字本、玉海堂本不脱。

《陽貨》篇之《古者民有三疾》章疏文有“‘今之狂也蕩’者,謂曠蕩無所依據。‘古之矜也廉’者,謂有廉隅。‘今之矜也忿戾’者,謂忿怒而多咈戾,惡理多怒。‘古之愚也直’者,謂心直而無邪曲”,宋越刻八行本作“‘今之狂也蕩’者,謂忿怒而多咈戾,惡理多怒。‘古之愚也直’者,謂心直而無邪曲”,脱“謂曠蕩無所依據。‘古之矜也廉’者,謂有廉隅。‘今之矜也忿戾’者”二十四字,元刻明正德修本、嘉靖本和阮本也皆無此二十四字,閩本意識到了脱文,有二十三字墨釘,監本作二十三字空格,毛本補入“無所依據,太放浪也。‘古之矜也廉’者,謂有廉隅,自撿束也。‘今之矜也忿戾’者”二十九字,爲殿本襲用。按:宋越刻八行本因兩“謂”字重複脱去整一行,毛本蓋據孔注、馬注補,又增“太放浪也”“自撿束也”二句以足文意,然於原脱“曠蕩”二字闕如,與文意、版式皆不合。

宋越刻八行本也有幾處脱一二字者,限於篇幅,不再羅列。

宋越刻八行本的脱文,後世傳本大多沿襲,亦見一補足者,即《顔淵》篇之《樊遲從遊於舞雩之下》章疏文“‘一朝之忿,忘其身以及其親,非惑與’者,言君子忿則思難,若人有犯己,一朝忿之,不思其難,則忘身也,辱其身則羞其親,故曰‘以及其親’也”,宋越刻八行本無“故曰以及其親”六字,蜀大字本、玉海堂本及傳世諸本皆有,則元十行本已補。

宋越刻八行本偶有幾處衍文,如:

《顔淵》篇之《士何如斯可謂之達矣》章馬注“常有謙退之志,察言語,觀顔色,知其所欲,其念慮常欲以下人”,宋越刻八行本“言”下衍“謙”字,後世諸本皆無。

《微子》篇之《子路從而後》章疏文“‘子曰:隱者也。使子路反見之,至則行矣’者,夫子言此丈人必賢人之隱者也,使子路反求見之,欲語以己道,子路反至其家,則丈人出行不在也”,宋越刻八行本“子路反至其家”的“反”下衍“而”字,此“反”即“返”,下不應有“而”字,元刻明正德修本、嘉靖本、閩本、監本、毛本、殿本、阮本、玉海堂本同有,蜀大字本無。

# 四、餘　論

　　根據阿部隆一、張麗娟、顧永新等先生的研究，元十行本《論語注疏解經》源出南宋建陽所刊宋十行本《論語注疏解經》。雖然宋十行本《論語注疏解經》今已不存，但我們認爲宋十行本源出宋越刻八行本《論語注疏解經》，這從以上論述宋越刻八行本的校勘價值和文字疏漏中可以找到大量的例證，元十行本的許多訛誤、脫文等情況大多可以從宋越刻八行本這裏找到源頭，有些元十行本或後世傳本的文字錯誤也可以通過校對宋越刻八行本找到很好的解釋，宋越刻八行本是元十行本一系的祖本，因此宋越刻八行本對後世傳本的文本文字有正本清源的校勘作用。

　　此外，宋越刻八行本的疏文出文與蜀大字本和玉海堂本多有不同。唐人正義源於魏晉義疏，所以也叫疏，疏包括對經文的疏和對注文的疏，由於疏本單行，所以唐人具體到哪篇哪章的正義必須先標明疏所對應的經文或注文。《五經正義》的經疏出文有兩種格式：一般標出所疏經文的開首和結尾的幾個字，不以句讀爲限，之間用"至"字連接，形成所謂的起訖語，較爲常見；另一種是全引經文，比較少見。宋越刻八行本《論語注疏解經》的長章經疏起訖語與《五經正義》的一般格式相同，但是對於短章，宋越刻八行本出文與長章不同，多全引經文。而蜀大字本和玉海堂本的出文格式大多不分長短章，均只標起訖語，這和宋越刻八行本疏文出文形成了明顯的不同。宋越刻八行本長短章出文格式不同，但却與元十行本以來的傳世諸本出文完全相同。這也説明宋越刻八行本與元十行本一脉相承，與蜀大字本和玉海堂本景刊的元貞本關係較爲疏遠。當然，宋越刻八行本的用字特徵也能側面印證這一點。

　　説宋越刻八行本《論語注疏解經》與蜀大字本和元貞本關係較遠，考慮到宋越刻八行本有幾處脫文，蜀大字本和玉海堂本均不脫，更能給我們這個印象；但是再細加考察，就會發現宋越刻八行本與蜀大字本和玉海堂本的關係并不等同。實際上，除去出文格式外，宋越刻八行本和玉海堂本的疏文更爲接近，這又透露出宋越刻八行本與元貞本的密切關係。雖然蜀大字本和元貞本都是十卷本，宋越刻八行本是二十卷本；但蜀大字本書名爲"論語注疏"，而宋越刻八行本和元貞本書名均作"論語注疏解經",也似乎透露出宋越刻八行本與元貞本的關係更爲密切。再如宋越刻八行本與蜀大字本異文較多,但與玉海堂本異文則并不太多,當宋越刻八行本與蜀大字本出現異文時,玉海堂本的文字大多與宋越刻八行本相同;尤其是宋越刻八行本《堯曰》之《子張問於孔子》章疏文"'子張曰:何謂四惡'者,子張未聞四惡之義,故復問之。'子曰:不教而殺謂之虐'者,此下孔子歷答四惡也。爲政之法,當先施教令於民,猶復丁寧申敕之,教令既治而民不從,後乃誅也;若未嘗教告而即殺之,謂之殘虐。'不戒視成謂之暴'者,謂不宿戒而責目前成,謂之卒暴。'慢令致期謂之賊'者,謂與民無信而虛刻期,期而不至則罪罰之,謂之賊害。'猶之與人也,出納之吝,謂之有司'者,謂財務俱當與人,而人君吝嗇於出納而惜難之,此有司之任耳,非人君之道",景刊元貞本的玉海堂本與宋越刻八行本此處完全相同,而蜀大字本與宋越刻八行本此處有較大的不同,就更能説明宋越刻八行本與元貞本關係密切。宋越刻八行本所依據的單疏本和元貞本所依據的單疏本屬於同一個系統甚至是關係較近的本子,而蜀大字本的疏文則似乎另有來源。當然,具體來看,元貞本依據的單疏本可能略早於宋越刻八行本依據的單疏本,①因爲宋越刻八行本的疏文幾處或大或小的脫文,玉海堂本都宛然全在。

（本文發表於《中國典籍與文化》2018 年第 4 期,今略有修改）

---

① 顧永新先生認爲元貞本依據的底本是宋代刊行的十卷注疏合刻本,其底本應早於宋越刻八行本,並進而推測《論語》注疏的合刻應該早於越刻八行本(顧永新:《經學文獻的衍生與通俗化》,北京大學出版社,2014 年,第 182—184 頁)。我們認爲元貞本所據底本也可能是宋八行本底本之外的另一早期單疏本,因爲元貞本與宋八行本的疏文出文甚不一致,應該淵源各自。元貞本與宋八行本雖然異文較少,但也有一些有意義異文。宋八行本有一些文字訛誤,元貞本的文字訛誤也不少,王欣夫的《景刊元貞本〈論語注疏解經〉考證》已多有指摘。有關元貞本可參筆者《玉海堂本〈論語注疏解經〉申論》一文。

# 十行本《十三經注疏》叢考

## ——以《論語注疏解經》爲中心

元十行本《十三經注疏》，是目前所知今存最早名爲"十三經注疏"的經、注、疏合刻本，是此後明嘉靖年間李元陽福州府學刻本、李長春萬曆北京國子監刻本、毛氏崇禎汲古閣刻本、清阮元嘉慶南昌府學刻本的祖本，意義巨大。但有關此本尚有許多未明之處，今不揣譾陋，加以考論，請方家賜教。

## 一、十行本《十三經注疏》之複雜性

元十行本是元人彙刻古代十三部經書的經、注、疏合刻本（有《儀禮》三種而無《儀禮注疏》，實十二經注疏），是今知最早名爲"十三經注疏"的彙刻本，清人著作尤其是阮刻本《十三經注疏》稱之爲"宋十行本"，段玉裁疑爲元人翻宋本，顧廣圻認爲刻於元明間。近代以來，傅增湘、長澤規矩也、汪紹楹、阿部隆一、張麗娟等先生經過仔細考察，證明元十行本是元代泰定帝（1324—1328 在位）前後依據宋十行本重新刊刻的，係福建坊刻本，元十行本與宋十行本是不同時期的刻板。① 此可爲定論，本文也以此爲基礎。

元十行本單經注疏原版書今存有《附釋音尚書注疏》和《孝經注疏》，其他各經今存書均經明代多次修板，如《論語注疏解經》存本均爲元刻明修本，其中單行的有中國國家圖書館藏元刻明修本（簡稱"國圖本"）、臺灣"國家圖書館"藏元刻明正德修補本（簡稱"臺圖本"）和元刻明修本，②彙印的

---

① 張麗娟：《宋代經書注疏刊刻研究》第六章，北京大學出版社，2013 年。

② 《中國古籍善本書目·經部》僅著錄了中國國家圖書館藏本。（注轉下頁）

有元刻明修《十三經注疏》本。元十行本彙印"十三經注疏"之原刻無存者，今存者即元刻明修本《十三經注疏》，北京市文物局、中國國家博物館、中國軍事科學院圖書館和日本静嘉堂文庫各藏一部，《中華再造善本》據北京市文物局本影印。本文據《中華再造善本》所收本論述。

　　元刻明修本《十三經注疏》中保存了大量的元十行本《十三經注疏》原刻版葉，明修版葉多有標識，較易區別。在張麗娟先生研究的基礎上，①可以將元十行本的版式概貌作一總結。雖然元十行本各經版式甚至一經之内版式均有不同，但其基本特徵仍可大致概括爲：① 左右雙邊，半葉十行，經文大字十六、十七不等，注、疏小字雙行，每行二十三字。② 版心多白口，版心上刻大小字數，中刻書名簡稱和卷數，下多刻刊工名。③ 版心多順雙黑魚尾，偶對雙黑魚尾，魚尾或上有綫，或下有綫，或上下皆有綫，亦有無綫者。④ 疏文前有一領起的上下加半圓括號之大"疏"字，將經注與疏文隔開；②大"疏"字之下經文起訖語與疏文正文之間再用小圓圈隔開；注文起訖語前加一"注"字；"注"字連接注起訖語爲一組，其上下再各用一個小圓圈將經之疏文與注之疏文隔開；對於同一章中不同的注文起訖語和疏文也是用這種方法依次隔開；不管是經文還是注文的疏文之前均有"正義曰"領起。⑤ 版心偶有黑口、無字數、無刊工以及單黑魚尾者；《爾雅注疏》半葉九行，領起大"疏"字黑底白文，此外《周易兼義》也多有黑底白文的"疏"字。⑥ 版葉左上角多有

_____

（續上頁注）又美國哈佛大學燕京圖書館藏有臺灣"國家圖書館"藏元刻明正德修本的縮微膠卷，由於拍攝時間較早，字跡反較今臺灣藏本清晰。

　　① 張麗娟：《宋代經書注疏刊刻研究》，北京大學出版社，2013年，第386頁。

　　② 中國國家圖書館藏元刻明修本《周易兼義》自卷二至卷九頗多葉中大"疏"字爲黑底白文，有的黑底外有黑圈，版中偶見墨釘，版心下方所刻刊工有"智夫""德成""任""□山""祐甫""古""月""文""以清""天易""壽甫""德遠""王榮""應祥""茂""君錫""仁甫"等。刊工中"壽甫""德遠""王榮""應祥""茂""君錫""仁甫"也見於此書黑圈陽文大"疏"字版葉中，也多見於元十行本《十三經注疏》其他經之黑圈陽文大"疏"字版葉中，則元十行本覆刻時所據本蓋較複雜，以致版式不一。元刻明修本《十三經注疏·周易兼義》即在此基礎上修補而成，其中保留了大量原版葉面。又元刻明修本《十三經注疏·爾雅注疏》多黑口，其"疏"字多黑底白文，或外加黑圈或不加；也有的白口，"疏"字陽文加黑圈，有的上下加半圓括號者；均半葉九行，每條首行頂格，次行低半格或一格，所據版本不詳。

書耳，内刻篇名，《春秋》三傳注疏刻魯君年份，説明此本原爲蝴蝶裝，後改爲綫裝。

相較今存的三種宋十行本，元十行本的這些版式特徵基本沿襲自宋十行本而來，卷首書名和署名格式以及版心中間所刻書名簡稱或半體字（如"寺疒""巳疒"等）與宋十行本相同，大字正方、小字長方以及字體風格也一承宋十行本，尤其是有些經的宋十行本避諱字，元十行本也一并承襲，且均字外加圓圈標識。這蓋是清人誤把元十行本當作宋十行本的原因。版式上，元十行本與宋十行本的不同主要在於：宋十行本版心不刻字數和刊工名，元十行本有；宋十行本疏文中經、注起訖語與疏文間空一格，元十行本改爲小圓圈；[1]另外，《論語注疏解經》卷一首葉版心下方刻"泰定四年刊"，卷三首葉版心下方刻"泰定丁卯"，泰定丁卯即泰定四年（1327）。元十行本刊工皆爲元人，將字數和刊工名刻於版心上下爲元人新增，知元十行本爲仿宋新刊本，其中黑口、單黑魚尾及黑底白文"疏"字等葉蓋因所據宋十行本殘缺補配所致，補配來源不詳。

元十行本至明代經過多次修補，人們籠統上用"元刻明修本"來稱之，[2]又有"南監本""南雍本""正德本"之稱，[3]臺灣"國家圖書館"將其一本著録爲"元刻明正德修補本"，一本著録爲"元刻明修本"，而程蘇東在其《"元刻明修本"〈十三經注疏〉修補彙印地點考辨》中多稱北京市文物局藏

---

① 楊按：宋八行本無小圓圈，疏中經、注起訖語與疏文正文之間均以空格隔開。宋十行本相校宋八行本在經文疏文後用小圓圈與傳注起訖語和疏文隔開，但是經文、傳注的起訖語與疏文正文仍用空格隔開。由於空格不直觀，易脱落，尤其會有脱文的嫌疑，遠不及用小圓圈隔開優越，元十行本當有見於此，全面用小圓圈替換了宋本的空格。

② 如《中國古籍善本書目·經部》《中華再造善本》以及中國國家圖書館和臺灣"國家圖書館"均著録爲"元刻明修本"。

③ 如程蘇東曾指出：姚範《援鶉堂筆記》、沈廷芳《十三經注疏正字》稱爲"南監本"，顧廣圻《撫本禮記鄭注考異序》（《顧千里集》，中華書局，2007年，第132頁）稱爲"南雍本"，楊紹和《楹書隅録》、黃丕烈《百宋一廛賦注》等亦間用"南監本""南雍本"，近代藏書家、目録家亦多以南監本、南雍本名之（程蘇東：《"元刻明修本"〈十三經注疏〉修補彙印地點考辨》，《文獻》2013年第2期）。楊按：又山井鼎《七經孟子考文補遺》稱爲"正德本"，張金吾《愛日精廬讀書志》稱爲"南監本"，張麗娟《明李元陽本〈春秋穀梁注疏〉淺探》（《儒家典籍與思想研究》，北京大學出版社，2017年，第93—103頁）稱爲"元十行晚期印本"。

元刻明修本《十三經注疏》爲"正德本"，認爲其彙印可能在正德年間。[①] 雖然經過程蘇東的考證，元刻明修本修補彙印地點并不在明代南京的國子監，而是在福建的福州府學，稱"南監本"或"南雍本"是錯誤的；但是，程蘇東稱之爲"正德本"，認爲彙印於正德年間，是不正確的。因爲，元十行本在明代至少有正德六年補版、正德十二年補版、正德十六年補版、嘉靖三年補版和嘉靖重校補版這五次有明確記載的補版（詳下文所論），[②]補版刷印有單行本和彙印本之別，情況要比程蘇東認識的複雜。那麽今存元刻明修本都是歷經了哪些補刻和修版？尤其是最後一次修補是什麽時間？李元陽刻本和阮刻《十三經注疏·論語注疏解經》的底本是什麽本子？存世的幾種本子又分別屬於哪幾種本子？今天，各家著録的版本稱呼是否合理？這些問題均有待解決。

## 二、元十行本《十三經注疏》的明代遞修考實

全面核實《中華再造善本》所收北京市文物局所藏元刻明修本《十三經注疏》，此本至少有五次有明確標記的補版：

1. 正德六年補版

各經皆有。

其版式是：無書耳；四周雙邊；順雙黑魚尾；多白口，有的下黑口；版心上刻"正德六年刊"或"正德六年"字樣；兩魚尾之間偏上刻書名簡稱或半體字及卷次，如"周禮疏一""周疏"或"寺宄"（即"詩疏"）、"巳宄"（即"禮記疏"）、"吾宄"（即"語疏"）等，之下刻謄抄人，有"王世珍""陳景淵""羅棟""李紅""葉文石""葉廷芳""詹積英""許成篤"等；版心下有的爲黑口，有的白口刻葉碼和刊工名，刊工有"余元伯""余伯安""周元進""葉明""吳勝""黄世隆""劉長寳""熊元貴""吳春玉""劉景福""陳四""劉立""劉

---

① 程蘇東：《"元刻明修本"〈十三經注疏〉修補匯印地點考辨》，《文獻》2013年第2期，第31頁。

② 張學謙《論語注疏校勘記·校點説明》稱有明初補版（劉玉才主編：《十三經注疏校勘記》，北京大學出版社，2016年），又見於其《論語注疏校勘記編纂考述》（《中國經學》第二十輯，廣西師範大學出版社，2017年），蓋是，因無文獻資證，無傳本存世，亦無明確年代標記，暫不列入討論。

洪""陳欽""王毛孫""黃友才""陳右""周元正""陸福壽""葉仕大""江長保""吳禄""葉景興""葉文昭""黃四郎""黃富""江洪"等。

需説明的是,《孝經注疏》全爲正德六年補刊,版心上方刻"正德六年刊",版心下方或黑口或刻刊工名,版心中間有的刻"書手陳景淵""刊手葉大祐",但更多的是"×××"和"×××謄"。曾有人據此懷疑元十行本《十三經注疏》不含《孝經注疏》,至正德年間明人修補《十三經注疏》方收入《孝經注疏》,這種説法是不正確的。因爲,國圖藏有元十行本原版印本《孝經注疏》,版式特徵與元十行本其他各經相合,正德六年補刊本正是在此基礎上重新補刻而成,故有的葉有墨釘,版心刻謄抄人與正德六年補版一致等特徵,則明清人認爲元十行本有"十三經",稱之爲"十三經注疏"并非疏漏。

正德六年補版大字正方,顔中帶柳,小字長方,略近歐體,刻字風格與元十行本相近。正德六年補版雖不避宋諱,但於原宋諱字上下仍加半圓括號,當爲沿襲元十行本之省變。

2. 正德十二年補版

除去《孝經注疏》之外,其他各經均有正德十二年補版,且補版數量遠較正德六年補版多,爲其數倍之上。

其版式是:無書耳;四周單邊;白口;多上單黑魚尾,亦有上下對雙黑魚尾者;版心上刻"正德十二年刊""正德十二年""正德一二年"或"正德十二刊";魚尾下緊連刻小圓圈,之下爲書名簡稱或半體字及卷次,書名下偶刻校人,如《禮記注疏》卷二十四第一葉、卷二十五第十六葉均刻"張通校";下魚尾之上或無下魚尾的相同位置刻葉碼,版心下方大多刻刊工名,刊工有"王才""劉立""文昭""元善""余富""榮郎""李豪""佛員""士英""周同""吳三""周甫""劉昇""王邦亮""周士名""仲千""劉京""細二""文旻""廷器""陸三""蔡福貴""元善""楊尚旦""黃仲"或單字"人""曾""象""豪""興""明""福""吳""陸""周"等。

另需説明兩點:一是有些補版版心上方刻"正德年",或僅刻一"正"字,據版式和刊工名,應該屬於正德十二年補版;二是有些補版版心上方沒有刻字,但是版式一同正德十二年版,尤其是所刻刊工名也同於正德十二年補版刊工,考慮到這些版葉大多連接在版心上方有"正德十二年"版葉之後,所以這些補版葉應該也屬於正德十二年補版。

正德十二年補版也是大字正方,顔中含柳,小字長方,字近歐體。正德十二年補版不避宋諱,除"疏"字外無再加上下圓括號之諱字。又正德十二年補版有些版葉頗多墨釘,説明其所據原版已漫漶不清。

3. 正德十六年補版

正德十六年補版見於《儀禮》《儀禮旁通圖》《儀禮圖》和《春秋左傳注疏》四種,又《論語注疏解經》中有兩葉可推測爲正德十六年補版。

其版式是:無書耳;四周單邊,或四周雙邊;順雙黑魚尾;多大黑口,偶爾上半黑口有留白;版心上方於黑口中刻"正德十六年"白文,若上半有留白則刻"正德十六年";版心上魚尾下刻書名簡稱或半體字及卷次,如"火充三"(即"秋疏三"),下魚尾下先留白刻葉碼,然後爲下黑口。

《儀禮旁通圖》正德十六年補版刻得很隨便,雖然多黑口,有嚴格的,但有的僅有上黑魚尾,有的不刻"正德十六年",有的白口單黑魚尾上刻"正德十六年",有的黑口不刻"正德十六年",有的版心僅有上黑底刻"正德十六年"白文。

正德十六年補版大字正方;小字有正方的,也有略呈長方的。正德十六年補版大多版葉文字稚拙呆板,偶有版葉文字近元十行本者。

4. 嘉靖三年補版

嘉靖三年補版有版心標記的僅二見:一是《附釋音禮記注疏》卷三十第十一葉,二是此書卷六十二第十葉。卷三十補版葉四周單邊,白口,順雙黑魚尾,版心上方刻"嘉靖三年刊",大字正方,小字略長方。卷六十二補版葉左右雙邊,白口,順雙黑魚尾,版心上方刻"嘉靖三年新刊",小字略長方。

此外,《附釋音禮記注疏》卷三十第十二葉版心上方雖然無"嘉靖三年刊"字樣,但版式、字體全同第十一葉,考慮到此葉位置,這一葉應該也是嘉靖三年補版。

嘉靖三年補版雖然只有三葉,但是它的版式、字體以及"疏"字用上下半圓括號包裹的格式與元十行本和正德三次補版均較爲近似,變動不大,這對於考察元刻明修本具有重要意義。

5. 嘉靖重校補版

除去《孝經注疏》之外,嘉靖重校補版於各經均大量存在,其數量又遠在正德十二年補版之上,甚至是其數倍,如《論語注疏解經》嘉靖重校補版就多達九十四葉,幾乎占了《論語注疏解經》板片的百分之四十。

重校補版版式甚爲一致,其版式是:無書耳;四周單邊;白口;對雙黑魚尾,魚尾上下有黑綫;版心上方刻校者,共有"懷浙胡""閩何""侯番劉""府舒""侯吉劉""懷陳"六人;版心中間刻書名簡稱和卷次,如"詩疏卷十二之二""語疏卷二"等,之下有的刻"鄉林重校"或"林重校","林"當即"鄉林"之省;版心下魚尾下刻葉碼,版心葉底刻刊工名,有"陳德禄""吳珠""陸四""余文貴""張尾郎""魯堅""施肥""陸榮""王榮""詹蓬頭""楊俊""詹第""施永興""袁璉""葉二""汪元富""余成廣""王仲友""葉雄""黃永進""王元保""元清""陸記青""周同""葉采""余添環""熊山""江元貴""余添進""葉金""江長深""楊全""蔡順""余郎""江盛""陳珪""謝元林""王仕榮""吳佛生""范元福""劉天安""江元壽""葉壽""王進富""葉招""程亨""李大卜""周富柱""張元隆""余富汪""熊文林""余旺""熊田""謝元慶""黃道林""余景旺""余富""張祐""余元富""葉馬""江富""劉觀年""程通""余堅""吳元清""龔三""王良富""陸文進""黃文""王浩""吳原清""葉妥""曾椿""王文""危元升""劉觀生""陸基郎"等;偶有版心上方刻重校人而中間刻校人者,亦偶有將校人和重校人并作小字擠在版心上方者。

重校補版一改此前款式,經注與疏文之間所標領起的大"疏"字均作黑底白文,外加黑綫,十分醒目。重校補版也不避宋諱,但於元十行本原諱字有的加上下圓括號,有的作黑底白文。總的看,重校補版大字正方,小字略長方,但字稚拙呆板且字體略大,擠滿了版面。

相較元十行本原版和明代的四種補版,重校補版字跡最爲清晰,鮮有模糊難辨者,應該是刊刻得最晚,距離存世元刻明修本《十三經注疏》刷印時間最近者,這也是我們稱之爲"嘉靖重校補版"的一個原因。

根據程蘇東的研究,元十行本的明代修補地點在福建的福州府學,此殊爲有見,這可從正德六年補版的刊工劉立、葉文昭也見於正德十二年補版,而正德十二年補版的許多刊工也見於嘉靖重校補版,嘉靖重校補版的刊工又大量見於李元陽福州府學刻本(詳下文)得到印證。明代的這五次修版,是在同一地點針對元十行本《十三經注疏》進行的有組織的長達二十餘年的先後依次修補。

綜上所述,至少可以得出三點結論:一是明代的五次補版均有明確意識,這體現在版心刊刻補版時間,版式略作變動以别於前版,以及刊刻抄人、校人和刊工上；二是五次補版均大體沿襲了元十行本的版式和字體，以便和原元十行本保留的版面相配而行，但具體來講版心和字體又有程度不等的差異，嘉靖補版變化最大；三是五次補版的規模不等，嘉靖三年補版最少，第二少的是正德十六年補版，正德六年補版各經均有，尤其《孝經注疏》全爲此年補刻，正德十二年補版相對較多，是一次大規模的補版，嘉靖重校補版是最大規模的一次補版。

## 三、 元刻明嘉靖重校修補本的補刻及 與李元陽福建刻本的關係

雖然正德六年補版在版心中間刻有謄寫人，也出現過兩次刻校人的現象，但是正德十二年補版并沒有沿續這種做法，這説明正德十二年這次較大規模的修版仍以沿襲元十行本爲重點，不想做太多手脚，這從此次補版葉的一些版心上方僅刻"正德年""正"以及什麽也不刻也可以看得出來。正德十六年補版雖然版心弄得很花哨，但是相較正德十二年補版也沒有增添新東西，只是標記與正德十二年補版有所不同而已。嘉靖三年補版僅三葉，其版心和字體也沒有明顯變化。

這種情況到了嘉靖重修補版就不同了。嘉靖重校補版版心全部改爲白口，對雙黑魚尾，幾乎所有的版心上方均刻有校人名，有不少版心中間還刻有重校人名，這是十分耐人尋味的，尤其是考慮到重校補版將經注與疏文之間的大"疏"字和部分避諱字改爲黑底白文，外加黑綫，十分醒目，就可以明了，這次補版在嘉靖三年補版之後在版式上有了新的進展，表現出明確的劃一意識和區分意識，甚至意味著這次修版有特殊的意義和價值。

國圖所藏元刻明修本《論語注疏解經》與北京市文物局藏元刻明修本《十三經注疏》之《論語注疏解經》相比，除去無嘉靖重校補版外，其餘一百四十餘版葉面相同，屬於同板。國圖本有八葉補版，但版心上方均不刻補刻時間，楊紹和認爲此當爲書賈挖去。[①] 通過與元刻明修本《十二

---

① 楊紹和：《宋本論語注疏解經二十卷十册》，楊紹和撰，傅增湘批注，朱振華整理：《藏園批注楹書隅録》，中華書局，2017年，第36頁。

經注疏·論語注疏解經》核對可知：其《論語序》第一葉爲正德六年補版，卷四之第三、四葉，卷六之第二、九葉和卷二十第五葉爲正德十二年補版；卷十九第七葉與元刻明修《十三經注疏》本同板，雖均版心上方無補刻時間，但版面有多處墨釘，且版式、字體接近正德十六年補版，鑒於元十行本無墨釘，墨釘多見於正德年間補版這一現象，可將此葉推定爲正德十六年補版；卷五第五葉與卷十九第七葉版式、字體相同，也有一些墨釘，應當也是正德十六年補版。雖然元刻明修《十三經注疏》本這兩葉與國圖本同板，但有不同：一是元刻明修《十三經注疏》本有些地方字跡模糊，說明其刷印時間要晚，二是元刻明修《十三經注疏》本沒有墨釘，其對應國圖本墨釘處的字刊刻粗率，應爲後來補刻（詳下文）。可見，國圖本可以推定最後補版時間爲正德十六年，稱之爲"元刻明正德修補本"是合適的。臺圖本與國圖本完全相同，而且版裂紋路也相同，應該是同一版本，其版本著録是準確的，只是臺圖本有些地方字跡更爲模糊，版裂的口子更多更大，則其刷印的時間要晚於國圖本。又山井鼎、物觀《七經孟子考文補遺》中四見"正德本"，亦當爲元刻明正德修補本。

國圖本和臺圖本均有些原版葉面字跡漫漶不清，難以辨認，說明兩書刷印時板片已破損嚴重，尤以臺圖本爲甚。事實上，國圖本和臺圖本明正德十六年兩葉補版均有多處墨釘，說明當時原版已頗有些地方無法識別，所以修版也只好闕如。類似情況，除了《孝經注疏》外，其他各經也有，其中《周易兼義》《禮記注疏》《毛詩注疏》的有些版面情況還比較嚴重。可見，到了嘉靖初年，元十行本已經不僅僅是一個簡單的修版問題了，它需要大規模地重新校對、更換板片甚至是新的刊本，否則就無法刷印了。

嘉靖重校修版正是有見於此而採取的有明確意識的大規模校對、重刊、修補活動，其統一版式、字體，尤其是版心刊校人、重校人以及修改"疏"字格式都有明確標示的意味。這次修版的主要内容是：① 大量補版，對於補版葉，安排專人校書，如懷浙胡校《周易注疏》、閩何校《尚書》、侯吉劉校《禮記注疏》等，其中，侯番劉與府舒兩人合校了《詩經》，又合校了《論語》，同時還安排鄉林進行重校，這保證了這次補版文字的質量。這次補版不僅文字清晰，很少墨釘，而且還改正了元十行本不少文字訛誤。如《論語注疏解經》卷五"賜也何如"章疏文"此夫子又爲指其定分"，元十行本原版"夫子"誤作"未子",嘉靖補版更爲"夫子";同卷"子使漆雕開仕"章疏文引"子使漆雕開仕",元十行本原版"仕"誤"化",嘉靖補版更作"仕";卷六"哀公問弟子孰爲好學"章疏文"顏回任道",元十行本原版"顏"誤作"聞",①嘉靖補版更作"顏";卷七"志於道"章疏文"覆幬持載",元十行本原版"燾"誤作"壽",②嘉靖補版更作"幬";同卷"二三子以我爲隱乎"章包注"聖人知廣道深",元十行本原版"深"誤作"探",嘉靖補版更作"深";等等。② 更改版式,一是版心統一改爲四周單邊,白口,對雙黑魚尾,魚尾外加黑邊綫,下魚尾下刻葉碼;二是版心上方刻校人名,版心中先刻書名簡稱和卷次,下有的刻重校人名,版心下方刻刊工名;三是統一用黑底白文的大"疏"字(外加黑綫)來區分經注和疏文。③ ③ 對於要保留的元十行板和正德年間的三次修版進行文字校對,增補缺字,更改文字訛誤。增補缺字,如《論語注疏解經》之首葉《論語序》爲正德六年補版,疏文"門人相與輯而論纂",原"與"與"論"字均爲墨釘,嘉靖重校修版補"與"字;④卷五第五葉爲正德十六年補版,原左半葉有十五處墨釘,嘉靖重校修版全部補上了闕字;類似情況亦多見於元刻明修本《十三經注疏》之《周易兼義》《毛詩注疏》《禮記注疏》等的嘉靖重校修版。更改文字訛誤,如《論語注疏解經》卷六"子華使於齊"章"齊舊四量豆區釜鍾",正德十二年補版"豆"誤作"斗",嘉靖重校修版作"豆";同卷"觚不觚"章疏文"異義韓詩説",正德十二年補版"説"誤"爲",嘉靖重校修版更作"説";同卷"宰我問曰仁者雖告之曰"章孔注"將自投下",正德十二年補版"將"誤作"得",嘉靖重校修版更作"將";等等。④ 對正德補版版心的更改與恢復。自《論語注疏解經》看,國圖本和臺圖本的正德六年補版、正德十

---

① 楊按:按此處爲引何晏注,何注作"顏",自當以"顏"爲是,蜀大字本、玉海堂本不誤。阮元《校勘記》疑此"聞"與下文"顏回任道"之"顏"互易之訛。

② 楊按:"幬",閩本、監本、毛本、殿本、庫本同,阮元《校勘記》:"十行本'幬'誤'壽'."蜀大字本作"燾",賈公彥《周禮·師氏》疏亦作"燾",唐宋時燾與幬義通。

③ 楊按:宋八行本用黑底白文(無黑圈)的大"疏"字區分經注和疏文,元十行本《周易兼義》區分經注與疏文的大"疏"字有黑圈陽文和黑底白文(外加黑圈)兩種格式,《爾雅注疏》"疏"字多黑底白文(多外加黑圈,偶無黑圈),少黑圈陽文。嘉靖重修補版時蓋有見於《爾雅注疏》和《周易兼義》的情況,參考了宋八行本格式,統一改用黑底白文且外加黑圈的"疏"字。

④ 楊按:"論"字,閩本作空格,自監本始補"論"字。

二年補版版心魚尾位置和刊工名一致,應爲同一版之先後刷印;雖然北京市文物局藏元刻明修本《十三經注疏》之《論語注疏解經》與上兩單行本同版,刊工名也相同,但版心上方有"正德六年刊"或"正德十二年刊"字樣,版心魚尾位置略偏上,刊工名字跡也與單行本不同,頗令人生疑。今校國圖元刻明修本《周易兼義》與北京市文物局元刻明修本《十三經注疏》之《周易兼義》,其正德補版也有類似現象;但國圖本《周易兼義》之正德六年補版、正德十二年補版版心魚尾上方刻有"正德六年刊""正德十二年刊"字樣,魚尾位置同國圖本和臺圖本《論語注疏解經》一致,可知正德六年、十二年補版原刻有"正德六年刊""正德十二年刊"字樣,後來板片此處或自然破損或人爲破壞,元刻明修本《十三經注疏》刷印時再據正德補版原刊書重刻了版心,補上了"正德六年刊""正德十二年刊"字樣,并重刻了刊工名。

當然,此次修版有一些元版、明正德補版的錯誤仍然沿襲,也不可避免地新增了一些文字訛誤。如僅《論語注疏解經》卷一《學而》篇至少有四處訛誤:"吾日三省吾身"章疏文"弟子曾參嘗曰",嘉靖重校補版"弟"誤作"曾";"道千乘之國"章疏文"以方百里者一爲方十里者百",嘉靖重校補版"十"誤"千";同章疏文"州建百里之國三十",嘉靖重校補版"三"誤作"二";"慎終追遠"章疏文"言君能行此慎終、追遠二者",嘉靖重校補版"能"誤"子"。此四處元十行原版皆不誤,同蜀大字本和玉海堂本。

嘉靖補版的刊工與嘉靖年間李元陽、江以達主持的福州府學刻本(簡稱"閩本")相同者甚多,如"江富""江元壽""余富""余堅""張尾郎""余添進""王榮""王仕榮""黃文""陸四""陸榮""陸記青""陸文進""謝元林""李大卜""張元隆""曾椿""江元壽""葉雄""王元保""余添進""施永興""江盛""龔三""熊田""熊山""熊文林""程通""袁璉""謝元林""葉采""施肥""葉妥""黃永進"等,説明二者關係密切,刊刻時間接近,應爲同一地點先後雕版。具體來講,嘉靖重校修版應略早於閩本,原因有八:① 閩本經文用大號字單行,經文下注文有領起的大"注"字,①注文用中號字單

---

① 汪紹楹曾指出宋八行本《周禮疏》於經下注文前冠以"注"字(汪紹楹:《阮氏重刻十三經注疏考》,《文史》第三輯,中華書局,1963 年),李氏蓋有所承而進一步完善之。

行,經注下有領起的大"疏"字,其下疏文用小字雙行,這相較嘉靖重校補版沿襲宋元以來經注疏合刻本格式經與注僅以字號區別、注與疏字號相同來說,經、注、疏區分更爲清晰直觀。② 嘉靖補版用黑底白文大"疏"字區隔經注和疏文,閩本經文下注文領起字"注"、經注下疏文領起字"疏"和疏文中引注前的領起字"注"均爲黑底白文,外加黑綫,直觀明了,明顯繼承且完善了嘉靖補版在這方面體例的創新。③ 嘉靖補版沿襲元十行本行款,文字皆頂格,章章相連,并不錯行分段;閩本則按章分段,①每章第一行經文錯行頂格,之後文字低一格,甚有條理。④ 元刻明修本多半葉十行,正文頂格,但《爾雅注疏》半葉九行,經文頂格,疏文多錯行低半格或一格,體例與他本不同;閩本各經均半葉九行,《爾雅注疏》也改同他經,每段經文大字首行頂格,之後文字皆低一格。這和①②③中所言一致,均爲版刻體例在綜合宋元諸本的基礎上更加清晰化、直觀化、整齊化的體現,這是注疏版式發展完善的結果。⑤ 嘉靖重校補版雖已不避宋諱,但於元十行本原諱字或上下加圓括號或用黑底白文標示,似乎没有弄懂這是元十行本沿襲宋十行本的諱字;閩本則將之改同經、注、疏其他字,不再保留任何格式。就這一點來看,要說嘉靖補版以閩本爲據是不可能的。⑥ 嘉靖重校修補版在文字方面的校改成果和新增訛誤也反映在閩本中,②閩本又有新的修補成果,有些是對元十行原版的改正,有些是對正德、嘉靖補版的增補和改正:增補缺字,如《論語注疏解經》卷十四第十三葉爲嘉靖重校補版,"子曰不逆詐"章經文下注文"孔曰先"和"能爲賢"作墨釘,閩本補足了兩處闕文;又卷十九第七葉爲正德十六年補版,其中"叔孫武叔毁仲尼"章經注與疏文間"疏"字作大墨釘,嘉靖重校修版沿襲,閩本補了"疏"字;又下疏文"猶可踰也""猶可踰越""不可得而

---

① 楊按:閩本根據各經内容分段也不一致,其中《禮記注疏》《孝經注疏》《論語注疏》《孟子注疏》按章分段,《周易兼義》按卦分段,《尚書注疏》按篇分段,《毛詩注疏》按詩分段,《周禮注疏》按職官分段,《儀禮注疏》按篇分段,《左傳注疏》《公羊傳注疏》《穀梁傳注疏》按條分段。

② 張麗娟曾指出據《春秋穀梁注疏》來看宋十行本、元十行早期印本的錯誤,元十行晚期印本(楊按:即北京市文物局藏元刻明修本《十三經注疏》之《春秋穀梁注疏》)已加改正,其校改遍布全書,有對有錯,李元陽刻本基本同元十行晚期印本。張麗娟:《明李元陽本〈春秋穀梁注疏〉淺探》,《儒家典籍與思想研究》(第九輯),北京大學出版社,2017年,第94頁。

蹢也"之三"蹢"字,嘉靖重校修版皆沿襲正德十六年補版作墨釘,閩本均補上了"蹢"字;又其下疏文"人雖欲自絕"之"雖"字,嘉靖重校修版沿襲正德十六年補版作墨釘,閩本補上了"雖"字。閩本於《周易兼義》《禮記注疏》和《毛詩注疏》等也多有增補缺字,①不再羅列。修改文字,如僅《論語注疏解經・論語序》就有四處:第二葉"蕭望之字長倩",嘉靖重校補版之"倩"沿襲元十行本原版誤作"情",閩本作"倩";第四葉疏文"倡魯詩論語",嘉靖重校補版之"倡"沿襲元十行本原版誤作"昌",②閩本作"倡";第五葉疏文"年世未遠",嘉靖重校修補本"世"誤作"出",閩本作"世";第六葉疏文"荀彧之子",嘉靖重校修補本"彧"誤作"或",閩本作"彧"。《論語注疏解經》其他各卷以及《周易兼義》《禮記注疏》《毛詩注疏》等經,閩本也多有修改元十行本、正德補版和嘉靖重校補版的情況,不再羅列。汪紹楹先生對於閩本曾云:"且本中佳處,往往與宋本合(見《左傳》《爾雅》校勘記),監本、毛本且從此出,固明刊之佼者。"③經過校勘的閩本文本質量確實有所提高。當然,閩本也沿襲了嘉靖重校修版的錯誤,而且有一些新增的錯誤,限於篇幅不贅,這些新增錯誤自然是不見於嘉靖重校修版的。⑦ 元刻明修本《十三經注疏》收《儀禮》白文十七卷、《儀禮旁通圖》一卷和《儀禮圖》十七卷,并無《儀禮注疏》,有名不副實之嫌,閩本用《儀禮注疏》十七卷置換了《儀禮》三種,名實一致。⑧ 閩本出現後原版曾經過幾次挖改和重修,後萬曆年間李長春主持北京國子監刻本以閩本爲底本,收書内容和先後次序相同,版式、行款也依閩本,說明閩本成就高、影響大,閩本出現後,元十行本之版幾無大規模修補的必要,嘉靖重校修版的刷印空間也大爲壓縮。

根據沈津《美國哈佛大學哈佛燕京圖書館中文善本書志》的著録和王鍔先生《李元陽本〈十三經注疏〉考略》的考證,李元陽在嘉靖十五年

---

① 王鍔先生指出閩本《十三經注疏・毛詩注疏》卷八第三葉補齊了元刻明修本《十三經注疏・毛詩注疏》的大量墨釘。王鍔:《李元陽本〈十三經注疏〉考略》,《中國典籍與文化》2018 年第 4 期。

② 楊按:此"倡"字,蜀大字本、玉海堂本作"習",阮元《校勘記》:"《後漢書・包咸傳》'昌'作'習'。"

③ 汪紹楹:《阮氏重刻十三經注疏考》,《文史》第三輯,中華書局,1963 年,第53 頁。

(1536)以御史巡按福建,至嘉靖十七年五月得代出疆,其刻書即在此時,時同年江以達任福州府學僉事,二人董理此事,故李元陽於嘉靖二十年前後所撰的《默遊園記》中云默遊園中儲有"在閩中刻《十三經注疏》、杜氏《通典》及纂得群書三千餘卷"。①

可見,元刻明修本《十三經注疏》的重校修補時間應在嘉靖三年以後至閩本雕鑿以前,②時間跨度十年有餘,這與閩本前後用時約兩年形成對照,考慮到重校補版僅六人校勘、一人重校,尤其是閩本有李元陽、江以達主持,刊工人數增加三倍以上,重校修補歷時較久是可以理解的。李元陽刻本全面吸收了嘉靖重校修補本在校勘、修補、版式上的新成果,加以改善、完備,所以能夠在短時間內完成刊刻,并後出轉精取得了較高成就,此後萬曆年間李長春主持的北京國子監刻本即以閩本爲底本,後崇禎年間毛晉汲古閣刻本、清乾隆武英殿本又以北監本爲底本。準確地説,除《儀禮注疏》之外,③李元陽刻本是以元刻明嘉靖重校修補本爲底本的。④

## 四、 阮刻《十三經注疏·論語注疏解經》所據"元十行本"蠡測

由於元十行本明代多次修補,傳本又有單行本與彙印本之別,所以

---

① 李元陽:《默游園記》,《李元陽集·散文卷》,雲南大學出版社,2008 年,第 23 頁。

② 楊按:至於説到元刻明修本的刷印,則又不同:如北京市文物局所藏元刻明修本《十三經注疏·周易兼義》卷四、五、六這三卷爲李元陽校本,則其刷印時較晚,蓋原版有損或缺失故而代用;而中國軍事科學院圖書館所藏元刻明修本《十三經注疏·周易兼義》這三卷爲元刻明修本,且較清晰,刷印時間較早。

③ 黃丕烈、傅增湘、汪紹楹認爲李元陽刻本《儀禮注疏》據陳鳳梧刻本翻刻,見黃丕烈《百宋一廛賦注》(顧廣圻著:《顧千里集》,中華書局,2007 年,第 3 頁)和莫友芝撰、傅增湘訂補、傅熹年整理《藏園訂補邵亭知見傳本書目》第一冊第 2 頁(中華書局,2009 年)。王鍔認爲李元陽本《儀禮注疏》很有可能據汪文盛福州刊本《儀禮注疏》十七卷翻刻(王鍔:《李元陽〈十三經注疏〉考略》,《中國典籍與文化》2018 年第 4 期)。

④ 張麗娟就李元陽刻本《春秋穀梁注疏》全面沿襲元十行晚期印本的校正成果和臆改、妄改之處指出此經"李元陽本的刊刻底本確爲元十行晚期印本無疑"(張麗娟:《明李元陽本〈春秋穀梁注疏〉淺探》,《儒家典籍與思想研究》(第九輯),北京大學出版社,2017 年,第 95 頁)。

有關十行本的情況十分複雜。清中葉，阮元據其家藏"元十行本"十一經於嘉慶初年撰寫《校勘記》，[①]後於嘉慶十九年（1814）到二十年刊刻了《十三經注疏》，但是，具體各經所據的情況頗不一致，難以一概而論。限於篇幅，這裏僅談其《論語注疏解經》所據之本。在《宋本十三經注疏并經典釋文校勘記凡例》中，阮元謂《論語注疏》"以宋版十行本爲據"，然其《論語注疏校勘記》校語中屢屢出現"十行本"字樣。其《重刻宋板注疏總目錄》追述刊刻工作時云"不專主十行本、單疏本"的，[②]這話説他初撰《論語注疏校勘記》大致不差，然細繹其《論語注疏校勘記》不難發現，其所補校語均徑以"元十行本"出文，之下校語也不再言"十行本"，則補校時已以"元十行本"爲底本了，所以此後刊刻《十三經注疏‧論語注疏解經》（簡稱"阮刻本"）也以之爲底本。張學謙曾據阮元《論語注疏校勘記》所列十行本文字無嘉靖重校補版，認爲阮元所據本并非元刻明修《十三經注疏》本，"確爲元刊，未經明代遞修"。[③] 阮元《論語注疏校勘記》和阮刻本所據本確非元刻明嘉靖重校補版《十三經注疏》本，但也并非元刊，[④]以下詳論之。

阮元《重刻宋板注疏總目錄》云："有宋十行本注疏者……其書刻於宋南渡之後，由元入明，遞有修補，至明正德中，其板猶存。是以十行本爲諸本最古之册。"阮氏當據其家藏"元十行本"而言，則其爲元刻明修本也，至少已有明正德年間補版葉了，只是沒有落實到每一經而已。對此，置身阮元"十三經局"的顧廣圻認爲其本"元明間所刻，正德以後遞有修

---

① 楊按：阮元家藏"元十行本"《十三經注疏》之十二部經書，由於他因《爾雅注疏》爲九行本不計入內，故於《重刻宋板注疏總目錄》言"十一經"，其重刻《十三經注疏》亦棄《爾雅注疏》不用，轉用黃丕烈家藏宋刊單疏本配元刊雪窗書院《爾雅注》重新合刻。

② 阮元：《重刻宋板注疏總目錄》，阮元校刻《十三經注疏》上册，中華書局，1983年，第2頁。

③ 張學謙：《論語注疏校勘記編纂考述》，《中國經學》第二十輯，廣西師範大學出版社，2017年，第167頁。

④ 楊按：汪紹楹曾云"阮氏據本係泰定本"（《阮氏重刻十三經注疏考》，《文史》第三輯，中華書局，1963年，第36頁），但他又説"又《論語注疏解經》二十卷，元泰定四年刊，間有正德補刻"（《阮氏重刻十三經注疏考》，《文史》第三輯，中華書局，1963年，第51頁），似有見於此，然未定也。

補”，①説得就更加具體了。又阮元《論語注疏校勘記序》云：“十行本二十卷。每葉二十行，每行二十三字。上邊書字數，下邊書刻工姓名。中有一葉下邊書‘泰定四年’年號，知其書雖爲宋刻，元明遞有修補。”②已經明言“元明”，阮撰《論語注疏校勘記》和刻《十三經注疏・論語注疏解經》很有可能依據的是元刻明正德修補本，而非元刊本。

上文提到，元刻明正德修補本《論語注疏解經》今存兩部：一藏中國國家圖書館，十冊，著録爲“元刻明修本”，扉頁鈐“海源閣”印，首葉鈐“宋存書室”“楊東樵讀過”“臣紹和印”“彦合珍玩”，知其爲海源閣舊藏，爲楊以增、楊紹和父子所寶，此即楊紹和《楹書隅録》著録之本；一臺灣“國家圖書館”藏，六冊，著録爲“元刻明正德修補本”，鈐有“潭月山房書印”“錢謙益印”“竹垞藏本”“竹窗”“高士奇印”“式古堂書畫印”“素菊居士鑒賞圖書”“海日樓”“寐叟”“遜齋”等印，知曾經錢謙益、朱彝尊、高士奇、卞永譽、永瑆等名人之手，至民國爲沈曾植所得，終入“國立中央圖書館”（今臺灣“國圖”前身）。兩本版式全同，内容幾無二致，最後補版時間爲正德十六年；但相對來説，國圖本更爲清晰，殘損較少，版裂也不嚴重；臺圖本則較爲模糊，版裂有些嚴重，説明二本有刷印時間先後的差異。此外，國圖本於正德補版版心上方或作墨塊或草書字數，屬書賈所爲；臺圖本版葉多蟲蠹，其正德補版版心上方多殘損，其中卷四第三、四兩葉殘損處“年”字下半依稀可見，知刊刻時間本有，後爲書賈挖去。

今將阮刻本《十三經注疏・論語注疏解經》與國圖本和臺圖本比勘，同時參考阮元《論語注疏校勘記》，可知阮刻所據確爲元刻明正德修補本《論語注疏解經》：① 《序解》首葉疏文“門人相與輯而論纂”，阮刻本所附《校勘記》云“此本‘與’字、‘論’字并闕”，元十行本原版無墨釘，國圖本和臺圖本此葉爲正德六年補版，“與”“論”二字處作墨釘，嘉靖重校修版時補上了“與”字。② 元刻明正德修補本卷五第五葉“宰予晝寢”章經文“朽木不可雕也”，阮刻本《校勘記》云“此本唯經文作‘雕’，餘仍作‘彫’”，國圖本和臺圖本此葉爲正德十六年補版，阮氏所言正二本經、注、疏用字。③ 同章，阮刻本《校勘記》：“今乃晝寢。‘晝寢’二字闕，今補正。下‘故孔

① 顧廣圻：《撫本禮記鄭注考異序》，《顧千里集》，中華書局，2007 年，第 132 頁。
② 阮元校刻：《十三經注疏》下册，中華書局，1983 年，第 2566 頁。

子貢之'’責’字、‘聽其所言’’聽’字、‘雖聽其言更觀其行’’聽’’觀’二字、‘圬鏝也’’鏝’字、‘釋宮’’釋’字、‘鏝謂之圬’’鏝’字、‘泥塗也李巡曰塗因謂泥塗’三字并同。”①國圖本和臺圖本此葉有十五處墨釘，一如阮氏所云，而嘉靖重校修版全部補上了闕字。④ 元刻明正德修補本卷十九第七葉“叔孫武叔毀仲尼”章，阮刻本《校勘記》言疏文有十二處闕文，國圖本和臺圖本爲正德十六年補版，阮氏所言十二處皆作墨釘。⑤ 同葉“陳子禽謂子貢”章孔注“故能生則榮顯”，阮刻本《校勘記》云“按此‘能’字實闕”，國圖本和臺圖本之“能”字作墨釘。可見，阮氏所言恰好是元刻明正德修補本之正德補版情況，此不同於元十行本原版，也不同於元刻明嘉靖重校修補版。阮氏所據并非元十行本原版，而是元刻明正德修補本。據筆者彙校《論語注疏解經》十二種版本來看，元刻明正德修補本是不及元刻明嘉靖重校修補本和閩本、監本的，這也可以從阮刻本《校勘記》看得出來，阮刻本底本選得并不好。

國圖本和臺圖本不但有藏書家和流傳渠道之別，而且有清晰、模糊甚至是文字的不同，據此可以進一步確定阮氏所據之本。國圖本和臺圖本文字相同的地方是大量的、普遍的，阮元《論語注疏校勘記》所言“十行本”和阮刻本正文及阮刻本《校勘記》所言底本文字在這些地方均與二本相同，此不待贅述；但是國圖本和臺圖本也會偶有差別，這些地方阮氏所據本文字多與臺圖本相似或相同：（一）是國圖本較爲清晰可辨，臺圖本文字模糊或殘損，阮氏言所據本文字訛誤，或因臺圖本文字模糊、訛壞所致，或因誤讀臺圖本（抑或受閩本影響）所致，如：① 卷二第四葉 B 面疏文“是燖爲温也”，阮元《論語注疏校勘記》云“十行本、閩本‘尋’誤‘歸’”，②臺圖本之“燖”字漫漶不清，元刻明修《十三經注疏》本誤作“歸”，閩本承之，國圖本作“燖”，不誤。② 卷二第九葉 B 面“泰誓言武王伐紂”，《論語注疏校勘記》云“十行本、閩本‘泰’誤‘秦’”，臺圖本之“泰”字漫漶不清，閩本作“秦”，國圖本與元刻明修《十三經注疏》本皆作“泰”，不

---

① 楊按：“‘泥塗也李巡曰塗因謂泥塗’三字并同”一句是指“泥塗也”“李巡曰塗”“因謂泥塗”三處“塗”字并闕。又阮刻本《校勘記》漏校“郭璞”之闕“璞”字，阮元《論語注疏校勘記》有闕“璞”字校文。

② 楊按：尋、燖古今字，蜀大字本和玉海堂本作“燖”，阮元未見蜀大字本和元貞本（玉海堂本據之覆刻），據監本、毛本定爲“尋”。

誤。③ 卷四第六葉 A 面疏文"以禮漸進也",《論語注疏校勘記》"十行本作'斬進也'",臺圖本作"斬",國圖本作"漸",不誤。④ 卷六第九葉疏文"案郊特牲用二爵二觚四觶一角一散",《論語注疏校勘記》"十行本'用'誤'刑',兩'二'字竝誤'三','一散'誤'三散'",阮氏所言正臺圖本之用字,國圖本於此皆不誤。⑤ 卷十二第十葉"封土爲壇",《論語注疏校勘記》"十行本'土'誤'上'",臺圖本之"土"字壞作"上",國圖本不壞,作"土"。⑥ 卷十三第七葉"則其事不達矣",《論語注疏校勘記》"十行本'其'誤'具'",臺圖本之"其"字壞近似"具",國圖本不壞,作"其"。類似情況還有一些,不贅。(二)是國圖本偶爾與臺圖本文字不同,阮氏所據本全同臺圖本,如:①《論語序》第五葉 B 面疏文"年世未遠",《論語注疏校勘記》云"十行本'世'誤'出'",臺圖本作"出",國圖本作"世",即"世"字,不誤。② 卷二第一葉 B 面疏文"注孔曰篇之大數",《論語注疏校勘記》云"十行本'大'誤'夫'",臺圖本作"夫",國圖本作"大",不誤。③ 卷六第二葉 A 面疏文"彼云",《論語注疏校勘記》云"十行本'彼'誤'皮'",臺圖本作"皮",國圖本作"彼",不誤。④ 同葉注文"包曰十六斗曰庾",阮刻本《校勘記》云"本'包'誤'句'",臺圖本作"句",國圖本作"包",不誤。類似情況還有一些,不贅。這些情況説明阮氏所據本當爲臺圖本或類似臺圖本者,而非國圖本。如果説國圖所藏楊氏"海源閣"《論語注疏解經》源於黃丕烈藏書的話,阮元《重刻宋板注疏總目錄》言"借校蘇州黃氏丕烈所藏單疏二經(楊按:指《儀禮疏》和《爾雅疏》)重刻之"是屬實的,但他竟因有家藏本而未借黃氏所藏《論語注疏解經》進行核對,以致留下了諸多訛誤,①這是遺憾的。

　　順帶談一下臺灣"國圖"藏元刻明修本《論語注疏解經》。此本版式、文字一同北京市文物局藏元刻明修本《十三經注疏》之《論語注疏解經》,屬於元刻明嘉靖重校修補本之單行本,但其刷印時間應晚於元刻明修《十三經注疏》本,原因有二:一是此本與元刻明修本補版相同版面的版心無刊刻時間和校人、重校人,補版版心上方大多改作黑口,如此修改版

---

　　① 　楊按:雖然此前阮元《論語注疏校勘記》已經校出"元十行本"許多錯誤,但是阮刻本《論語注疏解經》"凡有明知宋板之誤字,亦不使改,但加圈於誤字之旁,而別據《校勘記》擇其説附載於每卷之末"(《重刻宋板注疏總目錄》),於誤字多不改。

心頗有掩飾遞補、冒充初刻之嫌。重校修補本版心上方補刻時間自正德六年、十二年、十六年、嘉靖三年至嘉靖重校修補一脈相承，而臺灣"國圖"藏元刻明修本《論語注疏解經》改換版心說明其刷印時間要晚於嘉靖重校修補本。二是此本卷十五第九、十、十一這三葉爲後來補刻（元刻明修《十三經注疏》本三葉爲元十行原版），順雙黑魚尾，無刻工，字體近行書，字跡清晰，與元十行原版、明正德補版和嘉靖補版均不一致。

# 五、結 語

綜上所述，元十行本在明代至少經歷了正德六年補版、正德十二年補版、正德十六年補版、嘉靖三年補版和嘉靖重校修補五次修版，其中最大規模的一次是嘉靖重校修補。嘉靖重校修補不但大量更換原已破損的板片，而且對元十行本原版和正德年間的三次補版也進行了校對和修訂，并由此在版式上作了更新和統一。嘉靖重校修補元十行本的時間介於嘉靖三年補版和李元陽、江以達主持福州府學刻本之間，要早於李元陽刻本。準確地說，李元陽刻本是以元刻嘉靖重校修補本爲底本的。清阮元撰《論語注疏校勘記》和刊刻《十三經注疏·論語注疏解經》所依據的十行本是臺灣"國圖"所藏的元刻明正德修補本或類似此本者，其原文訛誤與此有關。

今天，澄清并區分這些版本，一方面希望通過認識十行本《十三經注疏》刊刻版式、行款、用字的發展演變來釐清其遞修過程，弄清各版本所指和李元陽刻本、阮刻本依據的是哪種"十行本"，有助於學人在使用這些版本時，明確其版本的來源、地位、性質和一些文字訛誤的由來及原因；另一方面希望爲學者研究和國內各大圖書館編目提供啓發，元刻明修本《十三經注疏》的單經注疏本在國內各大圖書館多有收藏，大都著錄爲"元刻明修本"，實際上也可按照本文的方法作一細緻的認識和區分，以便於人們的使用、對話和研究。

（本文發表於《南京師範大學文學院學報》2019 年第 1 期，今略有修改）

# 明李元陽本《論語注疏解經》析論

明嘉靖年間李元陽以御史巡按福建,與時任福州府學僉事的同年江以達主持刊刻了《十三經注疏》,共三百三十五卷,人稱"李元陽本""嘉靖本""閩本"。李元陽本對後世經疏產生了重要的影響,萬曆年間李長春主持北京國子監刻本(簡稱"北監本")即以此本爲底本,之後崇禎年間毛晉汲古閣刻本、清乾隆初年武英殿本又以北監本爲底本,均可溯源於李元陽本,李元陽本對阮元重刊本《十三經注疏》也頗有影響。但有關李元陽本尚有一些未明之處,本文從《論語注疏解經》入手作一管窺,期有補焉。

## 一、 李元陽本《論語注疏解經》的刊刻底本

學界一般認爲李元陽本的刊刻底本是十行注疏本,但十行本有宋刻本、元刻本之別,元十行本又有初刻原版和明代遞修本的差異,而元十行本在明代又經歷了多次修補。那麼,李元陽本所依據的到底是哪種本子呢?

《論語注疏解經》無宋十行本傳世,今存十行本均爲元刻明修本,其中單行本有中國國家圖書館藏元刻明修本(簡稱"國圖本")、臺灣"國家圖書館"藏元刻明正德修補本(簡稱"臺圖本")和元刻明修本,①彙印本有元刻明修《十三經注疏》本。元十行本彙印《十三經注疏》之原刻無存者,今存者即元刻明修本《十三經注疏》,北京市文物局、中國國家博物館、中國軍事科學院圖書館和日本靜嘉堂文庫各藏一部,《中華再造善本》據北

---

① 《中國古籍善本書目·經部》僅著録了中國國家圖書館藏本。又美國哈佛大學燕京圖書館藏有臺灣"國家圖書館"藏元刻明正德修本的縮微膠卷,由於拍攝時間較早,字跡反較今臺灣藏本清晰。

京市文物局本影印，本文據《中華再造善本》所收本論述。

根據北京市文物局藏元刻明修本《十三經注疏》版心的標記，可知元十行本在明代至少經歷了正德六年補版、正德十二年補版、正德十六年補版、嘉靖三年補版和嘉靖重校修補五次有明確標記的修補，其中《論語注疏解經》有正德六年補版一葉、正德十二年補版五葉和嘉靖重校補版九十四葉，另有兩葉可推斷爲正德十六年補版。[①] 國圖本和臺圖本均爲正德十六年補版本，與北京市文物局藏元刻明修《十三經注疏》本相比正德年間的三次補版均相同，但沒有嘉靖重校補版。另外。臺灣"國圖"還藏有一部元刻明修本《論語注疏解經》，此本與北京市文物局藏《十三經注疏·論語注疏解經》屬於同版。[②]

元刻明修本《十三經注疏》正德年間的三次補版與元十行本版式略有不同，元十行本多白口、左右雙邊，補版或四周單邊或四周雙邊，或黑口或白口，或單黑魚尾或雙黑魚尾，正德六年補版版心中間刻謄抄人，但與原版最大的區別是版心上方刻補板時間，有"正德六年刊""正德十二年刊"和"正德十六年刊"三種，至於説到版内文字和行款、體例幾無二致，説明補版本身沒有劃一意識，與原版也無明確的區別意識。三次補版均有些墨釘，説明元十行本板片至明正德年間已有破損，補版也只好闕如。嘉靖三年補版有刊刻時間標記的僅兩葉，另外一葉也可以推測爲此年補版，其版式略同正德補版。

嘉靖重校補板與以上四次補板有所不同：① 版式統一爲四周單邊，白口，對雙黑魚尾，魚尾上下有黑綫。② 版心上方刻校者，共有"懷浙胡"

---

① 有關補版推斷，可參筆者《元十行〈十三經注疏〉明代修補本叢考》(《南京師範大學文學院學報》2018 年第 4 期)。

② 楊按:臺灣"國圖"藏元刻明修本《論語注疏解經》刷印時間應晚於北京市文物局藏元刻明修《十三經注疏》本，原因有二:一是此本與北京市文物局藏元刻明修《十三經注疏》本補版相同版面的版心無刊刻時間和校人，重校人，補版版心上方大多改作黑口，如此修改版心頗有掩飾遞補、冒充初刻之嫌，版心上方補刻時間自正德六年、十二年、十六年、嘉靖三年至嘉靖重校修補一脉相承，而臺灣"國圖"藏元刻明修本《論語注疏解經》改換版心説明其刷印時間要晚於嘉靖重校修補本;二是此本卷十五第九、十、十一這三葉爲後來補刻(元刻明修《十三經注疏》本三葉爲元十行原版)，順雙黑魚尾，無刻工，字體近行書，字跡清晰，與元十行原版、明正德補版和嘉靖補版均不一致。

"閩何""侯番劉""府舒""侯吉劉""懷陳"六人；版心中間刻書名簡稱和卷次，如"詩疏卷十二之二""語疏卷二"等，之下有的刻"鄉林重校"或"林重校"，"林"當即"鄉林"之省；①版心下魚尾下刻葉碼，版心葉底刻刊工名。③ 經注與疏文之間所標領起的大"疏"字均作黑底白文，外加黑圈，②十分醒目。④ 重校補版大字正方，小字略長方，與元十行本和正德補版相比刻字稚拙呆板且字體略大，擠滿了版面。⑤ 重校補版文字清晰，很少墨釘，而且還改正了元十行本不少文字訛誤。如《論語注疏解經》卷五"賜也何如"章疏文"此夫子又爲指其定分"，元十行本原版"夫子"誤作"未子"，嘉靖重校補版更爲"夫子"；同卷"子使漆雕開仕"章疏文引"子使漆雕開仕"，元十行本原版"仕"誤"化"，嘉靖重校補版更作"仕"；卷六"哀公問弟子孰爲好學"章疏文"顏回任道"，元十行本原版"顏"誤作"聞"，③嘉靖重校補版更作"顏"；卷七"志於道"章疏文"覆幬持載"，元十行本原版"壽"誤作"壽"，④嘉靖重校補版更作"幬"；同卷"二三子以我爲隱乎"章包咸注"聖人知廣道深"，元十行本原版"深"誤作"探"，嘉靖重校補版更作"深"；等等。⑥ 對於要保留的元十行板和正德年間的三次修版進行文字校對，增補缺字，更改文字訛誤。增補缺字，如《論語注疏解經》之首葉《論語序》爲正德六年補版，疏文"門人相與輯而論纂"，原"與"與"論"字均爲墨釘，嘉靖重校修版補"與"字；⑤卷五第五葉爲正德十六年補版，原左半葉有十五處墨釘，嘉靖重校修版全部補上了闕字；類似情況亦多見於元刻明修本《十三經注疏》之《周易兼義》《毛詩注疏》《禮記注疏》等的

---

① 偶有版心上方刻重校人而中間刻校人者，亦偶有將校人和重校人并作小字擠在版心上方者。

② 楊按：宋八行本用黑底白文（無黑圈）的大"疏"字區分經注和疏文，元十行本《周易兼義》區分經注與疏文的大"疏"字有黑圈陽文和黑底白文（外加黑圈）兩種格式，《爾雅注疏》"疏"字多黑底白文（多外加黑圈，偶無黑圈），少黑圈陽文。嘉靖重修補版時蓋有見於《爾雅注疏》和《周易兼義》的情況，參考了宋八行本格式，統一改用黑底白文且外加黑圈的"疏"字。

③ 楊按：按此處爲引何晏注，何注作"顏"，自當以"顏"爲是，蜀大字本、玉海堂本不誤。阮元《校勘記》疑此"聞"與下文"顏回任道"之"顏"互易之訛。

④ 楊按："幬"，閩本、監本、毛本、殿本、庫本同，阮元《校勘記》："十行本'幬'誤'壽'。"蜀大字本作"壽"，賈公彥《周禮·師氏》疏亦作"壽"，唐宋時壽與幬義通。

⑤ 楊按："論"字，閩本作空格，自監本始補"論"字。

71

嘉靖重校修版。更改文字訛誤,如《論語注疏解經》卷六"子華使於齊"章"齊舊四量豆區釜鍾",正德十二年補版"豆"誤作"斗",嘉靖重校修版作"豆";同卷"觚不觚"章疏文"異義韓詩說",正德十二年補版"說"誤"爲",嘉靖重校修版更作"說";同卷"宰我問曰仁者雖告之曰"章孔注"將自投下",正德十二年補版"將"誤作"得",嘉靖重校修版更作"將";等等。可見,嘉靖重校修補表現了較明確的劃一意識和區分意識,甚至意味著這次修版有特殊的意義和價值,也表明它在嘉靖三年補版之後在版式和文字內容上有了新的進展。

當然,嘉靖重校修補本中有一些元版、明正德補版的錯誤仍然沿襲,也不可避免地新增了一些文字訛誤。如僅《論語注疏解經》卷一《學而》篇,嘉靖重校補版至少有四處訛誤:"吾日三省吾身"章疏文"弟子曾參嘗曰",嘉靖重校補版"弟"誤作"曾";"道千乘之國"章疏文"以方百里者一爲方十里者百",嘉靖重校補版"十"誤"千";同章疏文"州建百里之國三十",嘉靖重校補版"三"誤作"二";"慎終追遠"章疏文"言君能行此慎終、追遠二者",嘉靖重校補版"能"誤"子"。此四處元十行原版皆同宋蜀大字本和玉海堂本,不誤。

將李元陽本與國圖本、臺圖本和北京市文物局藏元刻明修《十三經注疏》本相校,國圖本和臺圖本屬於元刻明正德修補本,北京市文物局本屬於嘉靖重校修補本,李元陽本文字基本與嘉靖重校修補本相同。嘉靖重校修補本對元十行本、正德三次補版的彌補和改正之處,李元陽本皆同於嘉靖重校修補本;嘉靖重校修補本保留的正德補版的墨釘,李元陽本也多作墨釘;嘉靖重校修補本新增的一些文字訛誤,李元陽本大多繼承了下來。程蘇東曾撰文考定元十行本在明代的遞修地點并不在南京的國子監,而是在福建的福州府學,①稱"南雍本""南監本"是錯誤的。筆者亦曾撰文論述元十行本嘉靖重校補版的刊工與李元陽福州府學刻本的刊工多有相同者,②元十行本嘉靖重校修補的時間略早於李元陽本的

---

① 程蘇東:《"元刻明修本"〈十三經注疏〉修補匯印地點考辨》,《文獻》2013 年第 2 期。

② 楊新勛:《元十行〈十三經注疏〉明代修補本叢考》,《南京師範大學文學院學報》2018 年第 1 期。

刊刻,那麼,李元陽本當以元十行本的嘉靖重校修補本爲底本。

## 二、 李元陽本在版式、行款上的創新與發展

李元陽本在版式和行款上對底本進行了較大改進,可以説有很大的創新和發展,對此後的北監本、毛本乃至武英殿本和《四庫全書》均有影響,值得加以專門加以論述。

具體來講,李元陽本在版式和行款上的改進有:

① 宋、元十行本多有書耳,左右雙邊,白口,順雙黑魚尾,偶有四周單邊,黑口,對雙黑魚尾者,版心中間刻書名和卷次,元十行本版心上方刻大小字數、下方刻刊工名;明正德六年補版多四周雙邊,其他正德、嘉靖補版多四周單邊,白口或黑口,版心中間刻書名和卷次,多順雙黑魚尾,版心上方多刻補刻時間、下方刻刊工,嘉靖重校補版全部爲對雙黑魚尾,版心上方刻校人名、中間刻重校人名、下方刻刊工名,無書耳。宋十行本、元十行本與正德、嘉靖補版版式上雖然有前後發展的關係,但各有特點,所以在北京市文物局藏元刻明修本《十三經注疏》中版式頗不一致。李元陽本版式統一爲四周單邊,白口,無魚尾,版心中間刻書名和卷次,下方刻刊工名,在繼承嘉靖重校補版版式的基礎上第一次做到了版式統一。

② 宋、元十行本和明代補版多半葉十行,大字十八字或十九字,小字二十三字,但《爾雅注疏》半葉九行,小字二十二字,雖然人們稱之爲“十行本”,實際上名實不副,所以嘉慶年間阮元重刊《十三經注疏》時於《爾雅注疏》轉用黄丕烈家藏宋刊單疏本配元刊雪窗書院《爾雅注》重新合刻。李元陽本版式統一爲半葉九行,經文大字單行,注文中字單行,疏文小字雙行,大字、中字、小字均二十一字。對此,汪紹楹、王鍔等人均認爲是在《爾雅注疏》基礎上發展而來的。[①] 楊按:宋人刻《十三經注疏》有八行本、十行本之別,八行本爲監本、蜀本或越刻本,校勘較精,十行本爲福建坊刻,訛誤較多,元十行本大多爲宋十行之覆刻,《爾雅注疏》版本來源

① 汪紹楹:《阮氏重刻十三經注疏考》,《文史》第三輯,中華書局,1963 年。王鍔:《李元陽本〈十三經注疏〉考略》,《中國典籍與文化》2018 年第 10 期。

不詳。李元陽本統一調整爲半葉九行，與《爾雅注疏》行數偶同，可能也受其他版式的影響。

③ 宋、元十行本及正德三次補版經文大字，注文和疏文均小字，經注與疏文之間普遍有大"疏"字隔開，"疏"字多黑圈陽文，偶黑底白文（或外加黑圈或不加），嘉靖重校補版"疏"字全部用黑底白文外加黑圈，十分直觀醒目。李元陽本經文大字，經文下注文中字，注文前有領起的黑底白文外加黑圈的大"注"字區隔經注，注文下疏文有領起的黑底白文外加黑圈的大"疏"字區隔經注與疏文，疏文中經疏之下的注疏領起字"注"亦黑底白文外加黑圈區隔經疏與注疏，經、注、疏分別使用大、中、小字體，又有醒目的領起字標識，區別十分顯豁，類例詳明，可以説正經注疏至此文本體例已臻完備。李元陽本大"疏"字格式是繼承嘉靖重校補版的全面化、完善化。宋、元十行本注文前均無"注"字，汪紹楹曾指出宋八行本《周禮疏》於經下注文前冠以"注"字，[1]但僅一本，李元陽本注文前均標黑底白文外加黑圈的大"注"字更有可能是在嘉靖重校補版"疏"字的啟發下補刻了"注"字，其將注文刻成中號字有嚴格區分經、注、疏的用意，尤其李元陽本疏文中的注疏領起字"注"字刻爲黑底白文外加黑圈，也促使他在經下注前補出"注"字。後北監本、毛氏汲古閣本、武英殿本均繼承了這些做法。

④ 除去《爾雅注疏》外，宋、元十行本、明代補版均正文頂格，章章相連，并不錯行；《爾雅注疏》按條分段，每條經文首行另起頂格，經文下與雙行注文相連，若注文延至次行則低一格，疏文均錯行另起，也低一格。李元陽本按章分段，每章首行經文另起頂格，之後每行文字均低一格，章章分明；[2]其《爾雅注疏》按條分列，每條另起頂格，疏文不再錯行另起，而是連接在注文之下。應該説，李元陽本的格式是在《爾雅注疏》的基礎上發展來的，也可能參考了一些寫本的格式，[3]并對《爾雅注疏》作了改進，

---

① 汪紹楹：《阮氏重刻十三經注疏考》，《文史》第三輯，中華書局，1963年。

② 楊按：閩本根據各經內容分段也不一致，其中《禮記注疏》《孝經注疏》《論語注疏》《孟子注疏》按章分段，《周易兼義》按卦分段，《尚書注疏》按篇分段，《毛詩注疏》按詩分段，《周禮注疏》按職官分段，《儀禮注疏》按篇分段，《左傳注疏》《公羊傳注疏》《穀梁傳注疏》按條分段。

③ 許建平《敦煌本〈左傳〉寫卷的學術價值》（《第七屆中國經學國際（注轉下頁）

使之與其他經疏行款一致。

李元陽本版刻體例在綜合宋元諸本的基礎上更加區分清晰，類例詳明，既清晰地區分了經、注、疏，又明確區分諸經的各章，做到了直觀化、整齊化，這是注疏版式、行款體例發展完善的結果，在經籍版本史上具有重要意義。李元陽本的這種格式極大地方便了讀者的閱讀，也贏得了市場，其體式影響了此後的北監本、毛本、殿本、庫本等。

## 三、 李元陽本的文字校正成果

元十行本《論語注疏解經》有一些文字訛誤和脱文的情況，嘉靖重校修補本曾經做過一些校訂工作，改正了不少訛誤，對正德六年和十六年補版的墨釘也作了部分的彌補，但是也新增了一些錯誤。李元陽本以元刻明嘉靖重校修補本爲底本進行重刊，基本繼承了嘉靖重校修補本的校正成果，也沿襲了一些新增錯誤，但也做了不少增補和校正工作，值得人們加以重視。

元十行本原無墨釘，但傳至明代其板片逐漸殘損，正德六年、十六年補版均有墨釘，嘉靖重校修補時曾增補了不少文字，但仍有些地方闕如，李元陽本又作了新的增補：如《論語注疏解經》卷十四第十三葉爲嘉靖重校補版，"子曰不逆詐"章經文下注文"孔曰先"和"能爲賢"作墨釘，李元陽本補足了兩處闕文；又卷十九第七葉爲正德十六年補版，其中"叔孫武叔毁仲尼"章經注與疏文間"疏"字作大墨釘，嘉靖重校修版沿襲，李元陽本補了"疏"字；又下疏文"猶可踰也""猶可踰越""不可得而踰也"之三"踰"字，嘉靖重校修版皆沿襲正德十六年補版作墨釘，李元陽本均補上了"踰"字；又下疏文"人雖欲自絶"之"雖"字，嘉靖重校修版沿襲正德十六年補版作墨釘，李元陽本補上了"雖"字。李元陽本這些增補均與宋蜀大字本、宋八行本殘卷和出於元代元貞本的玉海堂本相合，證明其增補是正確的。元十行本有的地方雖無墨釘，但細繹有脱文，李元陽本亦作了增補：如卷一第九葉疏文"好禮謂閑習禮容"原"好"下無"禮"字，嘉靖

---

（續上頁注）學術研討會論文集》，華中師範大學 2017 年 9 月 15 日—17 日）曾指出敦煌本《左傳集解》每條首行界欄外有"經""傳"字。

重校修補無增補,雖然蜀大字本、玉海堂本亦無"禮"字,但此據經文"未若貧而樂,富而好禮者也"而言,自當有"禮"字,李元陽本補"禮"字是也,後監本、毛本、殿本、庫本承之;卷二第九葉疏文"則民不服其上也",元十行本、元刻明修本無"其"字,①李元陽本據文例補之,當是,後監本、毛本、殿本、庫本承之。

　　元十行本有一些文字訛誤,嘉靖重校修補時未能改正,李元陽本加以改正:如元刻明修本《論語注疏解經·論語序》第二葉注文"蕭望之字長倩",元十行本原版誤作"情",嘉靖重校補版沿襲之,李元陽本改作"倩";第四葉疏文"倡魯詩論語",元十行本原版誤作"昌",②嘉靖重校補版沿襲之,李元陽本作"倡";第五葉疏文"年世未遠",元十行本"世"誤作"出",嘉靖重校修補未改,李元陽本作"世";卷一第一葉疏文"學業稍成",元十行本"學"誤作"覺",嘉靖重校修補未改,李元陽本改作"學";同葉疏文"則扞格而不勝",元十行本"扞"誤作"杆",嘉靖重校修補未改,李元陽本改作"扞";第五葉疏文"於是樹板幹而興作",元十行本"幹"誤作"斡",嘉靖重校修補未改,李元陽本改作"幹";卷二第一葉疏文"孔曰篇之大數",元十行本"大"誤作"夫",嘉靖重校修補未改,李元陽本改作"大";第三葉疏文"今之人所謂孝者",元十行本"今"誤作"令",嘉靖重校修補未改,李元陽本改作"今";同葉"言偃吳人字子遊",元十行本"子"誤作"少",嘉靖重校修補未改,李元陽本改作"子";第七葉疏文"今其言與此少異",元十行本"今"誤作"令",嘉靖重校修補未改,李元陽本改作"今";第八葉疏文"爲衡頸之間",元十行本"間"誤作"問",嘉靖重校修補未改,李元陽本改作"間";同葉疏文"白虎通云",元十行本"云"誤作"示",嘉靖重校修補未改,李元陽本改作"云";第九葉疏文"而白魚入於王舟",元十行本"入"誤作"八",嘉靖重校修補未改,李元陽本改作"入";第十葉"改正易服",元十行本"改"誤作"故",嘉靖重校修補未改,李元陽本改作"改"。元十行本校對不精,訛誤較多,嘉靖重校修補時作了校改,但相對有限,遺留較多,僅《論語序》和前兩卷十七葉,李元陽本所改至少

----

① 蜀大字本、玉海堂本亦無,然據文意應有,閩本補長。

② 楊按:此"倡"字,蜀大字本、玉海堂本作"習",阮元《校勘記》:"《後漢書·包咸傳》'昌'作'習'。"

有十四處之多,李元陽本對元十行本的校改可見一斑。

有些地方元十行本原版不誤,嘉靖重校修補本却出現了錯誤,李元陽本亦多加改正。如《論語序》第四葉疏文"以武帝末年遭巫蠱事",嘉靖重校補版"末"誤作"未",元十行本不誤,李元陽本改作"末";同葉疏文"有俊才",嘉靖重校補版"才"誤作"寸",元十行本不誤,李元陽本改作"才";同葉疏文"爲校書郎",嘉靖重校補版"郎"誤作"即",元十行本不誤,李元陽本改作"郎";第六葉注文"君能行此二者",嘉靖重校補版"此"誤作"比",元十行本不誤,李元陽本改作"此";卷二第九葉疏文"舉枉錯諸直則民不服者",嘉靖重校補版"直"誤作"宜",元十行本不誤,李元陽本改爲"宜";同葉疏文"莊嚴也",嘉靖重校補版"莊"誤作"茫",元十行本不誤,李元陽本改爲"莊"。《論語序》和前兩卷,嘉靖重校補版六葉,李元陽本校改其新增錯誤至少六處,其對嘉靖重校補版的校改亦可略見。

此外,元十行本偶有衍文,嘉靖重校修補未能改正,李元陽本刪之,如元刻明修本《論語注疏解經》卷二第二葉疏文"注孔曰至謚也",元十行本"孔"下衍"子"字,嘉靖重校修補本不改,李元陽本刪之;又第十葉疏文"注孔曰至無勇",元十行本"孔"下衍"子"字,嘉靖重校修補本不改,李元陽本刪之。又有元十行本不衍,嘉靖重校補版新增衍文,李元陽本刪之者,如卷二第六葉注文"所見危者",嘉靖重校補版"者"下重"者"字,元十行本不重,李元陽本刪之。

將《論語注疏解經》的元刻明正德修補本、北京市文物局藏元刻明修《十三經注疏》本與李元陽本全面比勘,類似的校正訛誤、補脱刪衍,在李元陽本《論語注疏解經》中可以説是隨處可見。可見,李元陽本對元十行本的原版和明修版做了全面校勘,改正了許多訛誤、脱衍,又修訂、彌補了不少墨釘,這是李元陽本的一大功績,也使李元陽本具有較高的校勘價值。對此,汪紹楹先生曾云:"且本中佳處,往往與宋本合(見《左傳》《爾雅》校勘記),監本、毛本且從此出,固明刊之佼者。"①

---

① 汪紹楹:《阮氏重刻十三經注疏考》,《文史》第三輯,中華書局,1963年,第53頁。

## 四、李元陽本的新增文字訛誤

李元陽本校改了底本的許多訛誤，當然也不可避免地會有一些新增錯誤。張麗娟在《明李元陽本〈春秋穀梁注疏〉淺探》中指出李元陽本《春秋穀梁注疏》有誤刻和誤改的情況，①李元陽本《論語注疏解經》也存在類似情況。

李元陽本誤刻之例：李元陽本《論語序》第二葉疏文"柬海蘭陵人也"，"柬"爲"東"之形誤，元十行本、嘉靖重校補版均不誤；第四葉疏文"篇篇或異"，"篇篇"爲"篇第"之誤，下"篇"字蒙上"篇"字誤刻，元十行本、嘉靖重校補版均不誤；卷一第一葉疏文"當第子論撰之時"，"第"爲"弟"之誤，阮元《論語注疏校勘記》"閩本'弟'誤'第'"，元十行本、嘉靖重校補版均不誤；第五葉"以方百里者一爲方千里者百"，"千"爲"十"之誤，以百里之長乘方恰爲以十里之長乘方的百倍，元十行本、嘉靖重校補版均不誤，又下文"合成方千里者九百"之"千"字亦爲"十"之誤，後北監本、毛本兩處均沿襲李元陽本誤作"千"，阮元《論語注疏校勘記》"閩本、北監本、毛本'十'誤'千'"；第十一葉疏文"言學者之志樂道忘饑"，"饑"爲"飢"之誤，阮元《論語注疏校勘記》"案《説文》'穀不熟爲饑'，'飢，餓也'，則字當作'飢'"，元十行本不誤；卷二第三葉經文"父毋唯其疾之憂"，"毋"爲"母"之形訛，此章注文、疏文之"母"字李元陽本亦均誤作"毋"；第八葉疏文"多見闕殆慎言其餘"，"言"爲"行"之誤，元十行本不誤；第十一葉疏文"加軫輿轅七寸"，"輿"爲"與"之誤，元十行本不誤；第十三葉疏文"故禮緯稽命殷云"，"殷"爲"徵"之誤，按"禮緯稽命徵"爲緯書名，唐宋時尚未亡佚，蜀大字本、元十行本、玉海堂本并作"徵"；同葉疏文"秦誓言武王伐紂"，"秦"爲"泰"之誤，元十行本不誤。這些訛誤多因字形相近或讀音相近而誤，也有的是因上下文而誤，屬於張麗娟所説的"主要出自寫工

---

① 張麗娟：《明李元陽本〈春秋穀梁注疏〉淺探》，《儒家典籍與思想研究》（第九輯），北京大學出版社，2017 年，第 98—99 頁。

刻工無意之訛”。①

上文提到李元陽本《論語注疏解經》據文意、文例於卷一第九葉疏文補“禮”字、卷二第九葉疏文補“其”字，後監本、毛本、殿本、庫本承之而補，確實符合邢疏體例，意思優長，令人心澈，但是并沒有什麼版本依據，如今存宋蜀大字本和出自元代元貞本的玉海堂本也均無此二字。而有的時候，李元陽本的增補就似是而非，甚至是太過於武斷了。如卷一第四葉注文“作使民必以其時”，李元陽本於“作”下增“事”字，雖然後來北監本、毛本、殿本、庫本承之亦有“事”字，但此處所增非是。今按：宋蜀大字本、元十行本、明嘉靖重校修補本、阮校本、玉海堂本無“事”字，又盱郡本、正平本、纂圖本《論語集解》均無“事”字，則原應無“事”字。包咸以“作使民必以其時”釋經文“使民以時”，“作”役使也，漢唐傳注多見，“作”與“使”爲同義詞連用，“作”下增“事”屬增字爲訓。又此下邢疏引包咸注及疏文均原無“事”字，自李元陽本始疏文均增“事”字，以致包咸注之本義湮沒。又如卷三第十四葉疏文“告朔視朔聽朔朝廟朝享朝正二禮各有三名”中“朝享朝正”四字，李元陽本作“享廟正”。今按：元十行本“享”上脫“朝”字，作“享朝正”，不辭，與“二禮各有三名”（即三“朔”三“朝”）不合。李元陽本蓋因上文“朝廟”而改“享朝”爲“享廟”以與之合，後北監本、毛本承之，清武英殿本、庫本又承北監本於“朝廟”下增“朝”字以湊足三名，掩蓋了最初脫文的痕跡。今蜀大字本、玉海堂本作“告朔視朔聽朔朝廟朝享朝正”，可證李元陽本所改非是。又如卷五第三葉“雍也仁而不佞”章疏文“此章明仁不須佞也”，李元陽本“仁”作“口”，後北監本、毛本承之，阮元《論語注疏校勘記》云“閩本、北監本、毛本‘仁’誤‘口’”，蜀大字本、元十行本、玉海堂本作“仁”，此處爲章旨，孔子用貶棄佞來推尊仁、釐清仁，李元陽本之改偏離章旨，於仁義理解疏矣。

如果説李元陽本的誤刻屬於寫工刊工粗心所致，那麼李元陽本的誤改多爲根據文意、文例的有意更改。由於李元陽本的誤改往往表面上文從字順，其不足不易察覺，這是北監本、毛本甚至是殿本、庫本沿襲其改動的原因；但是，李元陽本誤改并沒有版本依據，尤其是在内容和語言上

---

① 張麗娟：《明李元陽本〈春秋穀梁注疏〉淺探》，《儒家典籍與思想研究》（第九輯），北京大學出版社，2017年，第98頁。

與原文有別,這在一定程度上逾越了文獻校勘的原則,今天人們整理經籍使用李元陽本尤應慎重對待。

## 五、 李元陽本的影響與價值

在元十行本之明嘉靖重校修補本的基礎上,李元陽本《論語注疏解經》在版式、行款方面作了統一和完善,在文字校改方面做了大量的工作,和其刊刻的《十三經注疏》的其他經書一致,極大地完善了經注疏合刻本,形成了一種在版式、行款和文字内容上全新的"十三經注疏"彙刻文本,在我國經籍史版本上具有重要的地位和意義。此後,明萬曆年間李長春主持北京國子監刊刻《十三經注疏》就直接翻刻自李元陽本;後崇禎年間毛氏汲古閣本又翻刻萬曆北監本,實際上也是繼承了李元陽本。北監本、毛本在版式、行款上與李元陽本頗爲相似,文字内容也基本承襲李元陽本。清乾隆初年武英殿刊刻《十三經注疏》,其《論語注疏》以明代北監本爲基礎,再摻入陸德明《經典釋文》的《論語》部分,其版式、行款和文字也可溯源至李元陽本。

清嘉慶十九年,阮元重刊《十三經注疏》,其《論語注疏解經》以十行本的元刻明正德十六年修補本爲底本,無《釋文》,但嘉慶初年阮元撰《論語注疏校勘記》曾利用李元陽本和北監本、毛本進行校勘,指出了"元十行本"頗多訛誤。阮元南昌書局本出現之後,阮刻本進行過多次校正,也是多依據李元陽本,李元陽本的價值得到了一定的認可。

《論語》注疏本,由宋至今的版本主要有三個系統:一是南宋蜀刻大字本《論語注疏》十卷,藏日本宮内廳書陵部,中華學藝社 1929 年曾藉以珂羅版印刷,後綫裝書局 2001 年又以綫裝影印,八行,附《釋文》,但頗有些殘損,另外也有少量的文字訛誤;二是楊守敬自日本帶回的元貞本《論語注疏解經》十卷,當爲元代平水所刻,爲日本幕府時期名醫曲直瀨正琳(1565—1611)家族用書,後光緒三十年(1904)劉世珩交由黃岡陶子麟覆刻,是爲玉海堂本,相對完整,也有少量的文字訛誤;三是元十行本《論語注疏解經》二十卷,到明代出現了遞修本,再到李元陽本、北監本、毛本、殿本、庫本,以及阮刻本,一脉相承。此外,今天尚有宋八行《論語注疏解經》二十卷本之後十卷存世,此本當元十行本系統之祖本。蜀大字本與宋八行本、元十行本和玉海堂本都有些不同,屬於另外一個體系。宋八行本與玉海堂本和元十行本系統關係較近,文字較爲一致,可以逆推元十行本出宋十行本,宋十行本出自宋八行本。十行本屬於坊刻,文字訛誤嚴重,李元陽本是元十行本一次比較全面的校改,成果值得肯定,殿本是又一次全面的校改,成就也比較大。1999 年,北京大學出版社出版《十三經注疏》(標點本)只是據阮刻本標點,沒有參考李元陽本,許多錯誤都没有指出和改正。北京大學《儒藏》本據宋蜀大字本點校,要優於阮刻本,但是也没有參考李元陽本,蜀大字本的不足和錯誤亦多没有改正。可見,近年來,李元陽本的校勘價值没有引起足夠的重視。當然李元陽本的誤改也有待進一步探討。

(本文發表於《南京師大學報》2018 年第 4 期,今略有修改)

# 武英殿本《論語注疏》析論

　　乾隆初年，武英殿校刻《十三經注疏》是一次朝廷敕令的對正經進行的大規模校勘、刻印活動，全書首次對經、注、釋文和疏施加句讀，并於卷末附《考證》，具有代表清代經學水平、取代明萬曆十四年北京國子監刻本（以下簡稱"監本"）的用意，[1]後《四庫全書薈要》和《四庫全書》皆據之謄錄，可見此本具有重要的地位和意義。但是，長期以來，人們對此書的研究并不充分。筆者不揣譾陋，對武英殿本（以下簡稱"殿本"）《論語注疏》作一析論，敬企方家指正。

## 一、 殿本《論語注疏》的底本和校本

　　人們一般依據乾隆皇帝所撰《御製重刻十三經序》及方苞《奏爲請定校刊經史程式事》等來推定殿本《十三經注疏》的底本，認爲殿本所據爲明監本《十三經注疏》，[2]杜澤遜又認爲殿本的底本并非明監本萬曆初印本，而是"明崇禎年間修至康熙間版印刷的本子"。[3]

　　具體到殿本《論語注疏》所依據的底本和校本，當時的檔案、史料及參與人員的文字等都没有提及，殿本《論語注疏》書後所附國子監祭酒陸

---

① 　楊按：明北京國子監刻《十三經注疏》、山井鼎《七經孟子考文》、浦鏜《十三經注疏正字》和永瑢《四庫全書總目》皆稱"監本"，顧炎武《日知録》、阮元《十三經注疏校勘記》稱"北監本"，由於明南京國子監没有刊刻《十三經注疏》，所以本文通用"監本"稱之。

② 　杜澤遜：《〈孟子〉入經和〈十三卷〉匯刊》，《微湖山堂叢稿》（上），上海古籍出版社，2014 年，第 66 頁。張學謙：《武英殿本〈二十四史〉校刊始末考》，《文史》第一輯，中華書局，2014 年。

③ 　杜澤遜：《影印乾隆武英殿本〈十三經注疏〉序》，《武英殿十三經注疏》第一册卷首，齊魯書社，2019 年，第 2 頁。

宗楷撰的《論語注疏考證跋語》也没有交代。又殿本《論語注疏》除了卷四、七、十二、十三、十九、二十之外的十四卷末,均附有條數不等的《考證》,這些考證全爲對《論語》經、注或疏中疑難問題的考定,并無文字校勘内容,所以也没有任何底本和校本的信息。這樣對殿本《論語注疏》的底本和校本的考定所依據的手段就只剩下通過具體校勘來推測了。

殿本《論語注疏》與名爲《論語注疏解經》的宋八行本、元十行本、明李元陽刻本(以下簡稱"閩本")、明監本、明毛晉汲古閣刻本(以下簡稱"毛本")及後來阮元主持的南昌府學刻本(以下簡稱"阮刻本")均不同,宋八行本、元十行本、閩本、監本、毛本、阮刻本屬於同一個版本系統,均只有經、注、疏,并不含釋文,而殿本含有釋文。雖然日本宫内廳書陵部所藏宋刻蜀大字本《論語注疏》是附有釋文的,但是此本長期亡佚於我國,且幾乎不見於宋元文獻著録,也從無學者引用,至民國時期才回傳國内,此本與殿本在版本傳承上没有關係;而元代元貞刊本《論語注疏解經》僅卷五之末有"釋文"二字,并未將釋文綴入文本,且亦亡佚於我國,至清末光緒年間才由楊守敬自日本帶回我國。殿本《論語注疏》的釋文是當時武英殿校閲人員根據《十三經注疏》諸經多有釋文的體例新增綴入的。這樣,探討殿本《論語注疏》的底本和校本,應該分别探討經注疏的底本、校本和釋文的來源。

根據筆者全面校勘的情況來看,殿本《論語注疏》的經注疏是以明監本爲底本的。明監本以閩本爲底本,閩本又是以元十行本的嘉靖重修校本爲底本的。① 相比之前的十行本、閩本,監本不只是版式、行款有所改變,而更大的差異是監本對其底本進行了校勘和修訂,所以監本於各卷首均署名"皇明朝列大夫國子監祭酒臣李長春等奉敕重校刊"。監本對閩本的校改較多,這些校改包括文字改動、增補和删除三類。殿本的校改絶大多數情況與監本相同,而與元十行本、明閩本不同,這是我們推定殿本以監本爲底本的重要原因。以下僅以文字改動,舉例加以說明。如《八佾》篇《君子無所争》章疏文"興揖不勝者先降",十行本、閩本均"興"誤作"與",監本據《儀禮·大射》改爲"興",殿本亦作"興";同篇《子貢欲

---

① 具體可參閱拙文《元十行本〈十三經注疏〉明修叢考》,《南京師範大學文學院學報》2019 年第 1 期,第 171—181 頁。

去告朔之餼羊》章疏文"每月之朔必朝於廟",十行本、閩本"朔"誤作"朝",監本改作"朔",殿本亦作"朔";等等。此類例子俯拾即是,不贅。有些地方監本校改閩本後,出自監本的毛本并不從監本,這種情況監本的校改有是有非,這些時候殿本也多同於監本,而不同於毛本,這更能證明殿本是出於監本而非毛本。如《公冶長》篇《雍也仁而不佞》章疏文"則佞非善事,而以'不佞'爲謙者"之"謙"字,元十行本的嘉靖重修本、閩本、毛本均作"嫌",監本、殿本作"謙",據文意應以"謙"爲是,蜀大字本正作"謙","嫌"當爲俗改。在監本之後,毛本有一些特殊改字,如"檢"作"撿"、"校"作"按"等,均没有反映在殿本中;此外,毛本新增的文字改動,也不見於殿本中。如《八佾》篇《祭如在》章包咸注"不致肅静於心"之"於"字,十行本、閩本、監本等均作"於",僅毛本作"其",殿本作"於";又如《述而》篇《志於道》章疏文引《説命》"敬孫務時敏,厥修乃來"語,蜀大字本、十行本、閩本、監本及清玉海堂刻本均作"敬孫",殿本也作"敬孫",只有毛本改"敬孫"爲"孫志";[1]等等。這也是我們認爲監本并非以毛本爲底本的一個原因。

殿本《論語注疏》是以監本的初印本還是崇禎年間修版爲底本呢?我們認爲殿本《論語注疏》很有可能是以監本初印本爲底本的。[2] 雖然監本的崇禎修本今天不易見到,筆者也没有利用,但是此本在明末至清代中期曾經較爲流行,浦鏜《十三經注疏正字》中提到的"監本"、阮元《十三經注疏校勘記》中的"北監本"就都是監本的崇禎修本,而非萬曆初印本。監本的修版錯誤遠多於監本初印本,浦鏜曾云監本"修板視原本誤多十之三",[3]只是他苦於初印本難覓才不得不採用監本修版。浦鏜和阮元書中提到監本的很多訛誤并不見於初印本:一是有些崇禎修版訛字可能是由於板片多次印刷文字殘渺所致,如"天"作"大"、"及"作"反"、"此"作"比"等;二是有些是文字漫漶後崇禎修版時辨字不慎導致修改爲訛字,

---

① 楊按:毛本此處據《尚書·説命》改邢疏,實際上邢疏此處所引來自《禮記·學記》,不當改。

② 筆者此處所據爲天津圖書館藏明萬曆年間北京國子監刻本《論語注疏解經》。

③ 浦鏜:《十三經注疏正字·例言》,景刊文淵閣《四庫全書》本,第 192 册,第 3 頁。

如"惠"作"恩"、"道"作"通"、"豖"作"家"等；此外還有初印本有字而崇禎修本中作空格的情況。今將浦鐘《十三經注疏正字·論語注疏》和阮元《十三經注疏校勘記·論語注疏》與天津圖書館所藏的監本初印本、殿本《論語注疏》全面核勘發現，殿本與監本初印本相似度極高，凡是浦鐘和阮元談到"監本""北監本"訛誤、脫漏而監本初印本沒有訛誤、脫漏的情況，均不見於殿本《論語注疏》。雖然殿本對監本有所校改，但監本之崇禎修本如此多的訛誤、脫漏絲毫不見於殿本，只能説明殿本《論語注疏》并不以之爲底本，而是以監本初印本爲底本。

殿本《十三經注疏》校刊伊始，方苞上奏："伏祈皇上敕内府并内閣藏書處遍查舊板經史，兼諭在京諸王大臣及有列於朝者，如有家藏舊本，即速進呈，以便頒發校勘。并敕江南、浙江、江西、湖廣、福建五省督撫，購求明初及泰昌以前監板經史，各送一二部到館，彼此互證，庶幾可補其缺遺、正其錯誤。"①特重舊本搜羅，軍機處贊可其奏，時武英殿經史館收儲衆本，殿本《論語注疏》是完全有可能據監本初印本來著手工作的。

鑒於毛本的坊刻性質，殿本不會以之爲底本，但并不妨礙殿本以之爲校本，據之參校。就筆者校勘情況來看，殿本參校毛本的情況也是比較常見的。如《學而》篇《父在觀其志》章孔注"哀慕猶若父存"，監本"父存"誤作"父母"，毛本改從十行本、閩本作"父存"，殿本作"父存"；又《公冶長》篇《雍也仁而不佞》章疏文"數爲人所憎惡者"，十行本、閩本、監本"爲"皆作"謂"，毛本改爲"爲"，殿本作"爲"；尤其是《陽貨》篇《古者民有三疾》章疏文宋八行本、元十行本、閩本、監本均缺二十四字，或作墨釘或作空格，僅蜀大字本、玉海堂本有此二十四字，毛本於此補二十九字，與蜀大字本、玉海堂本異，殿本全同於毛本，殿本當據毛本補；又《子罕》篇《叔孫武叔毁仲尼》章疏文元十行本、閩本、監本均有六處缺文，或作墨釘或作空格，蜀大字本、宋八行本、玉海堂本和毛本不缺，蜀大字本、宋八行本與玉海堂本這六處文字相同，毛本六處不缺，但均不同於蜀大字本、宋八行本和玉海堂本，而殿本六處文字却全同於毛本，當據毛本補。可見，

---

① 方苞《奏爲請定校刊經史程式事》，軍機處録副奏折，中國第一歷史檔案館藏。方苞《方望溪先生全集》(咸豐元年戴均衡刻本)卷二《奏重刻〈十三經〉〈廿一史〉事宜札子》略同。

殿本《論語注疏》確實據毛本作了校改。

除了毛本外，殿本還可能參校了宋八行本，因爲殿本頗有些地方不同於十行本、閩本、監本和毛本，却獨與宋八行本合：一是殿本有些一兩個字的校改同於宋八行本，二是殿本有些增補文字同於宋八行本。殿本一兩個字校改同於宋八行本而不同於元十行本、閩本、監本、毛本的例子數量較多，限於篇幅，不贅。雖然殿本的這些校改多爲一兩個字，但如此衆多的情况用偶然巧合是説不過去的。另一方面當元十行本的明代遞修本有脱文或漫漶處，閩本、監本、毛本往往同有缺文（毛本彌補的畢竟有限），殿本却往往文字完好，而且恰與宋八行本合，就更給我們殿本參校了八行本的印象。如《微子》篇《子路從而後》章疏文元十行本、閩本、監本和毛本均缺“乎欲洁其身而亂大倫者倫道理也言女不仕”十八字，宋八行本、蜀大字本和玉海堂本有，殿本有，時蜀大字本和玉海堂本據刻的元貞本尚未回傳國内，殿本或據宋八行本補；又《憲問》篇《不逆詐》章疏文元十行本、閩本、監本、毛本均有兩處缺文共計二十一字，殿本不缺，文同宋八行本、蜀本和玉海堂本；又《子張》篇《叔孫武叔毁仲尼》章疏文元十行本、閩本、監本和毛本均缺“貞明麗天”四字，也是蜀大字本、宋八行本、玉海堂本和殿本有。宋八行本今存三部，均爲宋刻明代遞修本，①其傳承自宋至明清不絶，殿本很有可能參校過宋八行本。

下面談談殿本《論語注疏》的釋文來源。清前中期學人所知的《經典釋文》主要有葉林宗抄本和徐乾學《通志堂經解》刻本，時宋刻宋元遞修本尚未被人們發現和利用。葉本抄自錢謙益絳雲樓所藏宋版，絳雲樓藏書後毁於火灾，葉本被視爲得窺宋貌之幸存本。通志堂刻本出自葉本，但是文字并不一致，有很多改動，有正確的校改，也不乏疏漏和訛誤，所以乾隆五十六年又有盧文弨校訂的抱經堂刻本。殿本《論語注疏》的釋文應來自通志堂刻本。《通志堂經解》刻成於康熙三十年（1691）前後，②版初存於徐乾學處，之後不久移入清内府，直至乾隆五十年（1785）清高

---

① 具體可參閲拙文《宋八行本〈論語注疏解經〉析論》，《中國典籍與文化》2018年第 4 期，第 61—67 頁。

② 王愛亭：《〈通志堂經解〉刊刻過程考》，《圖書館雜志》2011 年第 1 期，第 83—86 頁。

宗命四庫館臣修版，其書版就在清內府。乾隆初年，武英殿校刻《十三經注疏》時拿通志堂刻本《經典釋文》來校各經釋文應該是很自然的事。我們用葉本和通志堂刻本《經典釋文》來對校殿本《論語注疏》的釋文發現，當通志堂刊本與葉本有異文時，殿本《論語注疏》的釋文均同於通志堂刻本，即使是通志堂刻本有誤也不例外，則殿本《論語注疏》釋文來源於通志堂刻本。如蜀大字本《公冶長》篇《臧文仲居蔡》章釋文"梲，本又作掇，章悅反"，通志堂刻本作"草悅反"，殿本《論語注疏》釋文同通志堂刻本，黃焯《經典釋文彙校》云"草字誤，宋本、何校本作章"，①葉本作"章悅反"，不誤；又蜀本《述而》篇《聖人吾不得而見之矣》章釋文"此舊爲別章"，通志堂刻本"此"誤作"比"，不辭，葉本不誤，殿本《論語注疏》釋文作"比"；又蜀本《鄉黨》篇《君子不以紺緅飾》節釋文"麑，研奚反"，葉本作"米佽反"，②通志堂本改作"米俟反"，殿本《論語注疏》釋文同通志堂本；又蜀本《先進》篇《柴也愚》章釋文"鈍，徒遜反"，宋本、葉本同蜀本，通志堂刻本作"徒頓反"，③殿本《論語注疏》釋文同通志堂刻本。類似例子還有一些，不贅。可見，殿本《論語注疏》的釋文當據通志堂刻本綴入，綴入時基本沒有變動。

## 二、 殿本《論語注疏》的成就和貢獻

殿本《論語注疏》的校刻，以朝廷之力，彙集了當時能收到的眾多文本，從事校閱工作的又都是當時著名的學者，因此在許多方面都做出了新的貢獻，取得了突出的成就，在《論語》學史，尤其是《十三經注疏》的編纂和發展中具有重要的地位。

---

① 黃焯：《經典釋文彙校》，中華書局，1980 年，第 210 頁。

② 楊按：宋本《經典釋文》作"米佽反"，蓬左文庫本《論語音義》作"未佽反"，"佽"即"低"字，奚、低、俟皆齊部，知通志堂本校改有合理性。葉本"佽"字當"佽"字形訛，蓬左本"未"當"米"之形訛。

③ 楊按：《經典釋文》"鈍"字共有三處注音，另兩處見於《論語》之《里仁》篇和《子路》篇，均注爲"徒頓反"，宋本、葉本、通志堂刻本相同，蜀大字本《論語注疏》和日本蓬左文庫所藏《論語音義》亦同作"徒頓反"。又《經典釋文》"遁"字全注音"徒遜反"。通志堂刻本蓋據另兩處而改"徒遜反"爲"徒頓反"。

### 1. 綴合釋文，内容完善

説到殿本《論語注疏》的成就和貢獻，首先是殿本改變了自宋八行本以來《論語注疏》只有經、注、疏而没有釋文的情況，新綴入了釋文，使得作爲《十三經注疏》之一的《論語注疏》可以和《十三經注疏》其他有釋文的各經内容組成相一致，[①]從而完善了《十三經注疏》經、注、疏和釋文的結構體系。殿本《論語注疏》的文本體例是：據二十篇分二十卷，每篇按章分段，卷十《鄉黨》篇爲一章二十七節，殿本以節分段；每章先列經注，經文大字單行，注文中字單行，經注間以黑底白文的大“注”字隔開；經注下是釋文，小字雙行，經注與釋文之間以黑底白文的大“音義”二字隔開；[②]釋文下是疏文，小字雙行，釋文與疏文之間以黑底白文的大“疏”字隔開。這樣依次形成了經、注、釋文、疏按各自出現先後順序排列的内容結構，與各自産生的時間順序一致，自然合理，又分別以黑底白文的大“注”“音義”“疏”隔開，眉目清晰。需要指出的是，殿本綴入釋文時并非簡單地將《經典釋文》之《論語音義》依次散入各章經注之下即可，而是爲了與經注配合作了調整：一是原《經典釋文》多以兩字出文，這與釋文原本單行需要標明出處有關，但具體到哪個是被釋字却并不明確，需要讀者認定，不便使用，殿本綴入時改變了釋文的注音對應體例，通過辨認改出文爲一字，只保留被釋字，被釋字與所釋音義前後相連，對應直接，又文字簡潔；二是對釋文作了删節，主要删除了一些意義不大的記録異文的條目，如《學而》篇《道千乘之國》章删除了“雖大賦”條，《君子不重則不威》章删除了“無友”條等，使得“音義”更加名實相副。[③] 可見，殿本綴入釋文時作了非常有益的加工，使之更便於使用。

《十三經注疏》的刊刻可以追溯到南宋初年，當時朝廷和地方有共識

---

[①] 楊按：雖然宋蜀大字本《論語注疏》有經、注、疏、釋文，但是由於此本爲單經注疏，未見與其他各經相配尤其是構成《十三經注疏》這樣的體系，其對元明以來的群經注疏也影響難估，所以在談《十三經注疏》編纂史時可以不談蜀大字本。

[②] 殿本《論語注疏》對釋文的綴入位置的安排與蜀大字本不同。蜀大字本釋文分別置於每章之每節的經注之下，但把每章最後一節的釋文置於本章疏文之後，體例不一。

[③] 對《經典釋文·論語音義》含有校文，盧文弨《重雕經典釋文緣起》亦曾指出：“又本書中如《孝經》《論語》《爾雅》多以校者之詞羼入之，今雖不遽删削，唯略爲之間隔，使有辨焉。”《抱經堂文集》卷二，清乾隆六十年刻本。

地進行了群經注疏合刻本的刊刻，出現了所謂的"八行本"及"十行本"，也出現了"蜀刻本"；至元代泰定年間又彙集重刻，開始形成"十三經注疏"的集體概念，產生了"元十行本"；至明代嘉靖年間李元陽、江以達主持福州府學刻本正式完成了定型的《十三經注疏》的彙刻。這是一個自然的經學發展過程，其中有學術邏輯，也有集體意識，是兩方面共同推動的結果。但是，十三經注疏內容并不一致，《論語》《孝經》《孟子》三經自宋刻本至閩本均無釋文，之後監本承閩本，毛本再承監本，此三經也一直無釋文。可以說，元十行本、閩本、監本、毛本《十三經注疏》只是將宋代的群經注疏合刻本彙集在一起進行統一刊刻，并沒有在文本上做補充和完善，沒有做到真正的內容統一。三經無釋文也就是無注音（當然有些釋文兼有校勘和釋義），音、義二者少一，這對於學人的使用來說是頗為不便的，說明《十三經注疏》內容是有待完善的，而從學術發展的角度上說這是有遺憾的。可見，作為殿本《十三經注疏》之一的《論語注疏》增刻釋文是對《十三經注疏》內容的完善，綴入釋文表面上是填漏補缺、豐富內容，而實質上順應了《十三經注疏》發展的學術邏輯和集體意識，實現了《十三經注疏》內容的完整、統一，完善了這一注疏合刻範式。校閱人員在綴入時對釋文加以調整和刪節，表現了他們認識的深入和經學上的努力，改變了單行本釋文的注音對應體例，也使釋文與經注配合更密切，更加便於人們使用，這又是沿著經學發展的學術邏輯和集體意識的一次向前推進和完善。殿本改閩本、監本、毛本等之署名"魏何晏集解　宋邢昺疏"為"魏何晏集解　唐陸德明音義　宋邢昺疏"，似乎也表明了這樣的含義。所以，殿本《論語注疏》增刻釋文之舉，標志著《十三經注疏》內容在《論語注疏》領域的最終完成，在《十三經注疏》的編纂史和發展史上是有重要意義的。

2. 調整體例，附有《考證》

殿本《論語注疏》是在監本的基礎上校改完成的，其中有對監本疏文體例的調整，①主要表現在三個方面：一是殿本將監本疏文中經疏部分前面的起訖語全部刪去；二是監本疏文中標引經文、注文時往往前面有領

---

①　楊按：疏文一般先疏經文，後疏注文，為便於行文，本文此段稱邢疏對經文的疏解為"經疏"，對注文的疏解為"注疏"。

起的"云"字、後面有作結的"者"字,疏通文意時往往用"言"字引起,但也有不少時候沒有"云"字、"者"字或"言"字,殿本對此頗有增補;三是監本疏文概括章旨的領起語一般用"此章",但有七處用"此一章",殿本亦統一爲"此章"。今天看來監本這三個方面的情況是沿襲閩本而來,閩本又襲自元十行本,元十行本襲自宋八行本或宋十行本,淵源有自,甚至有些可能邢疏原本如此,殿本的調整反而遠離了邢疏原貌。因此,從文獻學上説,殿本這些調整并不可取,也招致不少後人詬病。① 但是,從經學史上來看,殿本此舉也自有其意義:如殿本刪除疏中經文起訖語之舉就頗有合理性,經文起訖語是單疏本的組成部分,當單疏本與經注本合刻後,由於經文已有,確已無必要再列經文起訖語,②刪除之後反而簡潔允當,這樣逕接疏文章旨的"此章",十分順當自然,而文意又沒有損失。又如殿本增補"云"字、"者"字、"言"字,確實使出文清晰、章旨明確,體例完整了,尤其是有些地方的增補與出自元貞本的玉海堂本相合,説明邢疏可能原有這些字,是宋八行本刊刻時有所遺漏,所以阮元《論語注疏解經》校勘記也認爲有些地方是脱了"云"字、"者"字,且言"當補"。因此,殿本對疏文體例的調整有一定的合理性,在經學史上有完善注疏文本體例的意義。

殿本《論語注疏》有十四卷卷末附有《考證》,是殿本《十三經注疏》在《論語注疏》中的首創。這些附在卷末的考證,少則一條,多則七條,總計四十二條。據這些考證中的署名可知,參與考證的人員有國子監祭酒陸宗楷、翰林院編修邵齊燾和刑部右侍郎勵宗萬,都是當時著名的學者。雖然和其他各經卷末考證既有校勘記也有疑難問題考據不同,殿本《論語注疏》的考證全爲卷內疑難問題的考據,但依然表現出了較高的學術

---

① 疏中經文起訖語或全引經文來自單疏本,可據此窺知作疏底本,此與合刻本經文或不一致,清人已有指摘。

② 楊按:就《論語注疏》經疏起訖語的傳承來説也是有變化的,宋八行本的經疏對應經文的標示語有兩種形式,一是由本章經文開首的兩三個字與結尾的兩三個字中間加上"至"字構成起訖語,二是全引本章經文,由於《論語》頗有些短章,因此全引經文作爲疏文的標示語也是較多的。但到蜀大字本時出現了用起訖語替換全引經文的現象,而到元貞本時疏文前全引經文的情況就很少見了。而《爾雅注疏》由於都是短章,從元十行本以來就沒有起訖語了。殿本《十三經注疏》統一刪除起經疏訖語,蓋受《爾雅注疏》的啓發。

水平,具有重要的學術意義。這些考證引用到了《周禮》《禮記》《正蒙》《通志》《丹鉛總録》《論語集注》《四書纂疏》《四書纂箋》《日知録》《經世驪珠》等文獻來考辨《論語》難題,辨析深入,見解合理,對於認識這些疑難問題頗有幫助。尤其是這些考證不但有較高的學術價值,而且對後世經學注疏和文獻編纂具有重要的啓示意義。殿本《十三經注疏》校刊時撰寫《考證》的做法,直接影響了之後《四庫全書》的編纂,《四庫全書薈要》和四庫全書》的編纂也重視文獻的校勘和疑難問題的考辨,《四庫全書薈要》所收各書卷末大多也附有考證,《四庫全書》編纂中館臣簽注十分普遍,後來專門彙輯成《四庫全書考證》一書,而署名沈廷芳的《十三經注疏正字》和後來阮元主持編纂的《十三經注疏校勘記》也可溯源於此。所以,這些《考證》的意義是值得肯定的。

3. 施加句讀,全而正確

經書有句讀,可以追溯至宋代。廖瑩中《九經總例》云:"監、蜀諸本,皆無句讀,惟建本始仿館閣校書式,從旁加圈點,開卷瞭然,於學者爲便,然亦但句讀經文而已。惟蜀中字本、興國本并點注文,益爲周盡,而其間亦有大義未爲的當者。"①知南宋建本只是句讀經文,蜀中字本和興國軍學本始對經文、注文皆加句讀,但有點讀不確者。廖瑩中刻《九經》也是對經文、注文施加句讀,并根據疏文來進行斷句,以保證無誤,惜廖氏所刻諸經今已不存,僅翻廖本的余仁仲本可略窺一貌。遺憾的是,對經書及其注釋施加句讀僅止於此,宋八行本群經注疏合刻本的經、注、疏均無句讀,此後的元十行本及後來的閩本、監本、毛本《十三經注疏》亦無句讀,可見這一工作在《十三經注疏》領域并沒有展開。經書注疏無句讀,非常不便於讀者使用,所以方苞建議:"舊刻經史,俱無句讀,蓋以諸經注疏及《史記》、前後《漢書》辭義古奧,疑似難定故也。因此纂輯引用者多有破句。臣等伏念,必熟思詳考,務期句讀分明,使學者開卷瞭然,乃有裨益。"②軍機處議覆對此建議表示贊同,《十三經注疏》施加句讀自此始。

---

① 廖瑩中:《九經三傳沿革例》(實爲廖瑩中《九經總例》原文),景刊文淵閣《四庫全書》本,第 183 册,第 571 頁。

② 方苞:《奏爲請定校刊經史程式事》。

殿本《十三經注疏》的句讀符號全用小圈，所以有人也稱之"句圈"。雖然是開創性的工作，但殿本的句讀非常成功，具體來説，有兩大特點：一是全面，即對經文、注文、釋文和疏文全部施加句讀，只是在疏文引用經文、注文（往往有"云"字、"者"字）時不再加句讀；二是正確，殿本句讀學術水平很高，很少有遺漏和錯誤。今將殿本與李學勤主編的標點本之《論語序》疏文對比，標點本至少有四處標點錯誤：① "《古論語》者，出自孔氏壁中，凡二十一篇，有兩《子張》，篇次不與《齊》、《魯論》同"，標點本誤將"篇次"之"篇"字上屬，①殿本不誤；② "前、後、左、右將軍，……皆掌兵及四夷。《傳》云"，標點本誤將"及四夷"下屬，②殿本不誤；③ "庸生名譚。生，蓋古謂有德者也"，標點本誤將"生"字屬上句，③殿本不誤；④ "初元中立皇太子，令禹授太子《論語》"，標點本"初"下誤加逗號，④殿本不誤。殿本句讀之確可見一斑。"殿本的句讀給清代學者帶來了極大的便利，對我們今天標點《十三經注疏》仍具有重要的參考價值"。⑤ 相比此後嘉慶年間阮元主持的南昌府學刻本《十三經注疏》仍無句讀來説，殿本有句讀就尤其可貴。殿本施加句讀是重要的學術貢獻，應引起我們的重視。

### 4. 精加校勘，訂訛補缺

除了上文提到編纂《考證》的陸宗楷、邵齊燾、勵宗萬也參與校勘外，據殿本《論語注疏》書後附《考證職名》可知，參與此書校勘、考證的人員還有户部右侍郎吕熾、詹事府詹事兼翰林院侍讀學士陳浩、翰林院編修孫人龍和貢生王濟師等，其中吕熾、陳浩和校他經的周學健、朱良裘是方苞推薦的殿本《十三經注疏》校勘的負責人員，四人被任命爲總辦。可以説，殿本《論語注疏》的校勘人員非常精幹。由於《論語注疏》篇幅不大，在殿本《十三經注疏》中刊刻版面爲 297 面，倒數第二，僅多於《孝經注疏》的 94 面，要少於倒數第三的《爾雅注疏》的 375 面，所以這些著名學

---

① 李學勤主編：《十三經注疏·論語注疏》，北京大學出版社，1999 年，第 2 頁。
② 李學勤主編：《十三經注疏·論語注疏》，北京大學出版社，1999 年，第 3 頁。
③ 李學勤主編：《十三經注疏·論語注疏》，北京大學出版社，1999 年，第 4 頁。
④ 李學勤主編：《十三經注疏·論語注疏》，北京大學出版社，1999 年，第 5 頁。
⑤ 張學謙：《武英殿本〈二十四史〉校刊始末考》，《文史》第一輯，中華書局，2014年，第 97 頁。

者稍加分工後就可以精雕細琢地進行校勘和考證了，從而保證了殿本《論語注疏》的質量。

今天來看，殿本《論語注疏》校勘方面至少有三點足資稱道：

一是精選底本和校本。顧炎武在《日知錄》中指責監本《十三經注疏》《二十一史》"校勘不精，訛舛彌甚，且有不知而妄改者"，①又言"此則秦火之所未亡，而亡於監刻矣"。雖然監本確有誤改之處，但言經書"亡於監刻"則未免誇大。杜澤遜就指出，顧氏此語不確，且有誤導傾向，進而言："明北監本《十三經注疏》校勘質量總體上高於元刊明修十行本、李元陽本、汲古閣本，已是事實。"②就筆者通校《論語注疏》諸本來看，杜氏所言甚是，監本《論語注疏》確實校勘質量上乘。殿本《十三經注疏》是以國家身份進行校刊的，選用明監本作底本，在此基礎上加以修訂是順理成章的事，而從本文第一部分所論，殿本《論語注疏》選用了錯誤較少的監本初印本作爲底本尤爲卓見，這比浦鏜撰《十三經注疏正字》和阮元撰《十三經注疏校勘記》選用監本崇禎修本要好得多，避免了因多次刷印導致文字殘泐帶來的訛誤和因崇禎修版時辨認不慎導致的誤改誤刪，可以說殿本《論語注疏》底本的選擇是非常正確的，這是保障殿本校勘質量的重要基礎。殿本《論語注疏》校勘中使用了毛本，甚至是宋八行本。宋八行本刊刻較早，很多地方保存了邢疏原貌，尤其是脫文較少；汲古閣毛本刊刻時，曾安排專人負責校勘，主要利用他校的方法對監本中的訛誤進行了校改、缺文進行了增補。這樣，殿本以二者爲校本，有利於發現問題，進而對監本的訛誤進行校改，對其闕文進行增補，這是校勘質量提高的重要原因。

二是訂正訛誤。殿本《論語注疏》對監本的校改是非常細緻、具體

① 黃汝成集釋，欒保群、吕宗力校點：《日知錄集釋》卷十八，上海古籍出版社，2006 年，第 1030 頁。杜澤遜"秦火未亡，亡於監刻"辨——對顧炎武批評北監本〈十三經注疏〉的兩點意見》（《文獻》2013 年第 1 期）指出：顧炎武據以立言的監本《儀禮》五段脫文并不始於監本，此前的閩本、陳鳳梧刻本已没有，而且汪士鍾的影宋刻本只有五處經文篇目而無疏文，賈公彦可能没作這五處的疏，也可能賈公彦所見本無此五處經文，如陸德明《經典釋文》也没有這五段的釋文，有這五段經文的唐石經與注疏本爲兩個版本系統。

② 杜澤遜：《"秦火未亡，亡於監刻"辨——對顧炎武批評北監本〈十三經注疏〉的兩點意見》，《文獻》2013 年第 1 期，第 15 頁。

的,可以見出校閱人員的認真態度和扎實功夫,如殿本對監本《論語序·序解》不到六百字的疏文就有三處校改:一是邢疏"太子少傅夏侯建",元十行本、閩本、監本、毛本"太子少傅"均作"太子太傅",只有殿本作"太子少傅",與《漢書》夏侯建本傳和《經典釋文·序錄》相合,後浦鏜、阮元皆言"太"爲"少"之誤;①二是邢疏言及《齊論》時云"別有《問王》《知道》二篇,凡二十二篇",元十行本、閩本、監本、毛本中"二十二篇"均誤作"二十一篇",殿本改爲"二十二篇",與蜀大字本和玉海堂本相合;三是邢疏"少府宋畸",元十行本、閩本、監本、毛本"宋"均誤作"朱",殿本改爲"宋",與《漢書·藝文志》和《經典釋文·序錄》相合,尤其是與蜀大字本、玉海堂本相合,證明殿本所改正確。再以首篇《學而》爲例,殿本的校改至少有十四處之多,也是大多正確。殿本《論語注疏》的校改大多依據相關史料、經學文獻和上下文義來進行,這屬於校勘學上的他校、本校和理校,實際上屬於考據學領域,表現的是校閱者的學術功底和考證功夫,是學術研究的推進,至於其結論正確與否要有賴於找到更早版本來印證。今天利用蜀大字本和玉海堂本來驗證殿本的校改,發現殿本的校改與蜀大字本和玉海堂本大多相合,正確率較高,確實是水平很高的校勘,更讓人重新重視和評價殿本《論語注疏》。整部殿本《論語注疏》,校改非常之多,且大多數正確,可以説其是校勘性善本。

三是彌補缺文。元十行本《論語注疏》的明代遞修本有許多墨釘,也有不少漫漶之處,後閩本承之作空格。監本《論語注疏》雖然對閩本作了一些彌補,但彌補的數量十分有限,大多空格仍付闕如。毛本《論語注疏解經》上承監本,據相關文獻又作了彌補,也還是有些空格。殿本《論語注疏》利用毛本、宋八行本或其他相關文獻補足了監本的所有缺文,因此,殿本《論語注疏》是一部内容完足、沒有空格的文本。有關殿本《論語注疏》利用毛本、宋八行本補足監本缺文的例證,上文考論殿本校本時曾有列舉,此外還有不少這樣的例證,限於篇幅,不再羅列。需指出的是,監本和毛本均有承前本而來的脱文,這種脱文由於沒有空格標志更難發

---

① 浦鏜:《十三經注疏正字》卷七十六,景刊文淵閣《四庫全書》本,第192册,第993頁。阮元:《十三經注疏校勘記·論語注疏校勘記》,劉玉才主編:《十三經注疏校勘記》,北京大學出版社,2016年,第4553頁。

現,需要整理者敏銳的識見和廣博的學識才能發現問題并解決問題。殿本整理者往往利用經學文獻、相關史料和上下文來彌補監本的這種脱文,這樣的彌補更來之不易。如《學而》篇首章邢疏引鄭玄《禮記·文王世子》注"於功易成也",元十行本、閩本、監本、毛本皆無"成"字,而殿本有,當爲整理者據鄭玄《禮記》注補,後浦鏜、阮元亦云《論語注疏》此處脱"成"字;又《八佾》篇《夏禮吾能言之》章邢疏引"殷禮吾能言之",元十行本、閩本、監本、毛本皆脱"吾能"二字,殿本有,亦爲整理者據經文補,今蜀大字本、玉海堂本不脱,殿本所補是矣。類似例子尚多,不贅。

雖然殿本《論語注疏》的《考證》裏没有記録整理者進行校勘的內容,但實際上校閱人員大量利用對校、本校、他校和理校的方法來校勘監本《論語注疏解經》,并作了改動和增補,提高了《論語注疏》文本的質量,也完善了《論語注疏》文本的內容。這是應該引起我們重視的。

## 三、 殿本《論語注疏》的不足

殿本《論語注疏》較以前各本在許多方面都取得了長足的進步,表現出明顯的優長;但也并非十全十美,也有不足。這些不足主要表現在:

### 1. 調整疏文之注疏起訖語頗多失當

這是殿本最爲人詬病的地方。殿本《論語注疏》一開始不但删除了疏文的經疏起訖語,而且也删除了注疏的起訖語;後來發現注疏往往分幾節,若没有起訖語,幾乎無法弄清每節注疏對應的注文,於是又彌補了注疏的起訖語。但遺憾的是,殿本《論語注疏》并没有按照監本原來的注疏起訖語來彌補,而是頗有些變動,這就帶來許多不當和混亂了。如《學而》篇《子禽問於子貢曰》章監本疏文注疏的起訖語爲"鄭曰至爲治",殿本改爲"鄭曰至之邪",監本所標爲此章第一節所有鄭注,殿本則不含此節鄭注最後"抑人君自願與之爲治"一句,雖然此節注疏確實只解釋到"邪"字,但是殿本對起訖語的改動并不合理,因爲注疏起訖語來源於單疏本,所標應該是此節注文的開首和結尾,否則的話容易讓人感覺疏文的注疏不完整,更宜令人懷疑原疏所據注文不全,殿本整理者似乎没有明白這個道理。又如《爲政》篇《孟懿子問孝》章,監本疏文第二節注疏起訖語爲"鄭曰至樊須",殿本爲"樊遲至樊須",殿本只標了此節鄭注的最後一句話，讓人頗爲詫異。類似例子俯拾即是，不贅。雖然殿本的改動使疏文的注疏與被解釋注文更吻合，但是却給人注疏殘缺不全，甚至有遺漏的嫌疑，反而不利於此書的使用。殿本删除經疏起訖語使疏文失去了源出單疏本的特徵，也使邢昺作疏時所據經注原貌信息丢失。而殿本改動注疏起訖語的弊端要遠遠大於删除經疏起訖語，因爲經疏起訖語删除後，大"疏"字下的章旨有領起語"此章"，仍能讓人明白章旨針對的是全章經文，不會産生誤會，而殿本對注疏起訖語的改動則會給人邢疏對注的解釋有殘缺不全，或邢疏所據本注文不全的印象，甚至懷疑殿本疏文或有缺漏，這就更加得不償失了。

2. 校改偶有錯誤和遺漏

殿本《論語注疏》對監本的校改代表了殿本的學術水平，是其最重要的成果，也最足稱道；但是也偶有錯誤。這些錯誤雖然很少，與其大量正確的校改相比微不足道，但也不容忽視。如《八佾》篇《子曰周監於二代》章邢疏章旨爲"此章言周之禮文獨備也"，元十行本、閩本、監本、毛本"獨"作"猶"，殿本改"猶"作"尤"，後浦鏜指出"猶當獨字誤"，①蜀大字本、玉海堂本正作"獨"，則殿本校改有誤；又此篇《子曰射不主皮》章"庶民無射禮，因田獵分禽，則有主皮。主皮者，張皮射之，無侯也"，兩個"主皮"相連，元十行本、閩本、監本、毛本脱一"主皮"，殿本補"主皮者"三字，核鄭玄《周禮》注及孔穎達疏所引均無"者"字，第一個"主皮"對應經文，"者"字不當有，蜀大字本、玉海堂本無"者"字，是殿本校改中誤增一"者"字；又《泰伯》篇《舜有臣五人》章邢疏引文"所獲非龍非䮭，非虎非羆，所獲霸王之輔"，監本、毛本作"羆"，元十行本、閩本作"熊"，殿本改從"熊"，阮元指出作"羆"與《史記》原文合，②王欣夫認爲作"熊"誤，③楊按：作"熊"與上下文韻不叶，非是，玉海堂本作"羆"。此外還有幾處，不贅。

當然，殿本校改也有遺漏。如《爲政》篇首章疏文引《爾雅‧釋天》，元十行本、閩本、監本、毛本"釋天"誤作"釋文"，殿本承之不改，後浦鏜、

① 浦鏜：《十三經注疏正字》卷七十六，景刊文淵閣《四庫全書》本，第 192 册，第 996 頁。

② 阮元校刻：《十三經注疏‧附校勘記》，中華書局，1980 年，第 2489 頁。

③ 王欣夫：《景刊元貞本論語注疏解經考證》，復旦大學圖書館藏本，第 2 册，第 42 頁。

阮元均指出此誤，核蜀大字本正作"釋天"；又《爲政》篇《子張問十世可知也》章疏文"臣，牽也，事君也，象屈服之形也"，殿本承監本"牽"作"奉"，毛本亦作"奉"，邢疏此處實引自許慎《説文解字》，當作"牽"，蜀大字本、元十行本、閩本、玉海堂本皆不誤；又《八佾》篇《夷狄之有君》章疏文"華、夏皆謂中國也"，元十行本、閩本、監本、毛本"華"誤作"夷"，殿本亦作"夷"，蜀大字本、玉海堂本作"華"，是殿本漏校。

校勘千古事，校書如掃塵，信然。殿本《論語注疏》的校勘偶有訛誤和遺漏，可見對殿本《論語注疏》的校勘成就不可迷信。當然對殿本《論語注疏》校勘不足也不宜苛責。

3. 釋文偶有錯誤

殿本《論語注疏》綴入釋文是其一重要貢獻，但是也偶有錯誤，主要表現在兩方面：

一是文字訛誤。殿本《論語注疏》的釋文來於通志堂本《經典釋文》，一般不作改動，所以通志堂本的錯誤往往也保留在殿本《論語注疏》裏；但也偶有通志堂本不誤，殿本誤改的。如《學而》篇《子夏曰賢賢易色》章釋文"好，呼報反。下至'好學'同"，宋本、葉本、通志堂本《經典釋文》、蜀大字本《論語注疏》、蓬左本《論語音義》同，殿本"至"作"章"，楊按："好學"在《君子食無求飽》章，非下章，"下至"爲陸德明《經典釋文》常用術語，殿本錯改；又《顏淵》篇《樊遲問仁》章釋文"枉，紆往反"，殿本"往"誤作"枉"，宋本、葉本、通志堂本《經典釋文》，蜀大字本《論語注疏》，蓬左本《論語音義》皆不誤。此外尚有幾處，不贅。

二是出文偶誤。這一類情況較少，但偶有發現。如《先進》篇《子路曾皙冉有公西華侍座》章釋文"先，悉薦反"，宋本、葉本、通志堂本《經典釋文》出文爲"先三人"，殿本出文"三"，楊按：《廣韻》先爲先部，三爲談部，薦爲霰部，唐代先部與霰部音近，《經典釋文》多處"先"音"悉薦反"，殿本辨被注音字有誤；《衛靈公》篇首章釋文"行，戶剛反"，宋本、葉本、通志堂本《經典釋文》出文爲"行列"，殿本出文爲"列"，也是辨認被注音字有誤，《四庫全書薈要》本《論語注疏》已改爲"行"；等等。

還要説明的是，殿本綴入釋文時，也把《經典釋文·論語音義》每篇所列的章數置於殿本《論語注疏》每篇篇名之下，此舉并不合宜。因爲陸德明《經典釋文·論語音義》所列的分章與邢昺作疏時的分章處理并不一致,有五章存在差異,殿本此舉未免引起歧義。

## 四、餘 論

儘管殿本《論語注疏》没有做到十全十美,仍有一些不足甚至是錯誤,但和其作出的成績和貢獻相比,這些不足和錯誤是微不足道的。可以毫不誇張地説,相較元十行本和明閩本、監本、毛本來説,殿本是内容最全面、校勘最精善的本子,是自北宋初年邢昺主持纂疏以來,對《論語注疏》編纂、校勘所能達到的最高水平。殿本《論語注疏》是和其官刻身份相稱的,確實代表了清代乾隆初年官方經學的水平。如果抛開校勘記不談的話,僅就《論語注疏》的主體文本來説,殿本也是要優於此後出現的阮元主持校刻的南昌府學本《十三經注疏·論語注疏解經》的。阮刻本《論語注疏解經》由於過度信賴所謂的"宋本"(實是元十行本的明正德遞修本),[1]在文本的内容和校勘上反而不及殿本《論語注疏》。

殿本《論語注疏》成就之高,理應引起我們的重視,值得我們深入研究;但是長期以來人們却對此本避而不談,如阮元編纂《十三經注疏校勘記》和校刻《十三經注疏》均没有提及殿本,又 20 世紀末李學勤主編標點本《十三經注疏》,其中《論語注疏》也没有利用殿本,本世紀初《儒藏》編纂中心出版整理本《論語注疏》也没有參校殿本,這是令人遺憾的。今天,整理新的標點本《論語注疏》或出版《論語注疏》匯校本,應將殿本作爲重要的參校本。

(本文發表於《中國典籍與文化》2021 年第 2 期,今略有修改)

---

① 詳參拙文《元十行本〈十三經注疏〉明修叢考》,《南京師範大學文學院學報》2018 年第 1 期。

# 玉海堂本《論語注疏解經》申論

　　《論語注疏》無單疏本傳世,注疏合刻本之宋元本也少。可知宋本有二:一種是日本宮内廳書陵部所藏蜀大字本《論語注疏》十卷(以下簡稱"蜀大字本");另一種是宋越州刻八行本《論語注疏解經》二十卷(以下簡稱"宋八行本"),今存三部,均爲後十卷。[①] 元本一種爲元十行本《論語注疏解經》二十卷,爲元十行本《十三經注疏》之一;另一種爲元貞平水刊本《論語注疏解經》十卷(以下簡稱"元貞本"),是楊守敬自日本携回國内的海内孤本。

　　劉世珩《玉海堂景宋元本叢書》之四爲《論語注疏解經》(以下簡稱"玉海堂本"),此本内封有"景元元貞平水本論語注疏解經十卷"方記,知其出於元貞本《論語注疏解經》。是本刻於光緒三十年(1904),以元貞本爲底本,由著名刻書家黄岡陶子麟影摹覆刻,三十三年十一月竣工。顧永新先生考訂元貞本原書被劉世珩携至浦口,竟焚於客棧火灾,玉海堂本成爲今得窺金元平水本《論語注疏解經》概貌之唯一中介,其版本意義不言而喻。

　　劉世珩(1875—1926)字聚卿,一字蕙石,號櫺庵,安徽貴池人。他是近代著名藏書家,喜校勘、刻書,所刻書籍多宋元善本、海内孤本,校勘、刻印皆精善。陶子麟(1857—1928)是當時著名的刻工,善摹刻古書舊本,曾爲楊守敬、繆荃孫、羅振玉等刻書,尤以爲劉世珩所刻爲多。玉海堂本《論語注疏解經》所附劉世珩《後記》云:"世珩得於宜都楊君所,屬黄岡陶子麟影摹付梓,與原刊無毫髮爽。"顧永新先生曾考證,此本的校勘

---

　　① 楊按:此三部一藏上海圖書館,一藏重慶圖書館,一藏臺北"故宮博物院",均爲宋刻明修本,對於宋八行本,筆者撰有《宋八行本〈論語注疏解經〉析論》(《中國典籍與文化》2018 年第 4 期),可參看。

工作實際上是繆荃孫代劉世珩完成的，校讎極其精審。① 對於此本，葉昌熾也認爲“雕印精極，與原本毫髮不爽”。②

是本卷四、卷八末有“平陽府梁宅刊”牌記，卷五、卷九末有“大元元貞丙申刊”牌記，卷十末“堯都梁宅刊”牌記，又卷五、卷十末有“養安院藏書”墨記，爲其襲自元貞本之明證。平陽即平水（今山西臨汾），爲金元刻書中心之一。顧永新考定養安院爲日本幕府時期名醫曲直瀨正琳（1565—1611）之號，此爲其家族用書。繆荃孫曾將元貞本與阮刻本對校一過，撰成《札記》一卷，指出阮刻本錯誤甚多。劉世珩在刊刻玉海堂本時一并附刻了繆氏《札記》。

對於這部珍貴的《論語注疏解經》，顧永新曾進行過比較細緻的考論，但是仍有不少值得深入探討的問題。本文討論的主要內容是：一是玉海堂本所出元貞本的底本問題，二是玉海堂本所出元貞本的組成淵源問題，三是玉海堂本的校勘質量問題。

## 一、 玉海堂本所出元貞本的底本問題

由於玉海堂本影刻自元貞本，所以基本可以據玉海堂本來探討元貞本。③ 對於元貞本的底本來源，楊守敬、繆荃孫只是簡單一提，未及細論。顧永新先生先後撰文《元貞本〈論語注疏解經〉綴合及相關問題研究》和

① 顧永新：《經學文獻的衍生和通俗化》，北京大學出版社，2014 年，第 132—133 頁。

② 葉昌熾：《緣督廬日記抄》卷十四庚戌（宣統二年，1910）正月廿八日條，《續修四庫全書》影印本，第 576 册，第 776 頁下。

③ 楊按：雖然玉海堂本影刻自元貞本，内容基本相同，但我們認爲還是有必要區分二者：一是元貞本卷五、卷十之“養安書院藏”墨迹當爲鈐印，而玉海堂本刻成了牌記，這要弄清楚；二是元貞本十卷完足，但無序跋，而玉海堂本卷首有“景元元貞平水本論語注疏解經十卷”篆文方記和“貴池劉氏玉海堂景宋叢書之四光緒甲辰九月付黄岡陶子麟刻丁未十一月校刊竣工附札記一卷”楷文方記、卷十後首附劉世珩《後記》，次爲繆荃孫代劉世珩所纂《元本論語注疏札記》一卷；三是玉海堂本卷九《微子》篇《周有八士》章疏文“每乳皆二子，凡八子，皆爲顯士”，繆荃孫《札記》云“‘凡八子皆爲顯仕’，阮作‘顯士’”，說明元貞本原作“仕”，玉海堂本更爲“士”，則仍偶有文字不同。

《金元平水注疏合刻本研究——兼論注疏合刻的時間問題》加以深入探討,①推進了對這一問題的認識,其主要論述後又收入氏著《經學文獻的衍生和通俗化》一書。

顧永新先生認爲元貞本所據底本應該早於刊於宋寧宗年間的越州八行本,甚至可能是在北宋或南宋高宗、孝宗朝刊刻的一個十卷本《論語注疏解經》。顧先生的依據主要有:① 宋八行本及十行本均爲二十卷本,書目著録北宋單疏本爲十卷本,陳振孫《直齋書録解題》著録《論語注疏解經》十卷本,書名、卷數與元貞本合;② 蜀大字本作十卷,刻於光宗、寧宗朝,雖在陳振孫之前,但刻於蜀中,陳氏并不知道蜀大字本的存在,《直齋書録解題》著録并非蜀大字本;③ 八行本刻於寧宗朝的兩浙東路,《直齋書録解題》著録本的刊刻必在八行本之前,地點也不在浙東,否則黃唐《禮記正義跋》應該提到;④ 文本内部,元貞本作十卷,篇題之下注有章數,尤其通過異文分析,顧先生發現八行本、十行本的脱文元貞本不脱,八行本、十行本的誤字元貞本不誤,進而認爲元貞本所據底本可能就是《直齋》著録之本,應該很早。

我們認爲顧先生這一推論是值得商榷的。其第一條證據,雖然《直齋書録解題》著録的書名、卷數與元貞本相合,但并不能就此認爲《直齋書録解題》著録了元貞本的底本。元貞本刊刻於元元貞二年(1296)的平陽(今山西臨汾),如果其底本是注疏合刻本,一種可能是來自北方金朝,金與南宋之懸隔有甚於蜀與南宋,果真當時有這樣的注疏合刻本存在,陳振孫恐怕也無緣得見,這樣的本子傳至陳振孫手中的可能性比蜀大字本更小;另一種可能是來自北宋末或南宋初,若真有此《論語注疏解經》,其能傳至金元,則在南宋必有影響,紹熙三年(1192)的黃唐《禮記正義跋》、慶元六年(1200)的沈作賓《春秋左傳正義後序》不容不提,更不會在南宋版刻及《九經三傳沿革例》中絲毫沒有反映。可見,較早的名爲"論語注疏解經"的《論語》經、注、疏合刻本存在的可能性較小。第三條,顧

---

① 顧永新:《元貞本〈論語注疏解經〉綴合及相關問題研究》,見沈乃文主編:《版本目録學研究》第二輯,國家圖書館出版社,2011年。顧永新:《金元平水注疏合刻本研究——兼論注疏合刻的時間問題》,見《文史》第三輯,中華書局,2011年,後又收入《北大中文學刊(2012)》,北京大學出版社,2012年。

先生僅以卷數不合否定《直齋書録解題》著録的是宋八行本,并推斷《直齋書録解題》著録本的刊刻必在八行本之前,未免有失嚴謹。畢竟《直齋書録解題》著録書名與宋八行本相同,筆者於此同意周中孚所疑,認爲陳氏《直齋書録解題》的著録"十"上脱"二"字,①因爲陳振孫在寧宗嘉定年間(1208—1224)曾任紹興府學教授、鄞學教諭等,②至理宗寶慶三年(1227)充興化軍通判,始撰《直齋書録解題》。③ 八行本《論語注疏解經》刊刻於寧宗嘉泰、開禧年間(1201—1207)的浙東庾司,屬於越刻,與陳振孫任教地點相同或較近,且略早於陳振孫任教時間,八行本影響較大,直接導致了此後十行本的産生,且至今尚有三部八行本的殘本存世,則陳振孫不會不知曉八行本,更不會不著録此本,所以合理的解釋只能是其所著録的就是八行本,只是卷數誤脱了"二"字。④ 果真如此,《直齋書録解題》的著録可能與元貞本没有關係了。顧先生第四條作了一些有益的版本、異文分析。我們認爲元貞本作十卷、篇題之下注章數確實給人較早的痕跡,但也可能説明它來源於一個較早的經注本和單疏本,其底本并非注疏合刻。考慮到宋八行本《論語注疏解經》文字上的訛誤、脱漏以及人們對它的批評,⑤元貞本進而改換用北方流傳較早的經注本和單疏本重新綴合刊刻也是有可能的,如顧永新也認爲金滅北宋時,曾將北宋國子監的早期書版和國家藏書擄掠至北方,其中可能有較早的經注本和單疏本。

　　事實上,顧先生就元貞本《論語注疏解經》的序名"論語序"、篇題之

---

　　①　周中孚:《鄭堂讀書記》卷十二武英殿本《論語注疏》二十卷解題,中華書局《清人書目題跋叢刊》影印本,1993 年,第 63 頁。

　　②　武秀成:《陳振孫評傳》,郝潤華、武秀成:《晁公武、陳振孫評傳》(下),南京大學出版社,2011 年,第 265—269 頁。

　　③　武秀成:《陳振孫評傳》,郝潤華、武秀成:《晁公武、陳振孫評傳》(下),南京大學出版社,2011 年,第 301—302 頁。

　　④　楊按:針對傳世李衡《周易義海撮要》十二卷,陳振孫《直齋書録解題》著録爲十卷,《摛藻堂四庫全書薈要》書前提要、文溯閣《四庫全書》提要、文津閣《四庫全書》書前提要皆言"蓋《書録解題》傳寫多訛,不盡足據也"。

　　⑤　楊按:時代早於元貞本的署名岳珂的《九經三傳沿革例》對越刻本文字的脱、衍、誤多有指摘。張政烺《讀〈相臺書塾刊正九經三傳沿革例〉》(《張政烺文史論集》,中華書局,2004 年)一文考證《九經三傳沿革例》作者實爲岳浚,其主體内容出自南宋末年廖瑩中(? —1275)的《九經總例》。

下注章數和尾題"論語注疏解經卷第十"下注"經一萬五千九百一十八字總四百八十一章"也隱約指出此本有早期注疏合刻本的特徵,[①]而這樣的特徵也可以用來推測元貞本是源出經注本(即集解本)和單疏本的。如北京大學圖書館藏南宋劉氏天香書院刻本《監本纂圖重言重意互注點校論語》(以下簡稱"纂圖本")和元盱郡刊廖氏本《論語集解》(以下簡稱"盱郡本")卷首序皆作"論語序",知宋代經注本多作"論語序",至元代仍無變化,這不同於同時的十行本系統已更改爲"論語注疏解經序"。元貞本與蜀大字本保留"論語序"名字格式,説明可能源出集解本和單疏本,而非注疏合刻本。雖然這樣的序名合於《經典釋文》、唐石經,也與邢昺疏所言"故曰'論語序'"相合,可能是經注本原貌;但由於元貞本"論語序"名後有了"序解"二字這一新目,[②]元貞本書名爲"論語注疏解經",再保留"論語序"這樣的序名確實讓人覺得序與書名不合,[③]給人元貞本襲用宋八行本的書名後重新綴合經注本和單疏本的印象。

---

① 顧永新:《經學文獻的衍生和通俗化》,北京大學出版社,2014年,第183頁。楊按:《長澤規矩也著作集》(東京汲古書院,1982年,第7頁)卷十著録一部日本神宮文庫藏日本翻刻本《爾雅》(《神宮文庫漢籍善本書解題》卷前有書影),張麗娟考證其底本即臺北"故宮博物院"所藏的宋刻本《爾雅》(《宋代經書注疏刊刻研究》,北京大學出版社,2013年,第51頁),臺北"故宮博物院"宋本闕最後二葉,神宮文庫本完具,其卷末尾題"爾雅卷下"後有"經凡一萬八百九言注凡一萬七千六百二十八言"和"將仕郎守國子四門博士臣李鶚書",知是本雖爲南宋翻刻,但仍保留五代監本原貌。又日本宮内廳書陵部藏有南宋興國軍學本《春秋經左傳集解》,卷末刻有"經凡一十九萬七千三百四十八言注凡一十四萬六千七百八十八言"。張麗娟指出宋本《爾雅》與宮内廳藏興國軍學本、靜嘉堂文庫藏本《春秋經左傳集解》,"包括撫州本諸經書、江陰郡刻本《春秋左傳集解》,甚至附有釋文的余仁仲本諸經等,或在各卷末刻本卷經注字數,或在書末刻全書經注字數,此當沿襲五代以來國子監本舊式"(張麗娟《宋代經書注疏刊刻研究》,北京大學出版社,2013年,第54頁)。

② 楊按:蜀大字本也有"序解"字樣,但是蜀大字本書名作"論語注疏",并非"論語注疏解經"。又洪興祖《楚辭補注》曾引《論語兼義》(《楚辭補注》,中華書局,2002年,第23頁),洪興祖(1090—1155)兩宋間人,"論語兼義"之名類南宋初期之"周易兼義",此書名未見書目或其他文獻有載。《論語兼義》和《論語注疏》之名當與《論語注疏解經》有別。

③ 楊按:元貞本《論語序》雖首題"論語序",但序文之後尾題"論語序解終",卷首尾不合,不及元十行本卷首作"論語注疏解經序"與卷尾題"論語注疏解經序終"統一。

從今天已知的宋八行經注疏合刻本的情況來看,八行本在綴合經注本與單疏本時較好地保留了單疏本的版本特徵,而這些方面的信息也證明了元貞本與較早的注疏合刻本距離較大,有可能是重新綴合。

一是今存宋八行本經注疏合刻本卷首署名多言"某某奉敕撰""某某奉敕校定",雖然三部宋八行本《論語注疏解經》均殘存後十卷,卷首情況已不得而知,但源出八行本的元十行本《論語注疏解經》署名"翰林侍講學士朝請大夫守國子祭酒上柱國賜紫金魚袋臣邢昺等奉敕校定",依然保留了較早的官方定本格式,與元貞本署名"翰林侍講學士朝請大夫守國子祭酒上柱國賜紫金魚袋臣邢昺等校定"相比,元貞本恰好少了"奉敕"二字,似乎透露出元貞本綴合更晚的信息。

二是將元十行本《論語注疏解經》的後十卷與宋八行本殘存的十卷比對,發現兩本的相似度較高,尤其是兩本經疏的出文相同:一般長章出文用此章經文開首和結尾的兩三個字,中間用"至"字連接,形成起訖語的格式;短章則全引經文。如此不同的出文格式也保留在邢昺主持修纂的《爾雅注疏》和《孝經注疏》中。雖然邢昺主持纂修的《論語疏》和《孝經疏》今天沒有單疏本存世,但幸運的是其主持纂修的《爾雅》單疏本保存到了今天。今《中華再造善本》所收宋刻宋元明初遞修本《爾雅疏》即爲單疏本,其出文既有起訖語也有全引經文者,説明這種兩存的格式是邢昺纂修的原貌。今存元十行本《孝經注疏》中也保存了這兩種出文格式。雖然這樣的出文格式與唐代《五經正義》全用起訖語不同,但相對來説更適用於單疏本,省卻了爲不少短章內容去查找經注本的麻煩,應該是宋人所修訂的單疏本比較早的形式。如果是後來的經注疏合刻本,由於已經有了經文,就沒必要再保留全引經文的出文了,如元十行本《爾雅注疏》大"疏"字下有用"皆謂""此皆謂"字樣領起經疏,也有無領起字樣者,但均不再保留出文格式,就是一種注疏合刻本出文格式的徹底改變,這種徹底改變至清乾隆四年武英殿本《十三經注疏》得以全部貫徹。爲便於説明問題,我們以《論語》第十七《陽貨》篇爲例,將宋八行本《論語注疏解經》、蜀大字本《論語注疏》和元貞本、元十行本《論語注疏解經》并列比對,列表如下:

| 章次 | 宋八行本 | 蜀大字本 | 元貞本 | 元十行本 |
|---|---|---|---|---|
| 第一章 | 陽貨至仕矣 | 陽貨至仕矣 | 陽貨至仕矣 | 陽貨至仕矣 |
| 第二章 | 全引經文 | 全引經文 | 子曰至不移 | 全引經文 |
| 第三章 | 子之至之耳 | 子之至之耳 | 子之至之耳 | 子之至之耳 |
| 第四章 | 公山至周乎 | 公山至周乎 | 公山至周乎 | 公山至周乎 |
| 第五章 | 子張至使人 | 子張至使人 | 子張至使人 | 子張至使人 |
| 第六章 | 佛肸至不食 | 佛肸召欲往子路曰昔者由也聞諸夫子曰親於其身至能繫而不食 | 佛肸至不食 | 佛肸至不食 |
| 第七章 | 子曰至也狂 | 子曰至也狂 | 子曰至也狂 | 子曰至也狂 |
| 第八章 | 子曰至也與 | 子曰至也與 | 子曰至也與 | 子曰至也與 |
| 第九章 | 子曰至乎哉 | 子曰至乎哉 | 子曰至乎哉 | 子曰至乎哉 |
| 第十章 | 全引經文 | 全引經文 | 子曰至也與 | 全引經文 |
| 第十一章 | 全引經文 | 全引經文 | 全引經文 | 全引經文 |
| 第十二章 | 全引經文 | 全引經文 | 子曰至棄也 | 全引經文 |
| 第十三章 | 子曰鄙夫至至矣 | 子曰鄙夫至至矣 | 子曰至至矣 | 子曰鄙夫至至矣 |
| 第十四章 | 子曰至已矣 | 子曰至已矣 | 子曰至已矣 | 子曰至已矣 |
| 第十五章 | 全引經文 | 全引經文 | 全引經文 | 全引經文 |
| 第十六章 | 子曰至家者 | 子曰至家者 | 子曰至家者 | 子曰至家者 |
| 第十七章 | 子曰至言哉 | 子曰至言哉 | 子曰至言哉 | 子曰至言哉 |
| 第十八章 | 孺悲至聞之 | 孺悲至聞之 | 孺悲至聞之 | 孺悲至聞之 |
| 第十九章 | 宰我至母乎 | 宰我至母乎 | 宰我至母乎 | 宰我至母乎 |
| 第二十章 | 子曰至乎已 | 子曰至乎已 | 子曰至乎已 | 子曰至乎已 |
| 第二十一章 | 子路至爲盜 | 子路至爲盜 | 子路至爲盜 | 子路至爲盜 |
| 第二十二章 | 子貢至直者 | 子貢至直者 | 子貢至直者 | 子貢至直者 |
| 第二十三章 | 全引經文 | 子曰唯至則怨 | 子曰至則怨 | 全引經文 |
| 第二十四章 | 全引經文 | 子曰至也已 | 子曰至也已 | 全引經文 |

可見,元十行本出文格式全同宋八行本,二本有六章經疏出文保留了全引經文的格式;蜀大字本則減少了兩章,有四章經疏出文保留全引

經文的格式;而元貞本又減少了兩章,只有兩章經疏出文保留全引經文的格式。《論語》邢疏共分 481 章,今全面考察發現,宋八行本和元十行本經疏出文保留全引經文者 194 章,約占總章數的 40.3%;蜀大字本經疏出文保留全引經文 83 章,約占總章數的 17.3%;元貞本經疏出文保留全引經文 46 章,約占總章數的 9.6%。可見,雖然蜀大字本仍有短章經疏出文保留全引經文的格式,但不少短章出文已改換成了起訖語,而元貞本短章經疏出文進一步大量換成了起訖語,只有很少的短章保留全引經文的格式,這給人以越來越遠離單疏本格式的印象。這樣一種現象,說明受《五經正義》出文格式的影響,隨著注疏合刻本的發展,經疏出文格式日趨統一化,這也是我們認爲元貞本重新綴合經注與單疏且刻成較晚的一個原因。

還應指出,宋八行本、蜀大字本、元十行本經疏起訖語有少數的前語或後語有多於兩字者;元貞本基本上前語和後語都是兩字,只有極少數前語或後語有多於兩字的情況。通過比較發現,宋八行本與元十行本經疏起訖語全同,説明二者具有明顯的傳承關係;它們起訖前語或後語多於兩字的情況與蜀大字本和元貞本均不同,説明宋八行本(元十行本)與蜀大字本、元貞本没有明顯的傳承關係。蜀大字本起訖前語或後語多於兩字的情況也不同於元貞本,説明蜀大字本與元貞本之間也無明顯的傳承關係。這也説明,宋八行本(元十行本)與蜀大字本、元貞本是分別獨立刊刻的《論語注疏》早期文本,元貞本經疏出文格式中起訖語的特殊性和全引經文減少的情況并非在宋八行本、蜀大字本基礎上加工而成,有可能是元貞本重新綴合時受《五經正義》影響後出現的新現象。

三是從版式上看此本也似乎給人時代較晚的印象。① 元貞本《論語注疏解經》白口,順雙黑魚尾,四周雙邊,版心上方刻字數,半葉十三行,行大字二十、二十三、二十四、二十五字不等,以二十四字爲常,小字三十二字,無釋文,僅卷五卷末有頂行之"釋文"二字。相其版式、字體,與蒙古平水本《尚書注疏》頗爲近似,杜澤遜認爲蒙古平水本《尚書注疏》在經注音義上"應與纂圖互注本接近",①在疏文上似較宋八行本的"疏"面貌

---

① 杜澤遜:《尚書注疏校議》,中華書局,2018 年,第 180 頁。

更接近單疏本,①可見蒙古平水本《尚書注疏》有自爲綴合的性質,元貞本也有這樣的特點,詳下第二部分所論。② 宋八行本中將經注與疏文隔開的大"疏"字爲黑底白文,宋十行本和元十行本改爲外加黑圈或上下圓括號的黑"疏"字,②元貞本此"疏"字同十行本。③ 宋八行本疏中經、注出文與疏文正文之間及經疏與注疏之間均以空格隔開,空格易給人脱文印象,這恰是注疏合刻的早期特徵;宋十行本相較八行本只是在經疏後用小圓圈將經疏與注疏隔開,但是經、注的出文與疏文之間仍用空格隔開,其文本格式已有改進,但并不完善;至元十行本才在經、注出文與疏文正文之間及經疏與注疏之間全部用小圓圈替換了宋本的空格。這樣的體式變化使得疏文中經疏與注疏和出文與疏文之間的界限十分清晰,所以此後的閩本、監本、毛本、殿本、阮刻本等均承用了這種格式。宋八行本《論語注疏解經》和蜀大字本《論語注疏》均没有小圓圈,僅以空格分隔出文與疏文、經疏與注疏;而從玉海堂本所反映的情況來看,元貞本一同元十行本,全面使用了小圓圈來分隔出文和疏文、經疏和注疏。這幾個方面似乎都給人元貞本重新綴合集解本和單疏本而成且所出較晚的印象。

從玉海堂本的情況來看,除了偶見"敬"改爲"謹"字這一北宋初年的諱字外,此本不避宋諱,這與宋八行本、蜀大字本均避宋諱不同,也與出於宋八行本的元十行本仍沿襲宋八行本的諱字形成鮮明對比,更與蒙古平水本《尚書注疏》避金朝國諱不同,説明元貞本所據疏文很可能來自北宋較早的單疏本,而不可能是北宋後期或南宋前期的經、注、疏合刻本。

此外值得一提的是,宋八行本《論語注疏解經》只有經、注和疏,没有釋文,後刊於元泰定四年(1327)的十行本亦無釋文;元貞本早於元十行本,也没有釋文,但是其卷五尾題之後有頂格的"釋文"二字,透露出元貞本刊刻時欲綴合進釋文而未果的情形。和元貞本《論語注疏解經》刊刻時間相同,平陽府梁宅還刊有《論語纂圖》和《論語釋文》各一卷。此《論語纂圖》和《論語釋文》,今存於日本的蓬左文庫。顧永新推測當與《論語

---

① 杜澤遜:《尚書注疏校議》,中華書局,2018 年,第 181 頁。

② 楊按:蜀大字本《論語注疏》此"疏"字也是外加黑圈的黑字。

注疏解經》相附而行,①蓋是。但是和顧先生見解不同,我們認爲元貞本這樣做的情況說明它在宋八行本之後,受他經大多注疏附釋文的影響,是綴合集解本和單疏本時欲合入釋文的新舉措,這也可以從梁宅所刊的《論語纂圖》和《論語釋文》的文本時代看得出來。筆者曾將日本蓬左文庫所藏《論語釋文》與蜀大字本《論語注疏》的釋文、宋本《經典釋文·論語音義》和北京大學圖書館藏南宋劉氏天香書院刻本《監本纂圖重言重意互注點校論語》及元盱郡刊廖氏《論語集解》的釋文對校,發現蓬左文庫所藏《論語釋文》與蜀大字本《論語注疏》有較大差異,蜀大字本的異文和訛誤大多同於宋本《經典釋文·論語音義》,小部分異文同於時代較後的纂圖本、盱郡本的釋文,而蓬左文庫藏本《論語釋文》與蜀大字本的情況不同。蓬左文庫本《論語釋文》蓋出於宋本《經典釋文·論語音義》,流傳中又增入了南宋中後期的語音,當然刊刻時也新增了一些文字訛誤和脫漏。宋本《經典釋文》刊於南宋初年杭州地區,後經南宋中葉和元代補版,其《論語音義》部分頗有些補版。考慮到蓬左文庫藏本《論語釋文》有的異文同於纂圖本和盱郡本,蓬左文庫藏本《論語釋文》底本的刊刻時間不會早於南宋中後期。如果蓬左本真的附元貞本刊行,只能是元貞本刊刻者所爲,《論語》此系統的經、注、疏與釋文合刻的時間較晚。

可見,我們有必要重新思考元貞本所出底本這一問題,説元貞本是重新綴合集解本與單疏本而成也是有可能的,繆荃孫認爲此本“必根源於單疏”的説法仍有啓發意義。②

## 二、 玉海堂本所出元貞本的組成淵源問題

元貞本是經、注、疏合編本,既然我們認爲元貞本可能是經注本和單疏本綴合而成,那麽這裏所説的淵源問題一是經、注部分的源頭,二是疏的源頭。

---

① 顧永新:《經學文獻的衍生和通俗化》,北京大學出版社,2014 年,第 132—133 頁。

② 繆荃孫:《元論語注疏十卷跋》,《藝風堂文續集》卷六,《續修四庫全書》影印本,第 1574 冊,第 239 頁。

　　雖然杜澤遜先生指出蒙古平水刊本《尚書注疏》的經注與宋纂圖互注本接近，①但是從玉海堂本《論語注疏解經》的經注來看，與宋纂圖互注本似乎并不相近。一個典型的説明是《監本纂圖重言重意互注點校論語》篇名下所注章數與玉海堂本所列并不一致，如纂圖本第五篇作 29 章、第十篇作 1 章 17 節、第十一篇作 23 章、第十五篇作 49 章、第十七篇作 26 章、第十八篇作 18 章，而玉海堂本分别爲 28 章、1 章 22 節、24 章、42 章、24 章、11 章，前者分章或同陸德明《經典釋文》或同朱熹《論語集注》，後者則一同邢昺疏。此外，纂圖本書末并無經注字數，這與五代以來監本之例也不符；而玉海堂本卷末有經注字數，反合五代及北宋監本之例。可見，纂圖本《論語》雖然題名“監本”，但與北宋監本并不相類；而元貞本經注的底本與邢昺纂疏時所據的監本經注較爲接近。

　　從筆者的校勘來看，玉海堂本經注與蜀大字本經注和纂圖本、盱郡本均較遠，應該不是同一個底本，而和源出宋八行本的元十行本的經注本較爲接近。如《學而》篇《吾日三省吾身》章何注“得無素不講習而傳也”之“也”字，蜀大字本作“也”，元十行本、玉海堂本、纂圖本、盱郡本作“之”；《君子不重則不威》章“無友不如己者”，盱郡本“無”作“毋”，用本字，玉海堂本同蜀大字本、元十行本作“無”。《爲政》篇《吾十有五而志於學》章何注“有所成立”之“立”，蜀大字本、纂圖本、盱郡本作“立”，元十行本、玉海堂本作“也”；《溫故而知新》章何注“可以爲師矣”，玉海堂本、元十行本“爲”下有“人”字，蜀大字本、纂圖本、盱郡本無；《子奚不爲政》章包咸注“即與爲政同”之“即”字，蜀大字本、纂圖本、盱郡本有，玉海堂本、元十行本無；《十世可知也》章何注“勢數相生”之“勢”，蜀大字本、盱郡本、玉海堂本作“勢”，元十行本、纂圖本作“世”。《八佾》篇《禘自既灌而往者》章孔注“故不欲觀之”，元十行本、玉海堂本“之”下有“矣”字，蜀大字本、纂圖本、盱郡本無；《子語魯大師樂》章何注“而成於三者”，蜀大字本、纂圖本、盱郡本有“者”字，元十行本、玉海堂本無；《儀封人請見》章孔注“天下之無道已久矣”之“已”，蜀大字本、元十行本、玉海堂本同，纂圖本、盱郡本作“也”。僅從前三卷的情況看，玉海堂本經注的底本與元十行本所源的底本較近。雖然，玉海堂本經注會偶爾與蜀大字本、纂圖本、

---

①　杜澤遜：《尚書注疏校議》，中華書局，2018 年，第 180 頁。

盱郡本相同,這可能與元十行本誤刻有關,但更多情況是不同,應該距離較遠,楊守敬有"其注文多與宋刊纂圖本合"的説法,①這并不完全符合事實。

當然,只能説玉海堂本經注與元十行本接近,事實上二者也是有一定的距離的。如《學而》篇《不患人之不己知》章注文"王曰徒患己之無能"八字,蜀大字本、纂圖本、玉海堂本有,而元十行本無,後閩本、監本、毛本、殿本阮刻本并無,楊守敬、繆荃孫均認爲是十行本脱。而更有説服力的是將玉海堂本與宋八行本殘卷作比較。《先進》篇《閔子侍側》章鄭玄注"剛强之貌"之"貌"字,宋八行本、元十行本作"皃",用古字,蜀大字本、纂圖本、盱郡本、玉海堂本作"貌",用今字;《師與商也孰賢》章經"子貢問",宋八行本、元十行本"貢"誤作"路",蜀大字本、纂圖本、盱郡本、玉海堂本不誤;《子張問善人之道》章孔注"然亦不能入於聖人之奥室",宋八行本、元十行本無"能"字,蜀大字本、纂圖本、盱郡本、玉海堂本有;《子畏於匡》章包注"己無所敢死",宋八行本、元十行本"死"下有"也"字,蜀大字本、纂圖本、盱郡本、玉海堂本無;《子路曾晳冉有公西華侍坐》章馬注"哂笑也",宋八行本、元十行本無"也"字,蜀大字本、纂圖本、盱郡本、玉海堂本有。僅《先進》篇的經注之中,玉海堂本至少有五處與宋八行本、元十行本不同,雖然不是至關重要的異文,但也説明玉海堂本經注的底本與宋八行本是有一定距離的。這五處:一處宋八行本、元十行本用古字,玉海堂本等用今字;兩處宋八行本、元十行本有脱文,玉海堂本等不脱;一處宋八行本、元十行本有誤字,玉海堂本等不誤;另一處是宋八行本、元十行本有"也"字,玉海堂本等無,而這一處"也"字可有可無,可能是宋八行本誤加。可見,玉海堂本經注所據底本似乎較宋八行本爲早。

由於《論語注疏》没有單疏本存世,有關玉海堂本疏文淵源的探討比較困難,今天只能就此做些推測。

通過筆者的校勘來看,玉海堂本的疏文與宋八行本、元十行本相同而不同於蜀大字本的情況是比較普遍的,無論是異文還是一些虚字的有

---

① 楊守敬:《日本訪書志》卷二,《日本藏漢籍善本書志書目集成》影印本,北京圖書館出版社,2003 年,第 109 頁。

無，甚至是古今字、異體字、形混字的使用，玉海堂本都與宋八行本、元十行本相同，而與蜀大字本有著較大的差異，尤其是《堯曰》篇《何如斯可以從政矣》章疏文後半部分，玉海堂本與宋八行本、元十行本相同，而與蜀大字本不同更能説明問題。這説明玉海堂所用底本疏文與宋八行本、元十行本關係更密切而與蜀大字本較遠。傅增湘曾認爲蜀大字本"爲元貞本所自出"，[①]王國維亦云"《尚書》《論語》二疏，蓋亦自蜀本出歟"，[②]恐非事實。應該説，玉海堂本疏文確與蜀大字本疏文不是一個版本系統，而與宋八行本疏文屬於一個版本系統。

楊守敬、繆荃孫和顧永新先生均曾指出，宋八行本、元十行本有三處脱文，元貞本不脱，八行本、元十行本有些訛誤，元貞本不誤，他們據此認爲元貞本淵源更早，只是楊守敬、繆荃孫認爲元貞本源於單疏本，顧永新認爲可能源於注疏合刻本而已。類似的八行本、十行本脱文和訛誤例子還有一些，元貞本均不脱不誤。只是這些地方所脱字數不多，似乎也可以認爲是八行本刊刻的疏漏，而非八行本所源底本的問題，對於説明八行本源流尤其是對於説明八行本與元貞本所據底本意義不大，限於篇幅，不再羅列。

在此應指出的是：一是有幾處宋八行本、元十行本和玉海堂本同有脱文，而蜀大字本不脱，如：《學而》篇《其爲人也孝弟》章疏文中注疏起訖語"鮮少至少也"，十行本、玉海堂本均作"鮮少也"，"少"下應脱"至少"二字，蜀大字本不脱；《爲政》篇《攻乎異端》章疏文引何注"善道有統，故殊塗而同歸；異端不同歸"，十行本、玉海堂本均脱"異端不同歸"五字，蜀大字本不脱；《微子》篇《周公謂魯公》章疏文"無得責備於一人也"，八行本、十行本、玉海堂本同脱"一"字，蜀大字本不脱；《堯曰》篇《咨爾舜》章疏文"'允執其中，四海困窮。天禄永終'者，此堯戒舜，以爲君之法於汝也。允，信也"，蜀大字本"於汝也允"爲疏文中雙行小字，屬擠改，八行本、十行本、玉海堂本均作"也允"，脱"於汝"二字。二是八行本、十行本、玉海堂本誤衍而蜀大字本不衍者，如《先進》篇《司馬牛問仁》章疏文中注疏起訖語"孔曰至馬犁"，八行本、十行本、玉海堂本作"孔子曰至馬犁"，"孔"

---

① 傅增湘：《藏園群書經眼録》卷二《論語注疏》十卷解題。

② 王國維：《觀堂集林》卷二一，第四册，中華書局，2004 年，第 1042—1043 頁。

下衍"子"字,蜀大字本不衍。三是又有蜀大字本不誤,八行本、十行本、玉海堂本同誤者:如《爲政》篇首章"爾雅釋天云北極謂之北辰",八行本、十行本、玉海堂本"釋天"同誤作"釋文",蜀大字本不誤。綜合三方面,可以説元貞本與八行本疏文的底本似乎晚於蜀大字本疏文的底本,那麼元貞本疏文的底本應該晚於蜀大字本疏文的底本,而早於宋八行本疏文的底本。

　　需要强調的是,楊守敬、繆荃孫、顧永新均未指出,玉海堂本《論語注疏解經》也有些地方存在脱文和訛誤,而八行本、元十行本不脱不誤。如《先進》篇《南容三復白圭》章疏文"玉之缺尚可磨鑢而平"與"猶尚可更磨鑢而平",玉海堂本"鑢"皆作"鑢",楊按"鑢"爲"虡"之今字,《廣雅》"鑢,磨也",王欣夫《景刊元貞本〈論語注疏解經〉考證》(以下簡稱"《考證》")云"阮本'鑢'作'鑢',此誤",宋八行本、蜀大字本、元十行本皆不誤。《季氏》篇《季氏將伐顓臾》章疏引孔注"干,楯也。戈,戟也",玉海堂本"楯"下無"也"字,繆荃孫《札記》以爲阮刻本衍"也"字,王欣夫《考證》以爲是玉海堂本脱"也"字,楊按原孔注有"也"字,且蜀大字本、宋八行本、元十行本皆有,則爲元貞本脱;又同章疏文"鄭玄注云'戈,今勾子戟也'"及"胡,其孑"之"孑"字,宋八行本作"干",蜀大字本作"子",玉海堂本和元十行本作"矛",雖同誤,但宋八行本、蜀大字本似較近原字形。《陽貨》篇《宰我問三年之喪》章疏文"云'欲報之德,昊天罔極'者"之"德"字,宋八行本、蜀大字本、元十行本同,玉海堂本作"恩",楊按雖然宋八行本、蜀大字本、玉海堂本、元十行本原孔注作"恩",然正平本《論語集解》、皇侃本《論語義疏》所引孔注作"德",邢疏於此云孔注出《詩經·小雅·蓼莪》,《蓼莪》作"欲報之德,昊天罔極",邢疏又引鄭箋"我欲報父母是德"云云,正證原注和疏作"德"字,作"恩"爲誤改,是玉海堂本疏作"恩"爲進一步誤改矣。《微子》篇《周公謂魯公》章疏文"無得責備於一人也",玉海堂本無"一"字,八行本、蜀大字本、十行本有,王欣夫認爲玉海堂本誤脱,此釋經"無求備於一人",則不得無"一"字。《堯曰》篇《何如斯可以從政矣》章疏文"常人之情,敬衆大而慢寡小;君子則不以寡小而慢之也",玉海堂本無"君子"二字,王欣夫《考證》云"阮本'則'上有'君子'二字,此誤脱",是也。這種情况,不能簡單認爲元貞本疏文的底本晚於宋八行本或元十行本疏文的底本,因爲這種情况畢竟不多,無法與宋八行本、元十行本脱而元貞本不脱的情况相比。我們認爲,這種情况更可能是宋八行本與元貞本同源異流過程中出現的現象。可能宋八行本和元貞本所依據的底本均非北宋最初的單疏本,而是從最初單疏本衍生出的不同本子,只是元貞本所據底本要比宋八行本所據底本距離北宋最初單疏本更近一些,錯誤更少一些而已。① 楊守敬、繆荃孫、顧永新所説的元貞本所據底本更早或有"北宋體格"更應該從這個角度去認識。

## 三、 玉海堂本的校勘質量問題

杜澤遜曾指出:"版本鑒定的任務應當包括三條:一、刊鈔的年代;二、刊鈔的源流;三、刊鈔的質量。"② 對玉海堂本《論語注疏解經》校勘的質量,繆荃孫曾撰《札記》一卷,突出元貞本的價值,王欣夫撰《考證》五卷又指摘了玉海堂本錯誤若干,二人觀點不侔。事實上,繆荃孫和王欣夫均只是將元貞本或玉海堂本與阮刻本互校,并未進行玉海堂本與蜀大字本、宋八行本、元十行本等的匯校工作,更沒有在此基礎上來全面認識元貞本或玉海堂本的校勘價值,所言未免不確。可見,對玉海堂本校勘價值的認識還有待進一步探討。

我們以現存的宋八行本、蜀大字本和元十行本的明正德修本與玉海堂本相校,同時參照元十行本的嘉靖修本、明李元陽福建刻本(以下簡稱"閩本")、明萬曆北京國子監刻本(以下簡稱"監本")、崇禎毛晉汲古閣刻本(以下簡稱"毛本")、清乾隆武英殿刻本(以下簡稱"殿本")與清阮元南昌府學《十三經注疏》刻本(以下簡稱"阮刻本"),進行全面匯校,認爲玉海堂本的校勘質量主要有:

1. 玉海堂本可彌補宋八行本、元十行本等的脱文

楊守敬、繆荃孫、顧永新已指出玉海堂本有三處大的地方可證明宋八行本有脱文,并可據以彌補。除此三處之外,宋八行本、元十行本一些小的脱文,可據玉海堂本彌補。《先進》篇《樊遲從遊於舞雩之下》章疏文"'樊遲從遊於舞雩之下'者,舞雩之處有壇、墠、樹木,故弟子樊遲隨從孔子遊於其下也",宋八行本、元十行本、閩本、監本、毛本、殿本、阮刻本無

---

① 楊按:當然,我們也應充分考慮到除元貞本、玉海堂本在刊刻中新增的訛誤。
② 杜澤遜:《尚書注疏校議》,中華書局,2018 年,第 182 頁。

"下者舞雩之"五字，繆氏《札記》認爲"阮脱'舞雩之下者'五字"，王欣夫《考證》認爲"阮本脱'之下者舞雩'五字"，此當因"舞雩之"重複而脱，可據玉海堂本、蜀大字本補。《子路》篇《仲弓爲季氏宰》章孔注"女所不知者，人將自舉之。各舉其所知，則賢才無遺"，宋八行本、元十行本、閩本、監本、毛本、殿本、阮刻本無"之各舉"三字，繆氏《札記》云"阮脱'之各舉'三字"，王欣夫《考證》云"阮本脱'之各舉'三字，誤。皇本亦有"，此當因重複"舉"字而脱，可據玉海堂本、蜀大字本補。

此外，尚有一些宋八行本或元十行本脱一字者，限於篇幅，不羅列。

2. 由於宋八行本和元十行本均爲二十卷本，但宋八行本僅存後十卷，爲殘本，這樣身爲全本的玉海堂本可用於證明元十行本前十卷有脱文

如《八佾》篇《夷狄之有君》章疏文"華、夏皆謂中國也，中國而謂之華夏者，夏，大也，言有禮義之大、有文章之華也"，元十行本、閩本、監本、毛本、殿本、阮刻本皆無"也中國"三字，蜀大字本、玉海堂本有，元十行本等當因"中國"重複而脱。同篇《夏禮吾能言之》章疏文引經"夏禮，吾能言之，杞不足徵也；殷禮，吾能言之，宋不足徵也"，元十行本、閩本、監本、毛本、殿本、阮刻本皆"殷禮"下脱"吾能"二字，雖然浦鏜已指出"脱'吾能'二字"，但阮元由於沒有底本依據仍未補出，今蜀大字本、玉海堂本皆不脱，二字可補矣。同篇《射不主皮》章疏文"庶民無射禮，因田獵分禽，則有主皮。主皮者，張皮射之，無侯也"，元十行本、閩本、監本、毛本、阮刻本"主皮"不重，殿本第一個"主皮"下有"者"字，楊按：浦鏜已指出"'因田獵分禽則有主皮'下脱'主皮'二字"，王欣夫《考證》云"案《周禮·鄉大夫》注當有之"，阮元以無底本依據未改，今正可據蜀大字本、玉海堂本不脱彌補，也可據蜀大字本、玉海堂本證明殿本補"者"字非是。《子罕》篇《麻冕禮也》章疏文"此章記孔子從恭儉也。'子曰："麻冕，禮也；今也，純儉。吾從衆"'者"，元十行本、閩本、監本、毛本、阮刻本無"也子曰麻冕禮也今也純儉"十一字，殿本有，浦鏜已指出"'恭儉'下脱此八字"，阮元以無據不補，今蜀大字本、玉海堂本有此十一字，殿本所補是矣，浦鏜指出脱文爲明見，但所言字數有誤。

3. 玉海堂本文字同於宋八行本，可用於證明元十行本及其後各本文字有脱文

將宋八行本殘存的後十卷與元十行本後十卷相比，當元十行本文字

有缺失時,可用玉海堂本來證明是元十行本有脱文。如《衛靈公》篇《顔淵問爲邦》章疏文"天子衮冕,以五采繅,前後各十二斿",宋八行本和蜀大字本有"各"字,但元十行本、閩本、監本、毛本、殿本、阮刻本無,玉海堂本亦有"各",可證元十行本等脱"各"字。同章疏文"其斿及玉各依命數耳",宋八行本、蜀大字本同,但元十行本、閩本、監本、毛本、阮刻本作"其斿又玉名依命數耳",玉海堂本及孔穎達《左傳注疏》同宋八行本,可證元十行本等"及"誤"又"、"各"誤"名",殿本於此所改是矣。《微子》篇《子路從而後》章疏文"'長幼之節不可廢也,君臣之義如之何其廢之'者,言女知父子相養是知長幼之節不可廢也,反可廢君臣之義而不仕乎?'欲絜其身,而亂大倫'者,倫,道理也,言女不仕濁世,欲清絜其身,則亂於君臣之義大道理也",宋八行本、蜀大字本同,然元十行本、閩本、監本、毛本、阮刻本無"乎欲絜其身而亂大倫者倫道理也言女不仕"十八字,玉海堂本有,繆荃孫據元貞本、王欣夫據玉海堂本均認爲是阮本脱,今可據宋八行本、玉海堂本證脱文始於元十行本。

4. 玉海堂本可訂正宋八行本、元十行本等文字的訛誤

由於玉海堂本經注和疏文來源可能早於宋八行本和元十行本,所以有不少地方可訂正宋八行本、元十行本等的訛誤。

首先,舉《論語序》疏文的幾個例子來看:"序解"疏文"《齊論》者,齊人所傳,别有《問王》《知道》二篇,凡二十二篇",元十行本、閩本、監本、毛本、阮刻本皆作"二十一篇",雖然浦鏜已指出"二十一"爲"二十二"之誤,但阮元以無底本依據不改,今玉海堂本和蜀大字本正作"二十二篇",可證殿本所改正確。再如楊守敬、繆荃孫指出同段疏文的"少府宋疇"阮刻本誤"宋"爲"朱",事實上此誤始於元十行本,後閩本、監本、毛本同誤,玉海堂本和蜀大字本不誤,可據正。"叙曰"至"等傳之"部分之疏文"學經不明,不如歸耕",元十行本、閩本、監本、毛本、阮刻本的"歸"字皆作"親",浦鏜據《漢書》指出"親"當"歸"之誤,阮元不改,今玉海堂本、蜀大字本作"歸",則作"親"誤矣,殿本所改正確。"古論"至"訓説"部分之疏文"延熹九年卒於家",元十行本、閩本"延熹"作"廷壽",監本、毛本、阮刻本作"延壽",玉海堂本、蜀大字本作"延熹",《後漢書·馬融傳》言馬融"延熹九年卒於家","延熹"東漢桓帝年號(158—167),"延壽"爲高昌麹文泰年號(624—640),非馬融生活之東漢,而"廷壽"歷來無此年號,則元

十行本、閩本、監本、毛本、阮刻本并誤。

接下來,再舉《顏淵》篇的幾個例子:《顏淵問仁》章疏文"顏淵曰'回雖不敏,請事斯語矣'者,此顏淵領謝師言也",宋八行本、元十行本、閩本、監本、毛本、殿本、阮刻本"領"作"預",玉海堂本、蜀大字本作"領",下章邢疏仲弓語"雍雖不敏,請事斯語矣"云"亦承謝之語也","承"即"領"也,作"預"誤。《司馬牛問仁》章注文"孔曰:'行仁難,言仁亦不得不難'"之"孔曰",宋八行本、元十行本、閩本、監本、毛本、阮刻本作"子曰",顯誤,玉海堂本、蜀大字本不誤。同章疏文引注起訖語"'孔曰'至'馬犁'",宋八行本、元十行本、阮刻本"孔曰"作"孔子曰",顯誤,玉海堂本、蜀大字本不誤,可證閩本、監本等所改正確。《樊遲問仁》章疏文"樊遲雖聞'舉直錯枉'之語,猶自未喻,故復問子夏也",宋八行本、元十行本、閩本、監本、阮刻本"聞"作"問",文意不通,誤,玉海堂本、蜀大字本作"聞",不誤,可證毛本改爲"聞"正確。《君子以文會友》章疏文"此章亦論友",宋八行本、元十行本、閩本、監本、毛本、阮刻本"亦"作"以",按邢疏上章言"此章論友也",則作"以"爲音訛,玉海堂本、蜀大字本不誤,可證殿本所改正確。

雖然宋八行本是官刻,但是從《論語注疏解經》所存後十卷來看,其中脫文、訛誤的情況相對較多;此後的元十行本基本沒有改動,反而增加了新的脫文和訛誤;元十行本傳至明代,出現了正德六年、十二年、十六年和嘉靖三年及之後的重校修版,這些修版改正元十行本錯誤十分有限,但卻新增了錯誤,尤其是出現了一些墨釘;這直接導致閩本、監本這些地方用空格表示,當然閩本、監本也有修改和新增的錯誤;毛本來自監本,對監本有所改動,尤其是彌補了監本的空格,但其正確與否有待考證;殿本也是出於監本,對文本的改動最大,其改動正確與否亦有待考證。

今天,正可利用玉海堂本,再結合蜀大字本,來訂正宋八行本和元十行本的訛誤,來彌補宋八行本和元十行本的脫文;也可利用玉海堂本來證明元十行本之後閩本、監本、毛本尤其是殿本的改動是否正確,修補元十行傳本的墨釘和空格。由於蜀大字本的經注和疏文與宋八行本、元十行本、元貞本的經注和疏文不是一個版本系統,有時差異較大,其互校價值會大打折扣。這樣,作爲在經注和疏文上屬於同一版本系統的玉海堂本對於宋八行本、元十行本的校勘價值就相對突出了,尤其是玉海堂本的經注和疏文所據的底本均可能早於宋八行本,更能彌補宋八行本、元十行本的脫文,證明宋八行本、元十行本文字的訛誤,也能證明後出的閩本、監本、毛本尤其是殿本對之前文本的改動、彌補是否正確,玉海堂本的校勘價值就更不言而喻了。

5. 玉海堂本可證明蜀大字本有脫文或訛誤

雖然玉海堂本和蜀大字本不屬於同一版本系統,但畢竟玉海堂本的經注和疏文來源較早,結合宋八行本和元十行本,還是可以彌補蜀大字本的脫文、訂正其訛誤的。這裏僅以前三篇爲例,以見一斑:

(1) 脫文。如《學而》篇《其爲人也孝弟》章疏文"今案注云上謂凡在己上者",蜀大字本"云"下無"上"字,玉海堂本、元十行本有,蜀大字本脫。《君子食無求飽》章疏文"有道謂有道德者",蜀大字本無"者"字,玉海堂本、元十行本有,按邢疏以"者"字指有道德之人,無則難解,蜀大字本脫。《貧而無諂》章疏文"好禮謂閑習禮容",疏文以"禮容"釋"禮"字,蜀大字本"容"上無"禮"字,不辭,且不合邢疏多以雙音節詞釋經或注單音節詞之例,玉海堂本、元十行本有,蜀大字本脫。《八佾》首章疏文"立夏清明風至",蜀大字本無"立"字,玉海堂本、元十行本有,"立夏"爲節氣,"立夏清明風至"出《易經通卦驗》,爲邢疏所引,蜀大字本脫。同篇《射不主皮》章疏文"而同爲一科",蜀大字本無"一"字,不辭,玉海堂本、元十行本有,蜀大字本脫。同篇《儀封人請見》章疏文"祭仲足爲祭封人、宋高哀爲蕭封人,此云儀封人,皆以地名封人",蜀大字本無"此云儀封人"五字,玉海堂本、元十行本俱有,蜀大字本脫。

(2) 訛誤。如《學而》篇《道千乘之國》章疏文"水昏正而栽",蜀大字本與元十行本并作"裁",玉海堂本作"栽",按此爲《左傳》莊公二十九年引文,原作"水昏正而栽",杜預集解云"謂今十月,定星昏而中,於是樹板幹而興作","栽"指築墙立板,不可作"裁",蜀大字本、元十行本并誤,雖然阮氏已指出"'裁'字誤",但阮刻本未改。《爲政》首章疏文"環之匡衛十二星",蜀大字本"衛"作"衡",玉海堂本、元十行本作"衛",按此爲《漢書·天文志》引文,原文作"衛",匡衛,環繞護衛也,蜀大字本誤。同篇《道之以政》章何注"格正也",蜀大字本"正"誤"止",玉海堂本、元十行本不誤,可據以校正。同篇《視其所以》章疏文"庾匿也",蜀大字本"庾"作

"瘦",形訛,玉海堂本、元十行本不誤。《八佾》篇《禘自既灌而往者》章疏文"云'禘祫之禮,爲序昭穆,故毀廟之主及群廟之主皆合食於太祖'者",蜀大字本"祖"作"廟",玉海堂本、元十行本作"祖",孔疏此爲引孔注,孔注作"祖","太祖"指太祖廟,蜀大字本誤。同篇《子貢欲去告朔之餼羊》章鄭注"魯自文公始不視朔",蜀大字本"朔"作"用",不辭,玉海堂本、元十行本作"朔",蜀大字本誤。同篇《子謂韶》章疏文"《元命包》曰'舜之時,民樂紹堯業'",蜀大字本"業"作"案",玉海堂本、元十行本作"業",按此《元命包》引文又見於《禮記正義》之《樂記》疏文,亦作"業",蜀大字本誤。

此外,蜀大字本也有些形訛字,可據玉海堂本訂正,如蜀大字本有"鑄"誤"鐯"、"官"誤"宮"、"睢"誤"睚"、"主"誤"王"、"曰"誤"口"、"二"誤"三"、"夫"誤"天"、"哀"誤"衰"等情況,均可據玉海堂本和元十行本訂正,若後十篇也要結合宋八行殘本等加以改正。

### 6. 玉海堂本也有脱文、衍文和訛誤

通過全面校勘,我們發現玉海堂本有較大的校勘價值,值得我們重視;但是也應看到玉海堂本所出的元貞本爲元代平陽梁宅所刊,與蒙古時期平陽張宅所刊的《尚書注疏》版式全同,同爲坊刻,[1]也存在一些脱文、衍文和訛誤。前面第一部分我們已舉了一些例證,下面再分類加以論述。

(1) 脱文。《學而》篇《其爲人也孝弟》章疏文"'鮮少'至'少也'",玉海堂本同元十行本作"鮮少也",因"少"字重複而脱兩字,蜀大字本不脱。《爲政》篇《哀公問何爲則民服》章疏文"則民不服其上也",玉海堂本無"其"字。按:包咸注有"其"字,蜀大字本、元十行本均有"其"字,玉海堂本脱。《八佾》篇《管仲之器小哉》章疏文"賓筵前受爵",玉海堂本無"前"字,繆氏《札記》"阮本'筵'下衍'前'字",按《禮記正義》之《郊特牲》篇疏有"前"字,王欣夫據此指出玉海堂本所據元貞本脱,王氏所言是也,蜀大字本、元十行本有"前"字。《公冶長》篇《夫子之文》章疏文"天本無心,豈造元亨利貞之德也? 天本無名,豈造元亨利貞之名也",玉海堂本無"豈

---

① 杜澤遜曾云:"總的看來,平水本校勘不精,較之宋刊八行本,平水本錯誤明顯較多。"《尚書注疏校議》,中華書局,2018 年,第 187 頁。

造元亨利貞之德也天本無名"十三字,當因"天本無"重複而脫,蜀大字本、元十行本不脫。《述而》篇《陳司敗問昭公知禮乎》章疏文"孔子初言'昭公知禮'是諱國惡也,諱國惡禮也",玉海堂本無"也諱國惡"四字,王欣夫疑阮刻本衍文,非是,蜀大字本、元十行本有,玉海堂本當因"諱國惡"重複而脫。此外,玉海堂本還有一些偶脫一字的情況,限於篇幅,不再羅列。

(2)衍文。宋八行本、蜀大字本和元十行本衍文的現象均不多見,玉海堂本衍文頗有幾處。如《學而》篇解題"爲政以下諸篇所次",玉海堂本"所"下有"以"字,按:"所次"指排列次序,加"以"不辭,蜀大字本、元十行本無,玉海堂本衍。《爲政》篇《子奚不爲政》章疏文"言善事父母者,必友於兄弟,能施有政令,其言與此少異",玉海堂本"施"下有"於"字,王欣夫《考證》云"此衍'於'字",蜀大字本、元十行本無,邢疏此處釋《尚書·君陳》"友於兄弟,克施有政",故云其言"少異",玉海堂本衍"於"字。同章疏文"言此孝友亦爲政之道,此外何事其爲爲政乎",玉海堂本"何"上有"有"字,王欣夫認爲"阮本脫'有'字",然蜀大字本、元十行本均無,據經文看亦當無"有"字,玉海堂本衍。《八佾》篇《射不主皮》章疏文"士不大射,士無臣,祭無所擇也",玉海堂本"臣"上有"一"字,蜀大字本、元十行本均無,王欣夫《考證》云"此衍'一'字",是也。《泰伯》篇《舜有臣五人而天下治》章疏文"其一人謂文母也",玉海堂本"一"下有"婦"字,王欣夫《考證》云"阮本無'婦'字,此衍",蜀大字本、元十行本無,玉海堂本衍。《憲問》篇《書云高宗諒陰三年不言》章疏文"《禮記》云'三年之喪,自天子達'",玉海堂本"達"下有"於士"二字,宋八行本、蜀大字本、元十行本并無,王欣夫《考證》云"《左》隱元年傳疏無'於士'二字,阮本同,此衍",是也。玉海堂本還有些衍文,限於篇幅,不再羅列。

(3)訛誤。玉海堂本訛誤的情況也有一些,以下僅舉《論語序》和前三篇爲例:

《論語序》疏文"賜冢墊",玉海堂本"冢"作"家",形訛。疏文"從沛郡施讎受易","易"即《易》玉海堂本"易"誤"是"。疏文"代王商爲丞相",玉海堂本"王"誤"士"。疏文"南郡秦置",玉海堂本"秦"誤"奉"。疏文"七錄云字文逸",玉海堂本"七"作"士",按"七錄"爲古目錄書名,"士"形訛。疏文"下承上曰受",玉海堂本作"授",據文意當作"受",且上何晏文作

“受”，作“授”誤也。此六處訛字，蜀大字本、元十行本、閩本、監本、毛本、殿本、阮刻本均不誤。

《學而》篇《道千乘之國》章疏文“有司馬田穰苴善用兵”，玉海堂本“田”作“曰”，形訛。同章疏文“則依國之大小出三軍二軍一軍也”，玉海堂本“一”誤作“三”。此二處，蜀大字本、元十行本、閩本、監本、毛本、殿本、阮刻本亦均不誤。

《爲政》篇《子奚不爲政》章疏文“今其言與此小異”，玉海堂本“今”誤“令”。《人而無信》章“以喻人而無信亦不可行也”，玉海堂本“喻”作“俞”。又同章疏文“兵車乘車軏崇三尺有三寸”，玉海堂本“軏”作“軌”。繆氏《札記》云：“阮‘軌’作‘軏’，誤。”按：軏，车輈或立或横之木條，《周禮·輈人》鄭注作“軏”。邢疏先引《説文》“軏者，车轅端持衡者”以釋軏，進而引鄭注以明輈①與衡之制，邢昺認爲輈前端的衡是置於輈之下的，二者以鈎相連，不至於脱離，“是轅（楊按：即輈）端上曲鈎衡者名軏也”。“軏”甚小，斷不可言“三尺有三寸”，則玉海堂本爲訛字，繆氏所言非也。此三處，蜀大字本、元十行本、閩本、監本、毛本、殿本、阮刻本亦均不誤。

《八佾》篇《三家者以雍徹》章疏文“帥學士而歌徹”，玉海堂本“帥”訛作“師”。《君子無所争》章疏文“袒決遂執張弓”，玉海堂本“決”訛作“史”。《夏禮吾能言之》章疏文“封殷之後於宋”，玉海堂本“封”訛作“投”，按邢疏此引《禮記·樂記》，《樂記》作“封”。《管仲之器小哉》章疏文“明有三歸之道也”，玉海堂本“三”訛作“二”。《子曰德不孤》章疏文“居不孤特”，玉海堂本“特”訛作“時”。此五處，蜀大字本、元十行本、閩本、監本、毛本、殿本、阮刻本亦均不誤。

類似訛誤，玉海堂本此後各篇均有多處，蜀大字本、元刻明正德修本、閩本、監本、毛本、殿本、庫本、阮刻本大多不誤。

需要指出的是，玉海堂本形訛的情況比較常見，如“秦”誤“奉”、“田”作“曰”、“詩”誤“諸”、“官”誤“宮”、“被”誤“彼”、“徵”誤“微”、“乂”誤“又”、“經”誤“經”等，王欣夫《考證》曾指出一些，但是并不全面，此外還有一些。

總的來看，玉海堂本的訛誤并没有杜澤遜所説的蒙古平水本《尚書

---

① 楊按：輈即轅。馬車曰輈，牛車曰轅。《周禮·輈人》及《説文》混言。

注疏》那麼多，也没有因漏刻空格而將"正義曰"改爲"義曰"的情况，雖偶有俗字但并不多見。通過全面匯校，我們發現玉海堂本脱文的情况要少於宋八行本、元十行本，但略多於蜀大字本；其衍文的情况較宋八行本、蜀大字本和元十行本略多；其訛誤的情况略少於元十行本，但就後十篇與宋八行本相比的情况來看還是形訛字多了點。這三點説明元貞本作爲坊刻本是有其局限的。

今天，我們應該客觀評價此本，不應像楊守敬、繆荃孫那樣過度推尊元貞本，把玉海堂本所出的元貞本的價值過度拔高。玉海堂本的校勘價值主要體現在它較好地保存了平水本《論語注疏解經》的原貌，以其較早的經注和疏文來源，能够對宋八行本、蜀大字本和元十行本進行很好的彌補和訂正。

（本文發表於《中國經學》第二十七輯，今略有修改）

# 《楚辭》解詁五則

《楚辭》是我國古代繼《詩經》之後出現的又一部重要的詩歌總集,歷代都有許多學者爲之作注,注本之多,用汗牛充棟來形容并不爲過,這爲後人的閱讀提供了便利。但是,《楚辭》中仍有許多地方難以確解,這嚴重地影響著今天的《楚辭》研究。筆者近年講授《楚辭》,也時常爲其中的疑難所困擾,遂對其中幾處地方加以考訂,撰成此文,敬祈讀者方家是正。

## 一、中　情

《離騷》:"荃不察余之中情兮,反信讒而齎怒","衆不可户説兮,孰云察余之中情"。王逸於前作"忠信之情"解,於後無説;今人多解作"情感",也有解作"内心"者,均不確。

楊按:"情"古本有實、實情之意,《左傳·哀公八年》:"叔孫輒對曰:'魯有名而無情,伐之必得志焉。'"杜預注:"有大國名,無情實。"《戰國策·秦策》:"道遠,臣不得復過矣,請謁事情。"高誘注:"情,實也。"《禮記·大學》:"無情者不得盡其辭。"鄭玄注:"情,猶實也。"雖然,《楚辭》中的"情"有時可作"情感"解;但聯繫《離騷》下文"苟余情其信姱以練要兮,長顑頷亦何傷""不吾知其亦已兮,苟余情其信芳""世幽昧以眩曜兮,孰云察余之善惡""苟中情其好脩兮,又何必用夫行媒"以及《思美人》"情與質信可保兮,[1]羌居蔽而聞章"等語來看,尤其是考慮到這兩處的文意,"情"作"實"解爲長,故可由質(抵押品)作擔保。《説文》:"中,内也。""中

---

[1]　楊按:此處,"情"即實情也,"質"即《孟子》"出疆必載質"之"質",相稱的抵押。

情"指内在之實,即詩人真實的思想、行爲和品德,義與"孰云察余之善惡"之"善惡"相近,此正可"察"。《爾雅·釋詁》:"察,審也。"賈誼《新書·道術篇》:"纖微皆審謂之察。"可見,正是楚懷王聽信讒言後,沒有弄明事實,更不顧及屈原竭誠輸忠之實,迅速①發怒,引起了詩人"不察中情"的浩歎;而此正可從《惜往日》"心純庬而不泄兮,遭讒人而嫉之。君含怒而待臣兮,不清澈其然否"語中找到印證。我們甚至可以説"中情"可能隱含屈原因爲造憲令不與上官大夫,而遭受到讒言誣陷之委曲。可見,對屈原來説澄清政治事件的隱曲和屈原的内在品質更重要,楚懷王能否察清事實的真相和屈原的忠實品行才是問題的關鍵,問題并不在於懷王考慮不考慮屈原一時的内心感情。

## 二、民　生

《離騷》:"長太息以掩涕兮,哀民生之多艱。"於此,《文選》、唐寫本"民"作"人",當避太宗諱所改。王逸以"萬民"釋"民生",云:"言己自傷所行不合於世,將效彭咸沉身於淵,乃太息長悲,哀念萬民受命而生,遭遇多難,以隕其身。"②説明王逸所見者即爲"民"。其釋今人多有從者。然此解實屬望文生訓且煩言歧出,未免似是而非。如此語前言"謇吾法夫前脩兮,非世俗之所服。雖不周於今之人兮,願依彭咸之遺則",後言"余雖好脩姱以鞿羈兮,謇朝誶而夕替",均只言己之行歷,并不牽及"萬民"。

楊按:宋周密《齊東野語》以"艱""替"韻不協,疑此二句誤倒;姚鼐《古文辭類纂》亦襲之,并認爲"涕""替"韻協;今人黃靈庚先生是之。可見,"民生多艱"正"太息掩涕"之因由。由此,則將"民生"釋爲"萬民"於上下文無著,殊突兀,而王逸之解寔繚繞迂曲,恐非是。有鑒於此,蔣驥云:"民,人也,原自謂,下'民心'同。"③甚是。惜蔣驥没有論證,不爲後人

---

① "齌",今人多從戴震讀爲"懠",怒也,將"懠怒"釋爲盛怒,非是;當從王逸"齌,疾也"之訓,迅速意,參拙文《説"齊速"》,《文獻》2007年第3期。

② 洪興祖撰,白化文等點校:《楚辭補注》,中華書局,2018年,第14頁。

③ 蔣驥:《山帶閣注楚辭》,上海古籍出版社,1984年,第37頁。

所取，以下申論之。今人趙逵夫認爲"此處及下文'終不察夫民心''民好惡其不同兮'等'民'皆泛指'人'"，①指出《離騷》中"民"多作"人"字解，甚是；但以此爲"泛指"則功虧一簣。民、人古義通，《左傳・成公十三年》"民受天地之中以生"，孔穎達疏："民者，人也。"作爲一個名詞，民、人均即可泛指，也可特指，視文意、用法而定，如《離騷》上文"雖不周於今之人兮，願依彭咸之遺則"之"人"、下文"民好惡其不同兮，惟此黨人其獨異"之"民"并泛指，《離騷》中還常用"衆""世"等詞泛指人。而自《離騷》全文看，其泛指多爲詩人的對立面，實無"哀傷"之必要；則"哀民生之多艱"之"民"正可作特指解，即指具體的一個人——詩人自己，即詩人哀歎自己一生怎麼有那麼多艱難坎坷，以致於歎息流淚。可見，"民生"即"人生"，特指詩人的一生。正如今人慨歎"人生如夢"一樣，表面泛指、概括，實則只是感喟自己而已。詩人以此自謂，似有客觀、深沉、含蓄、雋永的意味。當然，這種用法并非孤立，如《遠遊》有"惟天地之無窮兮，哀人生之常勤"，其"人生"正指自己一生，今人於此一般無歧解。洪興祖《補注》於《離騷》"長太息以掩涕兮，哀民生之多艱"下云"《遠遊》曰'哀民生之常勤'，與此意同"，則正反映了《遠遊》之"民生"即"人生"。事實上，正如蔣驥所云，趙逵夫先生指出的"終不察夫民心"的"民"也并非泛指，而是"余"字的一種替換形式，其用法正同"民生"之"民"。"民心"即"亦余心之所善兮，雖九死其猶未悔"之"余心"②，是此心不爲楚懷王省察，才令詩人生"怨"，自然也不是王逸所云的漫無邊際的"萬民善惡之心"。

## 三、豈珵美之能當

《離騷》："覽察草木其猶未得兮，豈珵美之能當。"王逸："珵，美玉也。《相玉書》言：'珵大六寸，其耀自照。'言時人無能知臧否，觀衆草尚不能別其香臭，豈當知玉之美惡乎？"五臣："豈能辨玉之臧否而當之乎？玉喻忠直。"朱熹："言時人觀草木尚不能別其香臭，豈能知玉之美惡所當乎？"均以玉釋"珵"，然於"能當"却頗難安置，王逸、五臣、朱熹之厝置均不能

---

① 趙逵夫：《屈騷探幽》，巴蜀書社，2004 年，第 262 頁。

② 周拱辰《離騷拾細》於此云："此'民'字乃屈原自謂。"

令人釋然。於是，今頗有人以"程"易"珵"以求意順者。①

楊按：此處作"珵"是，同"珽"。"珵""珽"二字均從"壬"得聲，珵澄母，珽透母，同屬舌音，又同屬耕韻，音相同或相近。"珽"字古書常見，《説文》："珽，大圭，長三尺，抒上，終葵首。"珽即古代王公大夫所持的玉笏。《説文》無"珵"，"珵"字以見於《離騷》此處爲早，因《相玉書》之釋産生不同於"珽"之説。事實上，這是一種誤解。雖然《相玉書》已佚，但《周禮·考工記·玉人》鄭玄注恰引到《相玉書》這句話，作"珽玉六寸，明自炤"，②對此，孔穎達疏："謂於三尺圭上，除六寸之下，兩畔殺去之，使以上爲椎頭。言'六寸'，據上不殺者而言。……引之者，證大圭者爲終葵六寸以下抒之也。"可見，"三尺"是總體言，爲"大圭"；"六寸"是椎頭言，爲"珽"或"珵"。"珵"即"珽"，異文。對此，我們還可找到一些旁證：《儀禮·士喪禮》鄭玄注："天子搢珽"，《經典釋文》："珽，一作珵。"《禮記·玉藻》《釋文》："珽，本作珵。"《集韻·迥韻》："珽，《説文》：'大圭，長三尺，抒上，終葵首。'或作珵。"可見，"珽""珵"自東漢至唐宋仍無別。孔穎達於此對"明自炤"的疏解對於理解"能當"也提供了幫助："明自炤者，玉體瑜不掩瑕，瑕不掩瑜，善惡露見，是其忠實，君子於玉比德焉。"可見，王公大夫執笏有警醒、標榜的意味，珽喻含君子有自知之明和光明磊落之意，屈原此語的意思是："黨人觀察草木都不能得其實，又怎麼能成爲有'自照'美德的珵玉呢？"即混淆是非的黨人成不了合格之臣，正結語"國無人莫我知兮""既莫足與爲美政兮"之所指。

# 四、 羞

《離騷》："折瓊枝以爲羞兮，精瓊靡以爲粻。"王逸："羞，脯。"洪興祖："羞、脩，二物也，見《周禮》。羞致滋味，脩則脯也。王逸、五臣以羞爲脩，

---

① 如聶石樵注《楚辭新注》（商務印書館，2004 年）第 21 頁云"珵當作程，品評"，趙逵夫《屈騷探幽》（巴蜀書社，2004 年）第 383 頁譯文"識別美玉又怎能精審恰當"。

② 楊按：《玉篇·玉部》言"珵，美玉也。埋〔珵〕六寸，光自輝"，似亦來自《相玉書》或王逸注。

誤矣。"後人多承洪注。今人多將此"羞"字解作"菜肴"或"珍貴食品",不確。朱熹另作新解:"羞,進也。以牲及禽獸之肉,致滋味而進之也。"後人多不從。

楊按:"羞"字甲骨文字形作🔥,以手持羊,表進獻之意,《説文》"羞,進獻也",朱熹《楚辭集注》作進獻解不爲無據。"羞"古又常用指精美的食品,此爲洪興祖和後人所本。然此二解均與此處文意不合。"粻"爲乾粮,《爾雅·釋言》"粻,糧也",《説文》"糧,穀也"。《説文新附》"粻,食米也",此正瓊糜所象。此處對仗行文,"羞"與"粻"相對,不應作泛指,使"瓊枝"無著,王逸所解提供了綫索。《説文》:"脩,脯也。從肉,攸聲。""脯,乾肉也。""攸"有長意(攸聲之字多有長意),故《正字通》:"脩,肉條割而乾之也。"因此而可束者爲"束脩"。此"脩"之條形與"瓊枝"外形相似,正詩人所藉以爲喻;而"脩"之乾肉,正與"粻"之乾粮相對爲文,均爲出行之資。羞、脩均心紐幽部,古同音,則此處"羞"爲"脩"之假借,王逸讀破,以"脩"解"羞"意勝。黃靈庚先生認爲"羞、脩古字通用。……則逸説未可移易",[1]余以爲"羞、脩古字通用"之説不實,此二字字義有別,只是《離騷》此處"羞"字或本作"脩"字,或通"脩"字而已。

# 五、 惜誦、惜往日

《九章·惜誦》:"惜誦以致愍兮,發憤以抒情。"王逸:"惜,貪也。誦,論也。致,至也。愍,病也。言己貪忠信之道,可以安君。論之於心,誦之於口,至於身以疲病,而不能忘。"[2]《説文》:"惜,痛也。""惜"的本義是哀傷、痛惜,由此引申爲愛惜、珍惜,吝惜、貪戀是在此基礎上的輾轉引申,《玉篇》:"惜,吝也,貪也。"王逸將"惜"作"貪"解并非無據,但他解"惜誦"却頗繚繞,因而并不被後人認可。如洪興祖:"惜誦者,惜其君而誦之也。"朱熹:"惜者,愛而有忍之意。誦,言也。……言始者愛惜其言,忍而不發,以致極其憂愍之心,至於不得已而後發憤懣以抒其情。"[3]王夫之:

---

① 黃靈庚:《楚辭章句疏證》,上海古籍出版社,2018年,第501頁。

② 洪興祖撰,白化文等點校:《楚辭補注》,中華書局,2018年,第121頁。

③ 朱熹撰,黃靈庚點校:《楚辭集注》,上海古籍出版社,2015年,第93頁。

"惜,愛也。誦,誦讀古訓以致諫也。……言己愛君而述古訓以致諫。"①
今人多有以"痛"解"惜"者。均不同於王注。

　　楊按:很明顯,將"惜"解爲貪或愛,殊牽強,需增字爲訓方能得通,而
以"痛"解"惜"則與"愍"重複,顯係不妥。故而衆說紛紜,莫衷一是。徐
仁甫云:"'惜'當爲'昔'之形增(或因'惜往日'而誤)。'誦'是諫的一
種……謂昔日諫君以致愍也。"②徐解"惜誦"當是,但於"惜"并未展開,失
之過簡,今人多不從,如黄靈庚先生於其《楚辭章句疏證》認爲徐解"失
之",甚爲可惜也,以下申論之。從文字學上看,"昔"字產生很早,甲骨文
作🝔🝕,從橫水,從日,像洪水泛濫斂蓋、瀰没日形,指上古難忘的過去、
昔日,《詩經》《周禮》"昔"多訓從前、往日。"惜"字後起,雖然此字見於
《説文》,但其今見最早傳世文獻爲東漢後期的《楊統碑》和《朝侯小子殘
碑》,之前文獻中并未見到此字。③"昔"當"惜"之初文,春秋戰國時"惜"
義已產生,《論語》《韓非子》中的"惜"字當時均寫作"昔",楚簡中多有以
"昔"爲"惜"字者。《楚辭》屈作有多處以"昔"開首的句子,如《離騷》"昔
三後之純粹兮,固衆芳之所在",《惜誦》"昔余夢登天兮,魂中道而無杭",
《抽思》"昔君與我誠言兮,曰黄昏以爲期"等,由於意思比較明朗,用字固
定;而《惜誦》《惜往日》兩篇開首句子意思往往被誤解,遂出現"惜"字。
和徐仁甫認爲"惜誦"之"惜"字"或因'惜往日'而誤"不同,我們認爲"惜
往日"之"惜"亦是"昔"字,我們正可藉此窺出"惜誦"之"惜"字。《惜往
日》:"惜往日之曾信兮,受命詔以昭詩。奉先功以照下兮,明法度之嫌
疑。"此"惜"若作痛惜解,則突兀不貫,且於下文無著。可見,此"惜"只能
解爲"昔"。此處,"昔"與"往"同義連用,屬《楚辭》常格,即湯炳正先生所
云之"聯迭",文意甚洽。而此"惜"作"昔"也可從王逸"先時見任,身親近
也"的注解中找到印證,此字則必不作"惜"字矣。日人小南一郎認爲此
處注釋當爲王逸以前的古注,④這説明此字在漢代作"昔"字,至王逸時仍

---

①　王夫之撰,楊新勛點校:《楚辭通釋》,上海古籍出版社,2018 年,第 104 頁。
②　徐仁甫:《古詩别解》,上海古籍出版社,1984 年,第 34 頁。
③　清華簡(壹)《祭公之顧命》及(伍)《湯處於湯丘》兩見"愱(惜)"字,據整理者,
前者"愱(遜)惜(措)乃心",讀爲"措";後者"惜(舒)快以恒",讀爲"舒"。
④　小南一郎著,劉萍譯:《王逸〈楚辭章句〉在漢代〈楚辭〉注釋史上的地位》,
《古籍整理與研究》第六期,中華書局,1991 年。

没有變化,"惜"字當爲後人更改。《惜誦》"惜誦以致愍兮,發憤以抒情"以及下文所言實與《惜往日》類似,都是闡明自己過去事君盡職、光明磊落,并因此遭遇憂患之經歷,王夫之曾云:"此章追述進諫之本末,言己之所言,無愧於幽明,冀君之見諒,而終不見用者……"可見,雖然詩人痛惜之情溢於言表,但并没有表現在文字上:其行文實屬客觀叙述,此"惜"字正"昔"字,是詩人追述往日的慣語,"誦以致愍""發憤以抒情"正昔日之舉,"發憤"當爲《論語·述而》孔子"不憤不啓,不悱不發"之"憤發"義,也是孔子"發憤忘食,樂以忘憂"之"發憤"義,昔日竭力、勤奮之貌。對於徐仁甫以"諫"釋"誦",惠士奇曾云:"誦者,爲王誦之。《韓非子·難言》:'時稱《詩》《書》,道法往古,則見以爲誦。'《楚辭》有《惜誦》……"①可見,誦確與諫相類,是屈原的一種政治活動,因此導致坎坷,他曾申訴過、表白過,下文即一如《離騷》爲内心之表白,擲地有聲。

（本文發表於《古籍整理研究學刊》2009 年第 2 期）

---

① 惠士奇:《禮説》卷五,景刊文淵閣《四庫全書》本,第 101 册,第 489 頁。

# 《離騷》詞語解詁四則

《離騷》是楚辭最重要的一篇,也是我國古代文學史上的奇葩,歷來受到人們的高度重視,注釋、研究之作汗牛充棟,但其中仍有不少地方難有確解,影響著人們對其文本的解讀和主旨的把握。筆者長期從事《楚辭》的教學工作,對其中一些難解詞彙加以探討,希冀從語言文字和文本相結合的方面做出突破,以便深入、正確地把握文意。今擇取四則,撰成此文,企方家是正,以免貽誤學子。

## 一、脩　能

《離騷》:"紛吾既有此内美兮,又重之以脩能。"

王逸注:"脩,遠也。言己之生,内含天地之美氣,又重有絶遠之能,與衆異也。言謀足以安社稷,智足以解國患,威能制强禦,仁能懷遠人也。"①王氏以遠釋"脩",②用賢能、才能之義解"能"字,并將之落於謀、智、威、仁四德,其字詞訓釋與他對《離騷》尤其是對屈原的認識有關。洪興祖補注:"能,本獸名,熊屬,故有絶人之才者謂之能。此讀若耐,叶韻。"③洪氏補充了"能"字《説文》"熊屬"云云的文字學解釋後,言"絶人之才者謂之能"説明其理解"脩能"與王逸基本相同。他又用叶韻來注音,

---

① (宋)洪興祖:《楚辭補注》,中華書局,2002年,第 4 頁。楊按:本文所引王逸注釋和章句均出自洪興祖《楚辭補注》。

② 楊按:《楚辭補注》中"修""脩"通用無別,爲免節外生枝,本文二字以《楚辭補注》字形爲準。

③ (宋)洪興祖:《楚辭補注》,中華書局,2002年,第 4 頁。

以與下句"扈江離與辟芷兮，紉秋蘭以爲佩"的"佩"押韻。① 可知洪氏解釋雖有推進但并無實質突破。朱熹《楚辭集注》釋"修"爲"長"，釋"能"同洪興祖，②也是沿襲了王逸、洪興祖的詮釋思路。此後人們多同此說，如王夫之、錢澄之、胡文英等，今人亦大多主此說。

朱熹《楚辭集注》云"一作態，非是"，說明他曾見一本作"脩態"，只是他不認可這一文本。朱駿聲《離騷賦補注》云："能，讀若態，姿有餘也。按：巧藝高材曰態，經傳多借能字爲之。"③朱駿聲始以"態"讀"能"，較前人做出了突破，其用"姿有餘也"釋"態"更爲這種突破作了實質性注腳，但遺憾的是他又說"巧藝高材曰態"，實將"態"與"能"義弄混。姜亮夫《屈原賦校注》云："態字是也。修態，古恒語，《招魂》'姱容修態'是也。古'能''態'兩字多誤，《懷沙》'非俊疑傑，固庸態也'，《論衡·累害篇》引作'能'，《漢書·司馬相如傳》'君子之態'，《史記集解》引徐廣本作'能'，皆是。"④姜氏亦以"修態"爲是，且找到了不少文例，有力地支持了此說，殊爲有見，惜其并未釋義，亦未揭示由"能"到"態"用字變化的文字學原理。姜氏之說并未被人廣泛接受，⑤如金開誠等《屈原集校注》即云"姜說僅備考"，⑥其解釋仍從錢澄之釋爲"長才"，趙逵夫《屈騷探幽》釋"修能"爲"優異的才能"亦同錢說。⑦

詳細考證"脩能"當釋"脩態"者爲黃靈庚。其《楚辭章句疏證》全面梳理了《楚辭》"脩"字的用法、詞義，并搜羅了"能"爲古"態"字的文獻用例和古訓，但他最終云"長謂之脩，美亦謂之脩，其義相通""脩態，古恒語，喻賢能"，⑧轉了一圈，似又回到了王逸、洪興祖的解說，也與朱駿聲的

---

① 楊按：能古蒸部，佩之部，耐、態之部。《廣韻》能登韻，佩隊韻，耐代韻。
② （宋）朱熹：《楚辭集注》，上海古籍出版社，1979 年，第 3 頁。
③ （清）朱駿聲：《屈原賦補注》一卷，清光緒八年刻本。
④ 姜亮夫校注：《重訂屈原賦校注》，天津古籍出版社，1987 年，第 8—9 頁。楊按：徐廣（352—425）爲東晉人，可見此時《漢書》仍有作"能"者。
⑤ 楊按：聶石樵《楚辭新注》第 3 頁注："修，美好；能，通態，容貌。修能，指下文佩戴香花香草等，實質上是講自己的德能。"所言近於事實，但言"能，通態"不明此處古今字與通假字之別，又未作論證，尚欠一簣。
⑥ 金開誠、董洪利、高路明校注：《屈原集校注》，中華書局，2011 年，第 4 頁。
⑦ 趙逵夫：《屈騷探幽》，巴蜀書社，2004 年，第 369 頁。
⑧ 黃靈庚：《楚辭章句疏證》第一册，中華書局，2007 年，第 48 頁。

解釋相近。

楊按：能、態古今字。能，金文作"⿱" "⿰"，《説文》云："能，熊屬，足似鹿。从肉，㠯聲。能獸堅中，故稱賢能，而彊壯稱能傑也。"徐灝《説文解字注箋》："能，古熊字……假借爲賢能之能，後爲借義所專，遂以火光之熊爲獸名之能，久而昧其本義矣。"徐氏所訂甚是，能本熊之初文，假借爲能，後賢能、才能爲其常用義，遂再借用表火光之"熊"字表獸名本字。許慎所釋本義爲確，但他强假借義"賢能"爲引申義未免荒唐，洪興祖承之不察。"態"字不見於先秦文獻，兩周金文及秦漢簡帛均有"能"無"態"。①今見較早文獻爲東漢時武梁祠堂畫像題字有"嬰兒之態，令親有驦"，②已出現了"態"字。《説文》收此字，云："態，意也。从心从能。能，或从人。"段玉裁改釋作"意態也"。鈕樹玉《説文解字校録》云："當是从心能聲，後人疑聲不近，改爲會意。"能古蒸部泥母，態之部透母，泥透舌音，之蒸對轉，態爲能同聲孳乳字，是能在姿態、意態義上産生的今字，鈕説甚是。"能"字"態"義戰國時已出現，如《荀子·天論》"耳目鼻口形能"，王念孫《讀書雜誌》即讀爲"態"，③又《戰國楚竹書(二)·容成氏》"喬(驕)能(態)㠯(始)复(作)，乃立咎䚻(繇)㠯爲李(理)"、④《銀雀山漢簡·守法篇》"以視適(敵)進芮(退)變能(態)請而爲長耳目城中"、⑤北大簡《妄稽》簡70"尚(上)堂扶非(扉)，⑥卑身户樞，以聽其能(態)"⑦、《素問·風論》"帝曰：'五藏風之形狀不同者何，愿聞其診，及其病能(態)"等均可證明"能"

---

① 高中正告知：清華簡《芮良夫毖》簡19之"態"用爲"㥀"，《殷高宗問于三壽》簡16之"態"用作"愿"，應當只是《説文》所謂"意態"之"態"的同形字。而與"態"詞無關，這也正説明了楚文字中往往用"能"來記録"態"一詞，與"態"字有所分工。

② 嚴可均編：《全上古三代秦漢六朝文》卷九十九，中華書局，1958年，第2007頁。

③ 王念孫：《讀書雜誌·荀子第七》，清道光十二年刻本。

④ 馬承源主編：《上海博物館藏·戰國楚竹書(二)》，上海古籍出版社，2002年，第273頁。

⑤ 銀雀山漢墓竹簡整理小組：《銀雀山漢墓竹簡(壹)》，文物出版社，1985年，第129頁。

⑥ 陳劍《〈妄稽〉〈反淫〉校字釋讀》(http://www.fdgwz.org.cn/Web/Show/2850)認爲"非"當爲"服"，"扶服"即"匍匐"，并認同"ee"先生改釋"身"爲"耳"。

⑦ 北京大學出土文獻研究所編：《北京大學藏西漢楚竹書(肆)》，上海古籍出版社，2015年，第73頁。

爲“態”之古字。很明顯，“能”字“態”義更多指外貌、姿態、形勢，意態應爲在此基礎上的進一步衍生義，遂爲許慎《説文》所採。《史記》中“能”“態”兩見，如“變態”“交態”多作“態”，而《史記·司馬相如列傳》“旼旼睦睦，君子之能”作“能”，《漢書·司馬相如傳》改作“態”，甚是。這種情況説明，西漢時“態”字已産生，但“能”“態”在當時尚處於古今字并行時期，至東漢出現用今字“態”逐漸取代古字“能”的趨勢。可見，姜亮夫言“古‘能’‘態’兩字多誤”未能認識到文字學上“能”“態”古今嬗變的現象。黃靈庚言《楚辭》“能”“態”“錯雜皆出”，舉例《九章·懷沙》“固庸態也”，王充《論衡》卷一《累害篇》引作“固庸能也”，[1]及《招魂》“容態好比”“姱容修態”、《大招》“滂心綽態”等作“態”，而《離騷》此處作“脩能”，也是未能明了此時“能”“態”古今并行且正處在嬗變之際這一語言學現象。還應指出，黃先生所言未免樂觀。雖然東漢人所引屈賦中外貌、姿態義之字或作“能”，但王逸《楚辭章句》本却大多作“態”。這説明此書可能在東漢曾經過較完全的用字替換。王逸於“容態好比”“滂心綽態”兩處均注“態，姿也”，即姿態，形容美貌，故字亦做“態”。[2]《招魂》“姱容修態”下王逸注“修，長也”，未釋“態”字，但其章句“多意長智”與此句“修態”對應，説明王逸所見此處文本作“脩能”且其理解與《離騷》“修能”相近；但鑒於《招魂》所言爲美女容貌，且與“姱容”連言，故字亦被改作“修態”。經過漢人改寫後，只有《離騷》此處仍作“脩能”。

王逸他處多釋“脩”爲遠或長，如於《招魂》“姱容修態”、《大招》“姱修滂浩”下均注“修，長也”，與《離騷》此處所釋“絶遠”相近，只是有程度差異，釋義同樣非是。實際上，“修”與“姱”相對爲文，“姱”爲美，王逸多處釋義同，則“脩”亦當爲美義。《離騷》中“脩”爲美意較常見，如“好修”“脩名”“信脩”等“修”字均爲美義，王逸所釋均確，尤其“余雖好脩姱以鞿羈兮”中“脩姱”連言、“汝何博謇而好脩兮，紛獨有此姱節”[3]中“脩”“姱”對

---

① 王充：《論衡校釋》，中華書局，1992年，第12頁。

② 楊按：此處也不排除字原作“能”，王逸能正確加以辨別、詮釋，後人再據王逸注改寫作“態”。

③ 楊按：朱駿聲《屈原賦校注》言“節當作飾，方合古韻，亦與前後文意一貫”，甚有啓發。上博簡《性自命出》“節”字作、，而“飾”字戰國篆作、詛楚文作、馬王堆帛書作，形相近。

言,更值得注意,均爲同義詞并列、平行結構,則王逸釋"修長也"非是。《離騷》此處的"脩能"即"脩態",指美好的外貌,正與《招魂》"姱容修態"的"修態"同意,張衡《兩京賦》"要紹修態"也是這個用法和意思。

詳《離騷》文意,詩人先用"紛吾既有此内美兮"總結上文自"帝高陽之苗裔兮"至"字余曰靈均"所言其係出高陽、父爲伯庸以及攝提孟陬庚寅以降幸得嘉名諸項,這些都有宗教意味,屬於天賦,是謂"内美",這反映了古人的觀念;後用"又重之以脩能"引起下文,即"扈江離與辟芷兮,紉秋蘭以爲佩""朝搴阰之木蘭兮,夕攬洲之宿莽"等,裝飾自己的外表,正"脩態"所指。"内美"與"修態"恰好形成對比,一内一外,一先一後,適成兩美。①《離騷》中詩人屢言裝飾美玉、把持香草,不厭其煩,正是"好脩""好脩姱"之意,亦爲"脩態"之目。湖南雲夢秦簡《日書》簡146正貳言"庚寅生子,女爲賈,男好衣佩而貴",②屈原好修飾外表蓋有宗教、文化原因。《離騷》中多次寫及此舉也寄寓了作者的追求,其中亦有才能、品德及政治操守的喻意,但將"脩能"解釋爲"長才"屬於輾轉引申,而從基礎文意上看不可直接這樣理解,否則《離騷》中那麼多採擷香草美玉以爲裝飾的描述就不可理解了。將"脩能"讀爲"脩態",解爲美貌,這種外貌,與裝飾、打扮、修持關係密切,不但符合楚漢文化和《楚辭》諸篇的用語,而且維護了《離騷》藝術的統一、完整,對於正確理解《離騷》的創作和構思甚有幫助。

"態"古用"能"字,"脩能"爲"脩態"之古式。王逸此處未能讀破,徑從"能"本字釋"脩能"爲"絶遠之能",并解爲謀、智、威、仁四德。蓋因其此解,此"脩能"遂不能如他處一樣被改定爲"脩態",只有朱熹所見的一處是個例外。

## 二、 淹

《離騷》:"日月忽其不淹兮,春與秋其代序。"

---

① 楊按:清華簡《子產》簡6"宅大心張,美外巡(態)端"(清華大學出土文獻研究與保護中心編,李學勤主編:《清華大學藏戰國竹簡(陸)》,中西書局,2016年,第137頁)也是内心與外在相對,可與《離騷》此處相參。

② 王輝、王偉編著:《秦出土文獻編年訂補》,三秦出版社,2014年,第277頁。

王逸注:"淹,久也。……言日月晝夜常行,忽然不久。春往秋來,以次相代。言天時易過,人年易老也。"[1]此處洪興祖無注。朱熹《楚辭集注》言"淹,久也"同王逸,但其疏通文意時言"而不知歲月之不留"似又以"留"解"淹"。金開誠等《屈原集校注》以"久留"釋"淹",[2]雖有《離騷》"又何可以淹留"、《九辯》"蹇淹留而無成""蹇淹留而躊躇"及《招隱士》"攀援桂枝兮聊淹留"等文本依據及王逸以"久"注"淹"的影響,但也可能與朱熹之釋有關。然細繹《離騷》此處以"久"釋"淹"和言"忽然不久"均與文意未洽。朱駿聲《離騷賦補注》又謂"淹"本爲"延",姜亮夫《屈原賦校注》承之言淹、延雙聲通用。黃靈庚以古音明二字"聲韻殊別,不得通用",[3]所言甚是,淹與延古音不近,二者相通、相混可能性均不大,朱駿聲或因王逸以"久"釋"淹"而言。當然,"日月不延"與"春秋代序"也文意不合。

《説文》:"淹,水,出越巂徼外,東入若水。"淹爲古河流,即今金沙江之一段,此古義後人已罕用。《爾雅·釋詁下》云:"淹,久也。"王逸注多有同《爾雅》者,其注"淹,久也"或來於《爾雅》。

實際上,"淹"由"奄"得聲,義亦與之通。《説文》:"奄,覆也,大有餘也。"奄指覆蓋,引申爲占有、擁有,《詩經·大雅·皇矣》《周頌·執競》"奄有四方"、《魯頌·閟宮》"奄有下國""奄有下土"均即此義。"淹"當爲浸没、淹没,表示被水覆蓋。由此引申爲滯、留之義。《左傳》僖公三十三年"不腆敝邑,爲從者之淹"、宣公十二年有"二三子無淹久",杜預均注"淹,留也",即逗留、停留之意。《玉篇》:"滯,淹也。"也是這個意思。"淹"與"留""滯"爲同義詞,即停留之意,以"久"訓"淹"當爲此義的再引申之義。"日月忽其不淹兮"之"忽",王逸未釋,只是章句中言"忽然",其實此"忽"當釋爲疾,迅速之義。《離騷》下文"忽奔走以先後兮""忽反顧以遊目兮",王逸均注"忽,疾貌",所言甚確。《左傳》莊公十一年"桀、紂罪人,其亡也忽焉",杜預注"忽,速貌",所釋與王逸同。王逸"日月忽其不淹兮"一句的章句中所言"忽然"當即"忽焉"之義,形容日月變化迅速。日月飛速而逝,則"不淹"即不停、不留,正與"忽"相對,時光飛速不可停

---

① (宋)洪興祖:《楚辭補注》,中華書局,2002年,第6頁。

② 金開誠、董洪利、高路明校注:《屈原集校注》,中華書局,2011年,第14頁。

③ 黃靈庚:《楚辭章句疏證》第一冊,中華書局,2007年,第71頁。

留,故緊接著言"春與秋其代序",即春季與秋季走馬燈似的流轉不停,倐爾而過。可見,《離騷》此處"淹"并無"久"義,王逸言"忽然不久"不通。

順便提及,《楚辭》其他地方的"淹留"爲"淹""留"同義詞連用,應釋爲停留。如《離騷》"時繽紛其變易兮,又何可以淹留",此"淹留"釋爲停留要比王逸"久留"爲準確。又如《招隱士》"攀援桂枝兮聊淹留"之"淹留",就只能釋爲暫時的停留,與"須臾""逍遥"相近,有片刻之意,不能用"久"來詮釋。

## 三、數　化

《離騷》:"余既不難夫離别兮,傷靈脩之數化。"

王逸章句:"傷念君信用讒言,志數變易,無常操也。"實用"多次"釋"數"(故與"無常"相對),用"變易"釋"化"。洪興祖補注僅言"數,所角切",未言詞義,説明其認同王逸之釋。朱熹亦注"數,所角反",疏通文意通王逸。楊按:中古音所角切之"數"有疾速、急促、頻數等義,洪興祖、朱熹實用頻數即數次之義釋"數",金開誠等《屈原集校注》言"數,屢次"即承此而來。

黄靈庚《楚辭章句疏證》於此區分了變、化不同,認爲"異物感生謂之化",言"化"意味著靈脩"本質已改,無可振救",[1]章句"志數變易"云云不確。

楊按:黄先生所言非是。若如黄氏所言,"化"已發生質變,則"數"就不必解了。雖然也確如黄先生所言,古人所言變、化有同有異,存在散言則同、對文則别的現象;但并不能因此遽言"數化"之"化"與"變"不同,非王逸"變易"之意。事實上,詩中此處"化"爲散言,王逸釋爲"變易",不别"變""化",并不存在詁訓障礙。從文意上看,《離騷》數次稱"靈脩",均爲褒義,故又可换稱之爲"荃""哲王",與《史記·屈原賈生列傳》所言"繫心懷王,不忘欲反,冀幸君之一悟,俗之一改也。其存君興國而欲反覆之,

---

[1]　黄靈庚:《楚辭章句疏證》第一册,中華書局,2007年,第125頁。

一篇之中三致意焉"①相一致,説明詩人對楚懷王念念不忘,并没有失望泄氣,否則就没必要創作《離騷》了,所以從詩中是看不出靈脩"本質已改,無可振救"之意的。黃先生所言靈脩"本質已改,無可振救"恐與詩意不符。可見,不能説王逸"數變"云云"未足以當靈脩之'數化'"。

今天看來,歷來解釋的不足并不在"化"上,而是這裏用數次、屢次解釋"數"是不合適的。從《史記》記載來看,屈原被上官大夫、靳尚等人誣陷是因其"造爲憲令"奪稿不與而起,并非多次,懷王也是因上官諸人的讒言"怒而疏屈平",②亦非多次發怒。將"數化"之"數"理解爲屢次與屈原事迹不合。又從《離騷》行文來看,上文言"乘騏驥以馳騁""忽奔走以先後兮"均述詩人積極有爲、竭誠輸忠之政舉,其間盡心竭力、無所顧忌,以至於有"指蒼天以爲正"之語,文意一貫。之後"曰黃昏以爲期兮,羌中道而改路。初既與余成言兮,後悔遁而有他"所指與上文應爲一件事,即懷王因楚臣對屈原起草憲令的讒言而轉變了觀念、態度,失去了對屈原的信任,罷免了他左徒之職。實際上,《離騷》的立意和行文就是圍繞著這件事所引發的楚懷王轉變來建構和展開的,司馬遷言屈原創作《離騷》"繫心懷王,不忘欲反,冀幸君之一悟,俗之一改也"的説法是富有啓發意義的,則以屢次解"數"於文意實歧出。對於因屈原起草憲令招致楚臣誣陷并終致屈原與懷王君臣離合一事,《九章》中也多言及,如《惜誦》《抽思》《惜往日》等均言及楚王由信任屈原而迅速轉變爲發怒、疏遠的過程。詩人"竭忠誠以事君""心純厖而不洩",但却被楚王誤解、冤枉,"君含怒而待臣兮,不清澈其然否",楚王的怒火來得太過急促,根本就没有查清楚事實嘛,"弗參驗以考實兮,遠遷臣而弗思"。這才是詩人始終耿耿難釋的最大心結,也是詩人創作《離騷》的真實動機。可見,懷王轉變即靈

---

① 司馬遷撰,裴駰集解、司馬貞索隱、張守節正義:《史記》第八册,中華書局,2013 年,第 2997 頁。楊按:《史記》此處與"屈平疾王聽之不聰也,讒諂之蔽明也,邪曲之害公也,方正之不容也,故憂愁幽思而作《離騷》"(第 2994 頁)不矛盾,"屈平疾王聽之不聰"確爲其創作《離騷》的一個重要原因和内容,但并没有發展到懷王昏耄或變質之意。事實上,從《離騷》諸作也看不出楚懷王"客死於秦"之終,詩人對懷王抑或襄王之心是一貫的。

② 楊按:日本金澤文庫藏唐寫本《文選集注》殘卷存《離騷經》前半,其班固《離騷序》作"王怒而流屈平","流"與國内諸傳本作"疏"不同。

修"數化"之"化"，此"數"字不可解爲數次、屢次。

"數化"之"數"應解爲疾速。《爾雅·釋詁下》"數，疾也"，即疾速、快速，這在先秦文獻亦常見。如《論語·里仁》："子游曰：'事君數，斯辱矣；朋友數，斯疏矣。'"何晏集解引孔安國注"數猶促速"。《史記·屈原賈生列傳》"淹數之度兮"，裴駰集解引徐廣注"數之言速也"。又《韓非子·説林上》"何變之數也"、《逸周書·官人》"設之以物而數決"、《禮記·學記》"及于數進"等等，諸"數"字均爲疾速之意。又《九歌·湘夫人》"時不可兮驟得，聊逍遙兮容與"，王逸注"驟，數"，章句言"言富貴有命，天時難值，不可數得，聊且遊戲，以盡年壽也"正用疾速意。《離騷》"傷靈修之數化"指的是楚懷王由信轉怒的變化速度太快，事實都沒弄清楚就轉變了態度，詩人無處申冤，這才讓詩人十分傷心，正與上文"荃不察余之中情兮，反信讒而齌怒"相合。王逸注："齌，疾也。"《説文》："齌，炊餔疾也。"此處用"齌"字甚形象，象疾速做飯那麼快，王逸所釋甚是。此"齌"字，與《九歌·大司命》"吾與君兮齌速"之"齌"同義，都是"齊"的今字，疾速之意。① 可見，楚懷王聽信上官大夫等人的讒言後很快就發怒了，沒有其查清事實，甚至都沒有細想讒言的荒謬和興讒者之嘴臉，楚懷王的這一變化令詩人措手不及。《九章·惜往日》説得更具體："國富强而法立兮，屬貞臣而日娱。秘密事之載心兮，雖過失猶弗治。心純庬而不泄兮，遭讒人而嫉之。君含怒而待臣兮，不清澈其然否。""君含怒而待臣兮，不清澈其然否"即"荃不察餘之中情兮，反信讒而齌怒"之意，正"數化"之注脚。② 歷史上的楚懷王政治品格確有不足，往往考慮不周，舉動輕率、過急，正應了"數化"之語。事出突然，畫風驟變，屈原遂在《離騷》及《九章》多次聲言詩人之心、之志、之情及清白之質，均爲就此事表白楚王，希望以己忠貞之情、可鑒之心感致"君之一悟"，也希望藉此能澄清事實，申訴己冤，惜終未見回應也。

----

① 詳參拙文《説"齊速"》，《文獻》2007 年第 3 期。王力主編《古代漢語》第二冊（中華書局，2003 年）第 558 頁言"齌，疾速。齌怒，疾怒，馬上惱怒起來"，甚是。

② 楊按：劉向《説苑·辨物》載翟封荼語"其政令不竟而數化，其士巧貪而有怨，此其妖也"，正用《離騷》"數化"一詞，義亦同。

# 四、何　傷

《離騷》："雖萎絶其亦何傷兮，哀衆芳之蕪穢。"

　　王逸章句："枝葉雖畬萎病絶落，何能傷於我乎？"五臣解同王逸，洪興祖無説，朱熹亦解同王逸，後人多從王逸之説。然衆芳萎絶自屬悲劇，若言"何能傷於我"則與詩人關係冷漠，頗不近人情，金開誠等之《屈原集校注》言"各種香草因受摧殘而枯萎倒也不必傷悲"，[①]應是有見於此而改，但依然有人情淡薄之意。衆芳萎絶，令人傷感，何況詩人手自栽種，怎可言"不必傷悲"？

　　楊按："何傷"之"傷"當解爲妨害、妨礙。《説文》："傷，創也。從人，𥏻省聲"，"刅，傷也。從刃，從一。創，或從刀，倉聲"，"妨，害也"，段玉裁於《説文》"妨"字下注"害者，傷也"。傷、創、妨于害義相通，均有傷害之義。雖然上古傷、妨同屬陽韻，但傷書紐、妨敷紐，分屬舌音和唇音，應無同源關係，都有"害"義應是各自從本義引申的結果。《論語·先進》："子曰：'何傷乎？亦各言其志也。'"此"傷"即義同"妨"，傷害、妨礙之義。"何傷乎"，即"有什麼妨礙呢"，[②]孔子讓曾晳不要因子路、冉有、公西華的話有所顧忌，直言無隱。"何傷"這一用法在戰國時期十分常見，《孟子·滕文公下》匡章之"是何傷哉？彼身織屨、妻辟纑以易之也"、《韓非子·難一》"後雖無復，何傷哉"、《吕氏春秋·慎小》"試往僨表，不得賞而已，何傷"等之"何傷"均是這一用法。[③]《離騷》這裏是承上文"冀枝葉之峻茂兮，願竢時乎吾將刈"而來，希望衆香草盡可能苗壯成長，不必擔心由於外在環境、自然條件等原因導致枯萎、零落，即屈原告誡他們只要是人才

---

　　①　金開誠、董洪利、高路明校注：《屈原集校注》，中華書局，2011年，第31頁。
　　②　楊按：王力主編《古代漢語》第一册第190頁言"意思是'有什麼關係呢'"，爲意譯。
　　③　楊按：戰國時期"傷"字的這一用法又見於"無傷"一詞中。如《孟子·梁惠王上》："無傷也，是乃忍術也，見牛未見羊也。"《盡心下》："貉稽曰：'稽大不理於口。'孟子曰：'無傷也，士憎兹多口。'"《荀子·天論》："夫日月之有蝕，風雨之不時，怪星之黨見，是無世而不常有之。上明而政平，則是雖并世起無傷也。"等等。

自可被認可,不會因爲外在條件、客觀原因或功績不成而改變評價,即使枯萎、斷絕又有什麼妨礙呢? 并不影響你們的品格和偉大。屈原告誡青年人要勇於保持自己品格并努力發展自己,不要有所顧忌;只可惜衆芳自己變節,成了蕪穢,這才令詩人悲痛哀傷。又下文"苟余情其信姱以練要兮,長顑頷亦何傷"之"何傷"也是"有什麼妨礙"的意思。王逸於下文注言"亦何所傷病也"也與正文的"顑頷"矛盾,亦未是。"長顑頷"即長久的面黃肌瘦,意味著因爲遭受磨難和煎熬致使身體出現了症狀,甚至未來會危及生命,這自然是肉體上的"傷病",但這在詩人心中并不重要,構不成詩人追求美好品質和努力拼搏的障礙,所以言"何傷",意其不爲苦難所動,無所畏懼。① 可見,"萎、絶""顑頷"是對身體、物質的描述,這方面疾病是令人痛苦、擔憂的。"雖萎絶其亦何傷兮"指衆芳,"長顑頷亦何傷"指自己,詩人却從培養人才和自己兩方面都倡言人應該專心事業,追求品格,而不必顧忌困難和危險,表現了大無畏的勇氣,也表達了他始終全心追求高尚品格和偉大事業的理想主義精神。

《離騷》係楚辭最重要的作品,歷來爲學人所重,但其中亦有很多地方難有確解。筆者認爲,理解《離騷》的詞彙既要考慮上古語言學的因素,考慮戰國至兩漢文字、詞彙的演變,以及相關的歷史、文化背景;也要尊重《離騷》的文本,注重從上下文意和作品思想主旨著眼,還要結合與《離騷》相關的《九章》《九歌》《遠遊》等文本,才能對詞彙給出相對確切的理解。本文這四則解詁就是從這兩方面努力的結果。

(本文發表於《南京師範大學文學院學報》2022 年第 1 期,今略有修改)

---

① 楊按:《九章·涉江》"苟余心其端直兮,雖僻遠之何傷"也是這種用法。

# 説"齊速"

　　《楚辭·九歌·大司命》"吾與君兮齊速,導帝之兮九坑"之"齊速"歷來衆説紛紜。

　　"齊速",《楚辭補注》作"齋速",王逸《楚辭章句》:"齋,戒也;速,疾也。……言己願修飾,急疾齋戒,侍從於君。"[1]王逸所見作"齋速",王解"齋"與"速"於義不协,遂乙之,但仍與文意齟齬。[2] 故洪興祖補注不從,而云"齋速者,齋戒以自敕也",[3]用"敕"讀"速"以與"齋"合,表面黜去了"疾速"歧塗,實却鑿空牽合,并無訓詁依據,仍與文意突兀骈贅。後王夫之、俞樾文用"齋速"却於意別解:王夫之《楚辭通釋》"齋,偕也;速,言化之倏忽也……合萬彙而化之速也",[4]俞樾《俞樓雜纂·讀〈楚辭〉》"齋速"連文,訓"謙愨貌"。船山釋意奇譎,人多不從。俞樾之釋顯從《禮記·玉藻》"君子之容舒遲,見所尊者齊遬"之"齊遬"的鄭注"謙愨貌也"而來,"遬"是"速"的籀文,從而將"齋速"和"齊遬"聯繫了起來。[5] 今人黃靈庚《楚辭·異文辯證》亦承此説。

　　朱熹《楚辭集注》以"齊速"爲正:"一作齋,非是。'速',《禮記》作'遬',音速……齊速,整齊而疾速也。"蔣驥《山帶閣注楚辭》承此:"齊速,齊其神速也。"

---

①③　洪興祖撰,白化文等點校:《楚辭補注》,中華書局,2002 年版,第 69 頁。

　　② 　楊按:很明顯,《大司命》此處是大司命自叙神通,"導帝九坑"也是一種體現。

　　④ 　王夫之撰,楊新勛點校:《楚辭通釋》,上海古籍出版社,2018 年,第 54—55 頁。

　　⑤ 　吳玉搢《別雅》卷五:"齊速、齊遬、齊宿、齊肅也,《楚辭·九歌》'吾與君兮齊速',《禮記·玉藻》'見所尊者齊遬',《孟子》'齊宿而後敢言',皆齋戒肅敬之意,字異義同,假借用之也。或各如本字作解者,非。"朱起鳳《辭通》將"齋肅""齊肅""參夙"與"齊宿"作連語,而將"齋速"與"齊速""齊遬"單列,并云"齊爲整齊,肅即嚴肅,齋與齊古互通,速肅同音通用",雖看到了《爾雅》釋文,却并未留意。

後説於意爲長,朱熹將"齊速"與《禮記・玉藻》"齊遬"聯繫,甚是;惜以"整齊"釋"齊",功欠一蕢,於意未愜。

余疑此"齊"即"齎"初文,同"疾","急疾"之意。《説文》:"齎,炊饎疾也,从火,齊聲。"《楚辭・離騷》"荃不察余之中情兮,反信讒而齎怒",王逸注"齎,疾也","反信讒言而疾怒己也","齎"於《楚辭》有"急疾"之意,象疾速做飯那麼快。《爾雅》無"齎"字,其《釋詁》云"肅、齊、遄、速、亟、屢、數、迅,疾也",《廣雅・釋詁》"齊,疾也"。《尚書大傳》"多聞而齊給",鄭注"齊,疾也"。《商君書・弱民》"楚國之民,齊疾而均,速若飄風",高亨注:"齊與疾都是行動敏捷之意。"[1] "齊"有"急疾"之意,與"齎"正同,故亦可寫作"齎"。此"齊"正"齎"初文,"齎"爲"齊"之"急疾"意之後起字,因表示"炊饎疾"而加"火"部。

此"齊"有時可與"速"同意,《荀子・修身》"齊給便利,則節之以動止",楊倞注"齊給便利,皆捷速也",《荀子・非十二子》"聰明聖知不以窮人,齊給速通不爭先人",證明楊釋洵是。《史記・五帝本紀》"幼而徇齊",裴駰《集解》"徇,疾;齊,速也"。"齊速"爲同義詞連用,[2]即"捷速""疾速"之意。《大司命》此處是説"吾與君"在"高飛""安翔"之後,"疾速"導帝。

《禮記・玉藻》"齊遬",鄭訓"謙愨貌也",未確。王引之《經義述聞・禮記中》云:"'齊'亦'遬'也。'遬',籀文'速'字,疾也。言君子平日之容,舒遲不迫,見所尊者,則疾速以承之,唯恐或後也……'舒遲'與'齊遬'相對爲文……非謙愨、自斂持之謂也。"[3]可從。

人們提到與"齊速"同音的"齊肅"亦有"疾速"義。《國語・楚語下》"敬不可久,民力不堪,故齊肅以承之",韋注"肅,疾也",王引之《經義述聞・國語下》:"下'齊'字當訓爲'疾',與'肅'同意,故以'齊肅'連文……敬不可久,故欲其疾速也。"[4]又《左傳・昭公十三年》"齊桓……從善如流,下善齊肅",楊樹達《積微居讀書記・讀〈左傳・昭公〉》:"今謂齊肅

---

① 高亨:《商君書注譯》,中華書局,1974年,第162頁。
② 楊按:《楚辭》同義詞連用爲常例,郭在貽、湯炳正、黃靈庚等多言之,不贅。
③ 王引之撰,虞思徵、馬濤、徐煒君校點:《經義述聞》,上海古籍出版社,2018年,第879頁。
④ 王引之撰,虞思徵、馬濤、徐煒君校點:《經義述聞》,第1268頁。

者,疾也,速也。《爾雅·釋詁》曰'肅,疾也''肅,速也',肅、齊并有疾速之義,故《傳》以'齊肅'連文矣。"[1]

上古齊、齋、齋并用"齊"字,齋、齋都是齊的分化字。"齋"從示,與祭祀有關,戰國已産生,見於《蔡疾盤》和《詛楚文》,但多仍用"齊",《詩經》《尚書》《左傳》尤其是《論語》《禮記》《孟子》等可證。雖然《説文》收有"齋"字,但先秦古書除王逸本《楚辭·離騷》一見外也尠有使用,此字多見於漢印。《楚辭·大司命》此處作"齊"似乎爲文本原貌,蓋當時"齋"仍未從"齊"中分出。即使是《離騷》"反信讒而齋怒",今《文選》各本所收《離騷》亦均作"齊",洪興祖補注亦云"齋,一作齊"正透出此一消息。

《大司命》之"齊速",朱熹本、蔣驥本和黄靈庚先生提到《韻補》和《文選補遺》作"齊速",宋婁昉《崇古文訣》、明陳第《屈宋古音義》及顧炎武《唐韻正》、江永《古韻標準》等亦作"齊速"。考慮到"齋"字後起,"齊速"可能是本字;此"齊"字即後起"齋"字。對於《大司命》之"齊速",王逸注"齋,戒也",蓋其所見本作"齋",此"齋速"蓋漢人不慎致誤,王逸不明真相而拘泥解釋,遂致後人踵訛襲陋。

（本文發表於《文獻》2007 年第 2 期,今略有修改）

---

[1]　楊樹達著:《積微居讀書記》,《楊樹達文集》,上海古籍出版社,2006 年,第 65 頁。

# 《史記·屈原賈生列傳》贊語後二句臆解

太史公曰:"余讀《離騷》《天問》《招魂》《哀郢》,悲其志。適長沙,觀屈原所自沉淵,未嘗不垂涕,想見其爲人。及見賈生弔之,又怪屈原以彼其材,遊諸侯,何國不容,而自令若是。讀《服鳥賦》,同死生,輕去就,又爽然自失矣。"(《史記·屈原賈生列傳》)

有關這段話,歷來衆説紛紜,分歧主要在後面兩句。大多數人認爲這兩句話是司馬遷在讀了賈誼作品後的感受,或云司馬遷自己思想的感觸與波動,或云司馬遷對屈原的評價産生了波動,或云司馬遷對賈誼的評價,不一而足。

筆者認爲以上説法未免不實。

司馬遷向以意志堅强、是非分明和敢於堅持原則著稱,他於歷史秉筆直書,而於死生出處之大節尤其看重,其《報任安書》即是明證。① 因此,説司馬遷因賈誼作品而有思想波動以至於"茫然不知所從",未免望文生義、失之膚淺。

《史記》有"想見其爲人"贊語者僅孔子和屈原二人。前者爲中國早期文化的集大成,澤被後世,被司馬遷尊爲"至聖";後者"正道直行,竭忠盡智"以"存君興國",終沉汨羅,司馬遷認爲"與日月争光可也"。兩人都是兩個領域的不世代表,令人景仰感佩。尤其從《史記》記載屈原的文字來看,全爲肯定贊同之語,并無任何對屈原的不滿或貶抑,"怪屈原""自令若是""爽然自失"云云於司馬遷自然無著。也許有人認爲是司馬遷在讀了賈誼的《吊屈原賦》和《服鳥賦》後思想會轉變,而産生了對屈原的新

---

① 司馬遷《報任安書》云:"人固有一死,或重於泰山,或輕於鴻毛,用之所趨異也。"

評價。這種説法也難以成立。有關賈誼二賦的思想可參後文。這裏需要指出的是，《楚辭·離騷》裏的"余"并没有聽從女嬃"衆不可户説""世并舉而好朋"的申申勸導，而是"阽余身而危死兮，覽余初其猶未悔"，這種思想在《卜居》和《漁父》中表現得尤其充分，表明屈原對"不凝滯於物而能與世推移"思想是有清晰認識的，但是却不能"以身之察察，受物之汶汶"，這與賈誼二賦主旨完全不同，也是屈原堅持原則毅然自沉汨羅的思想原因。這是屈原與賈誼的最大區別。《史記》傳文和贊語都提到《離騷》，尤其是傳文全文收録了《漁父》，説明司馬遷對屈原與賈誼的這種不同是十分明了的，其傳文和贊語的評價即含有對屈原堅貞思想的贊許。將《史記》所收《漁父》與《楚辭章句》的《漁父》加以比較似乎更能説明這一點：前者與後者最大不同是删去了"滄浪歌"部分，這有利於確立屈原正面形象，含有司馬遷的贊許，正證明司馬遷不可能因賈誼思想而動摇。因此，云司馬遷對屈原新評價之説也未是。

認爲此二句是司馬遷對賈誼的評價，應該説大致思路上是正確的。但是，此説也有不足，主要在兩方面：一是自"及見賈生吊之"和"又怪屈原"來看，司馬遷所言并非專指賈誼，如果僅認爲是對賈誼的評價，未免流於簡單，於意也有所偏頗；二是此説往往對文字理解有誤，尤其是誤解了"爽然自失"，最終不得其要。事實上，與前兩説相比，此説影響要小得多，不占主流。

筆者認爲這兩句話是説司馬遷對賈誼作品的理解，表面上是認識到賈誼對屈原的認識和賈誼自己的思想，實質上寄寓了司馬遷對賈誼的評價。

要理解這兩句話，必須和《史記·屈原賈生列傳》所載賈誼的《吊屈原賦》和《服鳥賦》聯繫起來看。事實上，前哲時彦也大都看到這一點，并作了聯繫；但遺憾的是却没有得出正確結論。這主要是受"見""怪""讀"這三個動詞和"及""又"這兩個連詞影響的緣故。受此影響，人們習慣上將後面的所有内容都理解爲賓語，作爲謂語動作的結果，認爲是主語司馬遷讀賈誼賦後的感受，這就失之偏頗了。事實上，由於賓語内容與主語司馬遷的不合，也使上文的前兩種解説在語法和語義上都有些牽强。

應該説，"及"表明上下文的主語都是史家司馬遷，這一點，歷來并無異解。但是，筆者認爲，司馬遷只是"見"和"讀"的主語施動者，"怪"和

"讀《服鳥賦》"後面的内容似非司馬遷所爲,而是"賈生"所爲。歷來人們習慣於將"又"字連接的前面内容理解爲"及見"之前對屈原高度贊揚的言論,實際上是不確切的。詳審此傳,細繹此贊,這個"又"字連接的即"吊"字,是説"吊"和"怪"都是賈誼的行爲,正如今語"看到某人愛吃又愛玩"一樣。顯然,接下來"讀《服鳥賦》"一句承前省略了定語"賈生",這就容易使人誤將"同死生,輕去就,又爽然自失"繫於司馬遷了,從而更易使人將司馬遷的整個原意完全弄混。

今天,作出這種分別的解釋有無道理呢?

細讀《史記·屈原賈生列傳》正文不難看出,司馬遷字裏行間漾溢著對屈原的無限景仰和贊賞之情,這些文字也寄托了作者的理想抱負和價值評判。一般來説,《史記》列傳的正文和贊語不應該有何不同,"余讀《離騷》《天問》《招魂》《哀郢》,悲其志。適長沙,觀屈原所自沉淵,未嘗不垂涕,想見其爲人"即是對傳文的申揚和陞華。

歷來研究《史記》的學者都認爲,司馬遷設置合傳有一定的體例,那就是傳主必須在思想見解或行爲遭遇上相似或相關。這樣,由於内容豐富,合傳贊語的寫法自然也不同於單人列傳。概括來看,大致有兩種體例:一是傳主行爲、思想都相似的合傳,往往同時并列評價傳主,如《孫子吳起列傳》《白起王翦列傳》《范雎蔡澤列傳》《張耳陳餘列傳》《魏豹彭越列傳》等;二是遭遇相近而思想有別或思想相關而旨趣終異的合傳,往往分別評價傳主,如《管晏列傳》《老子韓非列傳》《樗里子甘茂列傳》《平原君虞卿列傳》《廉頗藺相如列傳》《魯仲連鄒陽列傳》《酈生陸賈列傳》《袁盎晁錯列傳》等。應該説《屈原賈生列傳》屬於第二類之遭遇相近者。這樣,文末這兩句話應該與賈誼有關,表達司馬遷對賈誼的評價才是,而非司馬遷談屈原,否則就没有賈誼贊語了,未免令人生疑。

而就這兩句的具體内容來看,無疑,與賈誼《吊屈原賦》和《服鳥賦》的關係更爲密切。

《史記》全文收録了《吊屈原賦》和《服鳥賦》,明顯有以之爲賈誼代表作的用意,①這是兩篇能够説明賈誼處境和思想的作品。《吊屈原賦》既

---

① 《漢書·藝文志》載"賈誼賦七篇",《漢書·賈誼傳》還收有賈誼的兩篇疏,篇幅長於二賦。

贊揚了屈原的"鸞鳳"之質、"方正"之行,哀悼了屈原"遭世無極兮,乃隕厥身"的不幸,更表達了賈誼對屈原"騏驥繫羈"的不解和不滿。"所貴聖人之神德兮,遠濁世而自藏"和"般紛紛其離此尤兮,亦夫子之辜也"正代表了賈誼對屈原的評價,折射出賈誼不同於屈原的思想觀念。賈誼此賦既抒己憂又寓自我寬解和隱忍發憤之意。此賦正是"賈生吊之,又怪屈原以彼其材,遊諸侯,何國不容,而自令若是"之所指。《服鳥賦》是賈誼因服鳥入舍而傷悼、自寬所作。此賦在哲學思想上更近於《莊子·齊物論》《大宗師》和《逍遥遊》,以"命不可說""道不可謀""天地爲鑪""造化爲工"理論爲展開的基礎,發爲道家"通人大觀兮,物無不可""至人遺物兮,獨與道俱""真人淡漠兮,獨與道息"和"德人無累兮,知命不憂"之論,較《吊屈原賦》具有更加濃厚的道家色彩,在寬解心緒方面也較《吊屈原賦》遠勝。此賦即"同死生,輕去就,又爽然自失矣"之所指。《服鳥賦》在文字上與屈原無關,在思想内容上更無與於屈原,純爲賈誼個人思想的闡發。事實上,賈誼這種思想正是屈原在《漁父》《懷沙》等賦中所要批駁的對象,也是他在《離騷》中被反駁女嬃言論的所指。對此,司馬遷不但知曉,而且也表示了對屈原堅貞思想的充分認可:"推此志也,雖與日月爭光可也。"[1]所以,賈誼二賦無論如何不能與屈原的思想,尤其是與司馬遷對屈原的評價混爲一談的。[2] 可見,司馬遷"讀《服鳥賦》"云云正是對賈誼作品思想的準確把握和理解,和屈原没有關係。

《吊屈原賦》和《服鳥賦》抒發的是賈誼自己的思想,在思想性質和境界上都和屈原的思想不同,更非模仿屈原之作,自然不會被劉向、王逸以及隋唐學者收入《楚辭》。朱熹始將二者收入《楚辭》,未免只見其一而不及其他,可謂失察。

這裏,還需談談"爽然自失",此語也歷來不得其解。余意此語即《莊子·秋水》中"爽然四解"之意。

首先,此語應與"同死生,輕去就"一致,表現的是賈誼思想達到齊萬

---

① 這種對屈原堅貞思想的認可也可從"屈原既死之後,楚有宋玉、唐勒、景差之徒者,皆好辭而以賦見稱;然皆祖屈原之從容辭令,終莫敢直諫。其後楚日以削,數十年竟爲秦所滅"的記叙中看得出來。

② 至於説到反映出賈誼與屈原思想的不同,那是自然;但這絶非司馬遷對屈原的思想。

物、體大道的老莊境界，絕非儒家的膠著於物或暫時的思想迷亂。① 其次，具體就《莊子·秋水》來看：

> 公孫龍問於魏牟曰："龍少學先王之道，長而明仁義之行；合同異，離堅白；然不然，可不可；困百家之知，窮眾口之辯。吾自以爲至達已。今吾聞莊子之言，汒焉異之。不知論之不及與，知之弗若與？今吾無所開吾喙，敢問其方。"公子牟隱機大息，仰天而笑曰："子獨不聞夫坎井之蛙乎？謂東海之鱉曰：'吾樂與！出跳梁乎井干之上，入休乎缺甃之崖；赴水則接腋持頤，蹶泥則沒足滅跗；還視虷蟹與科斗，莫吾能若也。且夫擅一壑之水，而跨跱坎井之樂，此亦至矣，夫子奚不時來入觀乎！'東海之鱉左足未入，而右膝已縶矣。於是逡巡而却，告之海曰：'夫千里之遠，不足以舉其大；千仞之高，不足以極其深。禹之時十年九潦，而水弗爲加益；湯之時八年七旱，而崖不爲加損。夫不爲頃久推移，不以多少進退者，此亦東海之大樂也。'於是坎井之蛙聞之，適適然驚，規規然自失也。且夫知不知是非之竟，而猶欲觀於莊子之言，是猶使蚊負山，商蚷馳河也，必不勝任矣。且夫知不知論極妙之言而自適一時之利者，是非坎井之蛙與？且彼方跐黄泉而登大皇，無南無北，奭然四解，淪於不測；無東無西，始於玄冥，反於大通。子乃規規然而求之以察，索之以辯，是直用管窺天，用錐指地也，不亦小乎！子往矣！且子獨不聞夫壽陵余子之學行於邯鄲與？未得國能，又失其故行矣，直匍匐而歸耳。今子不去，將忘子之故，失子之業。"公孫龍口呿而不合，舌舉而不下，乃逸而走。

這裏的"奭然四解"，正是合於大道所表現出來的精神狀態。"奭"有消散、消釋之意，陸德明《經典釋文》於此云"奭音釋"，正以"釋"釋"奭"。奭

---

① 自《史記·老子韓非列傳》來看，司馬遷對老莊思想有深刻的把握，并有自己的觀點，他於莊子一則云"《畏累虚》《亢桑子》之屬，皆空語無事實"，再則云"其言洸洋自恣以適己"，贊語又云"莊子散道德、放論，要亦歸之自然"，語調似均低於老子。則自然不會因賈誼賦而"茫然不知所從"。

和釋都是書母鐸部字，《廣韻》中二者亦同書母昔韻，且爲同小韻字，音同義通。《説文》"釋，解也"，《楚辭·惜誦》"紛逢憂以離謗兮，謇不可釋"，《招魂》"彼皆習之，魂往必釋些"，王逸均注"釋，解也"，即消解、消溶。"㝠然"即"釋然"①，消解於大道、與物冥化的意思。"四解"和"㝠然"同義，只是"四解"著眼於具體刻畫，"㝠然"著眼於描述狀態。這裏的"四解"也可以説是"自失"，二者意思相近，都有遺形之意：只是站在莊子的立場多用"四解"指合大道、返大通，而用"自失"來指迷失者受點化後遺忘了自己。這樣，自司馬遷的角度來講，"自失"和"四解"自然可通，用"自失"而不用"四解"來指稱賈誼大概也反映了司馬遷不同於莊子的立場和由此帶來對賈誼的一絲貶義。這樣，"爽然自失"正是"㝠然四解"之意。

　　我們還有一個文獻依據：裴駰《史記集解》於此云"徐廣曰：'一本作"㝠"'"，正説明此處很可能作"㝠"。"爽""㝠"字形相近，但"爽"無"釋""解"之義，此處"爽"實即"㝠"之壞字。古人的這種改動既與他們對"㝠"有消散、消釋之意的陌生有關，又與"爽"有傷敗、差失之意②有關，更與"爽然"一詞逐漸產生"茫然"意和《莊子》此處的"汒焉異之"與《説劍》的"文王芒然自失"有關。受此影響，古人反以"爽"爲正字，而以"㝠"爲異文。但是，細繹《史記》贊語文意，絕非《莊子·秋水》"汒焉異之"和《説劍》"文王芒然自失"也，人們於此蓋多失察。今天藉助全面董理正可作此訂正。

　　可見，司馬遷正是用閲讀這兩篇賦的認識來作爲對賈誼的贊語。今天來看，這種處理手法，素材的選取可謂匠心獨運，切入的視角堪稱獨具只眼，是史家大手筆，令人歎服。此處寓主觀評價於客觀敘述，可以説是文筆，又是史筆。這種寫法表面上没有直接評判賈誼的生平和思想，既委婉、含蓄地表達了司馬遷對賈誼身世的同情、惋惜，其中也有對賈誼才能的認可，同時又在與自己對屈原贊語的對照中寄寓了對賈誼思想的評

---

　　① 　林希逸《莊子口義》卷六："㝠然即釋然也。"方以智《通雅·釋詁》卷八："舍然、㝠然，猶釋然。《秋水》篇'㝠然四解，淪於不測'，即釋然，《列子·天瑞》篇'其人舍然大喜'，即釋然。"

　　② 　《老子》："五味令人口爽。"王弼注："爽，差失也。失口之用，故謂之爽。"《楚辭·招魂》"露雞臛蠵，歷而不爽些"，王逸注："爽，敗也，楚人謂羹敗曰爽。"

價。換句話説，是以屈原爲最高標準，以賈誼對屈原的認識來見出賈誼的水平，以賈誼思想的前後變化和與屈原思想的差別來客觀放置賈誼的位置，是寓褒貶於不褒貶，可謂深妙。

（本文發表於《古文獻研究集刊》第七輯，今略有修改）

# 《楚辭通釋》前言

王夫之的《楚辭通釋》，是明末清初《楚辭》研究的一部代表作，以不囿前見、大膽創新、特色鮮明而著稱，在《楚辭》學史具有重要地位。

## 一

王夫之（1619—1692）字而農，號薑齋，又號夕堂，衡州府衡陽縣人。他與顧炎武、黃宗羲并稱清初三先生。

夫之十一世祖仲一隨明太祖定天下，功授千户，其後人多爲宦地方，因其子王成任衡州指揮司同知而籍衡陽。夫之父朝聘（1568—1647），師鄒守益（1491—1562）弟子，爲王陽明四傳後學，克己務實，重真知踐履，學者稱武夷先生。

夫之自幼隨父兄爲學，崇禎十五年（1642），以《春秋》魁列鄉榜之五。次年欲北上參加會試，因李自成克承天、張獻忠陷蘄水未果。崇禎帝自縊後，夫之轉而聯合地方義軍抗清。清兵入湘，他轉赴桂林。順治七年（1650），任南明永曆朝行人司行人，因上書彈劾王化澄結黨誤國受到排擠，轉投桂林瞿式耜。瞿氏殉難後，夫之輾轉郴、永、漣等地，順治十七年隱居湘西石船山，築室敗葉廬、觀生居，後十二年徙湘西草堂，著書講學。

夫之曾書其居："六經責我開生面，七尺從天乞活埋。"從中可見其爲學心志。他博學多才，又敏思明辨，敢於創新，矻矻窮年，撰著涉經、史、子、集，約百餘種，四百餘卷，卓然成一大家，開一代學風。譚嗣同曾云："萬物招甦天地曙，要憑南岳一聲雷。"南岳即指夫之。概而言之，經歷了南明的腐敗和滅亡，夫之的思想重在扶持道德人心：一是有懲於晚明王學泛濫導致的情欲流衍乃至倫理混亂，闢象山、陽明之謬，斥錢、王、羅、李之妄，以明正學爲己事，以彰人道爲實學，欲盡廢古今虛妙之説而反之實,其潛心學術即爲明證;二是承張載道論和氣化論,糅合道家的天道説,進一步發展爲天人理通,道合内外,理通萬事,要人盡天道,行仁義,與天合德,其抗清復明、立身行道正踐履了這一點;三是對程朱等的心性情之論進行矯正,朱熹以心統性情,以未發爲性、已發爲情,以四端爲情,強調動静和天人的區分,對天人、性情、動静等對立範疇的轉化和道德的滲入缺乏清晰説明,夫之以四端爲性,以已發的合道德的亦爲性,由此重節和氣,既爲道德實踐提供説明,也警惕離性言情。這也影響了夫之對《楚辭通釋》的撰寫,他多以節和氣論屈原和他人。

## 二

《楚辭通釋》完成於康熙二十四年(1685)八月,距崇禎帝自縊已過去了四十二年,距南明滅亡也已二十五年,夫之時年六十七歲,後七年辭世,屬晚年之作。《楚辭通釋》的内在思想和夫之所處的時代息息相關,也寄寓了他晚年的政治心聲。

首先,從選文到注釋,此書都以思想爲準,褒揚忠貞,貶黜奸邪。對於《楚辭》的選文,王逸承劉向全錄屈原作品,屈原以下辭賦家多錄擬屈之作,兼收悼屈之作,洪興祖《楚辭補注》沿之;後朱熹的《楚辭集注》除了全錄屈、宋、景作外,認爲漢人之作"意不深切",類無病呻吟,遂删去《七諫》《九懷》《九嘆》《九思》四篇,僅存《惜誓》《招隱士》《哀時命》三篇,同時增加了賈誼的《吊屈原》《服賦》,區分爲"離騷""續離騷"兩類,思想標準更爲明確。朱熹定本對後世影響很大,明清《楚辭》注本多有承者。《楚辭通釋》承朱熹《集注》全錄屈、宋、景之作,漢人之作只收《惜誓》《招隱士》,此外收江淹的《山中楚辭》和《愛遠山》,以己作《九昭》爲殿,思想標準較朱熹更爲明確,也更嚴格。夫之認爲屈原作品一出於"忠愛之性""忠貞至性",繫心君國,前後一致,不以己之遭遇、用捨爲怨尤,不忍見宗邦淪没而自沈,其忠貞千古獨絶,能與日月爭光;宋玉能深曉其師悲愍君國之志,故能嗣三閭之音;而《七諫》以下漢人之作未免涉私情、戾氣,寄恨於一己得失,言卑詞鄙,非但無病呻吟而已;江淹能不忍忘君之意,其作品高出漢人賦作。夫之選文著眼於作者的思想動機,從忠貞的政治倫理觀念入手,深入到作者内心去明辨忠貞與私怨,追求忠貞的徹底、純粹,以之爲高尚。在注釋中,夫之也時時注意闡發、辨析屈原忠君愛國之熱忱、之純粹。在《序例》中,夫之明言"蔽屈子以一言曰'忠'";對於班固、王逸等以患失、尤人解《離騒》《九章》,夫之斥之"何其陋也"。對於屈原沈江,夫之在注釋中反復申明屈原絶非出於一己用捨、得失,亦非一時憤世疾邪、心迷意惑,而是"矢志已夙",是"因時以決","要終以靖",以死明志,因此能"無所疑懼也"。將忠和死連在一起,因忠而死,以死立忠,將屈原的忠推進到無以復加的純粹而高尚的境地,也因此對朱熹《集注》認爲屈原之忠是"忠而過""過於忠"大爲不滿,多有反詰。與贊揚屈原忠貞相對,是對張儀、秦王欺詐侵凌的聲討,是對靳尚、鄭袖、子蘭等奸佞誤國的大力鞭撻,指出"小人險詖害政",是亡國禍本,是非分明,大義凛然。這裏尤需指出的是,夫之對劉向、王逸等從勢利、私怨以及恍惚、迷惑等方面推測屈原的言論的駁斥,認爲這正見出漢人意氣的不足,賈誼的《惜誓》不足以曲達屈原九死不遷之幽忠,存之僅僅是因爲它合於愛惜人才之心而已,進一步説明了選編《楚辭通釋》一書應以忠貞的純潔性爲標準。

其次,高揚屈原忠貞憂國、貶抑奸佞誤國的同時,夫之還把責任明確指向了楚王,極言楚君之不足有爲。如他在釋《離騒》時,一則説"今楚何時,而王猶不寤,非天下之至愚者乎",再則説"今懷王之不足有爲如此,故讒言交張,禍且及身""群臣一旦靡然從邪佞而爲黨,唯君德不修之故",直言懷王不足有爲,認爲讒言、禍患皆因懷王不用賢、不修德所致。又如他在釋《天問》時説"君唯無道而後奸色淫聲得以中之",認爲"鄭袖之惑懷王而傾楚,亦懷王自貽也",都將矛頭直接指向了楚王,認爲懷王無道。夫之在此尤其強調君德,他説"君德已非,風俗盡變",將之提陞到了國命所繫的高度。這樣的言論,更多反映了夫之針對晚明朝廷現實的政治意識,也可以説他是藉注釋《楚辭》澆自己胸中塊壘的一種體現,因爲這與《離騒》以"靈修""荃""哲王"指稱懷王的詩人觀念完全不同。

再次,夫之指出人臣要勇於與奸佞鬥争,并認爲這是屈原的遺憾。對於《離騒》"衆皆競進以貪婪兮,憑不厭乎求索。羌内恕己以量人兮,各興心而嫉妒。忽馳騖以追逐兮,非余心之所急"語,夫之釋爲"以上言小人以私心絜度而猜疑,因譖己而一空善類;余非不能與衆正竭力以争勝,而固非所欲,是以屈而見放",認爲屈原本可以戰勝貪婪小人,但却志不在此，"不與小人争得失"，反而因此被放黜被流放。爲此，夫之在《九昭》《汨徵》中專門立言"恢畫畫以申猷兮，悔曩辭其猶未半"，自注云"然及今思之，未即追原禍本，以攻發讒佞，不能無悔。蓋均之取怨於人，不如直揭其奸慝"，認爲屈原未能與靳尚輩一争生死，"投鼠忌器而留禍本，以使蔓延"，不但取怨於人，而且遺禍無窮，實爲沈汨之遺憾，所以要代爲白之。這樣的認識恐怕更多是現實政治的寄託了。

此外，以退隱閒居和養生乃至煉内丹的言論和思想解釋《楚辭》也是《通釋》的一個特色。這在《離騷》《九歌》《天問》《九章》《惜誓》等篇的注釋中都有不同程度的體現，以養生和煉内丹理論系統闡釋尤其體現在對《招魂》和《遠遊》兩篇的注釋上。對此，《楚辭》學界已有論述。需指出的是，這雖與夫之自己後期的生活和精神有關，但在《通釋》中更多表現的是工具理性，這和《楚辭》的遊天、遊仙手法相似，對屈原沈江自靖之舉起鋪墊和反襯作用，宗旨上服務於總的政治倫理思想。

## 三

《楚辭通釋》前有《序例》，是對本書選文動機及各篇性質的總説明，也駁斥了歷來的一些説法，表達了夫之的撰寫宗旨。書内各篇，首先是解題，或考釋作者生平，或説明創作背景，或闡發微言大義，或糾正舊説之誤，簡明扼要，多有新見。對於正文，本書採用"分節立釋"的方法，在每節之後撰解釋文字，一般是先簡潔訓釋字詞及名物，不做煩瑣考證；然後以"以上言""此言""言"等字領起做通釋，疏通文意，揭櫫思想，闡明道理；最後以圓圈隔開是校正文字，間或説明文字關係（此部分自同治本始移正文下，影響了此後的鉛印本）。還應説明，本書康熙本、道光本行右有圈點和評語，所以康熙本和道光本首葉書題"楚辭通釋"下有小字"評點并載"；同治本行右僅刻評語，删去了圈點，故首葉小字改作"評語并載"。評語十分簡潔，點到爲止，多著眼藝術，也偶爾闡發思想。

夫之博覽群書，識力精深，又能慎思明辨，《楚辭通釋》在具體的文意、内容、體例等方面的認識上頗多值得稱道處。

對於《九歌》，王逸曾有"上陳事神之敬，下見己之冤結，託之以風諫"之説。夫之認爲《九歌》爲頌神曲，雖然不能説必無"託以風諫"之情，但

"婉娈纏綿,盡巫與主人之敬慕,舉無叛棄本旨,闌及己冤",①因此夫之對王逸過度從寄託、比擬等方面附會《九歌》多有駁斥,而從具體內容和楚俗、宗教等方面去客觀體察,"就文即事,順理詮定"。如對於湘君和湘夫人,歷來眾說紛紜,夫之云:"蓋湘君者,湘水之神,而夫人其配也。"②可謂一掃前人加在二湘上的迷障,撥雲見日。又如對於《大司命》和《少司命》,夫之用文中描寫神的語句來反駁司命是文昌第四星之說,進而指出"大司命統司人之生死,而少司命則司人子嗣之有無,以其所司者嬰稚,故曰'少','大'則統攝之辭也",以此釋"大"和"少",甚有見地。再如,夫之認爲《禮魂》爲《九歌》送神之曲,"此章乃前十祀之所通用,而言'終古無絶',則送神之曲也",③已被學界所認可。夫之曾云"《九歌》皆楚俗所祠,不合於祀典,未可以《禮》證之",④也是非常值得重視的見解。

對於《天問》,王逸曾有"不言'問天',而言'天問',天高不可問"之說,將《天問》的對象理解爲"天",但這與作品內容不符。夫之云"舉天之不測不爽者,以問憪不畏明之庸主具臣",⑤認爲所問皆自古以來悖逆、怪亂之事(夫之認爲此類多合於物理,正歷史興亡之徵兆),以此責問、警醒楚之君臣,"欲使其問古以自問,而躡三王五伯之美武,違桀、紂、幽、厲之覆轍",可謂獨具只眼,深切著明。具體解釋中,夫之能對《天問》中眾多荒怪之事,客觀解釋,合情合理,如對"古菟在腹""河海應龍"的解釋;有時夫之也作理性分析,如對康回怒觸不周山,夫之云"寓言耳",對燭龍神光,夫之云"以意想像然爾",對羿射九日云"當亦喻言",對延年不死云"死於崖谷,人無知者耳",認爲屈原之問"原本天地,推極物理",目的是使人辨明不惑。這樣的認識,都是表現出具有進步意義和理性意識的大膽新見,富有啓發性。

對於《九章》,夫之承洪興祖作於頃襄時之說,認爲當時屈原已決意

---

① 王夫之:《楚辭通釋》卷二《九歌》解題。
② 王夫之:《楚辭通釋》卷二《湘君》解題。
③ 王夫之:《楚辭通釋》卷二《禮魂》解題。
④ 王夫之:《楚辭通釋》卷二《東皇太一》解題。
⑤ 王夫之:《楚辭通釋》卷三《天問》解題。

自沉，所以其詞"直而激，明而無諱"。①《哀郢》首四句，舊注以爲是屈原被放逐之詞，夫之一反此説，云"原遷沅、湘，乃西遷，何云東遷？且原以秋冬迫逐南行，《涉江》明言之，非仲春"，"東遷，頃襄畏秦，棄故都而遷於陳。百姓或遷或否，兄弟昏姻，離散相失"，認爲所言爲頃襄東遷陳之慘狀，甚確。後來，郭沫若、金開誠等沿此斷定屈原自沉於此年。當然，夫之也没有僵化理解《九章》，如他認爲《惜誦》是追述"未遷已前，屏居漢北之情事"，②"無決於自沈之意"，這和《抽思》所言有些類似。雖然夫之還不明白《惜誦》之"惜"通"昔"，③但他對文意的理解已經十分準確了。他對《惜往日》也作了類似的理解。

對於《卜居》，夫之也不認可王逸所言的屈原親往太卜家稽問占卜之説，認爲是"屈原設爲之辭"，假託問卜，"以旌己志"。在接下來的注釋中，夫之云："太卜，爲國掌卜筮之官，自應不離國中官守。原放在外，何以得見？且卜則不筮，筮則不卜，而兼言端策拂龜，其爲託辭明矣。"此謂秉燭之見。

還要説説夫之的"以節立釋"，這是理解《通釋》的一個門徑。夫之《序例》云："自《周易·象》以韻製言，《雅》《頌》《風》胥待以成響；然韻因於抗墜，而意有其屈伸，交錯成章，相爲連綴，意已盡而韻引之以有餘，韻且變而意延之未艾，此古今藝苑妙合之樞機也。因韻轉而割爲局段，則意之螯戾者多矣。今此分節立釋，一唯其意之起止，而餘韻於下，以引讀者不倦之情。"夫之認識到韻文創作有韻、意兩方面考量，韻、意的基礎和目的不同致使二者并不同步，時有歧出。他注釋《楚辭》是以意分節，一節或多至二十句以上，或短至兩三句，一以文意起止而定，不再顧及韻脚是否變化，這就完全根據作品内容的層次性和階段性來進行劃分，避免了對文意的割裂，也避免了餖飣的注釋將作品内容碎片化。《通釋》"以節立釋"是一種根據作品文意的内在完整性和邏輯性來進行解釋的方式，是夫之"就文即事，順理詮定"的具體性、階段性體現，使其能够深入、準確地把握作品内涵；同時，這也是一種注釋的體裁，

---

① 王夫之：《楚辭通釋》卷四《九章》解題。

② 王夫之：《楚辭通釋》卷四《惜頌》解題。

③ 可見拙文《〈楚辭〉解詁五則》，《古籍整理研究學刊》2009 年第 2 期。

注釋以表意爲主,以訓釋字詞和考證名物爲輔,分節的注釋與分節的正文相互對應,相得益彰。

# 四

雖然訓詁字詞、考釋名物不是《楚辭通釋》的重點,夫之只是擇要解釋,但是他不囿成見,敢於突破舊說,還是頗有些勝處。

一是夫之能從上下文著手,在具體字詞訓釋上有突破。如《離騷》"余既不難夫離別兮,傷靈修之數化",王逸言"志數變易,無常操也",以多次、屢次釋"數",於文無著,洪興祖、朱熹承之;但夫之注"數,亟也",與上文"荃不察余之中情兮,反信讒而齎怒"的"齎,音齎,疾急也"配合,以急速釋"數",殊有見地;同篇之"瞻前而顧後兮,相觀民之計極",夫之云"前後,古今也",也是立足上下文得出的簡潔傳神之釋;又同篇"飄風屯其將離兮,帥雲霓而來御",夫之云"屯,聚也。離,麗也,附也",明顯是看到王逸注相離與屯聚齟齬,與上下文不合,改以"麗"讀"離",極合文意。又如《九章·惜誦》在列舉隱士接輿、桑扈和伍子、比干後言"與前世而皆然兮,吾又何怨乎今之人",夫之云"與,數也,歷數前世之賢而不用者",此釋足備一說。又如《漁父》"何不淈其泥而揚其波",夫之據"揚其波"釋"淈,撓亂之也",勝於洪興祖的"濁也"之釋,郭嵩燾在《禮記質疑》中云"淈謂撓亂之,於義尤順"。[1] 尤其值得一提的是針對《離騷》"余以蘭爲可恃兮,羌無實而容長。委厥美以從俗兮,苟得列乎衆芳。椒專佞以慢慆兮,樧又充夫佩幃"一段文字,王逸云"蘭,懷王少弟,司馬子蘭也""椒,楚大夫子椒也",洪興祖據《史記》證子蘭爲懷王少子,頃襄之弟,夫之反對王逸、洪興祖之說,云"蘭、椒,舊說以爲斥子椒、子蘭。按:子蘭,懷王之子,勸王入秦者,素行愚頑,固非原之所可恃;且以椒、蘭爲二子之名,則樧與揭車、江蘺又何指也? 此五類芳草,皆以喻昔之與原同事而未入於邪者。當日必有所指,而今不可考爾"。夫之所解確不可移。可見聯繫上下文,"就文即事,順理詮定"也是夫之字詞訓釋的方法。回過頭來看,針對《離騷》"名余曰正則兮,字余曰靈均",夫之云"靈,善也。平者,正之

---

① 郭嵩燾:《禮記質疑》卷九,清光緒刻本。

則也。原者,地之善而均平者也。隱其名而取其義以屬辭,賦體然也",契合文意,客觀平實,并從文學創作的文體上給出解釋,也是遠勝於王逸"平以法天""原以法地"之說。

二是夫之能揭示《楚辭》用字的特點,用古今字①、通假字、聯綿詞來解釋文中字詞,不乏卓見。如《離騷》"蠆搴阰之木蘭兮,夕攬中洲之宿莽",夫之云"阰,與'陂'同","馳玉虯以椉鷖兮,溘埃風余上征",夫之云"埃,當作'竢',傳寫之訛","折若木以拂日兮,聊逍遥以相羊",夫之云"相,與'倘'通。相羊,徙倚也";《九歌·湘君》"横流涕兮潺湲,隱思君兮陫側",夫之云"陫側,與'悱惻'同,欲言不得而心不寧也","望涔陽兮極浦,横大江兮揚靈",夫之云"靈,當作'艫'",《湘夫人》"荒忽兮遠望,觀流水兮潺湲",夫之云"荒,與'怳'同";《天問》"遂古之初",夫之云"遂,與'邃'通,遠也","九州安錯",夫之云"錯,與'厝'通,安置也";《九章·惜誦》"行不群以巔越兮,又衆兆之所咍",夫之云"巔,與'顛'同,仆也",《悲回風》"軋洋洋之無從兮,馳委移之焉止",夫之云"委移,與'逶迤'同,曲折自如也","氾濫濫其前後兮,伴張弛之信期",夫之云"伴,與'泮'同,㣇散而無常之意";《九辯》之四"塊獨守此無澤兮,仰浮雲而永歎",夫之云"無,'蕪'通。等等,俯拾即是。如此之多,說明夫之對楚辭用字的這些特點已有學理認識。

三是有些名物考釋見解獨到。夫之次子王敔(1656—1730)在《薑齋公行述》中云:"於《四書》及《易》《詩》《書》《春秋》各有《稗疏》,悉考訂草木、蟲魚、山川、器服,以及制度同異、字句參差,爲前賢所疏略者。"對於《楚辭》草木、山川、器服等名物,夫之也多加考釋,於衆說紛紜中定一是非,擇善而從,不少見解十分獨到。如《九歌》首篇《東皇太一》所祀神自五臣至洪興祖等皆以星爲說,夫之云"舊説中宫太極星,其一明者太一,則鄭康成《禮注》所謂耀魄寶也。然太一在紫微中宫,而此言'東皇',恐其説非是",其反駁信而有徵。又上文談到他對湘君、湘夫人、大司命、少司命的考釋,也不乏卓見。《天問》"受賜兹醢,西伯上告",王逸、洪興祖、

---

① 王夫之撰有《説文廣義》,《楚辭通釋》中"尻,古'居'字""蛾,洪興祖謂古'蟻'字""晠,古'盛'字""景,古'影'字""伍,古'低'字""夆,古'幸'字""兒,古'貌'字"等屢見不鮮,説明他對古今字有明確意識。

朱熹皆以接受釋"受",夫之明言"受,紂名",甚確,已被清儒、今人所證實。

郭在貽在評述《楚辭通釋》時曾説:"該書不僅長於探賾文心,燭照微旨,其注語也頗富文彩,絕無注疏家飣餖故實、質多文少之病。"①本書訓釋簡潔,語言工整,確如郭氏所言,不但見解深刻,而且文采斐然。限於篇幅,不再贅述。

毋庸諱言,本書在文字訓釋和名物考證方面也存在一些不足。由於夫之對傳統注釋重視不夠,也由於此時文字學、音韻學還處在發展階段,這使得本書的大膽立説有時過於隨意。對此,郭在貽、洪湛侯等均有指摘,以下僅就《離騷》舉三例:"老冉冉其將至兮,恐脩名之不立",夫之云"脩名,長久之名也",未免望文生訓,脩是美好的意思,"脩名"即美名;"雖體解吾猶未變兮,豈余心之可懲",夫之云"懲,改也",不及王逸"懲,艾也"、洪興祖"謂懲創也"準確;"羌內恕己以量人兮,各興心而嫉妒",夫之云"如心之謂恕",楊按:恕,從心,如聲,形聲字而非會意字,意謂推己及人,王逸云"以心揆心爲恕"是。至於名物,吳冠君曾撰文列出其有不足者十條,②此不贅述。

# 五

本次整理所見本有:康熙四十八年(1709)刻本(簡稱康熙本),湘西草堂《王船山先生書集》本(簡稱草堂本),道光二十八年(1848)《船山遺書子集》補刻本(簡稱道光本),同治四年(1865)金陵節署《船山遺書》刻本(簡稱同治本),民國二十二年(1933)太平洋書店鉛印《船山遺書》本(簡稱太平洋本),1959年中華書局上海編輯所鉛印本(簡稱中華本),1975年上海人民出版社鉛印本(簡稱上海本),2011年岳麓書社出版之《船山全書》本(簡稱岳麓本),共八種。

對於《楚辭通釋》初刻,據丁光祺《刊楚辭南華附識》,王揚績、王揚緒

---

① 郭在貽:《楚辭要籍評述·楚辭通釋》,《郭在貽文集》第三冊,中華書局,2002年,第550頁。

② 吳冠君:《楚辭通釋考正與補注》,《湖南師院學報》1983年第2期。

《跋》,及正文首葉,知剞劂始於乾隆四十七年九月,丁光祺、丁光裪、王揚緒、王揚績出資,王敔校補,歷十月,至次年七月畢。

首先,需要説明一下康熙本。康熙本是初刻本,傳世有兩部:一存湖南省圖書館,原爲南岳圖書館藏書,入湖南省圖書館後爲學人所識,聲名鵲起,岳麓本即以此本爲底本;一存湖南省社會科學院,鮮有人問津。兩書均竹紙,兩册,不分卷,版式全同,均爲白口,單黑魚尾,魚尾上刻書目,下刻篇名,版心下刻葉碼,以篇計葉(據此也可分爲十四卷或十五卷),四周單邊,半葉八行,行二十字,雙行小字同,兩書目録、行款、正文内容、大小字體完全相同;又此書正文行右有評語和圈點,此爲"評點",正文和釋文行右均有句讀,兩書評點、句讀亦完全一致,確屬同一版本。但還是略有差異:一是湖南省社科院藏本字跡更爲清晰完好,似乎刷印更早;二是湖南省社科院藏本没有缺損,扉頁無題簽,上册正文前依次刻張仕可《序》、潘宗洛《船山先生傳》、《史記·屈原列傳》、《序例》、《目録》、《目録》後有"私淑門人王後較編"字樣,下册正文前刻丁光祺《刊楚辭南華附識》,正文後刻儲大文《書王薑齋先生九招後》和王揚績、王揚緒《跋》;湖南省圖書館藏本書略有缺損,首列王揚績、王揚緒《跋》①(前半葉脱去大半,②僅右下角殘存三行十八字,左半葉亦有殘損),次《序例》、張《序》、丁《附識》、《史記·屈原列傳》及《目録》(亦有"私淑門人王後較編"字樣),書後爲儲大文《書王薑齋先生九招後》,無潘宗洛《船山先生傳》。兩書均有一些校記,出自何人,今已無考,但自印刷、完整和編次看,湖南省社科院藏本更優。

其次,需要説明一下康熙本和草堂本的關係。對此,學界有兩種説法:一是認爲草堂本是後於康熙本的遞修本;二是楊堅在岳麓本《編校後記》中云,草堂本與康熙本相比,無序跋和《序例》,正文無《九昭》一篇,書後附《史記·屈原列傳》,但版式、字體相同,序跋及序例之删蓋因時疑忌

---

① 由於此《跋》置於此本書首,以致葉幼明在《王夫之楚辭通釋的版本和標點芻議》(《船山學報》1985年第2期)一文中稱之爲"識語",稱儲大文之作爲"跋";然據此《跋》版心魚尾下所刻"跋"字(與湖南省社科院藏本同)應定爲《跋》,儲作爲《書後》。

② 此本今已經修復,此葉全無;又修復中,將《招隱士》首葉右半解題部分("今按此"以下"固非達"以上部分)置於上篇《惜誓》末葉右半。

所致，不必區分。今按：確如楊堅所云，草堂本與康熙本版式、字體相同，今細核二書正文行款、内容、評點、句讀、字跡等完全一致，確係同一版本；但是，仍有區分的必要：一是草堂本合刻在《王船山先生書集》五種中，叢書有一扉頁，中央大字刻"王船山先生書集"，兩邊依次刻"老子衍""楚辭通釋""莊子解""張子正蒙注釋""俟解"五種書名，左下刻"湘西艸堂藏板"，且用紙遠好於康熙本，三册，至今仍泛白柔韌。二是草堂本無序跋、《序例》及《九昭》，《目録》亦無《九昭》及"私淑門人王後較編"字樣，書後爲《史記·屈原列傳》，如楊堅所云確係有意爲之，這本身已説明了其存在的特點。三是草堂本文字明顯不及康熙本清晰，其刷印當在湖南省圖書館藏本之後。四是草堂本《招魂》脱落"青驪結駟兮，齊千乘"句下一葉，①後道光本、同治本以及太平洋本、中華本、上海本皆承此，如果不區分康熙本和草堂本，則無法説清此事。五是王敔晚年所撰《湘西草堂記》云："敔年六十，從遊者數十人，醵金爲余壽。余受其金，授子胥曾生重建草堂，易瓦爲葺，支橼以櫨，鍊磚以砌。敔年老病羸，以餘年讀遺書於其中，而從遊之有志及姻友之有力者，續捐貲刊先子遺書數種，藏板於右閣。"康熙五十四年敔年六十，有學人據此定草堂本爲康熙本後之遞修本，非實。今繹敔文，湘西草堂重建於康熙五十四年。之前"右閣"僅用於藏書，且火災蟻害不一，至此重建焕然一新，右閣遂用於儲板，則康熙四十八年刻本無由徑稱"草堂本"。② 又文中"姻"指丁光祺，"友"指丁光褍、王揚績、熊成章等，"續捐貲刊先子遺書數種"指敔將收集到的此前上述數人捐貲刊刻之所有船山遺著板片數種，庋藏於右閣。此文并非針對《王船山先生書集》五種，③更不專指《楚辭通釋》，不能確定《楚辭通釋》的刊刻時間，亦無遞修之説。但是，據《王船山先生書集》扉頁可知，此五種

---

① 葉幼明早已指出草堂本、學署本均脱落《招魂》末葉，爲明見；楊堅未見草堂本此處，遂疑脱葉始自學署本，即道光本，非是。

② 自《楚辭通釋》所有序跋來看，并未言及"湘西草堂"，似與湘西草堂無涉。葉幼明在《王夫之楚辭通釋的版本和標點芻議》中徑稱康熙本爲"王敔湘西草堂初刻本"，非是。

③ 此五種書，除《楚辭通釋》外，《書集》本均爲今存最早刻本，各書原序多存於嘉慶《衡陽縣志·藝文序》，據此及各書卷端題字等知《俟解》刊刻最早，爲康熙二十九年(1690)，《張子正蒙注釋》刊刻於康熙四十六年，《莊子解》《老子衍》同時刊刻，略晚於《楚辭通釋》。

書出於湘西草堂藏板,康熙本《楚辭通釋》之板至此已入藏湘西草堂,草堂本據此刷印,時在康熙五十四年之後。[①] 草堂本距康熙本已過多年,隨著康熙末年至雍正年間文網漸密,其刪去序跋、《序例》及《九昭》確與政治氣候變化有關,[②]所以《目錄》也因之做了調整,而文字略顯模糊係因年月及刷印所致,蓋亦因此致《招魂》末葉板片闕失。可見,草堂本與康熙本不可混同,尤其在説明《楚辭通釋》版本傳承中意義巨大,只是相較康熙本,草堂本已没有了校勘價值。

再次,需要澄清一下道光本。雍正、乾隆年間,夫之著作漸行遭禁,[③]終至毀版,其間修《四庫全書》,僅收其四部經注,都十五卷,不足二十分之一,且多有刪削,《楚辭通釋》被摒棄不收,也罕聞有刻本。嘉慶後,馬倚元匯江書屋曾刻《楚辭通釋》,今無見。道光二十八年,俞焜分巡衡、永、郴、桂道時於衡陽學署補刻了《船山遺書子集》五種,董其事者爲衡陽縣教諭郭孔嵐,所以此書也稱學署本、郭孔嵐刊本。《子集》書後有郭孔嵐《跋》,云:"衡陽王船山先生,苦節邃學,著述宏富,所撰經疏史論,先後梓行,海内爭先睹爲快。惟子、集諸部,不甚流播。其庋於臨蒸黌舍者,有《老子衍》《莊子解》《楚辭通釋》《張子正蒙注》《俟解》若干卷,歲久漫漶,多脱簡,讀者苦之。錢唐俞耘史(按:俞焜號耘史)先生由北河觀察移節衡南,勤宣庶政,尤獎士林,崇實學,謂先哲餘言不可泯,爰購善本屬補刊,并詳校焉。四閲月,剞劂乃竣。"臨蒸黌舍即衡陽學署,所藏正《王船

---

① 《王船山先生書集》只是將五種書板片匯編一起,全删原書序跋,没有改動原本各不一致的版式,亦無總的序跋,且其合編和刷印也不見於王敔及時人之存世文字,此與敔喜擇夫之書贈人,刊刻多請人爲序跋不同,屬有意爲之,蓋爲時較後,《中國古籍總目》定之康熙四十八年湘西草堂刻本不實。岳麓本《船山全書》册十六録繆沉(1672—1730)《王船山先生集序》,係於"王船山先生書集"題下;然繆《序》不見於《書集》,係自嘉慶《衡陽縣志·藝文序》轉録,《序》中僅言及《張子正蒙注釋》,又言"集"凡百幾十卷"與《書集》卷數不合(五種書均不分卷,即使按後世分卷本計約六十卷),則不宜遽定爲序《書集》,亦不能據之定《書集》成於康熙五十七年。

② 王夫之語多與清廷違礙,隨著文字獄興起,終致乾隆四十六年(1781),湖南巡撫劉墉奏繳毀王夫之《船山自訂稿》《五十自訂稿》《六十自訂稿》《七十自訂稿》《夕堂戲墨》《船山鼓棹》《五言近體》《七言近體》《夕堂緒論》等書板片,皆康熙間湘西草堂藏板。

③ 江昱《瀟湘聽雨録》(乾隆二十八年刻本)卷三列王敔共刊船山遺書十八種,已多散佚。

山先生書集》五種書板片。作爲一個整體，能够跨越雍正、乾隆、嘉慶三朝歷百餘年得以保存，實乃幸事，也是書集匯編的成功。因五種書分屬子部、集部，與當時流傳的夫之經部、史部之作異，故易名"船山遺書子集"。此次補刻以《書集》板片爲基礎，稍作修補，并非重刻，故而僅四月告竣。第七、八册爲《楚辭通釋》，扉頁有"王船山先生遺書""楚辭通釋""道光二十八年補鐫"字樣。此書首列張仕可《序》、《序例》、《史記・屈原列傳》，後爲《目録》（有《九昭》，但無"私淑門人王後較編"字樣），無《書後》《跋》，版式、行款、正文、評點、句讀和大小字體同於康熙本和草堂本，只是較草堂本多《九昭》一篇。今細校此本與草堂本：一是此本字跡明顯較草堂本模糊，多有漫漶及殘泐處，説明板片歷百年頗有損壞；二是草堂本或康熙本全書字體工整一致，而此書張仕可《序》、《序例》、《史記・屈原列傳》、《九辯》末葉（僅半行）及《九昭》一篇與全書字體差異甚大，較爲笨拙，應爲補刻，補刻内容約占全書十分之一；三是葉幼明、楊堅曾指出道光本、草堂本均脱《招魂》末葉，可能刷印草堂本時，板片已脱此葉，道光本刷印者亦未察覺；四是葉幼明、楊堅曾指出此本補刻文字有異於康熙本處，有據《史記》訂正者，也有遺漏、臆改者，今校發現補刻文字與草堂本句讀亦有不同處。可見，道光本是康熙本的遞修本，其遞修是在草堂本基礎上的補刻，從康熙本到道光本不但有版本流傳、刷印出現的文獻問題，而且也反映了其間政治氣候的變化。

接下來説説本書底本同治本。同治二年（1873），曾國藩於安慶設局擬刊《船山遺書》，經費源自國藩、國荃兄弟捐助和募集，後移金陵節署，歐陽兆熊董其役，張文虎、劉毓崧分任校讎，同治四年十月刻竣，共刻書凡五十八種，三百二十二卷。此本《楚辭通釋》也稱金陵本、《船山遺書》本。據葉幼明、楊堅考證，同治本源出道光本，所以書序、《目録》、内容一同道光本。需要説明的有五點：一是自同治本始將《通釋》明確分爲十四卷，《九昭》附卷末，以此分卷十分合宜，又清晰明了，此後太平洋本、中華本、上海本、岳麓本皆依此分卷；二是此本基本照録了底本的評語，同時删去了底本的圈點和句讀，因此在首葉大題"楚辭通釋"下注"評語并載"，而非"評點并載"，應該説原書圈點過多過泛，且不像評語那麼表意明確，删去也無大礙；三是此本將原釋文"○"下的校語，均移於正文之下，雖然還沒有準確地放置在所校文字之下，但已較原來便於讀者省覽了;四是正如葉幼明、楊堅所云此本對底本作了詳細校勘,訂正原本訛、脱、衍、倒等多達一百一十七處,用功深著,尤其值得一提的是此本已發現底本《招魂》脱末葉,將其中所闕的正文九十一字補出,這也影響了太平洋本、中華本、上海本;五是此本也有一些不足,如底本有些訛誤此本没有校出,此本有校改不當致誤者,也有刊落評語和校語者,又有新增的文字訛誤等。然瑕不掩瑜,同治本確爲後出轉精的善本。

太平洋本、中華本均出同治本,繼承了同治本的優點和缺點,對個别地方也作了一些校正,但也新增了一些不應該的排印錯誤,對此葉幼明、楊堅均有指出。出於排印考慮,中華本删去了同治本的評語。中華本還是第一個新式句讀本,相較康熙本不甚精當的舊式句讀,中華本爲讀者提供了很大方便,但是其中錯誤甚多,葉幼明曾統計有一百處之多。上海本基本是中華本的再次印刷,楊堅指出上海本對中華本的文字和句讀也有所訂正。

岳麓本是迄今見到的最佳本。據此書《編校後記》,此本以"草堂本"(實康熙本)爲底本,參校衆本及前人校記,由葉幼明點校,胡漸逵覆審。此本優點甚多:一是校勘精審,凡校記一百二十二條,對訛、脱、衍、倒等情況多有訂正和説明,用功深著;二是内容較爲完備,補排了自中華本以來删去的評語,增補了自草堂本而來的《招魂》末葉脱文,附錄了張仕可《序》、丁光祺《附識》、王揚緒、揚績《跋》及中華本《前言》(節錄)、上海本《出版説明》;三是首次採用新式標點,訂正中華本標點錯誤近百處,其功甚偉。毋庸諱言,此本也有不足:一是對康熙本與草堂本的關係認識不够明確,將二者混同,此本實際以湖南省圖書館所藏康熙本爲底本,校記及《後記》均標"草堂本",未免不够準確;二是自亂體例,此本《編校後記》言以"草堂本"爲底本,但却以同治本分十四卷,校記則每每言"草堂本",又《後記》言學署本(即道光本)爲草堂本之再刷,但於同治本補刻之外的大多校記中也是屢言"學署本",均讓人難曉;三是《楚辭》正文、夫之釋文和評語均有漏校漏刻者,此外有些校記有未確者,有些標點也有可商榷者;四是由於以湖南省圖書館所藏康熙本爲底本,所附王揚緒、揚績《跋》頗多缺文,又限於《船山全書》體例删去《九昭》。

考慮到同治本在分卷、體例、校勘等方面的優點,本次整理以同治本爲底本,參校湖南省社科院藏康熙本、道光本之補刻部分、太平洋本、中華本、

上海本、岳麓本以及前人和今人的校記及研究成果,還需説明的是:

(1)康熙本爲此書最早刻本,後來本子均從此出,校勘價值不言而喻,本書全面校録其異文,既爲明是非,也爲明異同、明原委;但是康熙本多喜用古字,如"草"作"艸"、"貌"作"皃"、"爾"作"尒"、"於"作"于"、"乘"作"椉"、"照"作"炤"等,又多有異體字或壞字的情況,如"深"作"滚"、"段"作"叚"、"鳥"作"鳥"、"商"作"商"等,若全出校記或改回,則不勝其煩,故而没有更改底本,也不出校記。

(2)底本避諱字,如"邱""元""甯"及缺末筆的"玄"等字,今據康熙本徑改爲"丘""玄""寧"等;又底本"歷"作"歴",今亦改回。

(3)底本將康熙本的夫之校語移至正文之下,甚便閲讀,後太平洋本、中華本、上海本、岳麓本承此;但是,讀者仍然不清楚夫之校語的原文位置。因此,今用"①""②""③"等,將夫之校語在原文的位置分别標記出來,然後在夫之釋文後用"①""②""③"等領起分列每條校語。

(4)底本原正文行右有六十九條評語,今用"①""②""③"等,將評語位置分别標記在原句之後,再在夫之釋文後用"①原行右有評語:""②原行右有評語:""③原行右有評語:"等列出評語。對底本遺漏的評語,今依康熙本校補,所補評語以"[1]""[2]""[3]"標記原文位置,以"[1]""[2]""[3]"等與校記合編在卷尾。書題下不再標記"評語并載"。

(5)本書所有校記以"【1】""【2】""【3】"等標記原文的位置,以"【1】""【2】""【3】"領起將校記置於卷尾。對於夫之釋文和校語盡可能核對出處,習見的洪興祖《楚辭補注》、朱熹《楚辭集注》簡稱"《補注》""《集注》",他書則稱全名。

(6)書末附録有二:一是《楚辭通釋序跋著録》,二是《楚辭通釋書目提要》,以便讀者覆覈。

整理過程中,湖南省社會科學院圖書館、湖南省圖書館爲版本校勘提供了方便,深表感謝!

由於學識不逮,校勘和標點等疏漏之處在所難免,敬祈讀者不吝賜教。

(本文爲《楚辭要籍叢刊·楚辭通釋》前言,以《王夫之〈楚辭通釋〉整理之創獲》發表於《船山學刊》2018年第5期,今略有修改)

# 楚辭研究的新收獲

## ——評黃靈庚《楚辭與簡帛文獻》

楚辭至西漢中期已成顯學，此後兩千年研究者代不乏人，著作如林，逐漸成爲古籍四分法中集部之第一大類。進入 20 世紀，楚辭學成爲我國古代文學研究的領軍之一，涌現出了梁啓超、郭沫若、聞一多、游國恩、胡小石、湯炳正、姜亮夫、饒宗頤等楚辭研究名家，成果豐碩。黃靈庚先生從文獻資料、校勘考證入手潛心楚辭研究三十餘年，採銅鑄錢，集腋成裘，至今已出版楚辭研究專著五部、論文近百篇，成績斐然。《楚辭與簡帛文獻》是他近年楚辭研究的總結性成果，①也是楚辭學領域的新收獲。概括説來，此書主要有以下三個特點。

## 一、 學術方法: 出土文獻與傳世文獻的結合

20 世紀 20 年代初，王國維在利用甲骨卜辭研究殷王先公時認識到《史記·殷本紀》所載商史基本可靠，由此提出"紙上之材料"與"地下之新材料"相結合的"二重證據法"②，這直接影響了此後學人的治學路徑和學術走向。出土文獻研究成了時代的新潮流，以"甲骨四堂"和楊樹達、容庚、陳夢家、唐蘭等爲代表的學人奮力開拓，成績驕人，并深刻影響著學術的發展演變。自然，楚辭研究亦不能置身世外，運用出土文獻與《楚辭》文本相參證，試圖破解前人未解決的難題，"王國維、于省吾、湯炳正、

---

① 黃靈庚:《楚辭與簡帛文獻》，人民出版社，2011 年，國家哲學社會科學成果文庫。全書共十章，幾乎涉及《楚辭》所有内容，大致分爲難題破解論述和字詞文句考釋兩部分。

② 王國維:《古史新證》，清華大學出版社，1994 年，第 2 頁。

姜亮夫等前輩學者早就這樣做了，且取得很大成績"。① 但是，也必須承認，由於時代所限，這些前輩學者利用新材料十分有限，没有看到 20 世紀後期大量的出土文獻；而新生代學人又因古文字學、文獻學和學術史諸方面學養的不足，未能很好地利用時代所賜，致使楚辭研究的許多難題、疑案懸而未決。

應該説，20 世紀 50 年代以來簡帛、青銅器、漆器等材料大多出於戰國、秦漢的楚地古墓，與傳世楚辭文獻關係密切，是楚辭研究的"新材料"。本書第一章《導言》指出此類簡帛資料至夥，僅簡帛著名者就有湖北江陵望山楚墓竹簡、包山楚墓竹簡、荆門郭店楚墓竹簡、河南信陽長臺關楚墓竹簡、新蔡葛陵楚墓竹簡、雲夢睡虎地秦墓竹簡、王家臺秦墓竹簡、江陵張家山秦墓竹簡、長沙戰國楚帛書、馬王堆漢墓帛書、安徽阜陽雙古堆漢墓竹簡及上博簡、清華簡等。當然，要想利用這些材料研究楚辭，首先要做的搜集和閱讀工作就頗爲不易。這不但要有很好的文字學、語言學、文獻學的基礎，而且還要有坐冷板凳的長期功夫，需要艱苦的勞動和認真細緻的工作，才能够讀懂、吃透這些材料。其次，新材料雖然如此繁多，但是除了阜陽漢簡僅有的《離騷》和《涉江》兩個殘句外，尚未他見有《楚辭》文本和相關古注文獻，要想從如此艱澀的材料海洋中找到楚辭研究的參證素材絕非一蹴而就，還需要有非常好的楚辭文獻基礎，能够對《楚辭》文本及古注爛熟於胸，是楚辭研究的行家裏手，才能在埋頭苦幹不計付出與收獲的資料爬疏中獨具慧眼，才能披沙揀金、探驪得珠，不至於入寶山而空手歸。黄先生在這條漫長道路上的苦心孤詣不言而喻。

在本書中，黄先生利用的出土文獻自然以楚簡帛書爲主，他用之破解《楚辭》難題和釋讀《楚辭》字詞、文句，俯拾即是；但是，此外還使用了包括出土帛畫、棺畫、畫像石等圖畫資料和編鐘、金節、書簽、排簫、木俑、簿棋、帶鈎等文物資料，以及甲骨文獻、吉金文獻、敦煌文獻、石刻文獻和古代的汲冢書等，十分全面。而且，黄先生運用出土文獻來研究楚辭的内容也非常廣泛，如對楚祖先世歷史和地理的考證、對屈原生平的考訂

---

① 黄靈庚：《楚辭與簡帛文獻·後記》，人民出版社，2011 年。

和思想的揭示、對屈原作品的辯證、對《楚辭》十七卷本成書的考察、對《楚辭》文本的校訂、對楚文化習俗的發微等等,尤其在對《離騷》《九歌》《九章》難題的破解和文本釋讀方面,取得了可喜的成就。這表現了運用新材料研究楚辭在王國維、于省吾、湯炳正等先生之後在廣度和深度上的新進展。

如《離騷》中"藑茅"和"筳篿"是兩種占卜工具,却歷來眾說紛紜,莫衷一是。黃先生運用包山簡和新蔡簡,結合《左傳》《周易》《史記》《漢書》《禮記》和《穀梁傳》等的記載和注釋,再利用古音通假和古文字知識,認爲"藑茅"即"保豪",屬"大央"(即大英)之類,"筳篿"即"彤筡"或"小篝"之類,進而認爲正是靈氛用這兩種不同工具占卜,才導致他的告語有兩個"曰"字,一爲用藑茅的結果,一爲用筳篿的結果,這就很好地解決了這一難題。再如王逸對《離騷》"帝高陽"的解釋是"顓頊有天下之號也",但此後却有人提出老僮說、祝融說,有關楚祖所出漸棼。黃先生利用新蔡簡、上博簡、郭店簡、包山簡、望山簡、長沙戰國楚帛書、馬王堆漢墓《九宮圖》等,結合大量的傳世文獻記載和古今學者的相關研究,經過系統論述,最終得出高陽即顓頊,是楚的始祖,老僮、祝融、鬻熊(或穴熊)是楚之先君,即楚簡之"三楚先",也是《離騷》之"三后",這就將這一問題的認識向前推進了一大步,站在時代的前列接近了事實真相。又如《離騷》中"高丘"地在何處? 也是歷來眾說歧出。黃先生利用清華簡《楚居》、《鄂君啓節》、包山簡,再結合《離騷》文本,認爲楚高丘非止一處,此處爲帝高陽之丘,屈原所求"下女"當爲"下丘"之女,與無女之高丘相對,高丘指始祖,下女指旁系祖先,屈原如此撰寫表現了其返祖的生命意識,并在失望中奠定了死亡觀念,這是鞭辟入裏的新解。

除去許多這樣的難題破解,本書大量篇幅是用出土材料與傳世文獻相印證的方法對《楚辭》的文本釋讀和用字說明,如釋《離騷》之"肇""修能""固""九天""晼""畝""貪婪""羈羈""節中""崦嵫"等,《九歌》之"吉日""竽瑟""樂康""周章""洞庭""參差""玄雲""檻""翠曾"等,《天問》之"瞢暗""顧菟""角宿""台桑""賓商"等,以及《九章》以下的字詞和語句,共 326 條。皆旁徵博引,考辨精審,大多觀點新穎獨到,屬積學有年、深研有得者之真知灼見;即使偶有未能確解者也不強爲之辭,於客觀謹嚴中留啓發於讀者、待希冀於將來,表現了篤實樸素的學者胸懷。

這裏有必要對書中大量説明《楚辭》用字與簡帛用字關係的條目多説幾句。很多學者可能覺得這僅是字體的問題,但事實并非如此簡單。首先,簡帛用字非常生疏,許多不見於傳世文獻和字書,指出這些字即相應的《楚辭》中某些字并不容易,這需要深厚的文字學、音韻學、訓詁學功底,以及文獻學、歷史學的學養,再加上細緻艱辛的勞動才能得出,偶得一字已屬不易,如此之多更非常人所及,這是對古文字學和古漢語研究的一個重大貢獻;其次,弄清《楚辭》文字的這些簡帛字形對於理解楚語言、楚文化尤其是弄懂《楚辭》字詞含義往往意義重大,楚辭研究由此走入一個新階段;再次,對這些簡帛用字與《楚辭》文字關係的認識,對於研究《楚辭》的創作與流傳,考定《楚辭》産生於戰國楚地,證僞《楚辭》産生於漢代説和屈原懷疑論也有實質價值。後兩點在學術方法和觀念上對楚辭研究都有發凡起例、示人以則的啓示意義。

## 二、 學術理念: 重傳統與多視角的結合

黃先生長期從事楚辭文獻研究,具有重傳統學術的特色,這有幾個方面的表現。一是重視對傳統文獻資料的搜集、整理、爬疏。鑒於楚辭流傳已逾兩千年,版本、注釋、他書等資料十分複雜,如僅《楚辭章句》版本一項黃先生就曾將之分爲王逸《章句》本、洪興祖《補注》本和《文選》所收十三篇三大系統,每一系統皆版本衆多;至於史書、類書、舊注、筆記、雜纂等他書資料則更爲繁夥。要想求得一相對真實的《楚辭》文本就必須在這些材料上綜合別裁、去僞存真,其艱辛可想而知。黃先生潛心楚辭文獻二十餘年撰成《楚辭·異文辯證》,徵引文獻上千種,不但是對劉師培《楚辭考異》、聞一多《楚辭校補》和姜亮夫《屈原賦校注》的極大豐富和完善,而且補出了其漏標的出處,訂正了大量的訛誤。在此基礎上,又出版了《楚辭集校》,主編了《楚辭文獻叢刊》。二是黃先生充分肯定和尊重東漢王逸的《章句》。王逸是楚地紀人,距屈原去世三四百年,其注釋《楚辭》在地理、時間上均有優勢,他又鴻通博學,親入蘭臺,其《章句》下注體例謹嚴,是漢代《楚辭》注釋的集大成。但是,王逸《章句》同樣存在年代久遠、異文衆多的問題,黃先生又用 21 種主校本,四百多種參校資料,涉及楚辭文獻、傳世其他文獻和出土文獻三大類,撰成《楚辭章句疏

證》二百餘萬言。這樣的工作，使黃先生能夠充分認識到王逸注釋的合理性，并能利用王注來解釋《楚辭》的用字、訂正《楚辭》流傳中的文字訛誤。三是充分尊重洪興祖、朱熹以及清代以來著名學者的楚辭見解。長期的文獻資料工作，使黃先生對古今楚辭學者的著作有了全面、深入的認識，對其得失、是非有了更好的把握，進而撰寫了《楚辭要籍解題》，這使他具備了楚辭學史的宏觀視野、學術思路和問題意識，也加深了對古人治學的理解，使他能夠充分尊重他們的成果，從不掠美。

本書也十分鮮明地體現了重傳統學術的特點。首先是在文獻上充分發揮作者在版本、校勘、注釋等資料方面的優長，再依據出土材料，在文獻爬疏中探索解決問題的途徑、方法并獲得成果。如上述有關《離騷》三個難題的破解既是對出土文獻的運用，也是在對傳統文獻充分梳理的基礎上進行的。這一點在他對《楚辭》文本釋讀方面體現得尤其充分。如本書對"畹"的考釋就是在充分利用先秦兩漢文獻的基礎上再結合出土文獻得出的，認爲楚時畹爲十二畝，三十畝是漢制，這是有說服力的。又如本書對"彊圉""正枘""崆嵫"等的解釋也是在充分利用文獻考索的基礎上明其真相的。其次，本書是在肯定、繼承王逸、洪興祖、朱熹尤其清代以來楚辭學者的成果基礎上向前推進的，作者對各注家、學者在文獻、思想和學術方面的特點和成就瞭然於胸，進而在研究中能夠出入古今、旁徵博引。如對"五子家巷"，作者在結合傳世文獻與出土文獻進行研究時就揭櫫了王念孫以"閧"讀"巷"的合理性；再如對"封狐"，作者考察了從聞一多到湯炳正解釋發展的過程，認爲湯氏以"豻"釋"狐"勝於以前的己説，并以包山簡、新蔡簡的"秙"來釋"豻"以證成湯説。再次，重傳統還表現在本書重文字、音韻、訓詁等"小學"方法的運用和對資料勾稽、考證的"考據學"方法的駕馭。本書對某些《楚辭》文字即簡帛用字的考釋，不但運用了古文字學知識，而且也運用了音韻學知識，這與簡帛中存在著大量同音假借現象有關，也與簡帛用字與《楚辭》文字存在古今字、正俗字、通假字和音訛字等現象有關，這都需要從古音韻的角度進行創新性的探索才能考釋出來。同時，作者對《楚辭》詞語的解釋大量使用了形訓、聲訓和義訓等訓詁方法，對名物、典制、風俗的詮釋又往往建立在資料的梳理、史實的澄清，尤其是建立在對這些範疇、概念的歷時演變和在具體時代之真實意涵的考證基礎上進行的，從而使問題得到了很好的解決。

作者重視文獻基礎和傳統治學方法，但又不囿於傳統，而是能够視野開闊，"綜合運用社會學、文化學、神話學、考古學、文獻學以及楚國的宗教禮俗、南國風尚等，尤其注意新出土的楚墓文物、簡帛文獻、圖畫等"，①在學術理論上將重傳統與多視角、多學科知識的運用相結合，從而使其研究能够高屋建瓴，思路靈活，觀點新穎，成果豐碩，有力地推進了楚辭學研究。

如上所述作者在對楚族先世的鈎沉、補證時，既從《山海經》《穆天子傳》等神話傳說中尋繹楚祖的由來，又用考古學、文字學、文獻學知識從出土器物、簡帛和傳世文獻方面去考索，還從上古"火正"世襲的社會學和簡帛祭禱"三楚先"及所用犧牲的宗教禮俗等方面來論述，就表現了多視角、多學科交叉共證的特點。再如古今學者對《九歌》十一篇的排序也是大傷腦筋，作者雖同意王夫之、聞一多《禮魂》是送神曲之說，但却據郭店簡《太一生水》的哲學理念來解釋《東皇太一》在首以及《雲中君》和二《湘》緊隨其後的次序，又據宗教禮俗"祭不越望"來解釋《河伯》置於二《司命》和《東君》之後，也是多學科的交叉研究，其解釋是合情合理的。

又如對《離騷》的主旨歷來衆說紛紜，這也影響到對其中字詞、名物的訓詁和對見帝、求女的理解。作者爲此撰寫過多篇文章來探討這些問題，并最終在本書有了總結性的認識。作者認爲《離騷》中寫高冠長佩有宗教、民俗意義，詩中多次談到死都表現了詩人内心的彷徨、焦慮，表現得是生與死的較量，故而要問天地、問祖先。從神話學、考古學上看，詩中的"扶桑"是楚祖先居，"若木"即扶桑之木；從文化學上看高陽氏崇拜太陽，以鳥爲圖騰，見帝、求女含有宗教意義、文化意義，此帝是帝高陽，女是楚祖先，故有"高丘"之地，有"下女"之稱，這可與《九章》多次談到的"故居"相印證；詩人上征神遊是其心靈魂返帝丘的死亡飛行，飛騰的鳳鳥有楚帛畫中引魂鳥之意，魂歸西海是循楚祖南遷於楚的道路的嚮西飛行，故有"舊鄉"之睨；詩最後寫到彭咸也是有魂歸本初的意涵，故言"所居"。由此，黄先生認爲《離騷》是詩人行吟澤畔即將投江的決絶之作，是用宗教文化的要素和獨特的思維形式撰寫的生死命運的樂章。應該説，經過如此多視角、多學科的詮釋，對《離騷》内容的認識不但具體化、細緻

---

① 黄靈庚：《楚辭與簡帛文獻》，人民出版社，2011年，第66頁。

化了，而且對其主旨、意涵的理解也深刻化、豐富化了，這要比僅從知人論世和政治倫理上解釋爲"遭憂"説、"忠君"説、"憂國"説要合理全面，而且對《離騒》中男女之喻的理解也更恰當靈活。

本書對《九歌》源流的考辨也是在文獻的基礎上利用多學科知識，在多角度、多層面、全方位的學術理念指導下來進行并提出大膽創新之見的，詳見下文所論。

事實上，本書在對大量的《楚辭》字詞、文句解釋時也往往有多視角、多學科交叉的特點。最常見的是利用考古學、文字學、音韻學與文獻學知識的共同論證，這和本書的性質有關；而具體到某些地方，根據研究對象有時會側重神話學或歷史學的梳理，如《天問》部分，有時會側重宗教學或民俗學的解釋，如《九歌》《九章》等部分，不一而足，而以言必有據、審慎謹嚴并力求真相和問題解決爲宗旨。

## 三、 學術風格：嚴謹扎實與大膽創新的結合

本書在學風上的特點是嚴謹扎實與大膽創新的結合，這在以上兩部分的論述中已能窺其一斑，下面希望通過論述和例證有更清晰的認識。

讀黄先生的書和文章給我最大的印象是資料的豐贍與識辨的精審，這在其《楚辭·異文辯證》和《楚辭章句疏證》中均有充分的體現，從小的字詞、名物、典制的考訂到文句、段落的理解再到主旨的把握均以熟稔文獻、推斷入理、考辨謹嚴爲特色，功夫篤實。無疑，這樣的治學特色與《楚辭》自身文字生僻、詞義古奧、名物奇異、語句詰屈及意象縹緲、情感激蕩、主旨幽深的特點是吻合的，這樣的研究是科學的，其創新也意味著《楚辭》研究的實質性進展。

本書在對字詞和文句解釋的部分也充分發揚了這一特色，從文獻出發，用扎實功夫逐層推進，邏輯縝密，如抽絲剥笋，其識見令人解頤。相比以前的著作，本書對材料的選擇更加精當，要言不煩，而且在許多地方由於新材料（既包括大量的出土文獻，也包括許多過去未及的傳世資料）的使用帶來了學術認識的深入，使得研究有了新的進展，對於學界頗有影響的成説和自己以前的觀點也有不少修正，表現出一種勤奮求實、不避前曲的治學精神，尤其值得稱道。如王逸用"與玦即去也"解釋《九

歌·湘君》之"捐余玦兮江中",認爲捐玦有分別之意,此與《左傳》《莊子》《荀子》等文獻所載及許多漢人的説法一致,爲洪興祖沿用,在今天《楚辭》學界幾成定論,但是細想却有説不通之處。黃先生據甲骨文、古文獻知上古用玉祭河,又據包山簡、望山簡、天星觀簡和新蔡簡祭大水用環,祭司命、司禍或用環或用少環之例,進而推斷少即缺,少環即玦,捐玦即沉玉祭河,未見有決絕之意,此誠爲真見。再如《九章·懷沙》"易初本迪兮,君子所鄙"之"本迪"很難理解,王逸注爲"遠離常道",與原文并不吻合,朱熹《楚辭集注》則徑標"未詳",後人衆説紛紜。黃先生認爲劉永濟用"不由"解"本迪"較爲有理,但不合《楚辭》文例,進而據郭店簡、馬王堆帛書、上博簡、新蔡簡認爲"本迪"當作"怀由",怀同倍(即背),由即迪,訓道,再據《史記》正義"違離光道"("光"當"先"之形訛)推知張守節所見唐本作"違",進一步推定王逸注"遠"爲"違"之形訛,意爲"違離先道(或常道)",與"易初"并列爲文,此可爲定論。如此嚴謹而創新的例子還有許多,限於篇幅,淺嘗輒止。

本書論述部分也充分體現了在嚴謹扎實中大膽創新的特色,以下三處尤足稱道。

一是有關《楚辭》十七卷本成書的問題。自王逸在《離騷後叙》中云"逮至劉向,典校經書,分爲十六卷"後,人們多沿之云劉向編十六卷《楚辭》之説,如《四庫全書總目》即云"劉向裒集",似是而非。20世紀60年代,湯炳正據五代時王勉所撰《楚辭釋文》將十七卷本成書分爲五期,劉向增輯爲十三卷屬第三期,王逸增己作《九思》成十七卷爲第五期,才將對此問題的認識向前做了推進;但仍有許多疑問懸而未決。如四庫館臣就曾云《楚辭釋文》所據本與王逸注底本不同,不能混同,可見事情并不這麼簡單,而湯氏具體分期和編輯的考訂亦有未洽。黃先生根據《史記》、《漢書》、《後漢書》、《三國志》、《文心雕龍》、《玉篇》、《隋書·經籍志》、洪興祖《考異》、趙希弁《讀書附志》、呂祖謙集注《離騷》、王國維批校語和大量的漢賦以及類書、古注中的相關資料,再參考六朝遺物"象牙書簽"和《楚辭釋文》,尤其是仔細分析了王逸序與注在內容、體例上的前後差異,認爲王逸輯本爲十六卷,而《章句》只有十一卷,蓋未竟而卒,所以六朝時傳本爲十一卷;今本《七諫》以下五卷的章句蓋王逸之子延壽或無名氏所作,故頗不逮逸注;至初唐已出現合王逸章句與續補章句爲一書的十六卷本《楚辭章句》，故《隋書》《舊唐書》《新唐書》皆著於録；十七卷本首見於收録《九思》及其注的《楚辭釋文》，説明至五代時才出現，北宋陳説之再據此本調整而廣爲流傳。應該説這樣的研究，資料豐富，考辨篤實，分析深刻，邏輯嚴謹，基本廓清了東漢以來《楚辭》及《章句》的成書過程。

二是有關《九歌》源流與性質問題。王逸之後，人們對《九歌》的研究逐漸形成了忠君愛國、民間祭歌、楚郊祀歌和漢人創作等説法，有關《九歌》源流、創作與屈原的關係也變得錯綜複雜，文獻的不足直接導致了學術詮釋的紛歧。從王逸《九歌序》入手，充分依據各類文獻，匯綜多學科知識，黃先生作了分疏研究：在考察了《離騷》、《天問》有關《九歌》的記載後，藉鑒《詩經》之《生民》、《玄鳥》等創生詩，參考出土的夏代器物及圖案，再根據甲骨文、金文“九”字形體和《左傳》、《淮南子》、《史記》、《山海經》、《水經注》、汲冢書及上博簡、王家臺秦簡等的記載，作者推論《九歌》最初爲禹樂，爲夏後氏社歌，作者可繫於啓；又據上博簡《容成氏》、《史記》三家注、《逸周書》、《尚書》、《戰國策》、清人研究以及楚地出土的大量戰國祭禱簡，尤其是考慮到《九歌》中雲中君、大司命、東君、河伯四神和大量的詞匯、名物、意象，作者推知夏滅亡後遺民南遷將《九歌》帶到了沅湘一帶，并融入越文化因素，漸變爲地方民間娛神之歌，二《湘》、《少司命》、《山鬼》即源出越人之作；再依據《九歌序》、《離騷》、《天問》、包山簡所祭神和楚先、郭店簡《太一生水》、戰國《楚帛書》、甲骨文所載祭神、《説苑》古越歌等内容，尤其是深入分析了《九歌》諸篇排序和《東皇太一》、《國殤》所祀之神及詩中的字詞、名物、文句，比較十一篇的用語、用事、用韻之後，作者認爲《東皇太一》和《國殤》來源於楚，當爲屈原所作，《九歌》十一篇語言、用韻、風格一致，排列有序，屈原的著作權無可置疑。如此細緻深入地論述，條分縷析，均資料翔實，邏輯嚴密，破舊立新，可謂見前人所未見，發前人所未發，推進了人們在這個問題上的認識。

三是有關屈原咏歎伍子及《九章》作者的問題。屈原在《九章》之《涉江》、《惜往日》和《悲回風》中三次以同情、贊揚的口吻稱引“伍子”；但是歷史上伍子胥挾吳敗楚，所以南宋魏了翁認爲此“伍子”指伍奢或伍尚而非伍員，後人又有伍舉説、太康五弟説及至否定屈原作此三篇説。然而從屈原的稱引來看確指伍員無疑，那這又是怎麼回事呢？對此，學界流行的説法是屈原對伍子胥作了單向性選擇(即只取其忠於吳)。黄先生據《離騷》《哀郢》等作品中屈原始終對楚國、故鄉眷戀不捨的事實,認爲用屈子單向性來解釋失之草率、簡單。他根據郭店簡、上博簡所載"子胥"的言論及清華簡的記載,認爲實際上楚人并不把伍子胥視作叛臣、賊子,進而指出這要從上古的復仇文化來認識,研究由此轉向深入。從"仇"字古注應爲"父怨"入手,黄先生考察了《周禮·調人》及鄭玄注、郭店簡《唐虞之道》、《天問》、《孝經》等文獻,尤其是深刻分析了《禮記》《公羊傳》《左傳》等有關上古爲父復仇的記載,認爲若國君殺臣,臣子可弑昏君,也可因父奸被明君所誅而出奔,均被時人歌頌,伍子胥父無辜被殺,所以他敗楚天經地義,表現的是孝,其事吳盡心却被殺體現的是忠,其先孝後忠之舉與孔子"子爲父隱"、郭店簡《六德》"爲父絶君,不爲君絶父"等時代倫理觀念一致,屈原稱引伍子胥是很自然的,再考慮到楚懷王客死於秦而其子頃襄王却有迎秦婦之舉,屈原三次稱引伍子似有暗斥頃襄王之意。可見,在這個問題上,黄先生依據傳世文獻和出土文獻作了深入挖掘,不但事實清楚,而且探觸到了古人倫理、文化的深處,其論述令人解頤、給人啓迪。

除了以上三例,其他論述也均具扎實嚴謹與大膽創新相結合的特色,不妨説本書是以扎實的文獻功夫爲基礎,以嚴謹的考辨、論述來展開,最終取得了大膽創新而有實質意義的成果。

本書是作者長期積累與勤奮思索,貫以精益求精之精神結出的碩果,篤實醇厚,體大思精,屬黄鐘大吕、太羮玄酒性質的上乘之作。自然本書也有不足,如有的地方校對不嚴出現了錯字,有的地方泛言通假不够精審,有關劉向搜集屈原、宋玉等作品的分析也尚待深入,但畢竟細微而稀少,瑕不掩瑜,本書確是楚辭研究的新收穫。

(本文發表於《博覽群書》2015 年第 10 期,今略有修改)

# 論《四庫全書總目》之前四庫提要的學術價值

## ——以經部爲中心

清代編纂《四庫全書》是我國學術史、文化史上的重大事件，與之伴隨産生了我國目録學史上的巔峰之作——《四庫全書總目》。張之洞《書目答問》認爲《總目》具有"知學問門徑"的作用，事實上《總目》對此後的思想、學術、文化發展都産生了重要影響。

《總目》之前，四庫館臣還撰寫了大量四庫提要：從最初的各分纂官爲每部書撰寫的提要稿，到匯總成編的《四庫全書初次進呈存目》；從散在《武英殿聚珍版叢書》諸書前面的提要，到《四庫全書薈要》書前提要及各閣《四庫全書》書前提要；從今天津、北京、上海等地圖書館所藏的《四庫全書總目》和《四庫全書簡明目録》稿本到最終定本的《總目》和《簡目》，總計有八種類型之多。即使定本《總目》，也有殿本、浙本、粵本之別。人們一般比較重視《總目》，認爲其歷經多次修訂最後完成，内容全面，評價中肯，詞彩豐贍，語言典雅，對其他提要文獻則很少提及。實際上，就經部的情況來看，《總目》之前的四庫提要學術價值不容忽視，以下從四方面加以揭示。

## 一、提供了大量版本信息

除去敕撰書外，《總目》於每一書名下均有注，如"内府藏本""永樂大典本""兩淮馬裕家藏本"等，這是圖書來源，并非版本，且不完全正確，需要進一步考證；而《總目》提要中談到書之版本的很少。這也是人們詬病《總目》的一個重要方面。

分纂官所撰提要稿中頗多版本信息。如《總目》之王弼《周易注》著録爲"浙江巡撫採進本"，翁方綱所纂提要稿言"相臺岳珂刊本。每卷後有'相臺岳氏刻梓荆谿家塾'十字亞形方印"就十分具體,指出此本爲相臺岳氏荆谿家塾刻本。此外如郭雍《傳家易說》、張栻《南軒易說》、楊簡《楊氏易傳》等,翁方綱分纂稿也都有版本著録。從《翁方綱纂四庫提要稿》來看,翁方綱在撰提要稿時往往寫有札記,大多詳細著録了此書的鈐印、版本和内容,這是其提要中版本著録的來源。遺憾的是後來的提要大多刪去了這些内容。

《初目》經部存提要 365 篇,如《詩經疏義》《重修玉篇》《干禄字書》等23 篇著録有版本信息,也十分珍貴。《總目》將這些重要的版本信息刪去,是十分可惜的。

《四庫全書薈要》前面有五册書目,專門著録收書的書名、卷數、作者、底本和校本,是一部版本目録,對於認識《薈要》收書版本、校勘意義重大,對於認識《總目》也有藉鑒意義,只可惜此前很少有人重視。《薈要》經部收書 173 種,亦全部收入各閣《四庫》,這些書大多採用了相同或相近的底本,這就對研究《四庫》經籍版本提供了方便。尤其是由於政治原因,雖然各閣庫本經部書大量使用《通志堂經解》本作底本,但《總目》却在書名下全部改注了其他來源,而《薈要》則著録了 96 種通志堂本,這就更值得重視了。

## 二、 在圖書、作者著録方面或有優長

《總目》以圖書立目,所列書名、卷數來自文淵閣《四庫全書》,《總目》對書名、卷數偶有改動,但《總目》之前諸提要大多保留了所據底本或庫本原貌。書名方面一個典型例子是《十三經注疏》,四庫各本均據乾隆前期武英殿刊本單經抄入,庫本各書及其提要均作"××注疏",而《總目》却將七經改成了"××正義",徒增煩擾。又如元儒奧巴《周易原旨》,諸庫本書及提要皆作八卷,而《總目》改作六卷。《總目》當據明清書目尤其是《經義考》改,遂與收書不符。又明朱升《周易旁注》十卷《前圖》二卷,翁方綱提要稿、姚鼐提要稿及《初目》皆作"周易旁注前圖",《總目》改作"周易旁注圖説"。實際上朱升解《易》以圖爲本,故首列之,其自序頗加申明,《總目》所改遂失此意。

《總目》提要首列作者及其小傳,大多正確,但也偶有錯誤或疏漏,其

他提要可資訂正或補充。這種情況在《總目》"存目"中尤多。如《周易繫辭精義》，翁方綱分纂稿以之爲呂祖謙所作，建議刊刻，而《總目》却認爲此書爲托名，收入存目。實際上此書屢見於《朱子語類》所載之朱熹言論，確爲呂祖謙作品，今已收入《呂祖謙全集》，《總目》的判斷是錯的。又如《周易訂疑》諸書，《初目》署"國朝董養性"，《總目》考訂爲元末董養性，并認爲"其説皆以朱子爲宗，不容一字之出入，蓋亦胡一桂、陳櫟之末派也"。杜澤遜《四庫存目標注》考定此書多引明人言論，乾隆《樂陵縣志》及清人董養性墓志均有其《周易訂疑》等書，則董氏確爲清人，《初目》署名有據，《總目》提要不但誤改了作者，而且提要内容尤其是"亦胡一桂、陳櫟之末派"語也屬不實。

## 三、 提要内容與《總目》頗多差異，或有可取

較早的分纂稿、《初目》提要與後來的各庫本提要、《總目》提要大多不同，不但在體例、用語和篇幅等形式方面有異，而且在内容方面也往往不同，其中頗有可取之處。如北宋陳瓘的《了齋易説》，翁方綱提要稿言採進本爲抄本，源出陳瓘之子陳正同所刊，且卦次和文字頗多混亂；《薈要》本提要、庫本提要和《總目》提要皆誤爲"其孫正同"，且均略去採進本文獻介紹，只是從易學傳承和思想上爲説。又如明人梅鷟《古易考原》，翁方綱提要稿詳辯此書據《楚辭·大招》"伏羲駕辯"語定卦名、蓍法出於伏羲之非，所見甚是；而《總目》提要較簡略，不出於翁稿，且遠不及翁稿爲優。

即使是《薈要》本提要、庫本提要與《總目》提要之間，也頗有不同。如南宋李心傳《丙子學易編》，文淵閣本書前提要與《總目》提要相同，文字繁多，而《薈要》本提要與文溯閣本、文津閣本二提要相同，篇幅較小，但言"博採諸家""大旨以程、朱之説爲圭臬"且"多有可採"簡潔明白，反較前者概括此書引五家之説準確合理。類似的元儒李簡《學易記》，也是文淵閣本書前提要與《總目》提要相同，《薈要》本提要與文溯閣本、文津閣本二提要相同，二者差異較大，後者更爲客觀可取。

# 四、諸提要學術思想與《總目》不同

《四庫全書》的編纂始於乾隆三十七年，至五十二年七閣書抄成，但《總目》至乾隆六十年左右仍在修訂，歷時二十餘年，學術思想前後變化明顯，這在諸提要中也有體現。

如《詩本義》爲歐陽修的經學名著，影響巨大。翁方綱因爲此書爲通志堂本，建議直接抄入，亦不撰提要稿，《薈要》本提要、各庫本提要和《總目》提要可溯及余集所撰提要稿，但差別較大。余集稿從正面指出此書在《詩經》學史上的創新，影響了王安石、程頤等新說，也影響了呂祖謙、李樗等傳統詩說，并引朱熹之語認爲此書"得言《詩》之旨"，肯定較多。之後《薈要》本提要及文溯閣本、文津閣本二提要均較簡略，言此書"往往得詩人之本志"，且不以王柏等疑《詩》歸咎於歐陽修；但至《總目》則將宋儒詩說突破傳統、增加新義的新風繫於歐陽修此書，將此書歸結爲文士之說《詩》，不再從《詩經》學史上肯定此書，實是表現了館臣在《詩》學思想方面與余集所撰提要稿有了較大不同。

又如元儒吳澄《易纂言》，較早的《初目》和《薈要》本提要言其"大抵詞簡而義明，所謂'少引聖籍、多發天然'者殆於近之"，從思想內容方面給予了肯定；而各庫本提要和《總目》提要則大量羅列吳澄據古本、古義改經之例證，反不從思想上作總結。這與吳澄學出程朱，其《易纂言》學術思想尤多理學色彩有關。從較後的提要中不難看出館臣之學已演變爲崇尚實證，轉重考據的特點了。

今天全面搜集、整理四庫提要文獻，不但可以讓我們明了《四庫全書》的編纂、各提要間的關係和《總目》的修訂，從文獻學上全面總結這一歷史事件；而且更可以讓我們澄清《四庫全書》編纂中的諸多文獻議題，認清不同館臣撰寫提要的特點，以及學術思想和風氣的轉變，有助於我們從思想文化上全面總結這一重要的歷史時期。

# 論《四庫全書總目》的"附録"

目録學是我國古代文獻學的重要分支,源遠流長,書目衆多。圖書分類是書目的結構體系,横向看是分類的多少和排序,縱向看是分類的層級,反映了古人在宏觀和微觀上對知識體系和書籍性質的認識,是古人"辨章學術,考鏡源流"的直觀體現。書目中與圖書分類相關的還有某些類目之後的"附録",前人很少談及。①

## 一、 古代書目"附録"的設置與發展

"附録"一詞在我國古代早已出現,隋唐以來書籍之後往往有附録。《漢語大詞典》的"附録"一詞有兩個義項:一是"將與正文有關的文章或資料綴於正文的後面",二是指"附在正文後面與正文有關的文章或參考資料"。前者爲動詞,後者爲名詞,實際上詞義相連。書目中"附録"的"附"是附帶的意思,"録"是著録。此與古人所説的"附録"相似而又不同:相似的是附録書籍置於原書籍之後且往往性質相近或相關,不同的是附録書籍與原書籍雖同爲書籍但并非附屬關係,更不是其附屬資料,不妨説附録書籍是在原書籍類別之後附帶的一個無法獨立的小類別。

書目之有附録,可追溯至《隋書·經籍志》(以下簡稱"《隋志》"),其

---

① 程磊《〈四庫全書總目〉特殊類目之研究》(《四川圖書館學報》1991 年第 1 期)曾將附録定爲《四庫全書總目》特殊類目之半暗類,認爲此與暗類(時代)、半明類(存目)及雜類均爲《四庫全書總目》之獨創,此文對附録作了初步概括,但未進一步分析。

經部論語類後附了《爾雅》諸書和五經總義之作,①後《遂初堂書目》經部論語類附了《孝經》《孟子》諸書,《宋史·藝文志》(以下簡稱"《宋志》")子部道家類附錄了釋氏、神仙兩個小類,清初黄虞稷《千頃堂書目》經部小學類後附了算學、蒙書之作,均與之類似,但多屬偶一爲之。多次使用附錄的是《明史·藝文志》(以下稱"《明志》"),其史部正史類附了編年類,子部道家類附了道書,雜家類附了名家、墨家、法家、縱橫家,藝術類附了醫書類。爲便於説明問題,將這些書目附錄的具體情況及其在各書目中的呈現列表如下:

| 書　目 | 類　目 | 附　録 | 備　注 |
|---|---|---|---|
| 《隋志》 | 經部論語類 | 爾雅類、五經總義 | 《古今書録》爾雅類入詁訓類,之後書目入小學類;《古今書録》後書目多立經解類,《明志》作諸經類,《總目》作五經總義類 |
| 《遂初堂書目》 | 經部論語類 | 孝經類、孟子類 | 其他書目經部皆立孝經類。《直齋書録解題》經部有論孟類,明以後書目立四書類 |
| 《宋志》 | 子部道家類 | 釋氏類、神仙類 | 《明志》子部道家類後附道書,《總目》子部有釋家類、道家類 |
| 《千頃堂書目》 | 經部小學類 | 算學類、蒙書類 | 算學入《總目》子部天文算法類。《四庫》不收蒙書 |
| 《明志》 | 史部正史類 | 編年類 | 自《新唐書·藝文志》至《總目》大多史部設編年類 |
| | 子部道家類 | 道書 | 《總目》入子部道家類 |
| | 子部雜家類 | 名家、墨家、法家、縱橫家 | 《千頃堂書目》名家、墨家、縱橫家入子部雜家類。《總目》子部設法家類,名家、墨家、縱橫家入《總目》子部雜家類雜學目 |
| | 子部藝術類 | 醫書類 | 《總目》子部設醫書類 |

　　從體例上看,這些書目設置附録往往只在部類大序中注明或小序中

---

① 按:《隋書·經籍志》四部之後還附録了道經、佛經,不在四部之内,屬於特例。之後書目除《宋史·藝文志》《明史·藝文志》外,道書、釋家多入子部,不作爲附録。

略加説明，①而不在書籍名稱前後添加任何標記，附録書籍與所附類書籍混然不分，説明這種附録指的是小類，是從圖書分類角度設立的，比較宏觀，并不具體指哪一部書。今天看來，書目附録只是注明或説明小類而無標記的做法并不規範，有臨時處理的意味。

從内容上看，除了《明志》所設附録頗多争議外，古代書目設置附録多較合理。或爲某類圖書漸多但尚未形成新的門類，或爲某類圖書漸少已不能獨立成類，所以將之作爲附録。當然之所以將之附在某類之後，是因爲古人認爲這兩類圖書性質相近或相關。如《隋志》論語類後附《爾雅》諸書和五經總義之作，是因爲他們認爲《論語》是孔子與弟子叙講“六經”之作，《爾雅》諸書與五經總義類皆“解古今之意”，②故可以類附。《遂初堂書目》論語類附了《孝經》《孟子》諸書，是因爲尤袤認爲《孝經》《孟子》諸書也都是孔子弟子、後學之作，故與論語類相合。《千頃堂書目》將算學、蒙書附小學類後，應爲黄虞稷看到兩小類與小學類同屬教育内容有關。《明志》“附録”較之前書目範圍擴大，反映了圖書分類觀念演變的一種趨勢，但其所設“附録”却很成問題：自《新唐書》以來書目中正史與編年分列已爲成例，二者體例不同，《明志》附編年於正史之後未免粗疏，其附醫書於藝術更是匪夷所思，③這兩處説明《明志》編纂者尚未把握“附録”之義；其道家類附道書，雜家類附名家、墨家、法家、縱横家之舉也不及《千頃堂書目》的做法。可見，《明志》所設“附録”多不合理。

古代書目的附録是書籍數量較少的小類別，由於其書量不足以單獨成類，只好附在與之相近或相關的部類之後。這反映了古人較爲深入且一貫的認識。可以説附録是配合圖書分類設置的，其設置説明古書分類既有正常横向并列的分類，又有特殊情況下非并列的小類附在某類之後的做法，屬於分類層級的一個夾層，實際上反映了古人的圖書分類觀念，也是古代圖書門類演變的一種體現，所以應將附録納入圖書分類的理論

---

① 按：尤袤《遂初堂書目》（《景印文淵閣四庫全書》第 674 册，臺灣商務印書館，1986 年）無類序，其“論語類”標題下注“孝經、孟子附”。

② 魏徵等撰：《隋書》卷三十二論語類序，中華書局，2019 年，第四册，第 1061 頁。楊按：摛藻堂《四庫全書薈要總目》之論語類序云“《隋書·經籍志》凡説經之書及《孔叢》《家語》等述孔子之言者，并附《論語篇》”，亦有見於此。

③ 按：嵇璜《明史》子部有醫家類。

中來論述。從《隋志》以來，不同書目設置附録反映了古人在這方面的探索。附録在各目中已經出現，成爲書目編纂者的一種分類觀念，并反映了他們不同的分類認識；只是各目所附數量不多且互不相同，其間并無嚴格意義上的繼承關係，説明附録在目録學體系中似未形成一致的理論共識，且一直未得到充分發展，長期停滯在較爲初級的自發階段。這雖與古代學術演變有關，但也確是附録不成熟的體現，使之頗有臨時處理的意味。雖然《明志》"附録"範圍的擴大代表了一種趨勢，但其所設多不合理，《明史》編纂者對附録的貢獻不大。

《四庫全書總目》(以下簡稱"《總目》")增設"附録"就源出古代書目的這種做法，并做了充分的發展，在内容、形式兩方面都取得了巨大成就。

## 二、《總目》"附録"的體例與分布

《總目》屬於三級分類，首先是部，其次部下分類，再次有的類下有子目(《總目》稱"某某之屬")，有的類下没有子目，[1]共 4 部 44 類 66 個子目。每個子目或無子目的類之後爲類目統計，統計該類或目之書的部數和卷數，并注出無卷數的部數。

《總目》共在 18 處設置了附録，總計 41 種書，涉及經、史、子、集四部，既有著録書，也有存目書，範圍非常廣泛。這些附録的格式是：在某類或某子目之後附録一種、兩種或多種書，第一種書名前單獨一行有"附録"二字，最後一種附録書提要之後(或在案語後)的類目統計爲"右×類(×之屬)×部×卷，附録×部×卷，皆文淵閣著録"或"右×類(×之屬)×部×卷，附録×部×卷，皆附存目"。如《總目》卷六易類之末附録了易緯八種，第一種易緯《乾坤鑿度》書名前一行爲"附録"二字，最後一種《易緯坤靈圖》提要後爲案語，案語後有類目統計"右易類一百五十八部一千七百五十七卷，[2]附録八部十二卷，皆文淵閣著録"；卷一一一子部術數類

---

① 永瑢等撰：《四庫全書總目·凡例》(中華書局，1995 年，卷首第 16 頁)："是書以經、史、子、集提綱列目，經部分十類、史部分十五類、子部分十四類、集部分五類，或流别繁碎者，又各析子目，使條理分明。"

② 楊按：此處類目統計來自浙本《總目》，殿本《總目》作"右易類一百五十九部一千七百四十八卷"，浙本、殿本《總目》實際著録均一百五十八部。

相宅相墓之屬後附録了《尚書天地圖説》,其書名前一行爲"附録"二字,提要後有類目統計"右術數類相宅相墓之屬十八部一百三十二卷,附録一部六卷,皆附存目"。等等。可見《總目》設置附録所涉全面,格式完整。《總目》附録的這些格式從未見於其他古代書目,屬於《總目》體例的創新。雖然《總目·凡例》没有對附録之例作出説明,但所有附録均格式規範、統一、完整,準確統計,表現了館臣明確的體例意識和理論自覺意識。

《總目》附録中收書較多者有四類:① 卷六經部易類之末附録了《乾坤鑿度》等易緯八種;①② 第二十卷經部禮類儀禮子目後附録了《内外服制通釋》《讀禮通考》二書及卷二三禮類存目儀禮子目後附了《五服集證》《讀禮問》《服制圖考》《讀禮紀略》和《婚禮廣義》五書提要,是將服制之書附在禮類儀禮子目之後;③ 卷二一禮類禮記子目後附録了《大戴禮記》《夏小正戴氏傳》二書及卷二四禮類存目禮記子目後附了《夏小正解》《夏小正注》《大戴禮删翼》和《夏小正詁》四書,是將《大戴禮記》類著作附在禮類禮記子目之後;④ 第一〇五卷子部醫家類存目後附《水牛經》《安驥集》《類方馬經》《司牧馬經痊驥通元論》《療馬集》《痊驥集》六書,是將獸醫之書附在醫書之後。這四類共六處附録了 26 種書,都是將某種小類附在相近或相關部類之後,其做法確與古代書目中的附録設置方式相同,符合古代書目設置"附録"的慣例。② 具體情況,如下表:

| 卷次 | 部類及子目 | 附録書 | 備 注 |
|---|---|---|---|
| 卷六 | 經部易類 | 《乾坤鑿度》《周易乾鑿度》《易緯稽覽圖》《易緯辨終備》《易緯通卦驗》《易緯乾元序制記》《易緯是類謀》《易緯坤靈圖》 | 《七録》《隋志》《舊唐志》《新唐志》《直齋》皆於經部立讖緯類 |
| 卷二〇 | 經部禮類儀禮子目 | 《内外服制通釋》《讀禮通考》 | 《明志》入經部禮類儀禮目 |

① 按:《四庫全書總目》的《易緯坤靈圖》提要後按語云"右《乾鑿度》等七書,皆易緯之文"言"七書"有誤,實八種書。
② 按:姚名達《中國目錄學史》(商務印書館,2014 年)第 84 頁與 95 頁間有書目分類一覽表,所列《四庫全書總目》欄之"道家類"注"道書附",非是。《總目》實合道書與道家爲一,姚氏蓋誤解《總目》道家類序而注。

續表

| 卷次 | 部類及子目 | 附錄書 | 備　注 |
|---|---|---|---|
| 卷二一 | 經部禮類禮記子目 | 《大戴禮記》《夏小正戴氏傳》 | 《隋志》《宋志》入經部禮類，《明志》入經部禮類禮記目 |
| 卷二三 | 經部禮類儀禮子目存目 | 《五服集證》《讀禮問》《服制圖考》《讀禮紀略附婚禮廣義》 | 《明志》入經部禮類儀禮目 |
| 卷二四 | 經部禮類存目禮記子目 | 《夏小正解》《夏小正注》《大戴禮刪翼》《夏小正詁》 | 《隋志》《宋志》入經部禮類，《明志》入經部禮類禮記目 |
| 卷一〇五 | 子部醫家類存目 | 《水牛經》《安驥集》《類方馬經》《司牧馬經痊驥通元論》《療馬集》《痊驥集》 | 《明志》子部藝術類附醫書類，但無獸醫書 |

　　古代書目附錄只在類序中注明或加以説明，而不在書名前後作任何標志，其附錄關涉的是類，而非具體到某一種書，所以往往包括數種書。與古代書目附錄不同，《總目》附錄在書名前和提要後都有了明確標志。雖然以上四類附錄包括多種書，屬於小類，但也頗有些附錄只有一種或兩種書。《總目》共在 12 個類目之後各附錄了一種或兩種書，計 15 種書。如《總目》卷十易類存目後附錄了《古三墳》、卷十二書類存目後附錄了《尚書大傳·補遺》《書義矜式》、卷十六詩類後附錄了《韓詩外傳》，等等。這更屬於《總目》的創新。這些附錄之書及其在古書目中的具體位置列表如下：

| 卷次 | 部類及子目 | 附錄書 | 備　注 |
|---|---|---|---|
| 卷十 | 經部易類存目 | 《古三墳》 | 《文獻通考·經籍考》經部書類 |
| 卷十二 | 經部書類 | 《尚書大傳·補遺》《書義矜式》 | 前者《隋志》《文獻通考》經部書類 |
| 卷十四 | 經部書類存目 | 《別本尚書大傳·補遺》 | 同上 |
| 卷十六 | 經部詩類 | 《韓詩外傳》 | 《隋志》《舊唐志》《宋志》經部詩類 |
| 卷二三 | 經部禮類周禮之屬 | 《周禮井田譜》《周禮沿革傳》 | 前者《文獻通考·經籍考》《宋志》經部禮類。後者《明志》經部禮類 |

| 卷次 | 部類及子目 | 附録書 | 備　注 |
|---|---|---|---|
| 卷二九 | 經部春秋類 | 《春秋繁露》 | 《隋志》《舊唐志》《新唐志》經部春秋類 |
| 卷三三 | 經部五經總義類 | 《古微書》 | |
| 卷四二 | 經部小學類 | 《六藝綱目》 | |
| 卷六六 | 史部載記類 | 《越史略》《朝鮮史略》 | |
| 卷一一一 | 子部術數類存目 | 《尚書天地圖説》 | |
| 卷一一五 | 子部譜録類 | 《云林石譜》 | |
| 卷一六五 | 集部別集類 | 《心泉學詩稿》 | |

（注：《書義矜式》不見於清代以前書目，自《古微書》以下皆不見於清代以前書目）

## 三、《總目》"附録"創立的過程

1. 附録之例最早見於上海圖書館藏《總目》稿本，但不完善

四庫館較早編纂的是《四庫全書初次進呈存目》（以下簡稱"《初目》"）和《四庫全書薈要》，①二者早於《四庫全書》和《總目》的完成。《初目》今存 1878 篇提要，未見附録。《四庫全書薈要》在乾隆四十四年前後抄成兩份，一份置於宮中御花園的摛藻堂，一份藏於圓明園東長春園的味腴書室，今唯前者存，亦未見附録。可見館臣編纂《四庫全書》前期并未採用附録之例。

---

① 夏長樸《〈四庫全書初次進呈存目〉初探》（《漢學研究》第 30 卷第 2 期，2012 年 6 月，後收入《四庫全書總目發微》，中華書局，2020 年）認爲《初目》寫成於乾隆四十年五月至四十一年正月間。劉浦江《〈四庫全書初次進呈存目〉再探——兼談〈四庫全書總目〉的早期編纂史》（《中華文史論叢》2014 年第 3 期，後收入《正統與華夷：中國傳統政治文化研究》，中華書局，2018 年）。吳哲夫《四庫全書薈要纂修考》第六章第一節《薈要完成的時間》（臺灣"故宮博物院"，1976 年，第 74 頁）考定摛藻堂《四庫全書薈要》抄成於乾隆四十三年五月二十六日前。

上海圖書館藏《總目》稿本是後來定本《總目》的早期文本，約成書於乾隆四十六年前後，[①]要早於天津圖書館所藏的《總目》稿本、中國國家圖書館所藏的《總目》稿本以及中國國家圖書館所藏的《四庫全書簡明目錄》（以下簡稱"《簡目》"）內府抄本。[②] 天圖和國圖所藏兩部《總目》稿本內容、體例已與定本《總目》大致相同，內府抄本《簡目》也與定本《簡目》大致相同，都已有附錄且與通行本完全相同。上圖稿本的原稿爲工楷膳寫，其上頗多朱筆、墨筆的批改文字，還夾有行書提要，批改文字和行書提要屬於修改内容，要晚於原稿，時間在乾隆四十七年七月之前。[③] 上圖稿雖存世 122 卷，但殘缺不全，即使算上重複提要也只有 1539 篇，僅占通行本《總目》10254 篇的 15%。上圖稿原稿没有附錄之篇，其類目統計也均未提到附錄，説明《總目》編纂前期仍未採用附錄這種形式；但上圖《總目》稿本上的修改文字出現了"附錄"，具體情況值得探討。

上圖稿第二册卷二三禮類存目一之首葉原稿《周禮井田譜》提要，被

① 具體可參考：崔富章《〈四庫全書總目〉版本考辨》（《文史》第二十五輯，中華書局，1992 年）、劉浦江《四庫提要源流管窺——以陳思〈小字録〉爲例》（《文獻》2014年第 5 期，後收入《正統與華夷：中國傳統政治文化研究》）、夏長樸《上海圖書館藏〈四庫全書總目〉殘稿編纂時間蠡探》（2017 年發表於《四庫學》第一輯，社科文獻出版社，2020 年收入《四庫全書總目發微》時有改動）、張玄《上海圖書館藏〈四庫全書總目〉殘稿小説家類考》（《文獻》2019 年第 4 期）、陳恒舒《上海圖書館藏〈四庫全書總目〉殘稿發覆》（《文獻》2019 年第 4 期）。

② 劉浦江《天津圖書館藏〈四庫全書總目〉殘稿研究》（《文史》第四輯，中華書局 2014 年）認爲天圖稿本可能是乾隆五十一年爲刊刻《總目》而繕録的一個抄本。夏長樸《天津圖書館藏〈紀曉嵐刪定四庫全書總目稿本〉的編纂時間與文獻價值》（《臺大中文學報》第四十四期，2014 年 3 月）認爲天圖稿本的編纂完成時間在乾隆四十六年二月十三日以前，後在《重論天津圖書館藏〈紀曉嵐刪定四庫全書總目稿本〉的編纂時間》（《湖南大學學報》2016 年第 6 期，後合并前文收入《四庫全書總目發微》）將天圖稿本的編纂時間調整爲乾隆四十八年二月。夏長樸《試論國家圖書館藏〈四庫全書總目〉稿本殘卷的編纂時間》（《中國四庫學》第三輯，中華書局，2019 年）認爲國圖稿的編纂時間在乾隆四十七年四月至七月之間，其編纂時間與天圖稿本頗爲相近。楊新勛《中國國家圖書館藏〈欽定四庫全書總目〉稿本解題》（《四庫全書總目稿鈔本叢刊》，上海科技文獻出版社，2021 年）認爲國圖稿本原稿寫成於乾隆四十七年七月以前，其修改可能在五十四年以前，國圖稿本與天圖稿本原爲一部，後分置兩處。

③ 詳筆者《上海圖書館藏〈四庫全書總目〉申論——兼論〈四庫全書總目〉的編纂方式》（待刊）。

館臣用朱筆勾除且在行間補寫“《周禮補亡》六卷”，第五葉《周禮沿革傳》提要亦被勾除，後周禮之屬類目統計原稿無附録；但此卷夾有行書抄《周禮井田譜》《周禮沿革傳》二書提要，《周禮井田譜》提要之右版框外標“附録”二字，類目統計處旁添“附録二部七十四卷”。説明上圖稿此處雖然原稿無附録，但館臣修改時將《周禮井田譜》《周禮沿革傳》調整爲附録，并重新抄寫了二書提要。又同卷儀禮之屬《儀禮易讀》之後類目統計言“禮類儀禮之屬十六部二百一十八卷（原注：内一部無卷數），皆附存目”，無附録；但《儀禮易讀》提要末添朱筆“此下接寫《五服集證》”，與所夾行書抄《五服集證》《讀禮問》《讀禮紀略》和《服制圖考》四篇提要相合，《五服集證》提要之右版框外標“○○○附録”，意味著館臣將此四書調整爲附録。天圖稿本和通行本恰將此四書作爲附録且在類目統計中增加了“附録四部二十二卷”字樣。又《六藝綱目》提要在上圖稿卷四二經部小學類，被館臣勾除，①卷末類目統計未提到附録，館臣尚未調整其爲附録，此書在通行本入小學類附録。又上圖稿本卷一○五醫家類存目有《馬師津梁》提要，館臣僅題“換頁”二字，亦未調整其爲附録，通行本作附録。又上圖稿第十四册卷一一五譜録類最後爲《雲林石譜》提要，其後類目統計云“右譜録類雜物之屬一部三卷，文淵閣著録”；而通行本《雲林石譜》列之入附録，且類目統計言“附録一部”，則上圖稿此處也未將其調整爲附録。限於上圖稿本的殘缺不全，提要不但少而且多殘損不完，又大多不見類目統計，可考上圖稿本中與通行本“附録”對應者僅此五處，其中兩處館臣設置了附録，三處未作調整。

不難看出，館臣在上圖稿的修改中已開始採用附録之例，但很不全面。館臣採用附録的兩例均出現在卷二三，此後卷四二、一○五、一一五這三處均未採用附録，即使考慮到上圖稿諸部分撤出時間的先後，也仍然可以看出館臣採用附録在卷次上有從前往後的趨勢。上圖稿似乎反映出當時《總目》前部已開始採用附録，但中部後部的大多附録還未做出，有待進一步完善。

--------

① 按：上圖稿本被勾除的提要較多，情況多樣：有調整爲附録者，但更多是撤毀書提要、著録書調整爲存目者，以及調整到别的位置、卷次或類目者。勾除者是否爲附録應與類目統計或標“附録”的另紙抄寫稿結合來判定。

2.《總目》採用附録之例始于附録易緯

從以上論述不難推測，館臣採用附録，當始於排在《總目》最前的經部易類，館臣於此附録了易緯八種。

古代緯書與圖讖合稱讖緯。晉代《七録》之技術録有讖緯部，不在經典録。《隋志》經部分十類，讖緯居其一，該類後云"列於六經之下，以備異説"，①似有附録之意。之後書目對讖緯的處理不盡統一，主要有兩類：一是《郡齋讀書志》《遂初堂書目》《宋史·藝文志》《國史經籍志》等均將讖緯書打散分別并入經書各類，不單列；二是《古今書録》《新唐書·藝文志》《直齋書録解題》《文獻通考·經籍志》等在經部單列讖緯類。

漢代七經本各有《緯》，這些緯書在民間多流傳至唐五代，而亡佚于宋。四庫館臣自《永樂大典》中輯出了易緯八種，②收録在《四庫全書薈要》和《四庫全書》裏。《四庫全書薈要》收録易緯，置之易類之末，首有《易緯總目》一葉，《四庫全書薈要總目》著録易緯八種後另行言"右易緯"，説明《薈要》收録易緯採用了單成一類的方式而非附録。《薈要總目》"右易緯"後有案語："今取其精粹者爲經部首。至於讖緯之書，非説經之正，而流傳既遠，遺帙僅存，不可廢也，因附見焉。"③雖然館臣此時尚未區分緯書與圖讖，且將易緯單列一類，但此類列在易類之後，"非説經之正"而"因附見焉"，也有視之爲附録的意味，只是未明確採取附録的形式而已。

《總目》卷六經部易類末附録易緯八種，加案語云：

"儒者多稱'讖緯'，其實讖自讖，緯自緯，非一類也。讖者詭爲隱語，預決吉凶。《史記·秦本紀》稱盧生奏録圖書之語，是其始也。緯者經之支流，衍及旁義。……蓋秦漢以來，去聖日遠，儒者推闡論

---

① 魏徵等撰：《隋書》第四册，中華書局，1973 年，第 1063 頁。

② 清高宗《御製題乾坤鑿度》詩末署"乾隆癸巳孟夏"，則易緯輯出當在乾隆三十八年(1773)前後。

③ 《景印摛藻堂四庫全書薈要》第一册，世界書局，1988 年，第 104 頁。楊按：《乾坤鑿度》前有清高宗《御製題乾坤鑿度》詩："言《易》祖《繫辭》，頗覺近乎理……有純亦有疵，稽古堪資耳……欽若斯足徵，撫卷勵顧諟。"《四庫全書薈要》《四庫全書》經部皆收入易緯，或與此有關。

説,各自成書,與經原不相比附,如伏生《尚書大傳》、董仲舒《春秋陰陽》①,核其文體,即是緯書,特以顯有主名,故不能托諸孔子。其他私相撰述,漸雜以術數之言,既不知作者爲誰,因附會以神其説。……右《乾鑿度》等七書,皆易緯之文,與圖讖之熒惑民志、悖理傷教者不同。以其無可附麗,故著録于易類之末焉。"②

館臣至此已認識到緯書與圖讖不同,是經書的衍生品,本出賢人之手,後漸附會術數、神仙之説,所以要將易緯八種作爲易類附録。館臣的案語揭示了緯書的由來、性質、意義,尤其指出了緯書與圖讖的差異,給出了客觀評價,他們對緯書的認識非常深刻,③這是《四庫》收録易緯并將之作爲附録的原因。館臣最終以附緯入經的方式來完成對緯書的收録。

館臣設置附録始于易緯,除了考察上圖稿本所獲的啓示和上引《總目》附録易緯的案語之外,還有三處附録案語提供了證據:一是《總目》卷一〇易類存目後附録了《古三墳》,其後有案語云"據所訓釋,則《三墳》乃書類,非易類也,然僞本既托於三《易》,不可復附書類中,姑從易緯之例,附其目於諸家易説之末",④明言此處附録《古三墳》是採用附録易緯的做法;二是《總目》卷一二經部書類之末附録了《尚書大傳》,案語云"案《尚書大傳》於經文之外,掇拾遺文,推衍旁義,蓋即古之緯書……今亦從易緯之例,附諸經解之末",⑤亦言此處設置《尚書大傳》爲附録源於附録易緯;三是《總目》卷一六經部詩類之末附録了《韓詩外傳》,案語云"王世貞稱《外傳》引《詩》以證事,非引事以明《詩》,其説至確……以其舍詩類以

---

① 按:《總目》此處"《春秋陰陽》"當即董仲舒之《春秋繁露》,蓋因此書以陰陽災異解《春秋》而言。

② 永瑢等撰:《四庫全書總目》上册,中華書局,1995年,第47頁。

③ 李學勤《易緯乾鑿度的幾點研究》(《清華漢學研究》1994年第1輯)認爲《乾鑿度》上卷可遠溯先秦,下卷略當孟、京易學之際,觀點與館臣接近。張學謙《易緯篇目、流傳與輯佚的目録學考察》(《古典文獻研究》第二十輯上卷)、《關於"讖緯"義界與性質的再檢討》(《中國典籍與文化》2020年第1期)亦研究證明館臣的這些認識是正確而深刻的。

④ 永瑢等撰:《四庫全書總目》上册,中華書局,1995年,第89頁。

⑤ 永瑢等撰:《四庫全書總目》上册,中華書局,1995年,第105頁。

外無可附麗，今從易緯、《尚書大傳》之例，亦別綴于末簡"，①也是將《韓詩外傳》設爲附録溯及於易緯。三處按語均言設置附録是依據易緯之例，説明易緯確爲《總目》附録之始。

細繹上引三處案語，與易緯後案語不同，館臣據易緯之例將《古三墳》《韓詩外傳》設爲附録，實已突破了附緯入經的思想認識。《古三墳》和《韓詩外傳》不是緯書，與易類、詩類的關係也不是緯與經的關係，館臣於此走向更寬廣的内容書旨辨析，據此歸納、設置了大多數的附録。可見，館臣在《總目》易類附録易緯時不但確立了附録之例，而且開啓了設置附録的思路，附緯入經是其設置附録的一個基礎和門類，館臣由此將附録推廣到了經、史、子、集所有部類。

3.《總目》附録之類及書多爲新設

古代書目中的附録之書至《總目》時或已單獨立類或已收入他類，②大多不再視作附録。雖然《明志》設置了多處附録，但其設置頗多隨意，合理性較小，《總目》所列附録與之差别很大，幾無相同，則《總目》附録并非承自《明志》。與《總目》編纂關係密切的目録書有《千頃堂書目》和《經義考》：③《千頃堂書目》小學類附録了算學和蒙書，算學在《總目》改入子部天文算法類，不入附録，而蒙書被館臣排斥，不被收入四庫範圍；至於《經義考》則根本未設附録。可見，《總目》附録的設置大多空無依傍，是館臣在古代書目設置附録思路的影響下，④由設置易緯附録而逐漸擴展到所有書籍後，在重新認識書籍性質和類目標準的基礎上做出的。也就

---

① 永瑢等撰：《四庫全書總目》上册，中華書局，1995 年，第 136 頁。

② 按：自唐代以來，爾雅類、經解類、論語類、孝經類、孟子類及四書類先後獨立成類，名家、墨家、法家等類在《千頃堂書目》入子部雜家類雜學目，《總目》承之亦收入雜家類雜學目。另外，《四庫全書》不收蒙書，《千頃堂書目》小學類附録的算學，《總目》改隸子部天文算法類。

③ 有關《千頃堂書目》對《四庫全書總目》編纂的影響可參看王建平、温慶新《黄虞稷〈千頃堂書目〉對〈四庫全書總目〉編纂的影響》（《高校圖書館工作》2021 年第 2 期），有關《經義考》對《四庫全書總目》編纂的影響可參看張宗友《〈經義考〉研究》（中華書局，2008 年）第七章。

④ 《四庫全書總目·凡例》（《四庫全書總目》上册卷首，第 17 頁）云："自《隋志》以下，門目大同小異，互有出入，亦各具得失。……凡斯之類，皆務求典據，非事更張。"《總目》的編纂是在全面總結古代書目成就基礎上加以改造、創新完成的。

是説,《總目》只是繼承了前人書目設置附録的做法,而具體設置哪些附録和各附録包括哪些書籍都是出於館臣的創新。這是古代圖書分類的進步,表現了館臣對圖書小類性質認識的深入。如《總目》將服制類著作附録在禮類儀禮子目之後、將《大戴禮記》類著作附録在禮類禮記子目之後、將獸醫類著作附録在子部醫書類之後就都是首次做出,均在内容主旨上有很大的合理性,表現了館臣對古書性質和知識體系的深入認識。這樣調整後,既保證了新的類目收書性質的一致,又使附録之書得到很好安置的同時附録小類的性質也得以體現,將附録之書與所附類別的關係做了很好的處理,從而使書籍性質與知識結構、分類體系都高度一致,確實使《總目》的圖書分類更爲科學、合理。

　　如上所論,《總目》還突破了古代書目附録限於小類的做法,在 12 個類目之後各附録了一種或兩種書,共 15 種書,這更是不見於古代書目之附録中的,屬於《總目》更爲具體細緻的創新。這些附録書,在《總目》之前的衆多書目裏大多混在其所附部類(即原來部類)中,如《尚書大傳》《韓詩外傳》《春秋繁露》在《隋志》《崇文總目》和《宋志》中就都分別在尚書類、詩經類和春秋類中,并没有作爲附録。《總目》將之改隸附録,一方面説明通過整理、審核,館臣認識到這些書的性質與原來所在類目并不一致,有必要單列,另一方面也説明館臣對附録的理解更深刻更全面,將附録的設置從附録小類擴展到了具體的一種或兩種書,在書目分類和圖書設置上都作了創新。如上所引《總目》易緯按語"伏生《尚書大傳》、董仲舒《春秋陰陽》,核其文體,即是緯書",已意味著館臣統籌而觀,用易緯之義例來判定《尚書大傳》《春秋繁露》,并將其改隸附録;而上引館臣三處按語明言將《古三墳》和《韓詩外傳》二書分別附之易類、和詩類既是沿襲設置易緯附録的做法,更表現了館臣設置附録對附緯入經認識的突破,將之擴展到了所有部類。這發展了古人設置附録的實踐和理論,館臣設置附録突破了之前書目附録的傳統做法,不再限於小類,而是將類目性質的認識精確到每一部書,從而使附録涵蓋到了所有書籍。可見,館臣是從圖書性質上去概括類目,不管書籍是否構成小類,只要是略有異質的書就另加考慮,盡可能讓同類之書性質一致,把性質與之相近而略有出入的著作調爲附録,從而將前人的附録之舉涵蓋到所有類目和書籍。

# 四、《總目》“附録”的意義及影響

《總目》大量採用附録的方法,在目録學史上有重要意義:一是《總目》在附録書之前明確標示“附録”二字,附録之後的類目統計也明言“附録×部×卷”,格式規範、統一、完整,表明了其對附録的使用有明確的體例和理論意識,附録已成爲《總目》目録體系的一個組成部分;二是《總目》共設附録 18 處,涉及經、史、子、集四部,共 41 種書,既有某些單獨的小類,也有只是包括一種或兩種書,既有著録書,也有存目書,是古書目録設置附録最全最多者,涵蓋了《總目》所有圖書部類,表明館臣已全面採用附録法來編纂《總目》;三是館臣所設附録,不管是小類還是單獨的書,都是館臣的創新,是館臣從圖書類目標準和書籍内容性質入手歸納的結果,表現了館臣對圖書性質和知識結構的深入認識;四是從目録學史上看,《總目》發展了附録設置的實踐和理論,《總目》附録突破了古代書目附録限於小類的藩籬,是古代書目設置附録最多最全者,使附録設置與圖書分類和書目編纂全面結合,意味著附録的充分發展和走向成熟。

鑒於古書的繁多和複雜,圖書分類在類目和層級設置上均有不足,有些書籍與具體類目難以吻合,置於其中既有削足適履之嫌,又有突破類目之虞,衝擊著圖書分類的標準。而附録的設置恰好解決了這一問題。《總目》附録既有小類又包括一種兩種書,是對圖書分類不足的全面處理,是對圖書分類理論的靈活補充,也是圖書分類體系完善的表現。可以説,附録發展至《總目》已具備了完善的内容和體例,達到了理論自覺,成爲古代書目分類體系成熟的一種體現。

此後,《續文獻通考》《續通志》以及《販書偶記》《販書偶記續編》等均採取了與《總目》類似的做法。

（本文發表於《史學史研究》2023 年第 1 期,今略有修改）

# 四庫提要版本著録申論

## ——以經部提要爲中心

　　人們對於四庫提要著録版本的研究大多集中在對《四庫全書總目》（以下簡稱"《總目》"）的認識上，①近來江慶柏先生始從《四庫全書初次進呈存目》（以下簡稱"《初目》"）《四庫全書薈要總目提要》（以下簡稱"《薈要總目》"）和《總目》相結合的角度加以認識，②推進了這一研究。但是，有關四庫提要著録版本的問題仍可進一步深入論述。

## 一、　四庫提要對各書版本的著録

　　《四庫全書》自乾隆三十七年（1772）正月初四清高宗頒旨編纂開始，

---

　　①　傳統的看法認爲《四庫全書總目》是解題目録，不是版本目録，如余嘉錫《四庫提要辨證·序録》及程千帆、徐有富《校讎廣義·目録編》均有指出，又《增訂四庫簡明目録標注·重版説明》："尤需指出，《四庫》編纂們，雖是通儒碩學，但疏於板本之學。提要中評介各書板本時缺時略，甚至謬誤；《標注》拾遺補缺，正可補正《總目》。"（上海古籍出版社，2000 年，第 3 頁）司馬朝軍在其《〈四庫全書總目〉研究》中説："只注版本來源，不注明版本特徵，版本著録含混，導致卷數著録混亂。可見館臣們在書目編製方面自始至終缺少明確統一的規則。此點正是現代目録學家們最爲詬病的一大缺失。"（《〈四庫全書總目〉研究》，社會科學文獻出版社，2004 年，第 141 頁）但也有反對之説，如曹之《〈四庫全書總目〉不是版本目録嗎？》一文從版本著録、版本源流考訂和内容辨僞等方面加以論述，認爲："《總目》作爲版本目録是無庸置疑的，《總目》中藴藏著極爲豐富的版本學資料。"（《山東圖書館季刊》1991 年第 4 期，第 9 頁）而司馬朝軍在《〈四庫全書總目〉與古籍版本鑒定》中説："筆者認爲，《總目》是版本目録。無論纂修官、總纂官，還是總裁官，學養深厚者不乏其人，他們在撰寫提要時已將版本學的内容融入其中，這是不爭的事實。"（《圖書情報知識》2003 年第 4 期，第 25 頁）
　　②　江慶柏：《四庫全書初次進呈存目·概述》，人民文學出版社，2015 年。江慶柏：《四庫提要文獻的比較與研究》，《湖南大學學報》（社會科學版）2016 年第 6 期。

即要求館臣撰寫提要,著明圖書的作者、要旨。① 自此産生了分纂稿,後又陸續産生了《初目》、《四庫全書薈要》本書前提要、武英殿本書前提要、各閣庫本書前提要、《總目》和《四庫全書簡明目録》等提要文獻,這些文獻通稱"四庫提要"。各類四庫提要對書籍版本的著録并不相同。

1. 分纂稿提要的版本著録

今存最早四庫提要是分纂稿提要,分纂稿經部提要主要由翁方綱撰寫,其中有些著録了版本,如翁方綱所撰《周易注》及《略例》之分纂稿提要云:"《周易注》并《略例》凡十卷,宋相臺岳珂刊本。每卷後有'相臺岳氏刻梓荆谿家塾'十字亞形方印。每頁末皆有'某卦''某篇'字,是倒摺舊式也。每半頁八行,行十七字。"②但這樣詳細著録版本的提要稿非常少,大多情况的版本著録比較簡單,如於《傳家易説》,翁方綱分纂稿云"山陰祁氏澹生堂藏鈔本";於《南軒易説》,翁方綱分纂稿云"元贛州路學官胡順父所鈔刻",於《楊氏易傳》云"是書爲明人校刻",等等。相對來説,翁方綱分纂稿著録版本的提要不是很多,這也是人們指責翁氏不足的一個方面。

2.《初目》的版本著録

《初目》的撰寫時間略晚於分纂稿提要,《初目》偶爾於條目的書名下注出收書來源,如於《詩經疏義》下注"浙江范懋柱天一閣藏本",於《附釋文互注禮部韻略附貢舉條式》下注"侍讀紀昀家藏本",這種情况不多見。《初目》經部提要詳細著録版本的有《詩經疏義》《重修玉篇》《干禄字書》《九經字樣》《五經文字》《重修廣韻》《附釋文互注禮部韻略附貢舉條式》《龍龕手鑒》《字鑒》共九部,如《詩經疏義》提要云:"書成於至正丁亥,未經付梓。至正統甲子,英始取逢所授遺稿重加增訂,題作'詩傳義',詳釋發明,以授書林葉氏刊行之。而板心又標'詩傳會通',未喻其故,今仍從公遷舊名爲定云。"《初目》有的只是簡單的著録版本,如《易裨傳》提要云"是本爲元至正間陳泰所刊";有的只是版本推測,如《涼山讀周易記》提

① 《乾隆三十七年正月初四日聖諭》,永瑢等撰:《四庫全書總目·卷首》,中華書局,1995 年,第 1 頁。

② 翁方綱等著,吳格、樂怡點校:《四庫提要分纂稿·翁方綱稿》,上海書店出版社,2006 年,第 3 頁。

要云"此本仍作八卷,則猶從宋刻録出也",《周易文詮》提要云"此本舊鈔,止四卷,然首尾完具,疑後人合并也",《禹貢山川郡邑考提要》"疑爲未經訂定之稿本也",等等。今《初目》經部存 365 篇,其中或多或少有版本内容的 23 篇,約占 6.3%,大多數不著録版本。

3.《薈要總目》和提要的版本著録

在《四庫全書薈要》卷首,有五册目録著録了《薈要》收録圖書的書名、卷數、作者及底本和校本,此即《四庫全書薈要總目》,江慶柏先生指出:"《薈要總目》是一部重要的版本書目。"①《薈要總目》對收書的版本著録非常規範,如它於《周易經傳注疏》云"今依内府刊本繕録,據宋刊本、明國子監本、毛晉汲古閣本及諸家所勘宋本恭校",於《東坡易傳》云"今依前浙江巡撫臣三寶所上吳玉墀家藏江西刊本繕録,據明焦竑、閔齊伋、毛晉諸本恭校",於《尚書全解》云"今依内府所藏通志堂刊本繕録,據宋林畊本、明《永樂大典》本恭校",等等。《薈要總目》的版本著録對於我們使用《四庫全書薈要》和考察《四庫全書》收書版本具有重要的參考價值。

在《四庫全書薈要》收書的卷首,館臣也撰有提要,稱爲《四庫全書薈要提要》(以下簡稱"《薈要提要》"),這些提要有的也著録版本,如其《周易經傳注疏》提要云"我皇上表章彝訓,乾隆四年重刊《十三經注疏》,特詔儒臣,悉取援據原書,參互勘訂,卷爲考證,以附其後。不獨遠過明刻,亦非潭、建諸本所得擬也",又如其《東坡易傳》提要云"明焦竑初得舊本,刻之;烏程閔齊伋以朱、墨板重刻,頗爲工緻,而無所校正;毛晉又刻入《津逮秘書》中。三本之中,毛本最舛,如《漸卦》上九,并經文皆改爲'鴻漸于逵',則他可知矣。今以焦本爲主,猶不甚失其真焉。"内容不但較《薈要總目》詳實,而且正確。② 這是應該引起我們重視的。

4. 各閣庫本書前提要的版本著録

《四庫全書》當時繕寫七部,庋儲七閣,今完整存世的有文淵閣本、文溯閣本和文津閣本,另有文瀾閣本殘缺後補寫完整,這四閣《四庫全書》

① 江慶柏:《四庫提要文獻的比較與研究》,《湖南大學學報》(社會科學版)2016 年第 6 期,第 24 頁。

② 楊按:纂修四庫,共收到四個《東坡易傳》的本子,皆九卷,《薈要總目》言"依前浙江巡撫臣三寶所上吳玉墀家藏江西刊本繕録",《總目》署底本爲"副都御史黃登賢家藏本",然各提要皆言"以焦本爲主",實據焦竑刻本謄録。

的收書前面均有提要,稱"書前提要"或"閣本提要""庫本提要",除了文瀾閣本丁氏補鈔書提要多襲自《總目》外,①這些提要大多與《總目》有或多或少的差異。

這些提要有的也著録版本信息,如文淵閣本、文溯閣本、文津閣本的《東坡易傳》提要均與《薈要提要》相同有版本著録文字,又《説文解字篆韻譜》《玉篇》(《總目》作《重修玉篇》)《干禄字書》等三閣本提要也均與《初目》或《薈要提要》基本相同有版本著録文字。從這些相同的版本著録中,不難看出三閣本提要與《初目》和《薈要提要》的承遞關係。

還應提到,三閣本提要中,文津閣本書前提要與文溯閣本書前提要較爲近似,篇幅不長,尤其是其中有一些提要中有版本内容,而相應的文淵閣本提要却往往没有。如文溯閣本和文津閣本《子夏易傳提要》均有"惟明人所刊本尚存,《通志堂經解》又重刊之。流傳既久,未可遽廢,姑存以備一家可也",可知二閣本書來自《通志堂經解》本,而文淵閣本提要和《總目》提要均没有"惟明人所刊本尚存,《通志堂經解》又重刊之"這樣的版本信息;又如文溯閣本、文津閣本《周易注疏提要》有上引《薈要提要》介紹其收書依據的是武英殿本的文字,文淵閣本提要和《總目》均没有這些文字;等等。這種差異可能是文淵閣本提要撤换後再照《總目》重鈔所致。

5.《總目》的版本著録

除去清敕撰書之外,《總目》在每一條書名之下均注出版本來源或性質,如於《周易正義》下注云"内府刊本",於司馬光《温公易説》下注云"《永樂大典》本",於張九成《孟子傳》下注云"内府藏本",於汪克寬《經禮補逸》下注云"兩淮馬裕家藏本",於袁仁《春秋胡傳考誤》下云"通行本",等等。這些本子來源或性質大致可以分爲内府刊本、内府藏本、《永樂大典》本、各地公私進呈本和通行本五類。

《總目》重在探討書的作者生平、内容構成、學術淵源和成就得失,偶爾也會有少量的版本内容,如《總目》的《東坡易傳提要》也有上文提到的《薈要提要》文字,其《説文解字篆韻譜》《重修玉篇》《干禄字書》等書的提要也有與《存目》或《薈要提要》基本相同的版本著録文字,這是曹之、司

---

① 楊按:文瀾閣本張氏補鈔書提要多襲自文津閣本書前提要。

馬朝軍等認爲《總目》是版本目録的依據。

正如上文所指出的,《總目》有些提要没有文溯閣本、文津閣本提要裏的版本著録文字,這樣《總目》提要中有版本著録的篇目要較文溯閣本、文津閣本提要少。《四庫全書》經部收書 694 種,《總目》著録版本信息的提要有 92 種,約占 13.3％,可見稱《總目》爲版本目録是非常勉强的。《總目》著録版本的提要篇目不多,這是大多數學人詬病《總目》的一個重要方面。

## 二、 四庫提要有關版本的概念

各類四庫提要中都或多或少的提到了一些版本概念,這些概念主要有:

1. 善本

"善本",分纂稿、《初目》、《薈要提要》、庫本提要、《總目》均有這一概念,相互之間有沿襲的現象。

翁方綱分纂稿於《彙雅提要》云"今此本丹黄處尚有吴郡趙宦光手跡,宦光亦究心六書之學者,洵爲校閲之善本矣",此"善本"明顯是從文字内容上説的,認爲錯訛較少,是校勘性善本。翁氏後於《姑蘇名賢小紀》《宋宰輔編年録》《金石録》《元次山文集》《樊川文集》《山谷内集别集外集》等中也多次曾使用過"善本"概念,意思相同,可知翁氏確有較爲明確的"善本"觀念。此外,姚鼐分纂稿《周易參同契提要》《楚辭協韻、讀騷大旨提要》也有"善本"概念,意同翁氏。《初目》於程頤《易傳提要》云"未幾繹卒,故其書散亡,學者所傳無善本",也是從内容上説的。又《初目》之《九經三傳沿革例提要》云"初,廖剛刊正《九經》,當時稱爲善本",説明《初目》的"善本"概念也受到了版本傳統的影響。《初目》於《重修廣韻提要》《爾雅注提要》等也曾出現過"善本"概念,意思一致,均指校勘性善本。《薈要提要》於《易緯通卦驗》云"第此書久已失傳,當世并無善本可校",此"善本"也是從文字内容上説的,指校勘性善本。《薈要提要》又於《毛詩注疏》云"毛晉刻本《關雎》篇誤以陸氏《釋文》混入鄭箋,今亦校正,信爲善本云",以底本武英殿本文字之善稱爲善本。文淵閣本、文溯閣本、文津閣本及《總目》之程頤《伊川易傳》、鄭樵《爾雅注》、《重修廣韻》三書提要均言及"善本"，文字全同《初目》，於《易緯通卦驗》言及"善本"的文字也全同《薈要提要》，因襲之跡明顯。

當然，文淵閣本、文溯閣本、文津閣本提要及《總目》中言及"善本"的地方遠遠多於分纂稿、《初目》和《薈要提要》，這與分纂稿、《初目》遺失嚴重以及《四庫全書薈要》收書有限有關。這些"善本"所指基本上都是從文字內容入手的，指的是校勘性善本。司馬朝軍在《〈四庫全書總目〉善本觀初探》中云"《總目》之善本觀是考訂家之善本觀，而非鑒賞家之善本觀"，①這種認識是正確的，只是《總目》的善本觀并非《總目》所獨創，而是自分纂稿、《初目》、《薈要提要》、庫本提要一路發展而來的，在一定程度上是我國古代版本校勘尤其是清代校勘學發展的體現，探討四庫提要的善本觀應該放在四庫提要編纂的動態歷史和我國校勘學史的背景下來考察。

### 2. 內府刊本

"內府刊本"一名多見於《薈要總目》，《總目》條目書名下出現過 26 次，但不見於分纂稿、《初目》和庫本提要。

清代宮中刻書初承明內府經廠餘緒，康熙十九年（1680）始於西華門內武英殿設立刻書機構，分監造處和校刊翰林處兩部，其刻書以機構稱"內府本"，以地點稱"武英殿本"。武英殿刻書一是刊刻了高質量的《十三經注疏》、《二十三史》、大型類書以及一些有重要影響的書籍，是中國版本史上重要的成果；二是刊刻了一些御纂、欽定的皇家書。收入《四庫全書薈要》的內府刻書，《薈要總目》均標爲"內府刊本"，經部共 43 處，是對這些書籍版本的權威説明。《四庫全書》中《十三經注疏》也是收單行本，與《四庫全書薈要》相同，也都來源於武英殿刻本，但是《總目》除了於《周易正義》下注"內府刊本"外，其餘十二經却均注"內府藏本"；又《四庫全書》收朱熹《周易本義》四卷本和十卷本兩種，《總目》云"并內府刊本"；又《薈要總目》有 23 種敕撰書云"內府刊本"，《總目》均不注來源。這樣，《總目》經部僅 2 處注"內府刊本"，史部於二十三部正史注"內府刊本"，另類書《初學記》注"內府刊本"。

---

① 司馬朝軍：《〈四庫全書總目〉善本觀初探》，《圖書情報工作》2002 年第 8 期，第 120 頁。

此外,《薈要總目》還有多部書籍標爲"武英殿聚珍版",這要比標"内府刊本"在版本著録上更爲精確。可惜,這樣的標識均不見於《總目》。

3. 内府藏本

"内府藏本",不見於分纂稿、《初目》和三閣庫本提要。《初目》於《殘本唐語林》書名下曾注有"内廷藏本",①但僅一見。

"内府藏本"大量見於《薈要總目》和《總目》,但具體所指又有不同。

《薈要提要》之"内府藏本"説法只是藏書地名,并不指書籍版本,所以下面還要標出書籍版本,如"内府所藏通志堂刊本""内府所藏毛晉汲古閣刊本"等等。

《總目》條目書名之下則僅注"内府藏本",不再標出書籍版本,似乎有把收書來源誤當書籍版本之嫌。無疑,這樣的標記是十分含混的,無法據此知悉書籍的具體版本。

今天看來,無法簡單將《總目》的"内府藏本"比附爲《薈要總目》的"内府所藏",因爲《總目》的"内府藏本"與《薈要總目》的"内府所藏"并不一致。《四庫全書薈要》經部收書 173 部,其中言"内府所藏"者恰 100 部,分别爲通志堂刊本 95 部、汲古閣刊本 3 部、葉自本刊本 1 部、張士俊刊本 1 部,書籍來源和版本情況著録得十分清晰。這 100 部中,《總目》僅 39 部注爲"内府藏本",其餘則注了其他來源。《薈要總目》不言"内府所藏"的 73 部中,《總目》有 18 部注爲"内府藏本",其中有 2 部來自"天禄琳琅",有 4 部《薈要提要》標爲各地進呈本,另是《十三經注疏》中《周易正義》之外的 12 部。可見,《總目》所標"内府藏本"比較複雜。②

4. 通行本

"通行本"一名不見於分纂稿、《初目》、《薈要總目提要》和庫本提要,僅見於《總目》條目書名之下,共有 186 種書,其中經部書 48 種。

將《四庫全書薈要》經部與文淵閣《四庫全書》本相同收書的《薈要總目》與《總目》加以對照,這些書中《總目》注有"通行本"共 8 種,其中 5 種

---

① 楊按:《總目》作"内府藏本"。

② 楊按:清高宗乾隆三十九年七月二十五日上諭云:"其官版刊刻及各處陳設庫貯者,俱載内府所藏。"(永瑢等撰:《四庫全書總目》卷首《聖諭》,中華書局,1995年,第2頁。)

《薈要總目》標爲"内府刊本"，1 種標"内府所藏毛晉汲古閣刊本"，1 種標"河南巡撫上毛晉汲古閣刊本"，1 種標"浙江巡撫上張士俊刊本"。雖然《總目·凡例》言"坊刻之書不可專題一家者，則注曰通行本"，①但其實坊刻本僅爲通行本的一部分，通行本包括較廣，書籍含混，甚至不是一個版本概念，遠不及《薈要總目》所標準確、規範。

5. 採進本

採進本，也稱進呈本，《薈要總目》多云"××巡撫××所上×××本"，《總目》的格式是於條目書名下注云"×××家藏本""××巡撫採進本"或"××總督採進本"等，《初目》僅有少量條目書名下注"×××家藏本"字樣，分纂稿、殿本提要、庫本提要均無此類標注。

這裏標注的是收書來源，②但需要指出的是《初目》《薈要總目》與《總目》所標往往不同。如《尚書詳解》，《初目》標注"庶吉士汪如藻家藏本"，《薈要總目》云"内府所藏通志堂刊本"，《總目》注"内府藏本"；《詩經疏義》，《初目》標注"浙江范懋柱天一閣藏本"，《總目》注"浙江吳玉墀家藏本"；③《集韻》，《薈要總目》云"江蘇巡撫臣薩載所上國朝曹寅刊本"，《總目》注"兩淮馬裕家藏本"，等等。僅就《四庫全書薈要》經部與《四庫全書》同收的 173 種書來看，《薈要總目》云據"内府所藏"的 100 部中，《總目》僅 39 部標"内府藏本"，1 部注"通行本"，其餘 60 部均標爲各地採進本；而此外的 73 部中，《總目》標"内府刊本""内府藏本"《永樂大典》本""通行本"及不標來源的敕撰書共 56 部，餘下的 17 部中，《薈要總目》與《總目》標注來源相同的 6 部，不同的有 11 部。《薈要總目》與《總目》所標採進本來源不同的共 71 部，占總數的 41%，數量非常可觀。

---

① 永瑢等撰：《四庫全書總目》卷首《凡例》，中華書局，1995 年，第 17 頁。

② 楊按：清高宗乾隆三十九年七月二十五日上諭云將藏書者姓名附載提要之末，採進本記名當來源於此，《總目》卷首凡例七"每書名之下，欽遵諭旨，各注某家藏本，以不没所自"正説明標注體例的由來。

③ 楊按：《浙江第四次吳玉墀家呈送書目》作《詩經疏義》二十卷，元朱公遷著，八本；《浙江省第五次范懋柱家呈送書目》作《詩傳會通》二十卷，元朱公遷著，五本。是浙江吳玉墀家、范懋柱家均呈送有此書。《浙江採集遺書總録》作《詩傳疏義會通》二十卷，曝書亭藏刊本。自《總目·詩經疏義提要》來看文淵閣《四庫全書》應以《初目》所云天一閣本爲底本。

## 三、 四庫提要著録版本及提要性質分析

在《四庫全書總目》卷首的《凡例》中對《四庫全書》收書版本曾作出規定:"諸書刊寫之本不一,謹擇其善本録之;增删之本亦不一,謹擇其足本録之。"①無疑,這裏的"善本"和"足本"都是版本學概念,是指文字正確的本子和内容完備的本子,這是指對圖書的分檢和選擇,是對當時的纂修官和分校官的明確要求,遇到一書多本要選出"善本"和"足本"收入《四庫全書》,這是把《四庫全書》編成一部高質量叢書的保證。可見,在《四庫全書》編纂時,要求明確,纂修官和分校官應該有較爲清晰理性的版本意識,這一點從館臣的分纂稿和《薈要總目》中均能清晰地看得出來。

四庫館對館臣編纂的版本要求和明確意識是針對《四庫全書》收書和編纂的,對今天認識《四庫全書》底本和使用《四庫全書》有幫助,②但這并不一定意味著四庫提要的撰寫會側重版本著録,更不能説四庫提要是版本提要,不能説《總目》是版本目録,《四庫全書》的編纂要求與四庫提要、《總目》的性質是兩回事。以下主要從三個方面加以分析。

1. 各類提要之經部有版本著録的内容只占少數

除了單獨成册的《薈要總目》有規範的版本著録,是一部嚴格意義上的版本目録之外,其餘所有的各類提要和《總目》均只有少數提要著録了版本。如上文已列《初目》經部有提要 365 篇,僅 23 篇有或多或少的版本内容,僅占 6.3%;《薈要提要》著録版本的提要略多於《初目》,但也比較有限;《總目》經部提要 694 篇,著録版本的 92 篇,占 13.3%;文淵閣本書前提要這方面的内容近於《總目》;文淵閣本、文津閣本書名提要著録版本的篇幅略多於文淵閣本書前提要和《總目》。從數量上看,大多數提要的内部并没有著録版本,我們往往無法通過閲讀提要來獲得四庫收書的版本信息,這嚴重制約著我們對《四庫全書》諸書版本的認識和使用,

---

① 永瑢等撰:《四庫全書總目·卷首》,中華書局,1995 年,第 17 頁。
② 楊按:當然由於各方面原因,有些《四庫全書》收書的底本選擇并不盡如人意,對此,學人多有指摘。

也是許多學人詬病《四庫全書》和《總目》的一個重要方面。因此,從數量上看,我們無法説四庫提要是版本目録,只能説裏面有的著録了版本信息。這説明,雖然《四庫》編纂有明確的版本要求,但是四庫提要撰寫中没有統一要求館臣著録版本内容,《總目》編纂和修訂者更没有這方面的明確意識。

2. 各類提要對版本的著録存在前後因襲關係

各類提要的撰寫時間,大致可以這樣排列:分纂稿、《初目》、《薈要總目提要》、殿本書前提要、文淵閣本書前提要、文溯閣本書前提要、文津閣本書前提要、《總目》和《簡目》,其中有些書因各種原因校上時間出現交叉現象導致提要的撰寫時間也可能互有先後,有些書還有因撤换、重校現象致使其提要有改動、重抄,如有些文淵閣本書前提要與《總目》比較接近,可能是據《總目》重抄。但應該指出的是,分纂稿、《初目》、《薈要總目提要》、殿本書前提要、庫本書前提要和《總目》《簡目》在著録版本内容上存在著前後因襲現象。雖然《初目》經部僅 23 篇有版本内容,但其中20 篇提要的版本内容重見於《總目》的相應提要中,《薈要提要》有版本内容的提要也大多見於《總目》的相應提要中。分纂稿、《初目》、《薈要提要》、文淵閣本書前提要、文溯閣本書前提要、文津閣本書前提要與《總目》中著録版本的内容前後因襲,關係明顯,這説明《總目》提要中的版本著録并非紀昀等人的發明,而是其來有自的,紀昀等人在這方面的修改和補充十分有限。這裏尤其需要指出的是,就文淵閣本《四庫全書》經部書前提要、《總目》經部提要與文溯閣本、文津閣本書前提要相比,前二者頗有些提要删去了後二中的一些版本著録的内容,這樣的改動使得文淵閣本書前提要和《總目》中著録版本的提要數量更少,這説明紀昀等人對《總目》的修改更加疏離了版本提要的性質。

3.《總目》條目書名下所注書的來源和性質分析

《總目》在條目書名下大多注出書的來源和性質,這些來源和性質可以分爲内府刊本、内府藏本、《永樂大典》本、各地公私進呈本和通行本五類。這五類中,除了"《永樂大典》本"屬於輯佚本外,其餘所注均有未妥處。

"内府刊本"屬於版本説明,但是相較於《薈要總目》的規範著録來説,《總目》的標注頗不規範:一是 23 種清敕撰書,《薈要總目》云"内府刊本”,文淵閣本《四庫全書》所收也均以清內府刊本爲底本,但《總目》均無標注也無任何説明;二是文淵閣本《四庫全書》所收《十三經注疏》單行本均以乾隆前期武英殿刊本爲底本,但《總目》除了《周易本義》注“內府刊本”外,其餘均注“內府藏本”,既不統一,也不規範。如果説“內府刊本”是版本性質,“內府藏本”是書籍來源的話,那這兩個名目本就不屬於一個層面,不具有并列性,所以《總目》分設二目并不合理,其對書的處置就頗有些隨意。如與同屬於乾隆前期武英殿刊刻的二十三史相比(《總目》均注爲“內府刊本”),《總目》對十二經注疏標注爲“內府藏本”就更不合適了,這應該與清高宗乾隆三十九年七月二十五日諭旨有關,①其考量已非學術視角。

“內府藏本”的標注有時不準確,“內府”一稱應指主管刻書的清內府武英殿,但實際範圍要大,如《薈要總目》云“天禄琳琅”的書,《總目》也一律改注“內府”。

“通行本”的指稱不規範,有時也與實際不符。“通行本”僅見於《總目》,有 183 條書名下標注了“通行本”,經部有 43 條書名下標注了“通行本”,數量并不少;但是這個指稱却很成問題。“通行本”表面上看是指比較流行和常見的本子,《總目·凡例》言爲“坊刻之書”,但實際上頗有些書屬於官刻或家刻并非坊刻,有些注爲“通行本”的書較常見,如蔡沉《書集傳》、朱熹《詩集傳》等通行者以官刻爲多,但有些注爲“通行本”的書頗罕見,如《總目》注爲“通行本”的羅汝芳《孝經宗旨》就并不常見,應該出於家刻,朱彝尊《經義考》云“未見”,黄虞稷《千頃堂書目》誤以爲是羅洪先之作。《總目》存目中頗有些書下注“通行本”,這些書并不常見,是坊刻還是家刻更是難以弄清,入存目往往因館臣認爲書有瑕疵,這樣的標注更多反映了館臣不甚措意的心態。不難看出,《總目》使用這一指稱頗有隨意性,尤其需指出的是《總目》於明永樂間官修“五經四書大全”的《書傳大全》《詩經大全》和《四書大全》注“通行本”,於《周易大全》《春秋大全》注“內府藏本”,於《禮記大全》注“少詹事陸費墀家藏

---

① 乾隆三十九年七月二十五日清高宗諭旨:“其官版刊刻及各處陳設庫貯者,具載內府所藏。”(《四庫全書總目》卷首,第 2 頁)《四庫全書薈要總目》言“內府所藏”,《總目》改言“內府藏本”當與此諭旨有關。

本",就更隨意了。《總目》的有些提要裏已著録了版本信息,《總目》條目下仍注"通行本",如《總目·群經音辨》提要明言"此本爲康熙中蘇州張士俊從宋刊翻雕",書名下仍注"通行本",反不具體了。當然,由於"通行本"不是一個嚴格概念,離開了具體的時代和語言環境今天已難以明確所指了。

對於各地進呈本,《薈要總目》和《總目》均有標注,但是所注却往往不同。江慶柏曾統計《四庫全書薈要》收書 464 種,其中《薈要總目》著録圖書來源與《總目》著録來源相同的有 230 種,不同的有 234 種,不同的占 50.4%。[①] 自經部來看,不同來源的大致近似。針對如此多不同來源的標注,江慶柏先生指出"主要是出於政治上的考慮",這是由於乾隆三十九年七月二十五日,清高宗曾有諭旨要"將其姓名附載於各書提要末",[②]《總目》由於體例變化,遂改著録來源於條目書名之下。"《薈要總目》和《總目》著録的圖書來源不同,就實際上增加了朝廷的表彰對象。"[③]這樣的政治打算也已不屬於版本學内容了。

## 四、餘 論

雖然我國古代目録出現很早,版本著録應該是書目的重要内容,但由於版本學始於宋代,目録中著録版本的現象晚起且少見。一般認爲,南宋尤袤編撰《遂初堂書目》才第一次著録了圖書的版本,但其著録十分簡單,而且也只有很少著録而已。此後,元明的書目也大多不著録版本,即使偶有著録也非常簡略,缺乏版本目録的基本要素。這種現象至清初仍無大的改變,一個直接的説明就是朱彝尊《經義考》不著録版本。雖然朱彝尊《經義考》按語部分往往不厭其煩地著録異文,校勘優劣,但他并不著録版本,這説明朱氏并無明確的版本區分意識,這時目録中著録版本尚未形成目録學的共識。四庫提要往往與《經義考》有所關聯,其撰

---

① 江慶柏:《〈四庫全書薈要總目〉文獻價值初探》,《南京師大學報》2009 年第 4 期,第 124 頁。

②③ 中國第一歷史檔案館:《纂修四庫全書檔案》,上海古籍出版社,1997 年,第 328 頁。

寫受《經義考》的影響顯而易見，①四庫提要大多不著録版本當與此有關。當然，《總目》不著録版本，更直接的原因與《四庫全書》編纂要求有關，這可從清高宗諭旨尤其是《總目·凡例》看得出來："每書先列作者之爵里，以論世知人，次考本書之得失，權衆説之異同，以及文字增删、篇帙分合，皆詳爲訂辨，巨細不遺。而人品學行之醇疵，國紀朝綱之法戒，亦未嘗不各昭彰癉，用著勸懲。"②館臣撰寫提要對文本內容更多從學術源流上考察和道德思想上評價，而非文獻學尤其是版本學上著眼。

這樣，從文獻學史的角度，就更能看清四庫提要在這方面的表現和得失了。入清以來，學人逐漸重視版本，書目中著録版本的意識日益突出，如徐乾學編家藏善本書目《傳是樓宋元本書目》明確著録了收書版本，錢曾《讀書敏求記》也有大量的詳細版本信息，《欽定天禄琳琅書目》十分規範地著録了收書的版本特點。尤其是《欽定天禄琳琅書目》與《薈要總目》幾乎同時，二者都是嚴格意義上的版本目録。這樣來看，四庫提要大多不著録版本就不大合適了，如此重大的工程沒有反映至少是不能代表目録學發展的這一最新動態，未免不是一種遺憾；尤其是聯繫到四庫編纂時內府收藏與各省進呈的豐富版本資源，往往一書多本，在明確的版本選擇要求下，館臣在進行了大量的版本選擇和校勘工作後，將校勘成果匯集成了《欽定四庫全書考證》一書，并擇要撰入提要之中，竟然大多提要沒有標注收書和校書的版本，實在令人惋惜。這不能不説，許多四庫館臣在版本學方面不但認識不足，而且缺乏版本學意識，沒有把握到文獻學尤其是版本學發展的脉搏。

（本文發表於《南京師範大學文學院學報》2018 年第 3 期，今略有修改）

---

① 具體可參張宗友:《〈經義考〉研究》第七章第三節，中華書局，2008 年。
② 永瑢等撰:《四庫全書總目》卷首《凡例》，中華書局，1995 年，第 17—18 頁。

# 中國國家圖書館藏《四庫全書總目》稿本申論

　　據《四庫全書總目》(以下簡稱"《總目》")統計,《四庫全書》共收錄書籍 3461 種,79309 卷;存目 6793 種,93565 卷,總計 10254 種,172874 卷,[①]匯集了我國清代乾隆以前的主要文化典籍。從編纂之初,清高宗就諭令館臣爲每一部書籍撰寫提要,[②]不久又諭令編纂匯總提要,至乾隆六十年(1795)浙本、殿本《四庫全書總目》(以下簡稱"《總目》")先後刊行,《總目》終得完成。這是編纂《四庫全書》最重要的副產品,也是我國古代目錄學的集大成之作。歷時二十餘年,參與人員衆多,《總目》的編纂過程和版本源流都是非常複雜的問題。由於體量極大,涉及的書籍材料和檔案文獻相當繁多,兼之後來的《總目》稿本、諸閣抄本分貯各館且存量參差不齊,使得學界對這些問題很難一時澄清。匯集、編纂、出版《四庫全書總目稿鈔本叢刊》無疑是一件十分迫切而重要的文化舉措,這將極大地有益於學界開展上述問題的研究,同時也有利於人們對現在通行本《總目》的認識和使用,有利於學界對"四庫學"的研究和清代文化、歷史的研究。

　　中國國家圖書館藏有一部《總目》稿本(以下簡稱"國圖稿本"),對於此稿本,崔富章、王菡、夏長樸等先生曾先後撰文加以探討,[③]對其編纂時

---

　　① 白福春、劉琨:《〈四庫全書總目〉收錄古籍數量及卷數訂正》,《圖書館學刊》2016 年第 4 期。

　　② 楊按:乾隆三十八年五月一日清高宗諭:"系以提要,輯成《總目》。"(《諭內閣編四庫全書薈要著於敏中王際華專司其事》,中國第一歷史檔案館編:《纂修四庫全書檔案》,上海古籍出版社,1997 年,第 107—108 頁。)

　　③ 崔富章:《〈四庫全書總目〉版本考辨》,《文史》第三十五輯,中華書局,1992 年;王菡:《國家圖書館藏〈四庫全書總目〉稿本述略》,《文學遺產》2006 年第 2 期;夏長樸:《試論國家圖書館藏〈四庫全書總目〉稿本殘卷的編纂時間》,《中國四庫學》第三輯,中華書局,2019 年。

間和版本源流等方面作了探討，觀點雖然不盡一致，但頗有啓發，是有益於人們認識的。爲便於人們的閱讀和使用，以下從幾個方面來對這一稿本加以介紹：

## 一、 國圖稿本的版本特徵和殘存卷次

雖然國圖所藏這部《總目》稿本有 48 册之多，洋洋大觀，但是并非全本，計有 63 卷，約爲全本《總目》二百卷的三分之一，和天津圖書館所藏的《總目》稿本（2011 年國家圖書館出版社影印出版時定名"《紀曉嵐删定〈四庫全書總目〉稿本》"，①以下簡稱"天圖稿本"）非常相近，都是一部殘本。天圖稿本早在 20 世紀 30 年代陳垣先生就曾提到過，②後來人們對它的研究也較多，所以出版比較順利。與之不同，國圖所藏這部稿本直到 20 世紀末才爲人所知，此前并没有引起人們的關注。

國圖稿本爲綫裝抄本，封面紙較薄，卷首除鈐有"北京圖書館藏"印外并無其他印記。卷内白綿紙，工楷謄寫，字體先後不一，應爲數人謄寫而成。所有提要均施加朱色句圈。第三十三册卷一二八葉三三、三四間夾有長方形黄綢題簽"欽定四庫全書總目·卷六九／七十"，應爲原第二十八册封面所貼，被誤置此處。又第二十六册正文首葉處夾一方形黄綢

---

①　李國慶《影印紀曉嵐删定本〈四庫全書總目〉稿本前言》（《紀曉嵐删定〈四庫全書總目〉稿本》，國家圖書館出版社，2011 年，第 1 頁）言此稿本爲故宫博物院在 1977 年 7 月 28 日劃撥給天津市人民圖書館（即今天津圖書館）的宫中舊物。李氏此説源於丁芬、李國慶《〈四庫全書總目〉殘稿及其文獻價值》（《圖書館工作與研究》2008 年第 8 期）一文，此文據見向斯《故宫國寶宫外流失秘籍》（中國書店，2007 年）所載 1977 年劃撥天津市人民圖書館書籍 54 部共 3544 册，遂推測此稿本亦在其中。羅毅峰告知：《故宫國寶宫外流失秘籍》所載劃撥書籍中未見此《總目》稿本書名，而 1961 年 1 月出版之《天津市人民圖書館善本書目》第 76 頁已著録此稿本六十册，李氏所言恐不確。白莉蓉《精品薈萃　流芳千古——記天津圖書館藏徐世昌捐贈古籍善本書》（《圖書館工作與研究》2007 年第 6 期）著録有徐氏所捐《四庫全書總目》殘卷三部。此書民國十年（1921）爲陳垣購得，《陳垣往來書信集》收録陳垣 1936 年 7 月 26 日致胡適的信中談到此稿爲徐世章購去，徐氏 1954 年去世前捐獻天津市人民圖書館。

②　陳垣：《四庫提要中之周亮工》，原載故宫博物院《文獻叢刊》，1936 年 10 月；收入《陳垣學術論文集》第二集，中華書局，1982 年，第 49—58 頁。

題簽,楷書"史部二十二/載記類/載記類存目/史部二十三/時令類/時令類存目",與該册内容一致,當是原貼在封面之物,後來重裝時置於此處;也有的方形黄綢題簽與所在之册内容不吻合,如第三十册、第三十一册卷首各黏有一黄綢方簽,簽題"御製詩",與兩册内容不一致,①當爲重裝時誤置。這些都證明此稿本是四庫館原物。此稿曾被重裝過:一是此稿綫裝,封面和内裏紙質不同,且封面均無任何題字,這與遼寧圖書館藏文溯閣《四庫全書總目》絹面包背裝且有書名、部類簽題不同;二是此稿所夾長方形黄綢書名簽和方形部類簽,與遼圖文溯閣《四庫全書總目》册前封面者相同,當爲原裝封面之物,改裝後留置書内;三是此書第三十七册蟲蛀較多,蟲眼處被襯補過。只是今已難明此稿本是在四庫館中重裝,還是後來流出後重裝。

此稿本的版式是:朱格,四周雙邊,白口,單黑魚尾,半葉九行,行二十一字不等,小字雙行同;版心上寫大字"欽定四庫全書總目",魚尾下寫雙行小字"×部卷×""×類×"(或"×類存目×"),版心下寫小字葉碼。抄寫格式爲:每卷首葉第一行頂格寫"欽定四庫全書總目卷×",第二行低一格寫"×部×",第三行寫"×類×",書名頂格,提要低二格(每行十九字不等),遇"皇""聖""御"等與清皇帝相關字抬頭。這樣的版式和行款與天圖稿本、上海圖書館藏《總目》稿本及文溯閣、文瀾閣《總目》抄本等相同,而與通行的浙本、殿本《總目》略異。② 此書版框尺寸:高 21.3 厘米,寬 15.3 厘米。這與天圖稿本版框高 21.7 厘米、寬 15.5 厘米也十分接近。

國圖稿本無書前之目録、聖諭、表文、職名、凡例諸項,開始於卷一"經部總叙"。此本存卷:一、二、四、五、九、十五、十七至二二、二五、二九、三八至四一、四五至四七、五一、五二、五六至七三、七六、一一七、一二六至一二九、一四一、一四二、一五〇、一五六至一五九、一六五、一六六、一七三、一七五至一七七、一八六、一八七、一九七,所存卷皆内容完整。其中經部十三册十八卷,史部十七册二十四卷,子部五册七卷,集部

---

① 楊按:國圖稿本第三十册爲卷七六史部地理存目類五,第三十一册爲卷一一七子部雜家類。

② 浙本、殿本《總目》版心魚尾下爲大字"卷×",小字"×類×",版心下方葉碼大字。

十三册十四卷。劉浦江、夏長樸曾考證，天圖稿本卷七七、一三六、一三七、一五一這四卷係其他抄本闌入；①與此不同，國圖稿本六十三卷均版式、行款一致，應爲一時抄成之本。

　　還應指出幾點：① 此本卷次所分幾乎與浙本、殿本《總目》全同，唯卷一七終於明人章鼎之《詩經備考》提要，此下至清人姜少燦《詩經正解》提要爲卷一八，而浙本、殿本《總目》卷一七均終於明人劉敬純《詩意》提要，卷一八所終與國圖稿本同；②② 此本卷四六葉三七之後闌入卷四九正史類存目第二八、二九兩葉；③ 夏長樸曾指出此本卷六九葉二〇至二一間黏附工楷素抄兩紙，爲靳輔"《治河奏續書》四卷附《河防述言》一卷"提要，係館臣後來補抄；④ 卷七三地理類存目終於《山東通志》提要，無《金陵政要略》提要，今查實《山東通志》提要末尾所在之葉一七Ａ面後兩行被挖改，Ｂ面録《嘉靖廣西通志》提要兩行（與葉一六《嘉靖廣西通志》提要重複），蓋因此遺漏；⑤ 卷七三地理類存目葉六、七間夾有《常熟縣志》提要，當從他處移來；⑥ 卷七六首葉Ａ面第三行"地理類存目五"之後没有接抄《龍虎山志》提要，而是空白，至Ｂ面始抄《龍虎山志》提要，雖然浙本、殿本《總目》卷七六均始於《龍虎山志》提要，但國圖稿本此處安排耐人尋味；⑦ 卷一六六葉六六Ｂ面爲元人王旭之《蘭軒集》提要，終於"則併其"，後接卷一七三首葉，浙本《總目》"則併其"後尚有《蘭軒集》提要文字十七行，則國圖稿本卷一六六葉六六後應脱一葉；⑧ 夏長樸曾指出卷一七三第八、九葉間有兩張貼紙工楷素抄，當因清高宗《御製詩四集》編成於乾隆四十八年，館臣對原提要作出的增補；⑨ 卷一七三終於沈彤《果堂集》提要，後爲貼紙行書素抄汪由敦《松泉文集詩集》提要，亦當爲館臣後來所補；⑩ 卷一八七總集類葉三八Ｂ面《文選補遺》（著録爲"浙江鮑士恭家藏本"）書名左挖空末行，又夾有《文選補遺》提要（著録爲"兩江總督採進本"，版心原題"總集類存目/卷一百九十"，館臣改爲"總集類二/

---

　　① 　劉浦江：《天津圖書館藏〈四庫全書總目〉殘稿研究》，《文史》第四輯，中華書局，2014 年；夏長樸：《重論〈天津圖書館藏紀曉嵐刪定四庫全書總目稿本〉的編纂時間》，《湖南大學學報》2016 年第 6 期。

　　② 　楊按：浙本、殿本《總目》這樣劃分卷十七爲宋元明人《詩》類存目、卷十八爲清人《詩》類存目，而國圖稿本卷十八先有十四種明人《詩》類存目，這應該是館臣調整卷次劃分的原因。

卷一百八十七”），蓋館臣欲割去前者替換爲後者。①

此本頗多挖改之處，或一行，或兩行、三行以至多行者，偶有半葉者，應爲館臣校勘後重抄粘貼，挖改處提要字數往往多於十九字，有的多至二十一字。可見此本抄成後，曾經館臣認真校勘，發現遺漏或訛誤後再進行挖改、黏補。由於這些挖改均從紙背粘貼，所以這些挖改是在裝幀之前進行的，則此稿本是在館臣校勘無誤後再摺葉并裝訂成册的。這一操作方式與摛藻堂《四庫全書薈要》和各閣《四庫全書》相同，也説明其確爲四庫館舊物。

與天圖稿本相近，國圖稿本的字裏行間和天頭地脚有頗多塗改勾勒的文字，大多黑色，第三十八册、四十一册有黑、朱兩色，亦夾有或粘貼不少籤條，或一行，或多行，字體也很不一致，應出於多名館臣的批閱和删改。② 這些修訂文字和上文提到的館臣補抄、挖改在形式上有些相似，但實質上并不等同，館臣補抄不管是用行書抄寫還是楷書抄寫均較工整，應出謄録者之筆，挖改亦爲工楷，當出校對者之手，而修訂文字則全爲行書，字跡潦草，且均爲針對提要内容、形式及諸書次序等提出的修改意見，應出於總目協勘官或總纂官之手。天津圖書館歷史文獻部主任李國慶先生認爲天圖稿本的修訂墨跡出自紀昀之手，劉浦江等人認爲“這種説法值得斟酌”。③ 將國圖稿本與天圖稿本的修訂文字對比一下不難發現，兩者也非常接近，筆跡和修改内容都大致相同，應確非一人所爲（詳下文所論）。這些修訂文字應該是在《總目》稿本寫成、校勘并裝訂成册後，總目協勘官或總纂官再批閱、修改時添加的。這樣《總目》稿本原文寫成在前，修訂文字添加在後，時間較晚。所以討論國圖《總目》稿本應該將稿本原文與修改文字分開來談。

## 二、 國圖稿本的内容特點及其與浙本、殿本異同

依據上文所論，以下分别從稿本原文與修訂文字兩方面來對國圖稿

①　楊按：浙本、殿本《總目》皆標注爲“兩江總督採進本”。

②　王菡：《國家圖書館藏〈四庫全書總目〉稿本述略》，《文學遺産》2006 年第 2 期。

③　劉浦江：《天津圖書館藏〈四庫全書總目〉殘稿研究》，《文史》第四輯，中華書局，2014 年。

本展開論述。

### (一) 國圖稿本原文及其與浙本、殿本《總目》的差異

四庫館臣在編纂《四庫全書》過程中先後撰寫了大量的書籍提要文獻,江慶柏曾將之分爲分纂提要、匯總提要、刊本提要、書前提要和總目提要五種類型。[①] 排在最後的總目提要完成較晚,包括《總目》和《四庫全書簡明目録》(以下簡稱"《簡目》")兩個系統。具體到《總目》系統,又有各種稿本、諸閣抄本、浙本、殿本、粤本的不同。在《總目》系列中,稿本最早,其學術價值和意義不言而喻。

從内容上看,國圖稿本與臺灣"國圖"所藏《四庫全書初次進呈存目》的散裝單葉、不計葉碼不同,也與上海圖書館藏《總目》稿本(以下簡稱"上圖殘稿")卷帙不完、葉碼散亂不同,説明其來自一部已經編成爲二百卷的《總目》稿本,是一部基本定型的《總目》部分。其所分部、類和子目及卷次、内容與通行本《總目》基本相同,只是卷一七與卷一八的分卷位置與通行本《總目》不同而已。從其上衆多的塗改文字來看,在它編成以後,又經過了衆多四庫館臣之手,加以修改,這些修改文字又大多被後來的浙本、殿本《總目》所吸收,説明它曾作爲四庫館臣一部重要的工作本來使用的,在《總目》系列中有重要的意義。

這部國圖稿本雖然是一部殘本,在經過館臣的批閲、删定後并没有被打亂,而是作爲一個整體被保存了下來,即使經過重裝依然各卷完好,是十分幸運又耐人尋味的。

在浙本、殿本《總目》已廣泛使用的今天,將國圖稿本《總目》原文與這兩種《總目》刊本加以比較,指出它們的差異,對於認識這部《總目》殘稿的特點和價值是有幫助的。這種差異主要表現在:

1. 國圖稿本《總目》與浙本、殿本《總目》收書不同

首先是此稿本有後來浙本、殿本《總目》未收書提要。如王菡曾指出卷六二傳記類存目有朱國楨《開國臣傳》《遜國臣傳》二書提要,卷六四傳記類存目有章秉法《明道書院紀跡》提要,卷一五八别集類有葛立方《歸

---

① 江慶柏:《四庫學文獻的基本類型》,《中國典籍與文化》2014 年第 3 期;又江慶柏:《四庫提要文獻的比較與研究》,《湖南大學學報》2016 年第 6 期。

愚集》提要,不見於今《總目》;①又王菡、夏長樸均指出卷六六史部載記類有李清《南唐書合訂》提要、卷七〇史部地理類有周亮工《閩小記》提要,也不見於通行本《總目》。② 今又發現卷五六詔令奏議類存目有龔鼎孳《龔端毅公奏疏》提要、魏裔介《兼濟堂奏疏》提要,卷六〇傳記類存目有鄭鄤《宋三大臣彙志》提要,卷六一傳記類存目有李璧編《劍陽名儒錄》提要,③卷六五史抄類存目有劉績《春秋左傳類解》提要、唐順之《左氏始末》提要、顏鯨《春秋貫玉》提要、秦澗《春秋類編》提要、章大吉《左記》提要、孫范《左傳分國紀事》提要、魏禧《左傳經世》提要、張塘《竹香齋類書》提要、盧元昌《左傳分國纂要》提要,卷六八敕撰《皇清職貢圖》提要,卷七二地理類存目有楊爾曾《海內奇觀》提要、朱紹本等四人《地圖綜要》提要,卷一七三《御製詩集》提要,④總計二十三種著作提要,或爲館臣勾銷,或無任何批注,均不見於浙本、殿本《總目》。

其次是浙本、殿本《總目》也有一些書籍提要是此稿本原文所無者。夏長樸指出此本卷六九史部地理類無敕撰《河源紀略》和靳輔"《治河奏續書》四卷附《河防述言》一卷"二書提要,前者爲館臣後來所撰,故國圖稿本書眉有館臣標注,後者因清高宗乾隆五十年六月諭旨而修訂《河防述言》後附在《治河奏續書》書後收入,遂改撰《治河奏續書·河防述言》提要并以黏紙補入,二書提要在浙本、殿本《總目》均已補入。今又發現浙本、殿本《總目》卷三八樂類《欽定律呂後編》提要與《古樂經傳》提要之間有乾隆五十三年敕撰《欽定詩經樂譜》提要,卷四六正史類《元史》提要與《明史》提要之間有乾隆四十六年敕撰《欽定遼金元三史國語解》提要,卷六一傳記類存目《列卿記》提要與《善行錄》提要之間有《內閣行實錄》提要,卷六二傳記類存目《歷代內飾考》提要與《明十六種小傳》提要之間有《友於小傳》提要,卷七六地理類存目有《雲門志略》提要,又上文已提

---

① 王菡:《國家圖書館藏〈四庫全書總目〉稿本述略》,《文學遺產》2006 年第 2 期。

② 楊按:乾隆五十二年三月,清高宗因發現李清《諸史同異錄》記載事件諭旨徹查《四庫全書》所收李清著作并刪除《總目》著錄,至八月周亮工著作又遭到禁毀并刪除《總目》著錄,所以浙本、殿本《總目》均無二人著作提要。

③ 楊按:此提要被館臣勾除,上有眉批"此名人類中之書,誤列於此,已改正"。

④ 楊按:此提要處夾有毛泰紙所抄《御製詩初集四十八卷二集一百卷三集一百十二卷四集一百十二卷》提要,爲館臣改撰,浙本、殿本《總目》皆收改撰提要。

到的浙本、殿本《總目》卷七三地理類存目有《全陝政要略》提要，再計入
上文提到的卷一七三《松泉文集詩集》提要和《御製詩四集》提要，總計十
種書提要不見於國圖稿本。五種書提要爲敕撰因成書較晚爲後來補入；
國圖稿本卷六三葉三一、三四之間兩次裝訂葉三二，《內閣行實》提要蓋
因裝訂有誤遺漏。

由於國圖稿本《總目》與浙本、殿本《總目》收書有不同，所以每小類
後部類統計的收書部數、卷數也往往不同，排除稿本統計的錯誤，確實與
收書不同及書籍位置調整有關。

2. 國圖稿本與浙本、殿本《總目》收書次序頗有差異

國圖稿本收書次序與後來的浙本、殿本《總目》頗有不同，有些不同
館臣在批閱時提出了調整意見，有些不同則沒有任何表示，王菡女士和
夏長樸先生均在文中談到一些，但很難搜羅完整，下面再列舉一些重
要者。

諸本《總目》卷四七史部編年類作品提要頗有變動，據各書在《總目》
諸本及文淵閣《四庫全書》、趙懷玉刻本《簡目》中位置列表一：

| 國圖稿本 | 浙本《總目》 | 殿本《總目》 | 文淵閣《四庫全書》 | 趙懷玉刻本《簡目》 |
|---|---|---|---|---|
| 《資治通鑒》 | 《資治通鑒》 | 《資治通鑒》 | 《資治通鑒》 | 《資治通鑒》 |
| 《資治通鑒考異》 | 《資治通鑒釋文辨誤》 | 《資治通鑒考異》 | 《資治通鑒考異》 | 《資治通鑒考異》 |
| 《資治通鑒目録》 | 《通鑒胡注舉正》 | 《通鑒釋例》 | 《通鑒釋例》 | 《通鑒釋例》 |
| 《通鑒釋例》 | 《通鑒地理通釋》 | 《資治通鑒目録》 | 《資治通鑒目録》 | 《資治通鑒目録》 |
| 《稽古録》 | 《資治通鑒考異》 | 《通鑒地理通釋》 | 《通鑒地理通釋》 | 《通鑒地理通釋》 |
| 《通鑒地理通釋》 | 《資治通鑒目録》 | 《資治通鑒釋文辨誤》 | 《通鑒釋文辨誤》 | 《資治通鑒釋文辨誤》 |
| 《資治通鑒釋文辨誤》 | 《通鑒釋例》 | 《通鑒胡注舉正》 | 《通鑒胡注舉正》 | 《通鑒胡注舉正》 |
| 《通鑒胡注舉正》 | 《稽古録》 | 《稽古録》 | 《稽古録》 | 《稽古録》 |

可以看出國圖稿本次序與浙本、殿本《總目》均不同，殿本《總目》、文淵閣
排架圖和趙懷玉刻本《簡目》三者次序相同，只是文淵閣排架圖無《資治
通鑒綱目》一書。國圖稿本卷四七末有按語："今亦各以作者時代編之，

不復以統系爲先後。其《通鑒地理通釋》《綱目續麟》之類，①則仍附本書之後，便參閱也。"可見，由於當時有兩個標準，致使其次序與浙本、殿本《總目》均不同。

又夏長樸曾提到同卷館臣據國圖稿本卷四七葉五四 B 面眉批調整次序的情況，現列表二：

| 國圖稿本《總目》 | 浙本《總目》 | 殿本《總目》 | 文淵閣《四庫全書》 | 趙懷玉刻本《簡目》 |
|---|---|---|---|---|
| 《皇清開國方略》 | 《皇清開國方略》 | 《御批通鑒輯覽》 | 《御批通鑒輯覽》 | 《御批通鑒輯覽》 |
| 《御批通鑒輯覽》 | 《御批通鑒輯覽》 | 《御定通鑒綱目三編》 | 《御定通鑒綱目三編》 | 《御定通鑒綱目三編》 |
| 《御定通鑒綱目三編》 | 《御定通鑒綱目三編》 | 《皇清開國方略》 | 《皇清開國方略》 | 《開國方略》 |
| 《資治通鑒後編》 | 《資治通鑒後編》 | 《資治通鑒後編》 | 《資治通鑒後編》 | 《資治通鑒後編》 |

可以看出國圖稿本次序與浙本《總目》相同，殿本《總目》、文淵閣《四庫全書》和趙懷玉刻本《簡目》三者相同。這可能與館臣眉批較晚，浙本《總目》所據底本尚無眉批有關，而殿本《總目》和文淵閣《四庫全書》明顯依據眉批意見作了調整。

國圖稿本李日華《梅墟先生別錄》提要在卷六二傳記類存目《歷代内飾考》提要與《明十六種小傳》提要之間，浙本、殿本《總目》置於卷六〇傳記類存目《溫公年譜》提要與《蘇米志林》提要之間。又《徑山志》提要在國圖稿本卷七六地理類存目之《武夷山志略》提要與《阿育山志》提要之間，浙本、殿本《總目》置於卷七七地理類存目之《净慈寺志》提要與《白鷺洲書院志》提要之間。今繹國圖稿本置《徑山志》於山川之屬，浙本、殿本《總目》改置古迹之屬，雖然從此書書名上看屬於山川之作，但從內容上看歸入古迹之屬更合理，館臣此改甚是。

有關集部書籍次序的不同，夏長樸文中多有羅列和探討，②不贅。

3. 國圖稿本著録書名、卷數或來源與浙本、殿本《總目》有出入

這方面的情況也比較多，原因是多方面的，以下從三方面加以羅列：

---

① 楊按："綱目續麟"四字被館臣勾塗，浙本、殿本《總目》無。

② 夏長樸：《試論國家圖書館藏〈四庫全書總目〉稿本殘卷的編纂時間》，《中國四庫學》第三輯，中華書局，第 74—78 頁。

① 書名有出入者：如國圖稿本卷二〇"《儀禮逸經》"，殿本《總目》同，文淵閣庫本亦同，浙本《總目》作"《儀禮逸經傳》"，多一"傳"字，或因提要言經八篇、傳十篇而增；國圖稿本卷四一"《鐘鼎款識》"，殿本《總目》同，浙本《總目》及《簡目》作"《歷代鐘鼎彝器款識法帖》"，文淵閣庫本書名同浙本《總目》；國圖稿本卷六一"《別本宋遺民錄》"，浙本、殿本《總目》皆無"別本"二字；國圖稿本卷七三"《成化陝西通志》"，浙本、殿本《總目》無"成化"二字；國圖稿本卷一二六"《螺江雜記》"，殿本《總目》同，浙本《總目》作"《螺江日記》"。① 等等。

② 卷數不同者：如國圖稿本卷四〇"《釋名》四卷"，浙本、殿本《總目》作"《釋名》八卷"，文淵閣庫本作八卷；國圖稿本卷五七"《紹陶錄》三卷"，浙本、殿本《總目》作"《紹陶錄》二卷"，文淵閣庫本作二卷；國圖稿本卷六四"《使西日記》二卷"，殿本《總目》同，浙本《總目》作"一卷"；國圖稿本卷六六"《江南別錄》四卷"，浙本、殿本《總目》作一卷，文淵閣庫本一卷；國圖稿本卷一四一"《清波雜誌》十二卷《別誌》二卷"，殿本《總目》同，浙本《總目》《別誌》作"三卷"，文淵閣庫本《別誌》三卷；國圖稿本卷一七七"《奚囊蠹餘》二卷"，殿本《總目》同，浙本《總目》作"十八卷"。② 等等。

③ 除敕撰書外，《總目》書名下多著錄來源，③國圖稿本與浙本、殿本的著錄或有不同。如國圖稿本卷四一"《六書故》三十三卷"之下未標來源，浙本、殿本《總目》標"兩江總督採進本"；國圖稿本卷四五"《三國志補注》六卷附《諸史然疑》一卷"標"兵部侍郎紀昀家藏本"，殿本《總目》同，

---

① 楊按：《四庫館進呈書籍底簿》《各省進呈書目》和《四庫採進書目》之《兩江第一次書目》及《浙江省採集遺書總錄》皆著錄爲"《螺江日記》八卷"。

② 楊按：《四庫館進呈書籍底簿》《各省進呈書目》和《四庫採進書目》之《浙江省第四次汪汝瑮呈送書目》及《浙江省採集遺書總錄》皆著錄爲"《奚囊蠹餘》二十卷"，疑稿本、殿本《總目》"二"當"二十"之訛。浙本《總目》蓋據提要所列內容改爲"十八卷"。

③ 楊按：有關《總目》書名下標注書籍來源，人們往往引用清高宗乾隆三十九年七月二十五日諭旨（見《總目·卷首》第 2 頁，又中國第一歷史檔案館編《纂修四庫全書檔案》第 228 頁），然高宗諭旨原意將書之收藏者"附載於各書提要末"，今提要分纂稿、匯總提要、閣本提要及《總目》均很少有將書籍來源"附載於各書提要末"者。《總目》書名下標注書籍來源無疑與高宗諭旨有關，《總目》卷首凡例七言"每書名之下，欽遵諭旨，各注某家藏本，以不沒所自"正說明這一調整的依據。

浙本《總目》標"浙江巡撫採進本";國圖稿本卷六二"《輔世編》六卷"下標"江蘇周厚堉家藏本",殿本《總目》同,浙本《總目》標"江蘇巡撫採進本";國圖稿本卷六三"《明儒林録》十九卷"下標"兩淮鹽政採進本",殿本《總目》同,浙本《總目》作"兩淮馬裕家藏本";同卷國圖稿本"《吳越順存集》三卷《外集》一卷"下標"兩淮鹽政採進本",殿本《總目》同,浙本《總目》作"兩淮馬裕家藏本";國圖稿本卷六八"《乾道臨安志》三卷"下標"浙江巡撫採進本",殿本《總目》同,浙本《總目》作"浙江孫仰曾家藏本";國圖稿本卷七〇"《益部方物略記》一卷"下標"兩淮鹽政採進本",殿本《總目》同,浙本《總目》標"江蘇巡撫採進本";國圖稿本卷一七七"《李滄溟集選》四卷"下標"江西巡撫採進本",殿本《總目》同,浙本《總目》作"浙江巡撫採進本"。很明顯,國圖稿本多數著録與殿本同,與浙本異,其中原因值得深入討論。

4. 稿本提要原文與浙本、殿本《總目》不同

王菡、夏長樸均曾指出國圖稿本不但保存了李清、周亮工的著作提要,而且在其他人著作的提要中也保留不少李清、周亮工的文字,這些文字在後來的浙本、殿本《總目》中大多已删除。實際上,國圖稿本提要原文與浙本、殿本《總目》不同甚多,俯拾即是。有些稿本提要原文已被圈删、勾塗,且旁添修改、增補文字,這方面放在下面稿本修訂文字部分來談,以下僅舉卷一、二所收易類提要中沒有修改標記的原文與浙本、殿本《總目》不同者四例:

卷一國圖稿本《周易正義》提要"至《説卦傳》之分陰分陽,韓注'二四爲陰,三五爲陽'",浙本《總目》同,殿本《總目》"二"作"一"。按:韓康伯注實作"二",文淵閣庫本提要亦作"二",殿本《總目》"一"當"二"之訛。

卷二國圖稿本《周易口義》提要"考《伊川年譜》'皇祐中遊太學,海陵胡翼之先生方主教道。得先生所試,大驚'",浙本《總目》"所試"作"文試",殿本《總目》作"試文",文淵閣庫本提要同稿本提要,文溯閣庫本提要同殿本《總目》。按:檢清池生春《伊川先生年譜》卷一"嘉祐元年丙申"條載倪天隱至京師,遊太學,胡瑗以"顔子所好何學論"試諸生,"得先生所試,大驚",正作"所試",作"試文""文試"爲館臣後來所改。

國圖稿本《吳園易解》提要"又《泰卦論》一篇,專論《泰卦》,於經義頗有發明;而《泰卦》一篇,於人事三致意焉",浙本、殿本《總目》作"於經義

頗有發明。又《泰卦論》一篇,於人事天道、倚伏消長之機尤三致意焉",武英殿聚珍版本提要及文淵閣、文溯閣、文津閣庫本提要皆同稿本提要。按:張根《吳園易解》所附爲《泰論》,專論《泰卦》,稿本提要作"《泰卦論》"誤衍"卦"字,但浙本、殿本《總目》所改則面目全非。

國圖稿本《紫巖易傳》提要"朱子不取牧説,而作浚《行狀》,但稱尤深於《易》《春秋》《論》《孟》",浙本《總目》同,殿本《總目》"行狀"作"墓誌",文淵閣、文津閣提要作"行狀"。按:朱熹所撰爲張浚《行狀》,殿本《總目》誤。

稿本提要原文與浙本、殿本《總目》不同的情況較多,具體原因值得探討。

### (二) 國圖稿本修訂文字的主要內容及浙本、殿本《總目》對其採納

國圖稿本上的修訂文字較多,或在天頭地脚,或在字裏行間,少則一兩字,多則一兩行乃至半葉。除了館臣指出的將同音避諱字改爲缺筆避諱字(如"宏"改"弘"、"元"改"玄"、"允"改"胤")没有被後來的浙本、殿本《總目》吸收外,絶大部分修改意見都被浙本尤其是殿本《總目》吸收,這是《總目》由國圖稿本向浙本、殿本過渡的最直接體現。王菡曾在文中做過具體分析,①歸納爲:① 文字修飾。② 修改語句,使含蓄平穩。③ 抒發胸臆,激昂意氣;删節冗言,簡明準確。④ 更正舊説疏誤。⑤ 嚴格著述體例。⑥ 文字獄問題。⑦ 撤書問題。共七類。較爲具體。今可在此基礎上作進一步認識,國圖稿本修訂文字所涉及的內容主要有:

1. 調整或改動謄抄格式

這方面又可分爲抬頭出格、錯行抬頭、避諱三例。

抬頭出格例。依清例,遇和清皇帝有關的"聖""皇""御"等字需抬頭出格,但原稿有遺漏者,館臣再加標明。如卷三八樂類《聖諭樂本解説》書名頂格,館臣有眉批"此'聖諭'應出格,不知何以反挖改。宜仍改轉",即提要書名"聖諭"突出上邊框一字,浙本、殿本《總目》體例同眉批所言。又同卷《皇言定聲録》書名頂格,館臣眉批"此'皇言'應出格,又不知何位

---

① 王菡:《國家圖書館藏〈四庫全書總目〉稿本述略》,《文學遺產》2006 年第 2 期,第 121—125 頁。

分校老先生挖改,亦宜改轉",後浙本、殿本《總目》處理同上書。又如卷六二傳記類存目《聖學嫡派》,館臣用方框括住提要中行首"賜"字,眉批"應出格",也是這個意思。類似者尚多,不贅。

錯行抬頭例。卷六二傳記類存目《宗譜纂要》提要處有眉批"'國朝'字單抬",意謂提要自"國朝"處錯行抬頭頂格,浙本、殿本《總目》格式同眉批所言。

關於避諱的改動。本來館臣撰寫提要時已用改字方式避了清聖祖、世宗和高宗廟諱,但正如上文指出的那樣,館臣在修改時又標明要改"宏""元""允"等字爲缺筆諱字,這蓋事出有因,只是具體何因已難明。後來浙本、殿本《總目》也沒有遵從這類改動。

2. 删除或增加書籍提要

國圖稿本原有某些書籍提要,後因政治或其他原有被館臣勾除。王菡、夏長樸均指出館臣删除了李清《南唐書合訂》提要和周亮工《閩小記》提要。此外,如國圖稿本卷六一傳記類存目原有李璧《劍陽名儒錄》提要,館臣勾删,書眉有批語"此名人類中之書,誤列於此,已改正",但後通行本《總目》無此書提要。又如卷六四傳記類存目有章秉法《明道書院紀跡》提要,館臣勾删,浙本、殿本《總目》無此書提要。又卷六五史抄類存目原有張墉《竹香齋類書》提要和《廿一史識餘》提要,館臣考出二書異名同書,遂删除較簡略的《竹香齋類書》提要,浙本、殿本《總目》亦僅存後書提要。又卷七二地理類存目館臣勾删《地圖綜要》提要。等等。

國圖稿本亦有補入新書提要者。如上文提到的館臣補入《御製詩四集》提要和《松泉文集》《詩集》提要。又此稿本卷六九地理類無《欽定河源紀略》提要,但此卷葉一七明人張國維《吳中水利書》提要天頭有眉批"此條之後,《昆侖河源考》之前,酌留空白六十行,以便補填《河源紀略》提要,切記勿錯",意味著館臣要在此處補入《河源紀略》提要,通行本《總目》恰於此處補入《河源紀略》提要。又此卷葉二一《直隸河源志》提要處有頗多眉批,又被塗去,但仍可辨出係館臣抄補之《治河奏續書·河防述言》提要,因已夾有此提要,所以後來被館臣塗去。

3. 調整書籍提要次序

乾隆四十六年二月十五日上諭:"所有《四庫全書》經史子集各部,俱照各按撰述人代先後，依次編纂。"①説明四庫各部類内書籍應按時間順序排列，然國圖稿本原序有不完全與此相符者，館臣對此多有調整。王菡指出館臣將原在卷一八七集部總集類之郡邑小類的《三劉家集》調整到卷一八六的《清江三孔集》後面，是使《三劉家集》性質與總集類中的家集小類相符，反映了館臣的獨具匠心，甚是。又上文提到國圖稿本卷四七《皇清開國方略》《御批通鑑輯覽》諸書次序與殿本《總目》和文淵閣《四庫全書》不一致，國圖稿本卷四七葉五四有眉批"以前照舊/一《御批通鑑輯覽》/二《御定通鑑綱目三編》/三《皇清開國方略》/四《資治通鑑後編》/照此排寫"，明示調整次序，殿本《總目》和文淵閣《四庫全書》次序與館臣眉批所列相同。又卷一五八葉一三、一四間黏有黃籤"《北山集》寫於《浮山集》之後/《鄧紳伯集》/《浮山集》/《北山集》/《橫浦集》/照此次序寫"，調整了原稿中四書順序，浙本《總目》書序同國圖稿本原序，殿本《總目》書序同此籤。又卷一五九葉一一、一二間亦黏黃籤"《梁谿遺稿》寫於《雪山集》之後/《晦庵集》/《文忠集》/《雪山集》/《梁谿遺稿》/《方舟集》"，對國圖稿本原序提出了調整意見，浙本《總目》書序同國圖稿本原序，殿本《總目》書序同此籤。類似黃籤還有四處，也有如《三劉家集》那樣的單書調整，不贅。

4. 書名、卷數及來源的變動

國圖稿本原題書名有遺漏或錯誤，館臣加以補充、改正。如卷二〇禮類"《儀禮商》二卷"，館臣在"二卷"下補"《附錄》一卷"，文淵閣庫本有《附錄》一卷，當補，浙本、殿本《總目》有"《附錄》一卷"。類似者又卷六載記類"《華陽國志》十二卷"下，館臣補入"《附錄》一卷"。又同卷書名"《江南野錄》"，館臣改"錄"爲"史"，按龍袞所撰爲《江南野史》，文淵閣《四庫全書》收録同，館臣所改甚是。又卷六二傳記類存目書題"《忠義存褒》十二卷"有誤，館臣改爲"《忠義存褒什》二卷"，②後浙本、殿本《總目》同。等等。

更改卷數，如卷一五詩類《毛詩陸疏廣要》書名下原題"二卷"，館臣

---

① （清）永瑢等：《四庫全書總目·卷首》，中華書局，1995 年，第 6 頁。

② 吳慰祖《四庫採進書目》著録"《忠義存褒什》，二卷，明許有穀撰。二本"（第74 頁）"《存褒什》，一本"（第 174 頁）兩種。

塗改爲"四卷"，提要言"陸璣原書二卷，每卷又分二子卷"，文淵閣庫本書前提要作"四卷"，文淵閣庫本作卷上下，又各再分上下，實四卷，浙本、殿本《總目》標"二卷"。卷二一禮類《日講禮記解義》書名下原題"二十六卷"，①館臣塗改爲"六十四卷"，文淵閣庫本作六十四卷，浙本、殿本《總目》作六十四卷。又卷二二禮類《家禮》書名下原題"五卷"，館臣塗改爲"八卷"，有眉批"八訛五，據原書改"，趙懷玉刻本《簡目》作"八卷"，浙本、殿本《總目》作"五卷《附錄》一卷"，文淵閣庫本五卷《附錄》一卷。又卷二九春秋類《讀左日鈔》原題"二卷"，館臣添補爲"十二卷"，此書文淵閣庫本十二卷，館臣所補甚是，浙本、殿本《總目》作十二卷。等等。

稿本《總目》書名下所標來源的更改。如卷四五"《新唐書糾謬》二十卷"下原標"山東巡撫採進本"，館臣改"山東巡撫"爲"兩淮鹽政"，浙本、殿本《總目》同館臣所改。類似還有多處，不贅。一個有趣的現象是，稿本卷六六"《吳越春秋》十卷""《越絕書》十五卷"二書題下原著錄來源"內府藏本"，被塗改爲"兵部侍郎紀昀家藏本"，卷七七書題"《桂林風土記》一卷"下原著錄"江蘇巡撫採進本"也被改爲"兵部侍郎紀昀家藏本"，此改動頗值得玩味，浙本、殿本《總目》三處均作"兵部侍郎紀昀家藏本"。

5. 改動提要內容

第一，對作者小傳的增刪或調整。據高宗諭旨和《總目》凡例，每書提要首列作者小傳。提要中作者小傳十分簡潔，偶有原提要小傳未載作者之字者，館臣補之。如卷二五禮類存目《家禮辨定》提要未載作者王復禮字，館臣添補"字需人"。原提要言作者科第偶有名次者，館臣刪之。如卷九易類存目《硯北易鈔》提要言作者黃叔琳"康熙癸未進士第三"，館臣刪去"第三"二字；類似的，卷二〇《讀禮通考》提要館臣刪去作者徐乾學"康熙庚戌進士第二"之"第二"二字。原提要言作者履歷過繁，館臣刪削。如卷四一小學類《字觺》提要原文言作者"以部郎出知開封府，進河南提學僉事，再遷荆西道參議"，館臣刪改爲"官至荆西道布政司參議"，浙本、殿本《總目》同。

又原提要小傳不詳者，館臣考之。如卷一易類《周易注》提要對《周

---

易略例》的撰者邢璹只言其"官四門助教",館臣改增爲"里籍無考,其結銜稱四門助教。案《唐書·王鉷傳》稱'故鴻臚少卿邢璹子縡以謀反誅',則終於鴻臚少卿也",後浙本、殿本《總目》同。又卷四一小學類《説文繫傳》提要原言徐鍇"仕李煜爲校書郎",館臣改爲"官至右内史舍人",甚確,浙本、殿本《總目》同。又卷五八傳記類《閩粤巡視紀略》提要原無作者杜臻小傳,葉眉有批語"杜臻履歷脱去,須查補。此三四頁在卷尾寫,此處具空。此三四頁俟查補明白再寫",明顯館臣寫眉批時仍未補小傳,故建議"具空",此提要"國朝杜臻撰"旁有館臣添補"臻字肇余,秀水人。順治戊戌進士,官至禮部尚書",當爲館臣後來補入。

若《總目》收作者多種著作提要,則僅於首部書提要撰小傳,之後諸書提要只是注明而已;[①]但國圖稿本有失照重複者,館臣作了删改或調整。如卷六九《兩河清彙》提要言"周祚字儀甫,益都人"云云,館臣塗改爲"周祚有《聖學宗傳》,已著録"。又卷一四一小説家類《墨記》提要言作者王銍"字性之,汝陰人"云云,館臣改爲"有《補侍兒小名録》,已著録"。等等。亦有遺漏注明者,館臣增補。如卷三八樂類《聖諭樂本解説》提要僅言"國朝毛奇齡撰",館臣增補"奇齡有《仲氏易》,已著録";又卷六一《列卿記》提要亦僅言"明雷禮撰",館臣增補"禮有《六朝索隱》,已著録"。等等。

第二,更改提要中用字和語言。

國圖稿本提要原文有錯字、脱字,館臣加以改正、補足。錯字如卷一五詩類《呂氏家塾讀詩記》提要原文"此詩中所謂'朱氏曰'者",館臣改"詩"作"書","詩"或因上文而誤,館臣此改甚是,浙本、殿本《總目》作"書"。又卷二二禮類《禮書》提要原文"内相范公爲進之,迄送秘閣及太常寺",館臣改"迄"爲"乞",甚是,浙本、殿本《總目》作"乞"。再如卷二五禮類存目《理學彙編》提要"即知朝踐堂在室"不辭,館臣改"堂"爲"當",有眉批"當在室。當訛堂",浙本、殿本《總目》作"當"。類似者尚多,不贅。原提要偶有脱文,館臣加以增補。如卷二九春秋類《三傳折諸》提要

---

① （清）永瑢《四庫全書總目·凡例》:"至一人而著數書,分見於各部中者,其爵里惟見於第一部,後但云'某人有某書,已著録',以省重複。如二書在一卷之中,或數頁之内,易於省記者,則第二部但記其名。"(中華書局,1995年,第18頁)

原文"如因衛好鶴,遂涉及唐元宗舞馬之類",館臣在"衛"下補入"靈公"二字,甚是。又卷六一《廣卓異記》提要原文言作者樂史"事迹附載《樂黄中傳》"所指不明確,館臣於"載"下旁添"《宋史》",甚是。等等。

國圖稿本有時原文繁瑣冗長,館臣加以删減。如卷一八詩類存目《詩經考》提要"繁徵博引,頗爲浩博"語言重複,館臣改爲"徵引頗爲繁富"言簡意賅,浙本、殿本從改。卷一九禮類《周官總義》提要有"雖其釋三江則混於蘇氏之説,釋波溠則膠於《唐志》隨縣之文,釋沛水、濟水則據《漢志》强分爲二,多所未安。要其援引明晰,自不可没"語,前後齟齬,館臣勾删,後浙本、殿本《總目》無。又卷五九《三遷志》爲清孟衍泰等據吕元善舊《志》改撰,原提要却煩言此書自明代史鄂、胡繼先以至吕元善、吕兆祥以來之淵源,館臣勾去這些文字,徑言"書成於康熙壬寅"云云,甚爲簡潔。

也有因爲政治或其他原因删改者。如卷六四傳記類存目李日華《禮白岳記》提要原有大段引用周亮工《書影》文字,館臣將之勾除。

第三,補充史料,深化認識。

如國圖稿本卷二一江永《禮記訓義擇言》提要原文"《漢·輿服志》宗廟諸祀,冠長冠,服褐元絳緣領袖,爲中衣絳綺袜。不別云裼衣,則中衣即裼衣明矣。故《聘禮》賈疏謂'裼衣、中衣是一',孔疏顯誤,亦以永説爲確",館臣改"不別云裼衣,則中衣即裼衣明矣。故《聘禮》賈疏謂'裼衣、中衣是一'"爲"《漢書·萬石君傳》注'中裙若今中衣',《釋衣》'中衣言在小衣之外',小衣即褻衣也。然則,中衣但得襲褻衣,不得襲裼衣也"。孔穎達疏《禮記·玉藻》"襲裘不入公門"時言"裘上有裼衣,裼衣之上有襲衣",裼衣即中衣,江永不同意孔疏,認爲裼衣上爲正服,不得再有中衣,是正確的。提要原稿前已引《曲禮》孔疏"裼衣即所謂中衣",則没必要再重複此論,館臣於此補充《漢書》顏師古注和《釋名·釋衣服》兩條證據更有説服力,浙本、殿本《總目》同之。又卷四一小學類徐鍇《説文解字篆韻譜》提要原文"前後有其兄鉉序",館臣改爲"據李燾《五音説文韻譜序》,此書篆字皆其兄鉉所書。鉉集載有此書序",對徐鍇此書認識更具體,後浙本、殿本《總目》同之。又如卷四五正史類《史記》提要館臣於原文"今惟裴駰、司馬貞、張守節三家尚存"下補入"其初各爲部帙,北宋合爲一編",亦認識準確,後浙本、殿本《總目》同之。等等。

第四,更改提要内容評價。

如卷四五正史類《新唐書糾謬》提要"如第二十門'字書是非'一條,至歷指偏旁點畫之訛,以譏切修等,大都近於吹毛索瘢",館臣改"大都近於吹毛索瘢"爲"夫修史者但能編撰耳,至繕錄、刊刻責在校讎。縝概歸過於修等,誠未免有意索瘢"更爲準確客觀。有關這方面集部的改動,王菡文中多有論述,不贅。

王菡對稿本修改之處與浙本《總目》做過比較,云:"稿本中較重大修改之處近一百九十處,其中浙刻本與之相同者,大約百分之七十七;同未修改前之原文,大約百分之二十三,由此看來,文瀾閣本與稿本之時間仿佛。"①這是僅從重要修改地方前後著眼的,也只是個大概的統計。實際上,如果將研究範圍擴大,考慮收書的不同,以及卷十七、十八分卷不同,尤其是考慮到稿本原文與浙本《總目》的差異,國圖稿本與浙本《總目》的關係可能要重新認識。

## 三、 國圖稿本原稿的抄寫時間

將國圖稿本與浙本《總目》比較之後,王菡認爲"文瀾閣本與稿本之時間仿佛",即乾隆五十七年後。這一説法將稿本原文與修訂文字混合在一起,這個"稿本之時間"是很寬泛而難以確指的。相對來説,夏長樸對國圖稿本編纂時間的考察更爲深入而準確。夏長樸根據國圖稿本著錄有《南唐書合訂》《閩小記》《御製詩四集》及後來增入《治河奏續書》附《河防述言》提要和有關補入《河源紀略》提要之眉批,同時參考著錄各書所署進呈者職銜變化,將國圖稿本的編纂時間"推定爲乾隆四十七年(1782)四月以後,乾隆四十七年七月之前"。② 此説有啓發但也有不足。

首先,他據紀昀和陸費墀職銜來推定稿本編成於乾隆四十七年的四

---

① 王菡:《國家圖書館藏〈四庫全書總目〉稿本述略》,《文學遺產》2006 年第 2 期,第 126 頁。

② 夏長樸:《試論國家圖書館藏〈四庫全書總目〉稿本殘卷的編纂時間》,《中國四庫學》第三輯,中華書局,第 67 頁。

月至七月間的論述值得商榷。紀昀乾隆四十七年四月調補兵部侍郎，兼直閣事，①若此稿本原稿著錄紀昀進呈本爲"兵部侍郎紀昀家藏本"，確可證明此書提要抄成於此年四月之後；但必須保證此著錄爲謄錄原稿，若爲館臣後來添加或塗改爲"兵部侍郎紀昀家藏本"，則此證據就失掉了可信性。夏長樸搜集到了六部書著錄爲"兵部侍郎紀昀家藏本"，其中三例爲謄錄監生工楷抄寫，確可用以證明這三處的抄寫晚於乾隆四十七年四月；但另外三例，一種爲後添，兩種爲塗改，即修改其他著錄者爲"兵部侍郎紀昀家藏本"，可能係紀昀後來私改，屬於修訂文字，不可用以證明國圖稿本原稿的抄寫時間。陸費墀乾隆三十九年十一月陞翰林院侍讀，尋陞少詹事，至乾隆四十七年七月擢內閣學士兼禮部侍郎，國圖稿本所錄陸費墀進呈本均標"少詹事陸費墀家藏本"，後來浙本、殿本《總目》也不例外，并無"禮部侍郎陸費墀家藏本"之著錄，《總目》編纂者對此始終未作改動，不能據此反推浙本、殿本《總目》成書於乾隆四十七年七月之前，亦不能據此推定稿本成於乾隆四十七年七月之前。

其次，夏先生得出的結論未免以偏概全。僅據六部書著錄爲"兵部侍郎紀昀家藏本"就斷言國圖稿本的抄寫時間上限爲乾隆四十七年四月是不夠全面的。實際上，國圖稿本原稿中也有書著錄爲"內閣學士紀昀家藏本"，如卷四五《史記正義》和卷一四一《墨客揮犀》二書就著錄爲"內閣學士紀昀家藏本"，②這兩處原稿可能抄寫於乾隆四十七年四月之前。又上文提到的卷六九原無《治河奏續書·河防述言》提要，《居濟一得》提要徑接《直隸河渠志》提要，文淵閣本《治河奏續書》卷首有提要，與國圖稿本補抄稿不同，未及《河防述言》，後附《河防述言》亦無提要，《治河奏續書》書前提要署校上時間爲"乾隆四十六年十月"，則此當爲其原提要，國圖稿本原稿無此書提要，很可能此處抄寫時間在乾隆四十六年十月之前。這樣，回頭看夏長樸所舉書名下著錄"兵部侍郎紀昀家藏本"的那三種例外情況應該都抄寫於乾隆四十七年四月之前，而國圖稿本所錄陸費墀進呈本均著錄爲"少詹事陸費墀家藏本"，其中應不乏抄寫於乾隆四十七年四月之前甚至更早者。

---

① 紀昀：《紀曉嵐文集》第 3 冊，河北教育出版社，1995 年，第 390 頁。
② 楊按：這兩種書在浙本、殿本《總目》裏也是如此著錄，并未改爲"兵部侍郎"。

那麼,國圖稿本抄寫或編纂於何時呢? 鑒於國圖、天圖稿本卷帙頗巨,很難説短時間抄成,也無法排除其中有因襲前稿之可能,①但總體還是有個相對集中的時間段。

乾隆四十六年二月,四庫全書總裁首次奏進《總目》稿,"請於經、史、子、集各部,冠以聖義、聖謨等六門,恭載列聖欽定諸書及朕御製、御批各種"。② 清高宗於是月十三日、十五日連降兩旨命館臣將清代欽定、御纂書"仍各按門目,分冠本朝著録諸家之上",同時調整御題詩文入集部。③這是今知最早的有關《總目》稿本的記載。次年七月十九日,永瑢等奏進《四庫全書簡明目録》(以下簡稱"《簡目》")時再次進呈改定後的《總目》稿本,是爲修訂稿。但是,因爲有些御纂書修成較晚,也因有書撤毁,《總目》仍在改定中,故軍機大臣於乾隆四十八年三月十三日有奏明《總目》尚未繕竣之摺。④

夏長樸在《試論國家圖書館藏〈四庫全書總目〉稿本殘卷的編纂時間》中指出國圖稿本與天圖稿本所存卷次交叉互補,兩者可能原出同一書稿。⑤ 國圖稿本與天圖稿本原爲一部,還有兩個證據:一是國圖稿本卷四六之後有卷四九之葉二八、二九,恰爲天圖稿本卷四九葉二七之後所脱,當原在一處時誤裝;二是國圖稿本第三十册、第三十一册卷首各黏有一黄色綢緞方簽,簽題"御製詩",此當天圖稿本卷首五卷御製詩册前之物。所以可將國圖稿本與天圖稿本聯繫起來認識。劉浦江、苗潤博將天圖稿本原稿的抄寫時間推定在乾隆四十八年至五十二年之間,⑥與夏長

---

① 楊按:自上圖殘稿、臺圖殘稿與國圖稿本、天圖稿本相重提要所在葉碼和具體位置來看,前二者與後二者大多不同,若説上圖殘稿、臺圖殘稿是裁撤下來的提要,則其未裁撤諸提要葉碼和具體位置與國圖稿本、天圖稿本也不對應,國圖、天圖稿本爲重新撰寫的可能性較高。

②③ 中國第一歷史檔案館編:《纂修四庫全書檔案》第七五七、七五八檔,第1289—1291 頁。

④ 中國第一歷史檔案館編:《纂修四庫全書檔案》第七五七、七五八檔,第1714 頁。

⑤ 夏長樸:《試論國家圖書館藏〈四庫全書總目〉稿本殘卷的編纂時間》,《中國四庫學》第三輯,中華書局,2019 年。

⑥ 劉浦江:《天津圖書館藏〈四庫全書總目〉殘稿研究》,《文史》第四輯,中華書局;苗潤博:《臺北"國家圖書館"藏〈四庫全書總目〉殘稿考略》,《文獻》2016 年第1 期。

樸的觀點出入較大,可見有必要對之再做論述。

　　天圖稿本卷首爲聖諭一卷、御製詩文六卷(卷二至卷七),後爲《凡例》和門目,這與浙本、殿本《總目》均不一致。① 雖然天圖稿本卷首御製詩文應來自《總目》"初稿",《凡例》首條言"八載以來,不能一一殫記。謹恭錄御題詩文,分冠著書之首;併總彙聖諭爲一卷,載諸簡端"也與《總目》"初稿"關係較近;②但并不能據此認爲天圖、國圖稿本主要來自《總目》"初稿"。因爲天圖稿本卷首《凡例》第二條言"至於列朝聖製、皇上御撰……特命各從門目,弁於國朝著述之前",就說明天圖稿本已採納乾隆四十六年二月十三日、十五日兩道諭旨之意,要晚於《總目》"初稿"。國圖、天圖稿本諸類清人著作之前大多已收入清代乾隆年間及其以前的欽定、御纂書提要,只是有些後纂書未來得及收入,就說明二稿本的編纂確在乾隆四十六年二月之後,其編纂體例和時間應與《總目》"修訂稿"更爲接近。③ 又確如夏長樸、劉浦江所言,天圖稿本卷首聖諭不但收錄了乾隆

---

　　① 楊按:浙本《總目》卷首爲聖諭、表文、職名、凡例,不分卷;殿本《總目》爲卷一聖諭,卷二進表、欽定四庫全書勘閱繕校諸臣職名,卷三爲凡例二十則,卷四爲門目。

　　② 楊按:若以乾隆三十八年初爲編纂《四庫全書》之始,"八年"云云恰與乾隆四十六年初相合。雖浙本、殿本《總目·凡例》首條亦言"八載以來",但却只言"謹錄歷次恭奉聖諭爲一卷,載諸簡端",而不言御題詩文,則行文當有改動。

　　③ 楊按:劉浦江據《纂修四庫全書檔案》所載乾隆四十八年二月二日《契丹國志》"辦竣進呈",又據文溯閣、文津閣、文淵閣本《契丹國志》校上時間定此書在乾隆四十八年、四十九年抄畢,反推天圖稿本《契丹國志》提要撰於此時,天圖稿本亦抄於此時,恐不嚴謹。乾隆四十六年十月十六日,高宗諭旨紀昀等依例改纂《契丹國志》(《纂修四庫全書檔案》八一五,第 1417—1419 頁),《總目》修訂稿於次年七月進呈,斷無不採納高宗意見而仍用《契丹國志》提要舊稿之理。既然高宗旨意明確,融裁其旨改纂提要相對較易,至於全書改纂自可假以時日(《纂修四庫全書檔案》載軍機大臣乾隆四十七年六月二十六日奏摺言《契丹國志》"擬於九月內全部進呈",第 1587 頁)。夏長樸《重論天津圖書館藏紀曉嵐刪定〈四庫全書總目〉稿本的編纂時間》據臺灣"國圖"所藏《總目》殘稿恰有《契丹國志》提要"洪皓所親見,其爲金人事甚明"以下文字,校以天圖稿本此提要正見出紀昀的修改之跡,尤天圖稿本《契丹國志》提要原稿之後仍有多處改動,且天頭有紀昀批語,更見出天圖稿本此處原稿較早。至於文淵閣、文溯閣、文津閣庫本《契丹國志》,書名皆作"欽定重訂契丹國志",三閣書前提要中前二者基本相同,後者文字較多,但均不同於天圖稿本和通行本《總目》提要,書名、提要顯均較晚,不可簡單與《總目》稿本作比。夏長樸據國圖稿本原稿僅有《御製詩初集》定此稿早於乾隆四十八年,他論證受高宗諭令訂正的蕭雲從《離騷圖》(注轉下頁)

四十六年二月十三日、十五日兩道聖諭,而且還收録了晚至是年十一月六日之聖諭,①這給人天圖稿本抄寫時間在十一月之後的印象。

沈津、崔富章、夏長樸等均看到上圖殘稿有尹會一著作提要,崔富章、夏長樸據之判斷此稿抄寫時間在乾隆四十六年四月前,②劉浦江、苗潤博從之,甚是。上圖殘稿中共收尹會一五種著作提要,涉及子、史、集三部,館臣都在上面批了"毀"字或"去"字。乾隆四十六年三月十八日,尹嘉銓爲其父尹會一請謚并從祀文廟觸怒清高宗,致嘉銓於四月十七日諭絞立決,尹氏父子著作於五月十二日被撤毀。則館臣對上圖殘稿此處的删改在五月之後。又上圖殘稿卷三八《古樂經傳》提要上有眉批"呂正義二篇/然後接寫古樂經傳","呂"上字被裁切,應爲"律"或"御定律"字,館臣眉批説明要補入《御定律呂正義》《御製律呂正義後編》二書提要。文淵閣此二書提要言校上時間爲乾隆四十六年十二月、十一月,上圖殘稿的眉批當在此時添加。這是能證明的上圖殘稿修改最晚的時間。國圖、天圖稿本均無尹會一著作提要,説明其大部分抄寫、編纂於乾隆四十

---

(續上頁注)於乾隆四十七年四月修竣呈覽,天圖稿本與《簡目》書名均已作"欽定補繪離騷全圖",又據天圖、國圖稿本諸原稿均未提及乾隆四十七年七月十四日諭令修撰之《河源紀略》,後來館臣修改時始添入相關信息,推斷國圖稿本應早於乾隆四十七年七月。楊按:天圖稿本卷四九"《欽定蘭州紀略》二十一卷"條,殿本《總目》卷數同,趙懷玉刻本《簡目》未著録卷數,文淵閣庫本、浙本《總目》作"二十卷",與《纂修四庫全書檔案》第八八八檔軍機大臣在乾隆四十七年六月二十六日奏進各館現辦各書酌定完竣日期清單中"《蘭州紀略》已進過四卷,未進約十六卷,計期於四十八年八月完竣"合,又《纂修四庫全書檔案》第八五五檔載軍機大臣於是年二月二十七日奏遵旨查核現在纂辦書單中有《蘭州紀略》,似"二十一卷"説來自此;又國圖稿本卷六八"《欽定盛京通志》一百卷"條(趙懷玉刻本《簡目》卷數同),館臣於"一百"下添"二十"字,通行本《總目》作一百二十卷,文淵閣庫本作一百三十卷,覈《纂修四庫全書檔案》第八八八檔軍機大臣奏進各館現辦各書酌定完竣日期清單載"《盛京通志》,已進過三十卷,未進約七十卷,計期於四十八年七月完竣",國圖稿本所載卷數與此合。均證明國圖、天圖稿本抄寫多在乾隆四十七年七月前。

① 楊按:殿本《總目》所收聖諭亦終於此,浙本《總目》多乾隆五十五年六月一日聖諭。

② 崔富章:《〈四庫全書總目〉版本考辨》,《文史》第三十五輯,中華書局,1992年;劉浦江:《四庫提要源流管窺——以陳思〈小字録〉爲例》,《文獻》2014年第5期;夏長樸:《上海圖書館藏〈四庫全書總目〉殘稿編纂時間蠡探》,《四庫學》第一輯,社科文獻出版社,2017年。

六年五月之後。又上文論到國圖稿本卷六九原無《治河奏續書·河防述言》提要時曾證明此處當抄寫於乾隆四十六年十月之前。可見上圖殘稿的修改時間可能與天圖、國圖稿本部分内容的抄寫時間重叠，但這方面應該不是太多，因爲上圖殘稿上的館臣修改筆跡很多，其中大部分修改意見爲天圖、國圖稿本所吸收，天圖、國圖稿本的抄寫時間總體上晚於上圖殘稿。如國圖稿本卷三八已抄入《御定律吕正義》《御製律吕正義後編》二書提要，就證明此處吸收了上圖殘稿上的館臣意見，應抄寫於此年十二月之後。

能够證明國圖、天圖稿本具體地方抄寫於乾隆四十六年十二月之後的例證很多。

乾隆四十六年二月十三日，清高宗閲到《總目》初稿後所頒聖諭裏有這樣的話："朕意如列聖御纂諸經列於各本經諸家之前，《御批通鑒綱目》等書列於各家編年諸書之前。"①但國圖稿本卷四七史部編年類并無《御批通鑒綱目》，文淵閣《四庫全書》編年類也無此書，這是因爲館臣後來做了調整。國圖稿本卷四七《綱目續麟》提要與《綱目分注拾遺》提要的天頭有眉批："此條按語添於《綱目分注》之前/（低四格）謹案四庫編纂之例，凡箋注古書者，仍從所箋所注之時代爲次。是書本爲朱子《綱目》而作。《綱目》自經（出格）聖祖仁皇帝御批，當以御批爲主，已恭録於史評類中，故編年類中不録《綱目》。"正説明了《御批通鑒綱目》被調整入史評類緣由，文淵閣庫本及浙本、殿本《總目》均置之於史評類。文淵閣本書前提要署校上時間爲"乾隆四十六年十一月"，其提要突出了清聖祖批語的價值。可見，國圖稿本卷四七的抄寫時間應該晚於乾隆四十六年十一月。

雖然夏長樸據國圖稿本六部書名下著録"兵部侍郎紀昀家藏本"證此稿抄成於乾隆四十七年四月之後并不嚴謹，但其這一考訂方法還是有啓發意義的。通過全面考察發現，國圖稿本原稿中由謄録者工楷抄寫著録爲"兵部侍郎紀昀家藏本"者仍然有很多，如卷五一《戰國策校注》、卷六〇《崔清獻全録》、卷六八《吴郡志》等等，書名下均著録"兵部侍郎紀昀家藏本"，書名下最後著録"兵部侍郎紀昀家藏本"的是卷一

---

① 中國第一歷史檔案館編：《纂修四庫全書檔案》第七五七檔，第1289頁。

八六《玉臺新詠》，據此確可證明國圖稿本很多地方抄寫於乾隆四十七年四月之後。

論證國圖稿本原稿抄寫或編纂時間下限有一個很好的參照，就是與《總目》修訂稿同時進呈的《簡目》，可以通過比較國圖稿本與《簡目》的異同來論證國圖稿本原稿的抄寫時間。需要指出的是，乾隆四十七年七月進呈的《簡目》今已難覓，《簡目》此後的傳本也有趙懷玉、閣本、浙本、粵本等的差別。不能用文淵閣本《簡目》來做參照，因爲此本定稿較晚，其收錄書名和卷數已與通行本《總目》基本無異；浙本刊刻於乾隆六十年，粵本又翻刻浙本，其參照意義也打折扣。趙懷玉、金德輿、鮑士恭乾隆四十九年刻本，所據爲趙懷玉在乾隆四十七年任內府中書時從四庫館中抄出本，與進呈本《簡目》相近，可據之比較國圖稿本與《簡目》。通過比較日本內閣文庫所藏趙懷玉刻本和國圖稿本原稿不難發現，上文提到的國圖稿本與浙本、殿本《總目》在收書、次序、書名、卷數諸方面的差異，在國圖稿本原稿與趙懷玉刻本之間基本不存在，二者是具有一致性的兩種目錄。如國圖稿本卷二〇有萬斯大《儀禮商》二卷，館臣於"二卷"下添"附錄一卷"，後通行本《總目》及文淵閣庫本同添，但趙懷玉刻本《簡目》無"附錄一卷"；又國圖稿本卷二一有《日講禮記解義》二十六卷，館臣塗改"二十六卷"爲"六十四卷"，通行本《總目》及文淵閣庫本同館臣所改，但趙懷玉刻本《簡目》作"二十六卷"；又國圖稿本卷一七三原稿列高宗"《御製文初集》三十卷"和"《御製詩集》二百六十卷"，後有貼簽分別改爲"《御製文初集》三十卷《二集》四十卷""《御製詩初集》四十八卷《二集》一百卷《三集》一百十二卷《四集》一百十二卷"，夏長樸曾據此證明國圖稿本抄寫早在乾隆四十八年之前，實際上趙懷玉刻本所錄此二書卷數正同國圖稿本原稿。等等。尤其是國圖稿本原稿部類或子目之後的類目統計所列收書的部數、卷數，也大多與趙懷玉刻本相同，説明二者具有高度的一致性。國圖稿本原稿的抄寫時間與進呈本《簡目》的完成時間比較接近，應在乾隆四十七年七月之前。

將國圖稿本與趙懷玉刻本《簡目》作比較，還可發現二者略有不同，這種不同説明國圖稿本原稿要略早於進呈本《簡目》。一是國圖稿本卷二二朱熹《家禮》條，原稿題"五卷"，館臣改爲"八卷"，并在提要天頭題寫眉批"八訛五,據原書改",①其後類目統計"雜禮書之屬五部三十二卷"所言總卷數即按《家禮》五卷計入;而趙懷玉刻本題《家禮》"八卷",類目統計言"雜禮書之屬五部三十五卷",已按《家禮》八卷計入總卷數。明顯館臣改國圖稿本未完,而趙懷玉刻本所據已統一改定,則國圖稿本原稿抄寫時間應更早。二是上文所列卷四七《資治通鑒》諸書次序,國圖稿本之序與趙懷玉刻本《簡目》不同,而趙懷玉刻本與文淵閣庫書和殿本《總目》一致,主要是將《資治通鑒目録》提至《通鑒釋例》前,又將《稽古録》移至《通鑒胡注舉正》之後,國圖稿本據作者時代爲序,而文淵閣庫書、趙懷玉刻本、殿本《總目》更重體例,先《資治通鑒》及其箋注之作,後其衍生之作,其次序當爲館臣後定,則國圖稿本原稿抄寫時間早於進呈本《簡目》。

## 四、 國圖稿本的修訂者及修改時間

陳垣、李國慶均言天圖稿本修訂文字出紀昀之手,②沈津認爲上圖殘稿有紀昀筆跡。③ 國圖稿本修訂文字爲何人所加? 王菡曾言"稿本上批改筆跡似非一人所爲",④但因無證據不能確認是否出於紀昀之手,只能據卷一五《毛詩正義》提要處所黏黃簽"臣等謹案"云云推測爲總纂官上呈皇帝之語氣,又據卷三八《皇言定聲録》提要處眉批"此'皇言'亦應出格,又不知何位分校老先生挖改,亦宜改轉"認爲此語出自分校官上級之口。王菡此處指認有誤,館臣眉批明言挖改者爲分校官,眉批應爲總纂官或總目協勘官添加。

① 楊按:此書傳本有宋刻本、明刻本、清刻本等,均《家禮》五卷附録一卷,文淵閣庫本與此一致,諸家注本或八卷或十卷,未明此處館臣所言"原書"爲何。文淵閣本《家禮》提要言"五卷",校上時間乾隆四十六年十二月,國圖稿本原稿與之幾乎全同,當來自文淵閣本提要。後浙本、殿本《總目》改題"《家禮》五卷附録一卷"更嚴謹。

② 陳垣:《四庫提要中之周亮工》;李國慶:《影印紀曉嵐删定本〈四庫全書總目〉稿本前言》。

③ 沈津:《校理〈四庫全書總目〉殘稿的一點發現》,《中華文史論叢》1982 年第 1 輯,第 145 頁。

④ 王菡:《國家圖書館藏〈四庫全書總目〉稿本述略》,《文學遺産》2006 年第 2 期,第 127 頁。

實際上，國圖稿本這些修訂文字不但不是出於一人之手，而且也不是一時所爲，應該經歷了多人多次的修改。

雖然大多數修訂文字没有署名，無法確知這些修訂文字出於何人之手，但也并非完全没有署名。如卷二〇經部禮類葉三七Ａ面《儀禮釋宫增注》提要有眉批"此與《參讀禮志疑》'西房'之説合否？問原纂。任"，此眉批外加方框；又卷二二葉一一Ａ面《參讀禮志疑》提要有眉批"'西房'之説與《儀禮·釋宫》相戾否，問原纂。任"，亦外加方框。兩處内容相對，"任"應爲同一人之署名，指總目協勘官任大椿。眉批外加方框者另有五處，字跡相同，應均爲任大椿施加。據殿本《總目》卷首職名所列可知，四庫館總目協勘官除任大椿外，還有劉權之、汪如藻、程晉芳、李潢、梁上國、張羲年六人。[①] 上文王菡提到的《皇言定聲録》提要處眉批，應出自任大椿之外的一位協勘官之手，只是因未署名難以確指爲何人。類似的有關文字、内容、格式的眉批還有一些，不一一列舉。這些文字大多採用咨詢的口吻，語氣較爲和緩，主要是提出問題，没有明確的修改意見，亦應出總目協勘官之手。王菡提到的《毛詩正義》提要處"臣等謹案"云云的黄簽當確爲總纂官所加，此外也有許多類似的簽條，其語氣和總目協勘官的眉批明顯不同，更多是對提要行文的判斷或改動意見，當出總纂官之手。殿本《總目》卷首職名列總纂官紀昀、陸錫熊、孫士毅三人，《毛詩正義》提要處黏簽應爲三人中之一位，只是難定具體是誰。夏長樸指出稿本集部有頗多調整書籍次序的情况，這些調整處往往夾有浮簽。今覈這些浮簽筆跡至少出於二人之手，且均與《毛詩正義》提要處黏簽明顯不同，蓋出於陸錫熊或孫士毅之手。[②] 上文指出的改標《吴越春秋》十

---

① 楊按：永瑢：《四庫全書總目·卷首》，中華書局，1965年，第12頁。此總目協勘官，據乾隆四十六年四月二十二日《軍機大臣奏查勘總目之汪如藻等請以應陞之缺列名在前片》（中國第一歷史檔案館編：《纂修四庫全書檔案》，上海古籍出版社，1997年，第1348—1349頁）知時稱"查勘總目"。遼寧圖書館藏文溯閣《四庫全書總目》殘稿卷一三四之末署"協勘官候補洗馬臣劉權之"。又此殘稿卷一二一、一二三、一三二、一三五、一四三、一四五之末署"協勘官編修臣祝堃"，則祝堃亦任總目協勘官，在浙本《總目》職名祝堃入校勘《永樂大典》纂修兼分校官，在殿本《總目》入纂修官。

② 楊按：上海圖書館藏《總目》稿本卷一二一《辨言》提要上黏有一毛泰紙素抄《辨言》提要，内容全異，末署"熊"字，沈津《校理〈四庫全書總目〉殘稿的一點發現》推斷爲陸錫熊所撰。

卷"《越絕書》十五卷"《桂林風土記》一卷"三書來源爲"兵部侍郎紀昀家藏本"的情況，均字跡相同，當出於總纂官紀昀之手。[1] 至於提要文中許多勾刪、塗改，由於多不署名，更難確考爲何人之筆，鑒於其直接改動原文，疑亦總纂官所爲。

修訂文字非一時所作，王菡曾有此論。下面再各舉兩時、三時者各一例來明確這一點。

上文提到國圖稿本卷五八傳記類《閩粵巡視紀略》提要原無作者杜臻小傳，葉眉有批語"杜臻履歷脱去，須查補。此三四頁在卷尾寫，此處具空。此三四頁俟查補明白再寫"，明顯館臣寫眉批時仍未補小傳，故建議"具空"；同時此提要"國朝杜臻撰"旁有添補"臻字肇余，秀水人。順治戊戌進士，官至禮部尚書"，當爲館臣考後補入。這兩處修改文字明顯一先一後兩時所爲。

國圖稿本卷一五八別集類《鄧紳伯集》提要在《斐然集》提要與《北山集》提要之間，從館臣對《鄧紳伯集》提要的修改文字可以看出館臣曾三次處理此提要：一是提要中有三處圈塗"韵"字，旁添"韻"字，是爲校改俗字；二是館臣將書名和提要勾除，并於書名下書"此篇不抄，以下篇接上寫"，刪除了這一提要；三是在之後的《浮山集》提要處黏有黃簽"《北山集》寫於《浮山集》之後/《鄧紳伯集》/《浮山集》/《北山集》/《橫浦集》/照此次序寫"，意味著《鄧紳伯集》提要仍要抄寫且置於《斐然集》提要之後，即《鄧紳伯集》提要還是在原來的位置，只是調整了《北山集》和《浮山集》的次序。[2] 浙本、殿本《總目》均有此書提要，文淵閣《四庫全書》也收有此書，[3]最終完成的殿本《總目》次序與黃簽相同。可見，國圖稿本中粘貼黃簽的時間最晚。

雖然從未見署有時間的修改文字，但是由於所涉書籍的原因，有些提要的修改時間是可以推測的，這將有助於人們對這部稿本的認識。據

---

① 楊按：又卷四五"《三國志補注》六卷附《諸史然疑》一卷"下"兵部侍郎紀昀家藏本"爲後來添加，筆迹同三書，亦應爲紀昀所添。

② 楊按：浙本《總目》此處的次序爲《鄧紳伯集》《北山集》《浮山集》《橫蒲集》，同國圖稿本原稿；殿本《總目》此序爲《鄧紳伯集》《浮山集》《北山集》《橫蒲集》，同黃簽次序。

③ 楊按：文淵閣《四庫全書》改"《鄧紳伯集》"之名爲"《大隱居士詩集》"。

夏長樸先生所考,《河源紀略》的編輯始於乾隆四十七年七月十四日清高宗諭旨,至乾隆四十九年七月二十四日四庫館上奏此書告成,則國圖稿本卷六九《吳中水利書》提要末之眉批"此條之後,《昆侖河源考》之前,酌留空白六十行,以便換補《河源紀略》提要,切記"應爲館臣乾隆四十七年七月十四日之後、四十九年七月二十四日之前所加。又此卷葉二〇、二一間夾有毛泰紙抄《治河奏績書・附河防述言》提要,①夏長樸考爲館臣於乾隆五十年九月所增。② 又如夏長樸所考,《御製文二集》刊刻於乾隆五十一年五月,《御製詩四集》編輯於乾隆四十八年之後,則國圖稿本卷一七三所黏有關此二集的黃簽應在乾隆五十一年五月之後。又李清著作的銷毀始於乾隆五十二年三月十九日上諭,館臣對國圖稿本卷六六李清《南唐書合訂》的勾除亦應在此時。而同年八月周亮工著作遭到禁毀,國圖稿本卷七〇《閩小記》的勾除也應在此時。國圖稿本其他著作提要涉及李清、周亮工言論的删除也應在這一段時期。

那麼館臣對此稿的修改終止於何時呢? 上文提到浙本、殿本《總目》卷四六正史類《元史》提要與《明史》提要之間有《欽定遼金元三史國語解》提要,國圖稿本無此書提要,亦無任何修改標記和文字。按:此書爲乾隆四十七年敕撰,但由湖廣道監察御史祝德麟領其事,與四庫館所纂書還不是一回事,所以不能草率據此判定國圖稿本的修訂終止時間。祝德麟曾於乾隆五十二年六月二日奏請武英殿趕緊刊刻此書,清高宗亦於次日寄諭武英殿永璇、金簡趕緊刊刻,③但不知何故未見此書武英殿刻本。此書文淵閣庫本書前提要署校上時間爲"乾隆五十四年二月",國圖稿本未見此書任何痕跡,則至少可以推論館臣在此之前對國圖稿本的修改已經結束了。又上文提到浙本、殿本《總目》卷三八樂類《欽定律呂後編》提要與《古樂經傳》提要之間有《欽定詩經樂譜全書》提要,不見於國圖稿本,亦無任何補抄標記和文字。《欽定詩經樂譜》爲乾隆五十三年敕

---

① 楊按:文淵閣庫本《治河奏績書》未言及《河防述言》,言校上時間"乾隆四十六年十月"。

② 夏長樸:《試論國家圖書館藏〈四庫全書總目〉稿本殘卷的編纂時間》,《中國四庫學》第三輯,中華書局,2019年,第61—63頁。

③ 中國第一歷史檔案館編:《纂修四庫全書檔案》第一二〇九、一二一〇檔,第2018—2019頁。

令四庫館修撰之書,文淵閣本提要言"乾隆五十四年四月"校上,則基本可以推測館臣對國圖稿本的修改應在此之前。劉浦江曾考訂天圖稿本卷四九補入另紙所抄《欽定臺灣紀略》提要,所補稿原署校上時間爲乾隆五十四年四月,館臣修改在次年七月,"這是時間最晚的一條"。① 雖然尚未發現國圖稿本有如此晚的改動痕跡,考慮到它與天圖稿本原出一部,也不排除館臣對此稿修改遲至此時。

鑒於國圖稿本在收書、次序及提要内容等方面與通行本《總目》仍有不少差異,館臣不少修改文字没有被浙本、殿本《總目》所吸收,此稿與天圖稿本當并非浙本、殿本《總目》刊刻的直接依據,浙本、殿本《總目》與天圖、國圖稿本之間應該至少還有中介的稿本。這些也間接説明了館臣對國圖稿本的修改時間必然在乾隆六十年之前的數年裏可能已經結束了。

## 五、 國圖稿本的文獻價值

1. 國圖稿本原文保存了許多有價值的提要文獻

國圖稿本保留了一些被删去後不見於浙本、殿本《總目》的提要,彌足珍貴。如上所列,卷五六詔令奏議類存目有龔鼎孳《龔端毅公奏疏》提要、魏裔介《兼濟堂奏疏》提要,卷六〇傳記類存目有鄭郟《宋三大臣彙志》提要,卷六二傳記類存目有朱國楨《開國臣傳》提要、《遜國臣傳》提要,卷六四傳記類存目有章秉法《明道書院紀跡》提要,卷六五史抄類存目有劉績《春秋左傳類解》提要、唐順之《左氏始末》提要、顏鯨《春秋貫玉》提要、秦瀹《春秋類編》提要、章大吉《左記》提要、孫筏《左傳分國紀事》提要、魏禧《左傳經世》提要、盧元昌《左傳分國纂要》提要,卷六六史部載記類有李清《南唐書合訂》提要,卷七〇史部地理類有周亮工《閩小記》提要,卷七二地理類存目有楊爾曾《海内奇觀》提要、朱紹本等四人《地圖綜要》提要,卷一五八別集類有葛立方《歸愚集》提要,二十一種著作提要。這些提要大多不見於中華書局影印《總目》時所附的《四庫撤毀書提要》,其中凝聚了四庫館臣的智慧,代表了當時官方的認識和觀點,

---

① 劉浦江:《天津圖書館藏〈四庫全書總目〉殘稿研究》,《文史》第四輯,中華書局,2014年,第184頁。

對於我們認識這些典籍意義巨大。

國圖稿本還保存了被館臣修訂文字之前的原文,也富有意義。這些原文保留了館臣較早的認識和觀念,其中不乏有得之見,只是後來被館臣修改了。館臣對提要原文的改動,有學術、體例方面的考量,也有政治、思想方面的原因,其改動也可能反映了思想學術的發展和變化。如國圖稿本卷二一禮類《禮記大全》提要開首有"元延祐科舉之制"云云一大段話,其中言"鄭注古奧,孔疏浩博,均猝不能得其要領,故廣等作是書,取淺近易明者"語被刪去,原文的認識相對客觀中肯,館臣刪削則表現了在學術上對明代《大全》的輕蔑;又如卷四一小學類國圖稿本原《古音駢字》《續編》提要之末有"亦可云小學之善本"語,被館臣抹去,實反映了館臣學術評價的變化。再如館臣刪除或改動許多著作提要中引用或涉及李清、周亮工言論,就屬於政治原因的改動。這些地方未刪改之前的原文往往是有價值的,理應受到重視。

2. 國圖稿本上的修訂文字是珍貴的提要文獻變動資料

正如上文所論,國圖稿本上的許多修改文字,修改了提要格式,改正了原文書名、卷數及提要正文的許多訛誤,也刪減了原文的繁冗文字,條理了順序,彌補了不足,使《總目》和提要內容均有完善和提高。這些修改文字本身就是館臣從事工作的一部分,是珍貴的提要文獻變動的資料。

同時,國圖稿本的有些修改文字是館臣的處理意見,如對書籍的刪除或增加,對書籍次序的調整,對一些提要內容具體地方的改動方式,等等,這些內容沒有表現在後來的定本《總目》中,但在《四庫全書》編纂和《總目》產生過程中卻有重要的指導意義,這與纂修四庫全書檔案相結合,對於研究《四庫全書》和《總目》的編纂具有重要意義。

3. 國圖稿本是研究《總目》系列的重要一環,對研究和使用浙本、殿本《總目》有基礎性意義

由於國圖稿本抄成較早,且經過了多位館臣的多次修改,是四庫館的一部重要的工作本,這就使它在《總目》系列中具有重要的地位,是《總目》由"初稿"到後來諸本的一個重要過渡,對於研究和使用浙本、殿本《總目》意義非凡。

如王菡、夏長樸均將此本與浙本《總目》相比,發現其重要的修改較

多地方與浙本《總目》相同，也有不少地方與浙本《總目》不同，浙本《總目》對其有繼承也有變動；而將此本與殿本《總目》相比，則發現稿本《總目》與殿本《總目》相同的地方更多，國圖稿本上館臣對原文刪改、增加大都被殿本《總目》所繼承，但在收書、次序以及一些具體的小地方又有不同。很明顯，殿本《總目》與國圖稿本的關係明顯比浙本《總目》近，甚至可以說二者有比較直接的關係。這種直接關係對於研究殿本《總目》的版本來源具有重要的意義。

鑒於浙本《總目》有些地方與國圖稿本原文相同，有些地方與國圖稿本上館臣的修改文字相同，追本溯源，國圖稿本在研究浙本《總目》具體內容的來源時就具有基礎性的意義。當然，這對研究浙本《總目》的版本來源也有重要的參考價值。

4. 國圖稿本對於研究"四庫學"以及清代文化史有重要意義

國圖稿本從版式、書寫、裝幀到修改，從形式到內容，都是一部珍貴的"四庫學"文獻資料，是《總目》前期稿本中的一部篇幅較多的重要文本。這對於研究《四庫全書》的收書、編纂以及館臣對典籍的認識、改動，對研究四庫編纂時期的君臣關係以及四庫館的運行等"四庫學"課題均有重要意義。

清代乾隆年間編纂《四庫全書》是我國古代文化史上的一個重要事件，編纂《總目》是貫穿編纂《四庫全書》始終且至乾隆六十年才最終完成的一項重要任務，也是編纂《四庫全書》最重要的副產品，是我國古代目錄學發展的集大成之作，在我國古代文獻學史和學術史上都有重要地位。國圖稿本是後來定本《總目》前期工作的一部重要文本，對研究清代學術史、文化史有重要意義。

（此文原題"中國國家圖書館藏《欽定四庫全書總目》稿本解題"，發表於《四庫全書總目稿鈔本叢刊》第一冊，今略有修改）

# 四庫提要易類辨正三則

## ——兼談諸提要間的關係及《總目》諸問題的來源

　　四庫提要是四庫館臣爲纂修《四庫全書》所撰寫的系列提要類文獻，包括分纂稿提要、匯總提要、刊本提要、庫本提要及總目提要五種類型，[①]内容豐富，是我國古代目録學的集大成之作。四庫諸提要中以屬於總目提要的《四庫全書總目》（以下簡稱"《總目》"）最爲流行也最有影響。由於《總目》中諸多提要在書名、卷數、作者、版本及内容等方面存在諸多問題，影響著人們的使用，所以又有胡玉縉、余嘉錫、崔富章、李裕民等的訂補著作問世。

　　二十世紀前期，大量四庫文獻尤其是提要類文獻的披露已引起了學人的關注，至二十世紀後期，《四庫全書初次進呈存目》（以下簡稱"《初目》"）、摛藻堂《四庫全書薈要》的披露和影印，以及大量分纂稿和《總目》稿本的發現，[②]更有助於人們考察四庫提要的衍生過程，澄清《總目》的錯誤原因。[③]　筆者因從事經部提要的課題工作，利用各類四庫文獻，搜集相

---

　　① 　可參看江慶柏《四庫學文獻的基本類型》一文之《提要文獻》部分，《中國典籍與文化》2014 年第 3 期，第 10—17 頁。

　　② 　楊按：分纂稿有《翁方綱纂四庫提要稿》（吳格整理，上海科技文獻出版社，2005 年）、《四庫提要分纂稿》（翁方綱等著，吳格、樂怡標校，上海書店出版社，2006年）和《〈四庫全書〉提要稿輯存》（張昇編，北京圖書館出版社，2006 年）。《總目》稿本主要分散藏於天津圖書館、中國國家圖書館、上海圖書館、中國國家博物館、南京圖書館及臺灣"國家圖書館"等地。

　　③ 　楊按：陳垣、嚴鐸、陶湘等《景印四庫全書原本提要緣起》（《中華圖書館协會會報》，1927 年第 3 期）及陳垣《四庫全書考異》（《陳垣全集》，第三册，安徽大學出版社，2009 年）、任松如《四庫全書答問》（啓智書局，1928 年）、金毓黻《四庫全書提要解題》（辽海書社，1935 年）和郭伯恭《四庫全書纂修考》（上海商務印書館，1937 年）第十一章等對提要差異已有初步認識。楊逸《從經部易類看〈四庫全書總目提要〉諸版本的異同得失》（《湘潭大學學報》1996 年第 4 期）曾利用文淵閣庫本易類（注轉下頁）

關資料，考訂《易變體義》《周易義海撮要》《大易粹言》三書提要中的問題，撰成辨正三則，希望由此得出一些規律性的啓示。

# 一、都絜《易變體義》十二卷

都絜是南宋初年易學家，《四庫全書》所收其《易變體義》爲《永樂大典》輯佚本。

本書書名諸提要皆作“易變體義”，然陳乃乾《讀〈四庫全書總目〉條記》云：“《宋史·藝文志》作‘《易變體》十六卷’，《直齋書録解題》作‘《周易變體》’，均無‘義’字。”①按：《玉海》引《續書目》作“易變體”。《續書目》即張攀之《中興館閣續書目》，成於南宋嘉定十三年（1220），略早於《直齋書録解題》的成書，《宋志》著録出於《續書目》。後俞琰《讀易舉要》及元儒胡一桂《周易啓蒙翼傳》、董真卿《周易會通》、馬端臨《文獻通考》等引作“周易變體”。是宋元時此書名均無“義”字。

都絜撰有《周易説義》，宋後不傳。馮椅（1140—1232）《厚齋易學·附録二》“京口説義”條云：“《周易説義》十四卷，凡七卷，各分上下，京口都絜撰。知德慶府，陛辭日，有劄繳進。紹興乙亥（1155）張九成子韶序，以爲其父爲邦師法，尤邃於《易》，以所聞於其父者爲之傳，先於理而次以象義，每卦終又爲《統論》。絜字聖與，丹陽人。父郁字子文，終惠州教官。”②馮氏因都絜爲京口人，列名“京口説義”，書名實作《周易説義》，此與《周易變體》當爲二書。如明代無名氏《京口耆舊傳》云“絜少傳父學，著《周易説義》，張公九成爲之《序》”，③又云“晚又因《左傳》載晉蔡墨、鄭遊吉等引《易》，悟六位有定而卦變無窮，著《周易變體義》十有六卷，曾公幾爲之《序》”，明分《周易説義》與《周易變體》爲二書，一早一晚，前者

---

(續上頁注)提要來考訂《四庫全書總目》提要的差異，又劉遠游《〈四庫提要〉補正》（《復旦學報》1996 年第 2 期）曾利用到文淵閣庫本來補正浙本《總目》内容。但尚乏系統歸納。

① 陳乃乾：《陳乃乾文集》，國家圖書館出版社，2009 年，第 447 頁。
② 馮椅：《厚齋易學·附録二》，《景印文淵閣四庫全書》本，第 16 册，第 835 頁。
③ 明無名氏：《京口耆舊傳》卷二，《景印文淵閣四庫全書》本，第 451 册，第 134 頁。下同。

十四卷，後者十六卷，書名、卷數、撰因均不同，且明言張九成（1092—1159）《序》爲《周易説義》作，曾幾（1084—1166）《序》爲《周易變體義》作。《周易説義》與《周易變體》爲二書從都絜《易變體義·自序》中也能得到説明：“幼習句讀，長聞崖略，而身襲儒服，義學是主。年踰知命，嘗爲《説》以記所聞；而今老矣，幸若天誘其衷，復有《變體》之説。”①知其《周易説義》作於五十歲後，而《易變體》則作於七十歲左右。後元代俞希魯編《至順鎮江志》，其中《都絜傳》也是分著二書：“有《周易説義》，又有《周易變體》十六卷。”張九成《序》見於氏著《横浦集》卷十六，作《都聖與易傳序》，其中引都絜語“某此訓傳，談《易》之義：乾坤之氣，天地之形，六子之用，三才之判，三百八十四爻之變。其於爻象也，某不先於辭而先於理，以謂卦、爻大象適與理相當者，聖人則有辭以繫之；象爻之辭未盡，聖人又爲傳於六十四卦之後以明之。一章示賢人也，二章示君子也，三章戒衆人也，四章言聖人體易之道也。《説卦》論八卦之理，《序卦》論六十四卦之序，《雜卦》論六十四卦之用”，②又云“此絜所聞於先君子也。輒拾其遺説，而爲之《傳》”，知張《序》確爲《周易説義》而撰，《周易説義》又名《易傳》，爲都絜承父説而作，重談《易》理，是爲“義學”，故有“説義”之名。③今馮椅《厚齋易學》中多有以“都聖與曰”領起的文字，不見於《易變體義》，當即《周易説義》文字，并不尚變卦之説，與《易變體義》内容不同，二者確是完全不同之書。可見，諸提要言《易變體義》“絜因以所聞於父者，爲是書”不但混淆二書，而且張冠李戴，并不正確。

《周易説義》曾撰進朝廷，但并不順利，後來都絜奏進《周易變體》時撰《登對進書劄子》云“臣世業箕裘，誦習義《易》。往年嘗進《説義》，仰冒天威，上賴聖慈，寬其譴責”就説明了這一點。蓋因此《周易説義》南宋中後期不傳，所以宋元書目罕見著録。紹興二十八年（1158），都絜奏進《周

---

① 都絜：《易變體義》卷首《自序》，《景印文淵閣四庫全書》本，第 11 册，第631 頁。

② 張九成著，楊新勛整理：《張九成集》（第一册），浙江古籍出版社，2013 年，第181 頁。

③ 楊按：翟奎鳳《變卦解〈易〉思想源流考》（《中國哲學史》2008 年第 4 期）據張九成《序》推《易變體義》的撰作時間爲紹興乙亥也是混同都氏《周易説義》與《易變體》。

易變體》，不久遷朝散大夫，提舉常平茶鹽公事，次年都氏刊《周易變體》，并請曾幾撰《序》。此書流傳頗廣，時人程迴將其載入《周易章句外編》并加以評論，《直齋書錄解題》《中興館閣續書目》《玉海》《宋志》等均載是書，入明後又被收入《永樂大典》，并流傳了下來。都氏二書命運懸若天壤。令人不解的是，馮椅《厚齋易學》"京口説義"條"終惠州教官"語下又有"程可久云作《周易變體》"云云，實襲程迴《周易章句外編》中評《周易變體》之語，這就將《周易説義》與《周易變體》混爲一談了。馮椅爲南宋中期著名易學家，其《厚齋易學》在宋元之際影響頗巨，故胡一桂《周易啓蒙翼傳》於"都絜《周易變體》十六卷"條承之云"《宋志》。馮氏作《周易説義》十四卷"，也是將《周易變體》和《周易説義》混爲一談，後董真卿《周易會通》又衍胡氏之説，一誤再誤。四庫館臣引馮椅《厚齋易學·附錄》言《周易説義》之語"都氏《易》先以理，而次以象、義，每卦終又有《統論》"論《易變體義》，也是未明二書之別。由於《周易説義》亡佚，且受馮椅、胡一桂、董真卿等言論影響，人們逐漸難明二書之別，才出現了用"易變體義"指稱《周易變體》的現象，如《京口耆舊傳》言都絜"著《易變體義》""進《易變體義》"正反映了這一點，《永樂大典》亦著錄爲《易變體義》，可見這一名稱明代前期已經流行，四庫館臣又承《永樂大典》以此爲書名。實際上，早在四庫開館之前，朱彝尊《經義考》已將《周易説義》與《易變體》分列，於《易變體》云"《宋志》十六卷"，注"未見"，且言"《一齋書目》有"，①於《周易説義》云"十四卷。佚"，已經意識到兩書不同，但朱氏《易變體》條下收錄了張九成《序》和程迴、馮椅、董真卿言論，實未明二書之別。又乾隆年間趙宏恩等監修《江南通志》，也是分別著錄《周易説義》《周易變體》。只可惜《經義考》和《江南通志》分列二書之舉，并沒有引起四庫館臣的警覺。

明了《周易説義》與《周易變體》爲都絜之二書，就可以看出諸提要所言"《玉海》引《續書目》曰'自《乾》之《姤》，至《未濟》之解，以意演之，爻爲一篇，凡三百八十四篇'，馮椅《易學·附錄》曰'都氏《易》先以理，而次以象、義，每卦終又有《統論》'，今考《永樂大典》所載爻義皆分載於各爻之

---

① 楊按：《一齋書目》經陳元仲增補後已非藏書目錄，時《易變體》是否存世未可知。

下,而無所謂卦終之《統論》,與《玉海》合,意應麟所見即輯《永樂大典》時所據之本,已非其全矣"語之混亂了。提要言"《玉海》引《續書目》"云云,出自《玉海》卷三六之"紹興《易變體》"條,此條言"《續書目》'《易變體》十六卷,紹興中吏部郎中都絜進'",①所指爲《周易變體》,專言三百八十四爻之變,内容與含有《統論》的《周易説義》不同。對於馮椅《厚齋易學·附録》混《周易説義》與《易變體》於一談,館臣不但没有看出來,又進而將《玉海》《永樂大典》所載之《易變體》與馮椅首言之《周易説義》聯繫,并以《周易説義》内容倒推《易變體》在王應麟時已殘缺,考據上并不嚴謹。實際上,《易變體》自鋟板至王應麟再至明初變化不大,各書目均著録爲十六卷就是一個很好的説明;則館臣之臆測不但張冠李戴,而且無稽非實。

又諸提要皆言"如《家人》六四'富家大吉',則曰'此《乾》之《同人》也'",所言"《乾》"字有誤。據都絜書義,以爻變談卦變,論《家人》不可能言"《乾》之《同人》",《家人》六四爻變爲九四適成《同人》,則當云"《家人》之《同人》","之"者變也。今核文淵閣庫本《易變體義》卷八此處"乾"字正作"家人",應改正。

又諸提要皆言"今《永樂大典》又缺《豫》《隨》《大畜》《大壯》《睽》《蹇》《中孚》等七卦及《晉卦》之後四爻",今核文淵閣庫本《易變體義》,不缺《大畜》,而缺《無妄》,繫館臣誤記,亦應改正。

## 二、李衡《周易義海撮要》十二卷

對於此書,摘藻堂《四庫全書薈要總目》(以下簡稱"《薈要總目》")言"今依内府所藏通志堂刊本繕録恭校",②《總目》書名下注"兩淮馬裕家藏本",③今略作説明。吴慰祖《四庫採進書目》共著録兩部《周易義海撮要》:一爲《兩江第一次書目》之《周易義海撮要》,十二卷,四本;一爲《武

---

① 王應麟:《玉海》卷三十六,《景印文淵閣四庫全書》本,第944册,第42頁;又見王應麟撰,武秀成、趙庶洋校證:《玉海藝文志》卷二,鳳凰出版社,2013年,第97頁。

② 江慶柏等整理:《四庫全書薈要總目提要》,人民文學出版社,2009年,第106頁。

③ 永瑢等撰:《四庫全書總目》,中華書局,1965年,第12頁。

英殿第二次書目》之《周易義海［撮要］》，十二卷，十本。《四庫採進書目》共收《兩淮商人馬裕家呈送書目》三部，都六百八十五種書，但并無《周易義海撮要》。臺灣傅斯年圖書館藏《四庫館進呈書籍底簿》之《兩淮商人馬裕家四次呈送書目》著錄有李衡《周易義海撮要》，十二卷，一本，《總目》所標與《底簿》合。今國圖有四庫進呈本《周易義海撮要》，無格抄本，似即《兩江第一次書目》著錄本，存卷一、七至十二，卷一題名"周易義海撮要"，署"江都李衡纂"，卷七至十一題名"周易××集解"，署"江都李衡集"，卷十二題"周易雜論"，署"江都李衡編"，似乎保留了周汝能、樓鍔《跋》中所言乾道本之"集解"意。是本無《薈要》本和文淵閣庫本卷首之李衡《序》，又文字與《薈要》本和文淵閣庫本均頗多差異，當與《薈要》本、文淵閣庫本無關。《欽定四庫全書考證》卷一有《周易義海撮要》校記兩條，言底本原卷五"'故人君法此施教命誥於四方也'，刊本'施'訛'於'，據孔疏改"，[①]可知文淵閣庫本底本爲刊本。又《薈要》本《周易義海撮要》卷五末附校記云"謹按卷五第十頁前四行'故人君法此以教命誥於四方也'，刊本'以'訛'於'，今改"。[②] 知《薈要》本與文淵閣庫本底本相同，也是刊本，且原文同作"故人君法此於教命誥於四方也"，只是《薈要》本改"於"爲"以"，文淵閣庫本改"於"爲"施"。今核康熙十九年通志堂刊本正作"於"（《通志堂經解》乾隆修版已改爲"施"）。納蘭成德《周易義海撮要序》云"而是編未有刊行者，乃勘其舛誤而鏤諸板"，[③]則《周易義海撮要》雖乾道六年曾鏤板，但明清以來多以抄本流傳（如今國圖有明萬曆天啓間祁氏澹生堂抄本，又國圖、天一閣藏有明抄殘本），至康熙年間才有通志堂刊本。《薈要》本、文淵閣庫本當據通志堂初刊本謄錄。通志堂刊本卷一、七、八、九尤其卷十二有多處闕文，《薈要》本和文淵閣庫本亦均闕如，二本據通志堂刊本謄錄確矣，則《薈要總目》言"依內府所藏通志堂刊本繕錄"屬實。通志堂刊本有納蘭成德《序》，爲《薈要》本和庫本刪去。通志堂刊本無周、樓《跋》，《薈要》本、庫本亦無。諸提要所言周、樓《跋》，

---

① 王太岳等纂輯：《欽定四庫全書考證》，《景印文淵閣四庫全書》本，第 1497 册，第 23 頁。

② 李衡集：《周易義海撮要》，《景印摛藻堂四庫全書薈要》本，第 4 册，第 200 頁。

③ 納蘭成德：《周易義海撮要序》，《通志堂集》卷十，清康熙三十年徐乾學刻本。

當據朱彝尊《經義考》所録而言。還應指出,《薈要》本每卷後均有校記,少則幾條,多則十餘條,甚有補益,以此校記所言核對通志堂本,皆一一契合,《薈要》本據之作了大量校改。《薈要》本校記數量遠多於《欽定四庫全書考證》所載的兩條校記。今以《薈要》本校記來核對文淵閣庫本,發現文淵閣庫本偶有改動同《薈要》本校記者,但大多情況仍同通志堂刊本而没有改動,也有據《欽定四庫全書考證》所載作不同改動者,這説明文淵閣庫本也以通志堂刊本爲底本,但并未參考《薈要》本,其校勘不同於《薈要》本,且不及《薈要》本精審。至於通志堂刊本的來源,翁方綱《通志堂經解目録》引何焯語云"汲古宋本。每首葉有印,其文云'淳熙七年,明州恭奉聖旨敕賜魏王府書籍,謹藏於九經堂,不許藉出',其印精工絶倫,宛然《筠州學記》",①知通志堂刊本源出汲古閣影宋抄本。此汲古閣本當影抄自原宋刻本,而其原宋刻本很可能刻於淳熙七年之前,因其無周、樓乾道六年《跋》,恐非乾道刻本。惜此原宋刻本和汲古閣影抄本均已不知去向。

對於是書與房審權《周易義海》關係,諸提要皆引周、樓《跋》稱"卷計一百,今十有一",即房書原百卷,李書十一卷,與今存十二卷不合。《四庫全書薈要》書前提要(以下簡稱"《薈要提要》")、文溯閣《四庫全書》書前提要(以下簡稱"《文溯閣提要》")、文津閣《四庫全書》書前提要(以下簡稱"《文津閣提要》")言"僅存房本十之三四,而精整則過之",又與周、樓《跋》不同。今按:周、樓《跋》見於胡一桂《周易啓蒙翼傳》和朱彝尊《經義考》,其文實作:"江都李公衡屬意於《易》,得蜀房生《義海》,删之以爲《撮要》,經、繫辭、説、序、雜集解五。始以家名者百,公略其半;以卷計亦百,今十有一。第十二卷雜論一,是又創於公手,以補房生之缺者。"②可見,房氏《周易義海》録百家,李衡删削爲五十家;房氏書百卷,李衡删削爲十一卷,又新增《雜論》爲卷十二。此書自宋至清在卷數和注家上均無變化,則《薈要提要》《文溯閣提要》《文津閣提要》言李書"僅存房本十之三四"是錯誤的,不管卷數還是注家均不確,《總目》蓋有見於此而改。

---

① 翁方綱:《通志堂經解目録》,臺灣新文豐出版有限股份公司,1984年,第1—2頁。

② 朱彝尊:《經義考》卷二十六引,中華書局,1998年,第153頁。

《文淵閣提要》於此文同《總目》,當爲抽換後復據《總目》稿本重抄者——其校上時間爲乾隆四十三年七月,早於《文溯閣提要》的乾隆四十七年二月和《文津閣提要》的四十九年三月,《文溯閣提要》《文津閣提要》僅三百餘字,而《文淵閣提要》反同《總目》四百餘字,即一明證。

諸提要皆言李衡在房氏《義海》外益以“程頤、蘇軾、朱震三家之説”,此當出於李衡《序》“而益之以伊川、東坡、漢上之説”語。李氏此語,後世易書及書目多有引及者。又馮椅《厚齋易學》、俞琰《讀易舉要》均在程頤、蘇軾、朱震之外,增入了龔原。[①] 龔原爲王安石弟子,有《易講義》《續易講義》《周易圖》等,《易講義》《續易講義》爲其任職太學時之講義,後合編爲《周易新講義》,元明後不見於國內,清中後期自日本再回傳我國。《周易義海撮要》自卷七後所引龔氏言論,確多見於今本《周易新講義》。房審權《周易義海》成於熙寧年間,自晁公武《郡齋讀書志》言房氏“集鄭玄至王安石凡百家”語來看,《義海撮要》引龔原之説確爲李衡新增,則程迥、俞琰所言不虛,李衡實增四家。

《初目》《文淵閣提要》《總目》皆言“陳振孫《書録解題》亦惟載殘本四卷。豈卷帙重大,當時即已散佚,抑衡書出而審權書遂廢歟”,非是。楊按:收房書者爲晁公武《郡齋讀書志》,今陳振孫《直齋》實只收録《易義海撮要》,而未收房書,三提要所言非是。《直齋》“易義海撮要十卷”條云:“熙寧中,蜀人房審權編《義海》,凡百卷。近時江都李衡彦平删削,而益以東坡蘇氏、伊川程氏、漢上朱氏之説。若房氏百卷之書,則未之見也。”[②] 兩言房書百卷,而非四卷。《初目》《文淵閣提要》《總目》所言當出自朱彝尊《經義考》“房氏審權周易義海”條,云:“陳振孫曰:‘書只四卷,近時江東李衡彦平稍加删削,[③] 而益以東坡、漢上、伊川之説,爲《撮要》十

---

① 馮椅:《厚齋易學·附録一》,《景印文淵閣四庫全書》本,第16册,第832頁;俞琰:《讀易舉要》卷四,《景印文淵閣四庫全書》本,第21册,第462頁。

② 陳振孫撰,徐小蠻、顧美華點校:《直齋書録解題》卷一,上海古籍出版社,2015年,第13—14頁。

③ 楊按:朱彝尊《經義考》此處言“江東李衡”之“東”當“都”之訛,李衡《義海撮要序》署“江都李衡”,《宋史》李衡本傳言其“江都人”,《經義考》卷二六“李氏衡周易義海撮要”條引陳振孫語作“江都李衡”,又曹學佺《蜀中廣記》卷九一“《易義海》一百卷”條下引陳振孫語亦作“江都李衡”。

卷。所稱百卷,未之見也。'"①今核,馬端臨《文獻通考》卷一七六"周易義海一百卷"條,云"陳氏曰:審權編《義海》,凡四卷",此"陳氏"即陳振孫,已錯引作"四卷";之後明人曹學佺《蜀中廣記》卷九一"易義海一百卷"條云"陳振孫曰書只四卷",餘同《文獻通考》。②《文獻通考》"審權編《義海》,凡四卷"等語當出自《直齋》"審權編《義海》,凡百卷",陳乃乾已指出馬氏誤"百"爲"四",③是矣。馬氏之後,曹學佺承之臆改爲"書只四卷"。朱彝尊言"書只四卷"云云當出於《蜀中廣記》,是襲曹氏之訛也;《初目》《文淵閣提要》《總目》又襲《經義考》之誤,進而云"陳振孫《書録解題》亦惟載殘本四卷"。這樣就離《直齋》原貌越來越遠了。

## 三、 方聞一《大易粹言》七十三卷

諸提要及文淵閣、文津閣庫本署本書作者爲方聞一,崔富章考定爲曾穜而非方聞一,④甚是,然仍有可説者。

《薈要總目》言"今依前江蘇巡撫臣薩載所上蔣曾瑩家藏明張嗣古刊本繕録,據宋曾穜本、明陳造本恭校",⑤《總目》注爲"蘇州蔣曾瑩家藏本",⑥均言蔣氏家藏,不見於《四庫館進呈書籍底簿》。《四庫採進書目》之《江蘇省第一次書目》著録《大易粹言》二十四本,蔣氏藏書實由江蘇巡撫進呈,⑦此當即蔣氏家藏本。然《薈要總目》言"明張嗣古""明陳造"所

①　朱彝尊:《經義考》,中華書局,1998 年,第 125 頁。

②　曹學佺:《蜀中廣記》卷九一,《景印文淵閣四庫全書》本,第 592 册,第486 頁。

③　陳乃乾:《讀〈四庫全書總目〉條記》,《陳乃乾文集》(上册),國家圖書館出版社,2009 年,第 448 頁。

④　崔富章:《四庫提要補正》,杭州大學出版社,1990 年,第 12—14 頁。

⑤　《景印摛藻堂四庫全書薈要》本,第 1 册,第 98 頁。

⑥　永瑢等撰:《四庫全書總目》,中華書局,1965 年,第 14 頁。

⑦　楊按:《江蘇巡撫薩載奏再陳蘇州書局續購書目及蔣曾瑩獻書摺》:"兹有蘇城捐職監生蔣曾瑩將家藏書目,赴臣衙門具呈。……并將各書呈送到局。臣當飭書局委員檢閲,計共一百九十九種。内有九十七種臣先經購得,已於前三次清單内彙奏,係屬重複,已經發還。其餘一百二種,似係舊書,現在另繕目録,一并恭進。"(《纂修四庫全書檔案》,上海古籍出版社,1997 年,第 119 頁。)

繫朝代有誤。此書《薈要》本和文淵閣庫本後均附張嗣古《跋》,署"嘉定癸酉五月望",嘉定爲宋寧宗年號(1208—1224),則張嗣古爲宋人,而非明人。張嗣古袁州宜春人,紹熙元年(1190)進士,慶元五年(1199)十月除正字,嘉泰元年(1201)二月爲校書郎,六月兼實録院檢討官,二年三月爲著作佐郎,三年二月爲著作郎,十一月爲起居舍人,四年六月出使賀金主生辰,端平元年(1234)知平江府。張嗣古是韓侂胄之甥但并不依附韓氏,在嘉定癸酉(1213)以朝議大夫直龍圖閣權知安慶府,至而建安慶府學,舉薦張淏等。舒州爲安慶府所屬,張氏於是年召集人修板《大易粹言》,則《薈要總目》言其明人殊誤。曾穜淳熙三年(1176)舒州郡齋刻本爲此書之初刻本,①張嗣古本即此本之嘉定修本。文淵閣庫本《大易粹言》張嗣古《跋》後爲陳造《跋》,《薈要》本無。文淵閣庫本陳造《跋》全同朱彝尊《經義考》卷二九"曾氏穜大易粹言"條所載,僅三十字。今陳造《江湖長翁集》卷三一有《題大易粹言》,即此《跋》,八十九字。陳造字唐卿,高郵人,淳熙初進士,紹熙二年(1191)知定海縣,慶元二年(1196)通判房州,後爲浙西路安撫司參議、淮南西路安撫司參議。《薈要總目》言陳造明人亦誤。

對於陳造修訂《大易粹言》書板時間,可推定爲其晚年任淮南西路安撫司參議時期:一是陳造《題大易粹言》言其始得蘇軾《東坡易傳》、沈該《易小傳》,後得《大易粹言》,最晚;二是陳造《題大易粹言》云"此板在舒州已就漫漶,又遲之將不可讀,予修之兩月餘,爲佳本",②舒州爲淮南西路所屬,陳造就近趨至,則此本爲其任淮南西路安撫司參議時所修;三是陳氏晚年作有未完稿《易説》一卷,十五篇,所論與其《題大易粹言》略合。陳造卒於嘉泰三年(1203),其修板必在此前。嘉泰先於嘉定,則陳造修板在先,張嗣古修板在後。張嗣古知安慶府,正淮南西路地,其修板即在陳造修板基礎上進行,是淳熙三年刻本的一次遞修;則諸提要所言"張嗣古、陳造先後修之",崔富章言"張嗣古……修改過半。其後陳造又補修

---

① 楊按:《天禄琳琅書目後編》著録有宋本《大易粹言》,爲淳熙三年舒州公使庫雕造,此即曾穜初刻本。

② 陳造:《題大易粹言》,《江湖長翁集》卷三一,《景印文淵閣四庫全書》本,第1166册,第400頁。

之”，恰將二人修版順序弄反，非是。

今國圖有宋淳熙三年舒州公使庫刻本《大易粹言》，十二卷，即曾穜初刻本，爲元崇文閣、清天禄琳琅舊藏。陳造當據此修板，張嗣古又進而遞修，遺憾的是此修本和遞修本今已難覓。提要皆言四庫底本爲張嗣古補刻本，以張嗣古《跋》冠首，可據《薈要》本和文淵閣庫本作一認識。

《薈要提要》云“今檢原本所分十卷”，《文溯閣提要》《文津閣提要》《總目》言“宋刻明標卷一至卷十”，《總目》直標此書“十卷”（楊按：文淵閣庫書七十三卷，《總目》所標與文淵閣庫書不一致，崔富章反駁甚是），均說明原蔣氏家藏本爲十卷本。然崔富章云：“趙希弁《附志》著録‘《大易粹言》七十卷《總論》三卷’，當爲張、陳修改之本，其間相距僅三十七年，趙説當可信。張氏一次改刻七百餘板，字數過半，爲免錯亂，標卷或亦有所改變。”①然否？ 由於張嗣古本已不存，探討起來有點困難；但按理説，修補本一般只修補板面，很少變動卷數者。曾穜初刻本十二卷，陳造、張嗣古據此修補，變更爲七十三卷本的可能性很小。事實上，除《文淵閣提要》外，諸提要皆言宋刻本十卷，恰與黄烈所編《江蘇採輯遺書目録》所載卷數相合，當爲蔣氏藏本實情。今國圖藏曾穜初刻本二十册，十二卷，前十六册爲《周易》經解，共六卷，第十七册爲“繫辭上卷第七”，第十八册爲“繫辭下卷第八”，第十九册含“説卦第九”“序卦第十”“（楊補：雜卦）粹言卷第十一”三卷，第二十册含“姓氏”“文集”“學易”“論易”“明卦”“明爻”“明十翼”七篇爲“卷第十二”。蓋張嗣古以後四册一卷一册，遂合并卷九至十一爲卷九，改卷十二爲卷十。陳振孫寶慶二年（1226）始撰《直齋書録解題》，其著録“《大易粹言》十卷”當爲張氏補刻本，後《玉海》、《周易啓蒙翼傳》、《宋志》及朱睦㮮《授經圖》等均著録爲十卷本，亦當爲張氏補刻本。可見，崔富章“《宋志》‘十卷’乃只著録正文，不計《總序》和《諸家姓氏》等”語不實，其言“《提要》稱‘宋刻明標卷一至卷十’，則徒爲虚言”非是，四庫底本確爲十卷本，而非七十三卷本。國圖還有一部宋刻殘本《大易粹言》，存卷六〇至六七，有助於推定張嗣古補刻本并非趙希弁《附志》著録之七十三卷本。曾穜初刻本半葉十行，行二十字，則張氏補刻應沿此版式，否則無法配合印行；而宋刻殘本半葉十二行，行二十三字，與初

---

① 崔富章：《四庫提要補正》，杭州大學出版社，1990 年，第 14 頁。

刻本版式完全不同,當爲一重刻本(簡稱"宋重刻本")。此宋重刻本所存八卷中,卷六〇至六四恰好爲《周易》最後四卦,知此本確以一卦一卷;卷六五至六七爲《繫辭上》。此本當即趙希弁《附志》著錄之七十三卷本。蓋此本流傳中《總論》三卷脱落,遂以七十卷稱,朱彝尊《經義考》言"或作七十卷",納蘭成德《合訂删補大易集成粹言序》言"曾穜《大易粹言》七十卷",《四庫採進書目》之《兩淮鹽政李呈送書目》有七十卷本《大易粹言》,均可證其至清還在。今以《薈要》本卷五九、六四、六八後所附二十條校記核淳熙三年初刻本、宋重刻本和文淵閣庫本,發現《薈要》本校記所言刊本訛漏中有八條與宋初刻本相合,十二條訛漏初刻本不訛不漏,是初刻本原訛漏較少,《薈要》本和文淵閣庫本的底本訛漏較多。又《薈要》本卷六〇至六七之八條校記中,宋初刻本和重刻本全同,重刻本的訛漏要比四庫本少得多。可見,宋重刻本與初刻本雖然卷數迥異但是内容却基本相同,重刻本很可能據初刻本翻刻,所以文字訛誤也較少。《薈要》本和文淵閣庫本并非據淳熙初刻本或宋重刻本校勘、謄錄;四庫底本如果是張嗣古修補本的話,修補中新增了不少錯誤,《薈要》本和文淵閣庫本均作了不少校改,但仍有遺漏。雖然《薈要》本、文淵閣庫本均作七十三卷,卷一至六四爲《周易》經解,似與宋重刻本同;但《薈要》本、文淵閣庫本卷六五至六七之起與重刻本不同,説明四庫底本不但不是重刻本,而且館臣分卷也没有參考重刻本,而是據趙希弁《附志》言論將十卷本的《大易粹言》重新分成了七十三卷,《薈要提要》"今檢原本所分十卷,篇頁未免過繁,謹重加釐訂,析爲七十三卷,著之於錄"語據實而言,《薈要》本、文淵閣庫本與宋重刻本無關。

## 四、餘　論

四庫館臣先後撰寫的提要類文獻比較豐富,同一部書各提要之間大多前後相承,關係密切,成書最晚的《總目》中存在的問題大多并不始於《總目》稿本,[①]而是從分纂稿、匯總提要、庫本提要而來,即《總目》中存在

---

① 楊按:據乾隆三十七年七月二十五日清高宗上諭(《纂修四庫全書檔案》第一七一,上海古籍出版社,1997年,第228—229頁;亦見《四庫全書總目》(注轉下頁)

的問題大多有更早的源頭。此以《永樂大典》輯佚本最爲典型。正如上文都絜《易變體義》部分所論述的那樣，就筆者四庫易類提要所考的十七部《永樂大典》輯佚本來看，無一例外，這十七部書的《文淵閣提要》《文溯閣提要》《文津閣提要》和《總目》均内容相同。乾隆三十八年二月，清高宗採納朱筠奏議敕令從《永樂大典》中輯佚書。此工作由專人負責，提要亦由專人撰寫，各提要相互傳抄、遞相因襲，紀昀批校《總目》於此部分著墨甚少，其中存在的問題前後相同，没有改動。其他著作的提要前後變動相對較多，《總目》的改動主要在文字、體例方面，有的對内容和評論也作了改動，這在黄愛平、司馬朝軍等的研究中均有論述。① 《總目》有時對之前提要的不實和錯誤也作訂正，如上文所論李衡《周易義海撮要》的《文淵閣提要》和《總目》就删去了此前提要"僅存房本十之三四"等字；但這樣的情況相對較少，各提要内容因襲較多，許多之前提要中的問題在《總目》裏仍然保留，如本文三則所論的大多内容都表明了這一點。這説明四庫提要前後因襲，《總目》存在的問題往往是之前提要造成的，紀昀的改動大多在文字的潤色和體例的統一，具體到書名、卷數、作者及文本内容等問題，紀昀的改動十分有限。

　　全面利用《四庫全書》提要類文獻，不但能發現諸提要間的前後相承，而且能發現提要間的差異，以及提要間的複雜關係。實際上，提要間的關係遠比人們認識的複雜：一是館臣對《四庫全書》所收同一部書先後撰寫的各提要之間往往并非直綫傳承的關係，而是存在錯綜交叉的傳承關係。如本文所論的李衡《周易義海撮要》的《初目》《文淵閣提要》《總目》三提要關係密切，《文溯閣提要》與《文津閣提要》幾乎全同；方聞一《大易粹言》的《薈要提要》《文溯閣提要》《文津閣提要》文字相似應該是前後相承，《文淵閣提要》與《總目》幾乎相同；此外筆者還發現楊萬里《誠齋易傳》的《初目》與《文淵閣提要》《文溯閣提要》相似，武英殿聚珍版叢書的《誠齋易傳》提要與《文津閣提要》和《總目》相似，等等。這些書諸提

---

（續上頁注）卷首），時《四庫全書總目》初稿已成，後不斷修補，至乾隆末年才得以定稿。

　　① 黄愛平：《四庫全書纂修研究》，中國人民大學出版社，1989 年；司馬朝軍：《〈四庫全書總目〉編纂考》，武漢大學出版社，2005 年。

要間的關係至少可以歸納爲兩個傳承系統，説明它們可能分別源於兩份不同的分纂稿，并分別據之進行修改和加工。二是不少提要存在抽换和復抄的情况，正如本文所論李衡《周易義海撮要》的《文淵閣提要》一樣是抽换復抄稿。文淵閣《四庫全書》主體部分抄成於乾隆四十六年十二月，最早，也最受清高宗重視，此後因李清、周亮工等事件及後來復校、撤换等館臣都對提要續有改動，文淵閣庫本書前提要抽换復抄的現象也較爲常見，復抄多據《總目》底稿謄録，所以文字也與今存《總目》比較接近；而較晚抄成的文溯閣、文津閣《四庫全書》的書前提要撤换復抄的情况較少，相對保留了更多較早的提要文獻，這在考察提要先後衍生的過程及對《總目》問題的考訂中反而更有意義。

（本文發表於《圖書館研究》2020 年第 6 期，今略有修改）

# 《四庫全書》所收宋儒考校韓集提要考辨三則

　　韓愈的學術和文學在北宋受到了朝廷上下的肯定和推崇，其本人在神宗元豐七年（1084）配祀孔廟，①其著作在受到歐陽修、蘇軾等散文家的推崇後廣泛流行，宋人搜集、整理、編選、刻印韓愈著作較多，各種集本、選本層出不窮，②方崧卿《韓集舉正》、朱熹《韓集考異》和王伯大《韓文考異》是宋儒考校韓集的重要代表。

　　這三種宋儒考校韓集在清代乾隆年間均被收入了《四庫全書》，四庫館臣爲這三種著作先後撰寫了多種庫本提要及《總目》提要，非常有利於人們的認識；但毋庸諱言，這些四庫提要在書名、作者、版本及内容等方面存在諸多問題。筆者通過多方搜索資料，對提要進行了梳理，撰成考辨三則，企方家垂教。

## 一、宋方崧卿撰《韓集舉正》十卷《外集舉正》一卷

　　方崧卿（1135—1194）是南宋著名的校勘學家，尤以校勘韓愈詩文著稱，《韓集舉正》和《外集舉正》是其長期校勘韓愈詩文成果的結晶，也是他校勘學的代表作。今天，人們對方氏生平、校勘成就及《韓集舉正》的版本和價值已多有研究，③但對《韓集舉正》和《外集舉正》四庫提要中的

---

　　① 脱脱等撰：《宋史》卷十六，中華書局，1997 年，第 312 頁。

　　② 具體參看：楊國安：《宋代韓學研究》（中國社會科學出版社，2006 年）、金華凌：《論宋人韓文善本觀的演進及其古籍版本學意義》（《云梦學刊》2009 年第 6 期）、金華凌：《論宋人編選韓文學術標準的嬗變》（《求索》2011 年第 12 期）等。

　　③ 具體參看：史歷：《〈韓集舉正〉校勘符號簡論》（《貴州文史論叢》2002 年第 2 期）、史歷：《〈韓集舉正〉版本源流考》（《古籍整理》2002 年第 3 期）、史明文：《方崧卿的校勘學思想》（《固原師專學報》2002 年第 5 期）、劉真倫：《方崧卿韓集（注轉下頁）

問題却鮮有涉及。

此書之文淵閣《四庫全書》本書前提要（以下簡稱"《文淵閣提要》"）、①文溯閣《四庫全書》本書前提要（以下簡稱"《文溯閣提要》"）、②文津閣《四庫全書》本書前提要（以下簡稱"《文津閣提要》"）、③《四庫全書總目》提要（以下簡稱"《總目》"）言方崧卿《自跋》"稱'右《昌黎先生集》四十卷《外集》一卷《附録》五卷《增考年譜》一卷，復次其異同，爲《舉正》十卷'。陳振孫《書録解題》所載同，而多《外鈔》八卷"。④ 楊按：文淵閣庫本書末無《自跋》，文津閣庫本書末有《自跋》，又鐵琴銅劍樓原藏影宋鈔本《韓集舉正》書末有《自跋》。核方崧卿《自跋》中"《外集》一卷"後有"《目録》一卷"，諸提要皆脱。諸提要言陳振孫《書録解題》"多《外鈔》八卷"，核《直齋書録解題》卷十六著録爲"《昌黎集》四十卷《外集》一卷《附録》五卷《年譜》一卷《舉正》十卷《外鈔》八卷"，⑤《增考年譜》作《年譜》，陳氏《解題》云"《年譜》，洪興祖撰，莆田方崧卿增考"，名略不同。⑥

又諸提要皆引《直齋》言"《外集》但據嘉祐劉煜所録二十五篇，而附以石刻、聯句、詩文之遺見於他集者"，所引即出於《直齋》"《昌黎集》四十卷《外集》一卷《附録》五卷《年譜》一卷《舉正》十卷《外鈔》八卷"條。然陳

---

（續上頁注）校理本考述》（《華中科技大學學報》2003 年第 5 期）、史明文：《〈韓集舉正〉在版本學上的價值》（《四川圖書館學報》2004 年第 2 期）、劉真倫：《宋淳熙南安軍原刻〈韓集舉正〉考述》（《華中科技大學學報》2004 年第 6 期）、劉真倫：《韓愈集宋元傳本研究》（中國社會科學出版社 2004 年）、劉真倫：《韓集舉正彙校》（鳳凰出版社，2007 年）等。

① 《韓集舉正》卷首，《景印文淵閣四庫全書》第 1073 册，臺灣商務印書館，1986 年，第 1 頁。

② 金毓黻編：《文溯閣四庫全書提要》第 4 册，中華書局，2014 年，第 2671 頁。

③ 盧仁龍輯：《文津閣四庫全書提要匯編·集部·上》，商務印書館，2014 年，第 54 頁。

④ 永瑢等撰：《四庫全書總目·下册》，中華書局，1965 年，第 1287 頁。

⑤ 陳振孫撰，徐小蠻、顧美華點校：《直齋書録解題》，上海古籍出版社，2015 年，第 475 頁。

⑥ 劉真倫《前言》（方崧卿原著，劉真倫彙校：《韓集舉正彙校》，鳳凰出版社，2007 年，第 41 頁）："根據現存《增考》遺文，方氏的增考爲辨正吕、程、洪三譜的疏失而作，并非單單針對洪《譜》。"

氏計篇有誤,今核《外集舉正》實二十六篇,是陳氏誤數,①館臣又沿襲陳氏之誤。

又諸提要言"十卷之末,又有《外集舉正》一卷,而《跋》中不及,陳氏亦不及。核其原刻,不標卷第,殆即附之十卷中歟",所言非是。楊按:韓愈集爲其弟子李漢所編,四十卷,宋人輯佚補綴成《外集》。方崧卿《韓集舉正》十卷針對的是其所刊《韓昌黎先生集》四十卷,所以《韓集舉正》每一卷内又列有原《韓昌黎先生集》的卷數,這與《外集舉正》不分卷體例完全不同,《外集舉正》是無法附入《韓集舉正》十卷之中的。方氏《外集舉正》針對的應是韓愈《外集》,這從《直齋》著録方氏有"《外集》一卷"能看到這一消息,而《外集舉正》所列篇目見於朱熹《韓集考異》卷九《外集》、王伯大《朱文公校昌黎先生文集·外集》更能證明這一點。自朱熹校語可知(詳下文),方氏刊刻之《外集》當來自嘉祐蜀本劉煜所録之二十六篇。雖然方氏刊刻的《韓昌黎先生集》及《外集》亡佚了,今無從得見;但却可從朱熹在方氏書基礎上校定的《昌黎先生文集》及《外集》來做一些推論。朱熹校定的《昌黎先生文集》四十卷之後爲《外集》十卷,據朱熹按語可知,其《外集》前五卷内容同方氏《外集》,只是增加了《與大顛師書》,後五卷爲《順宗實録》。方氏《外集舉正》所列篇目和内容,與朱熹所定韓愈著作《外集》前五卷内容基本相同,則方氏《外集》應附《文集》而行,方氏撰《外集舉正》即針對其《外集》而作,當附《韓集舉正》之後,而不會"附之十卷中",是館臣臆測有誤。

又諸提要皆引《直齋》"《校定韓昌黎集》四十卷《外集》十卷"條"獨用方本,益大顛三書"語,《文溯閣提要》《文津閣提要》《總目》言"今考《外集舉正》所列,自《海水詩》至《明水賦》二十五篇之數俱全,無所謂'大顛三書'者,亦無所謂'石刻、聯句、詩文之遺於他集者',不知《考異》所據何本,此亦千古之大疑,姑闕所不知可矣"。楊按:自元代至元十八年(1281)日新書堂刻本《朱文公校昌黎先生文集》之《外集》十卷來看,朱熹編定的《外集》確自《海水詩》至《明水賦》共二十六篇,與方崧卿《外集舉正》篇目相同,只是卷二之末多了《與大顛師書》三通。則《與大顛師書》并非來自方崧

---

① 楊按:張洽自紹定二年刊朱熹《韓集考異》卷九《外篇》題下有注"方氏只據蜀本定録二十五篇"語,陳振孫《直齋書録解題》言"二十五篇"似有所承。

卿所刊《昌黎集》之《外集》。今核此日新書堂刻本《外集》之《與大顛師書》題目下有語"此書諸本皆無,唯嘉祐小杭本有之,其篇次在此",此爲朱熹注語,則朱熹定本之"大顛三書"來自嘉祐小杭本,并次序亦襲之,是方氏《外集》確無《與大顛師書》,朱熹《韓集考異》據嘉祐小杭本收録。

又《直齋》言方崧卿本《外集》後附以"石刻、聯句、詩文之遺於他集者",諸提要言《舉正》"亦無所謂'石刻、聯句、詩文之遺於他集者',不知《考異》所據何本"。館臣據方崧卿《韓集舉正》無石刻、聯句、遺詩文而懷疑朱熹《韓集考異》這些内容的來源,并認爲方崧卿所刊《昌黎先生集》原無石刻、聯句、遺詩文,不認可《直齋》所載。楊按:《直齋》所言,可據張洽紹定二年(1229)所刊朱熹《韓集考異》及宋咸淳年間廖瑩中世綵堂刻本《昌黎先生集》略作考證。朱熹據方崧卿刊本校定《昌黎先生集》并撰《韓集考異》是學界共識。張洽本朱熹《韓集考異》卷九《外集》篇題下注云:"方氏只據蜀本定録二十五篇,其篇目次第皆與諸本不同……其石刻、聯句、遺詩文等則從方本録之,以補《外集》之闕。又諸本有《遺文》一卷,方本亦多不録,今亦存之以附於後。"朱熹所言"方本"即方崧卿所刊《韓昌黎先生集》,可見,石刻、聯句、遺詩文原附刊於方本《外集》之後,陳振孫所言是事實,方本并非"無所謂'石刻、聯句、詩文之遺於他集者'"。張洽本朱熹《韓集考異》卷九《外集》之後爲《遺文》,《遺文》首篇《有所思聯句》題目下有注"此下三聯句,方云'見《孟東野集》'",《尋劉尊師不遇》《春雪》等題目下亦有"方云"或"方本"之注;又廖瑩中所刊朱熹校定《昌黎先生集》最後爲《遺文》,當即朱熹所言之"《遺文》一卷",其中文體按類排列,依次爲聯句、遺詩、墓志、啓、狀、疏、題名,遺詩類第二篇《春雪》題目下注"已上并方本所載,諸本所無者,今悉存之",題名類首篇《長安慈恩塔題名》題目下有注"以下并方本所載",則朱熹校定後《遺文》一卷實已合諸本《遺文》與方本所附石刻、聯句、遺詩文於一,其石刻、聯句、遺詩文之文字當據方本録,據他本校勘,而分類和編次則作了調整。今天,正可由此反推方氏刊本《韓昌黎先生集》後確附有石刻、聯句、遺詩文,亦可據朱熹《考異》和其校定《昌黎先生集》來復原方本所附石刻、聯句、遺詩文。① 此石刻、聯句、遺詩文確爲方氏所輯,與諸本《遺文》互有出入;只是

① 劉真倫《前言》(《韓集舉正彙校》第39頁)認爲:方氏外集不分卷,(注轉下頁)

由於方氏過於信據秘閣本，未見諸本《遺文》，無從考訂、校勘，故石刻、聯句、遺詩文的內容不載於《外集舉正》，從而與朱熹《考異》并錄之大相徑庭。可見，方氏所輯石刻、聯句、遺詩文與其《舉正》無關。館臣將方氏所刻《外集》與其所撰《外集舉正》弄混，亦屬臆測有誤。

對於此書版本，《總目》書名下注"編修朱筠家藏本"，所注與《四庫館進呈書籍底簿》《各省進呈書目》《四庫採進書目》之《編修朱交出書目》著錄合（言"十本"），①庫本抄成後曾發還朱家。又《文淵閣提要》《總目》皆云"此本紙墨精好，內'桓'字缺筆，避欽宗諱，'敦'字全書，不避光宗諱，蓋即淳熙舊刻，越五百載而幸存者"，言其爲宋淳熙刻本。今編纂《四庫提要著錄叢書》使用的是中國國家圖書館藏清影宋抄本《韓集舉正十卷外集舉正一卷叙錄一卷》。② 日本"大倉集古館"藏有宋本《韓集舉正十卷外集舉正一卷韓集舉正叙錄一卷》，已影印入《四庫全書底本叢書》。③ 此本書衣鈐"乾隆三十八年□月翰林院/編修朱筠交出家藏/韓集舉正壹部/計書十本"，正文首葉鈐滿漢文"翰林院印"朱文大方印，當即發還之朱筠進呈本，確爲四庫底本。書中諱"桓"字，亦兼諱"敦"字，館臣言不諱"敦"字非是，則此宋本刊刻或刷印已至光宗紹熙年間。④ 又《文淵閣提要》《總目》言原書"其於改正之字用朱書"，《總目》下有雙行小注云"刻本實作陰文。蓋古無套板之法，不能作二色也。觀政和《本草》稱'神農本經用朱書'，而皆作陰文，是其明證。謹附識於此"，今核原宋本實作陰文，是《文淵閣提要》徑言"朱文"略不近實，《總目》加注文甚是。

---

（續上頁注）詩文作品二十六首，《明水賦》採自杭本，二十五篇採自蜀本，下接以《與大顛師書》爲首的石刻若干篇，下接聯句三篇、遺詩五篇及題名七篇。

① 臺灣傅斯年圖書館藏《四庫館進呈書籍底簿》第二冊《編修朱交出書目》，《各省進呈書目》之《編修朱交出書目》，吳慰祖校訂：《四庫採進書目》，商務印書館，1960 年，第 184 頁。

② 《四庫提要著錄叢書》編纂委員會編纂：《四庫提要著錄叢書》第 2 冊，北京出版社，2014 年。

③ 羅琳主編：《四庫全書底本叢書》第 51 冊，文物出版社，2015 年。

④ 楊按：佐藤保此書影印本前《解題》推斷刊刻於紹熙末年。劉真倫《韓集舉正匯校·前言》認爲此書爲淳熙己酉西南安軍原刻本，時已諱敦字，蓋書刊刻後挖改，亦有挖改未盡者。

## 二、 朱熹《原本韓集考異》十卷

朱熹是南宋著名的理學家、文學家、學者，其於慶元三年（1197）完成的《韓集考異》有針對方崧卿所刊韓集及其《韓集舉正》加以糾正的意味，成就超過了《韓集舉正》。朱熹此書後被王伯大、廖瑩中逐條採摘，散入韓集，影響深遠。對於《韓集考異》，錢穆《朱子新學案》、莫砺锋《朱熹文學研究》等均曾專章討論，此外也時有學人撰寫研究文章，①但對此書四庫提要的不足卻談論不多。

對於本書書名，《文淵閣提要》《文溯閣提要》《文津閣提要》皆作“原本韓集考異”，②而《總目》《四庫全書簡明目錄》（以下簡稱“《簡目》”）作“原本韓文考異”。③《四庫館進呈書籍底簿》《各省進呈書目》和《四庫採進書目》之《江蘇省第一次書目》均著錄《韓集考異》二本，④吳慰祖注：“十卷，宋朱熹著。案四庫上冠‘原本’二字，以別於王伯大之本。提要云‘此出李光地家，乃從朱子門人張洽所校舊本翻雕，最爲精善’。今考此書宋刻，丁氏八千卷樓舊藏者，今存南京圖書館，實題‘晦庵朱侍講先生韓文考異’云。”⑤今按，吳氏所説非是。對於江蘇進呈之《韓集考異》，《江蘇採輯遺書目錄》亦有著錄，云：“按此集唐張元德定。國朝李光地校，共十

---

① 如曾抗：《〈昌黎先生集考異〉版本考略》（《古籍整理》1999 年第 1 期）、陸德海：《〈韓文考異〉與朱熹的文法學研究》（《井岡山大學學報》2010 年第 2 期）、王東峰：《〈五百家注昌黎文集〉與〈韓集舉正〉〈韓文考異〉的關係》（《中國典籍與文化》2010 年第 3 期）等。

② 《原本韓集考異》卷首，《景印文淵閣四庫全書》第 1073 冊第 128 頁；金毓黻編：《文溯閣四庫全書提要》第 4 冊第 2673—2674 頁；《文津閣四庫全書提要匯編·集部·上》第 55 頁。

③ 永瑢等撰：《四庫全書總目·下冊》，中華書局，1965 年，第 1288 頁；永瑢、紀昀等撰：《欽定四庫全書簡明目錄》，《景印文淵閣四庫全書》第 6 冊，臺灣商務印書館，1986 年，第 260 頁。

④ 《四庫館進呈書籍底簿》第四冊爲《江蘇省第一次書目》和《江蘇省第二次書目》，次序已紊。

⑤ 吳慰祖校訂：《四庫採進書目》，商務印書館，1960 年，第 8 頁。

卷。"①是江蘇進呈本爲李光地校刻之《韓集考異》，與諸提要所言"此本出自李光地家"相合，是《總目》書名下標注"江蘇巡撫採進本"不爲無據。雖然今南京圖書館確藏有宋刻《晦庵朱侍講先生韓文考異》，但此宋刻本與李光地刻本并没有直接的版本承遞關係。今核南圖藏宋刻本八册，半葉九行，行大字十七字，小字十九字，第一册爲卷一卷二，爲補抄，鈐"惠棟之印"，自卷三起後各卷首鈐"澹生堂經籍記""山陰祁氏藏書之章""子孫共珍""曠翁之識""朱彝尊印""竹垞""惠棟之印""定宇"等印，知其曾經祁承㸁、朱彝尊、惠棟遞藏。但此本除補抄之卷一後附《陪杜侍御遊湘西兩寺詩》考異同於諸提要所言外，作爲原刻本之卷四後并無諸提要所言之《原性》考異，卷七後亦無《曹成王碑》考異，又此本《汪季路書》及朱熹語置於卷十後也與文淵閣庫本附於卷六後不同，此本蓋與文淵閣庫本無關。今國圖藏有李光地校刻本，可據以考證。國圖李光地校刻本書名作"昌黎先生集考異"，十卷，兩册，半葉十行，行大字、小字均二十字，版心刻"韓集考異卷×"，其内容全同諸提要所言，也與文淵閣庫本相同，只是書末所附趙德《文録序》、歐陽修《記舊本韓文後》、蘇軾《潮州韓文公廟碑》（題名略異，蓋館臣據例改動，三文南圖宋刻本并無），可證文淵閣庫本確據李光地校刻本謄録，但李光地刻本并不出於今藏於南圖的宋刻《晦庵朱侍講先生韓文考異》。李刻本末有李氏題識，云："《韓文考異》近年無原本，皆散入篇句中者……吕晚村家藏宋刻，遭兵火，逸其文，幸所存者則《考異》也。其嗣君無黨及第後，與余言及，因屬以家書郵致，爲之付梓京師，無黨仍監其役。惜乎未觀厥成而下世矣。徐友壇長遂任校讎之勤，字畫簡訛，雖已登版，必剗剔補備，務合於正，以視舊本之體完善爲多……康熙戊子閏三月望日李光地識。"可知李氏刻本刊於康熙四十七年（1708），原出吕留良所藏宋本，經吕葆中之手獲識，并在吕葆中、徐用錫幫助下得以翻雕，其傳承與南圖宋刻本明顯不同。吕氏所藏原書後世無載，蓋已不傳；然山西省祁縣圖書館有一宋刻本，應與吕氏藏本同版。祁縣圖書館藏本名"昌黎先生集考異"，版心題"韓集考異"，六册，書末有張洽題識，署"紹定己丑十有一月辛卯日南至門人清江張洽謹識"，知是

---

① 黄烈編：《江蘇採輯遺書目録》，張昇編《〈四庫全書〉提要稿輯存》本，北京圖書館出版社，2006年，第376頁。

書爲紹定二年刻本。此本行款、版式、内容全同李光地刻本，即使其中的多處黑底陰文也與李刻本相同，只是李刻本略去張洽《題識》，而更以李氏《題識》，知李本所據底本確爲宋紹定二年張洽刻本。張洽刻本、李光地翻刻本書名均作“昌黎先生集考異”，版心同題“韓集考異”，文淵閣庫本及《文淵閣提要》《文溯閣提要》《文津閣提要》題名“原本韓集考異”，與底本接近，《總目》《簡目》更名“原本韓文考異”有悖版本原則。當然，吳慰祖指認李氏刻本底本爲南圖所藏宋刻本是錯誤的。

蓋確如吳慰祖所言，館臣爲別於王伯大之本，冠此書“原本”二字；然館臣此舉不但無謂，且有悖版本原則。因爲此本自張洽至李光地均名“昌黎先生集考異”，版心作“韓集考異”，館臣并未獲張洽之前的本子，更未獲朱熹初稿，自然無所謂“原本”，加以“原本”之名徒增紛擾。至於王伯大本更非什麼“別本韓文考異”，王伯大本與此本《韓集考異》并不相對，二者不只是版本不同，館臣指認有誤，詳下文《別本韓文考異》提要考論。

這裏還要説説紹定二年刻本與南圖宋刻本的關係。張洽《題識》云：“方氏書刊刻已廣，獨此書先生末年所著，未有善本。洽通守池陽，初欲刻之泮宫，已而不果……庾使趙侯範繼其費，益以屬邑學裕之助，并刊《考異》於後。《汪季路書》初存於末，今移附本卷之後，間有愚見一二，亦各繫卷末，以俟觀者採擇焉云。”朱熹《韓集考異》原自單行，《直齋書録解題》僅著録朱熹《校定韓昌黎集》四十卷《外集》十卷，未載《韓集考異》正可佐證，又王伯大《別本韓文考異》之《凡例》後按語云“朱文公校《昌黎集》，又著《考異》十卷，在《正集》之外，自爲一書”，亦説明了這一點。自張洽《題識》可見，是張洽將《韓集考異》附在朱熹校定《昌黎先生集》後合刊而行，兩者合刊係張洽所爲。只可惜張洽原刊《昌黎先生集》已難覓，今僅見此本《韓集考異》。又據張洽《題識》可知，諸提要所言此本卷一、四、七之末所附三處考異亦爲張洽所增，其卷六末附《汪季路書》也是張洽自書末改移。今核，張洽刻本《韓集考異》卷十收有《新唐書》本傳（題名“唐書本傳”）和趙德《文録序》、歐陽修《記舊本韓文後》、蘇軾《潮州韓文公廟碑》，而南圖宋刻本卷十爲《唐書本傳》和《汪季路書》及考異，而無三文。朱熹於《新書本傳》題目下注：“今以李翱所撰《行狀》、皇甫湜所撰《墓志》《神道碑》、《舊史》本傳、《資治通鑑》、洪興祖所撰《年譜》、程俱所撰《歷官記》、方崧卿《增考年譜》，考其同異詳略，附注本文之下，以見公之行事本末，而文之已見於《集》者不復載云。”可見此《新書本傳》爲朱熹注。《汪季路書》爲汪逵記其據所見諸本《韓集》校以石本、方本《韓集》之所得，朱熹以之作爲《考異》附録；則此南圖宋刻本似存朱熹《考異》原貌，應該刊刻較早。據張洽《題識》“《汪季路書》初存於末，今移附本卷之後，間有愚見一二，亦各繫卷末”語不難看出，張洽刻本正以南圖宋刻本《晦庵朱侍講先生韓文考異》的本子爲底本，在此基礎上進行調整、增補、校勘并重新刊刻的。張洽本除卷一、四、七之末附增三處考異外，又在將書末《汪季路書》并考異移附卷六末時，在《新書本傳》後附文三篇。

王伯大重編之《別本韓文考異》最後爲《附録》一卷，内容同張洽本《韓集考異》之卷十，又廖瑩中世綵堂咸淳刻本朱熹校定《昌黎先生集》最後爲《昌黎先生集傳》，内容亦同張洽本《韓集考異》之卷十，只是張洽本作黑底陰文，而世綵堂本改爲了加圈文字。楊按：蓋由於張洽將《韓集考異》附刻於朱熹定本《韓集》之後，王伯大重編時，遂將《考異》散附《韓集》各文之下，僅餘《考異》卷十無所附綴，遂移録爲《附録》一卷附於其《別本韓文考異》之末，廖瑩中刊《昌黎先生集》亦移張洽本《韓集考異》卷十爲《昌黎先生集》最後之《集傳》。

## 三、 王伯大《別本韓文考異》四十卷
## 　　《外集》十卷《遺文》一卷

王伯大（？—1253）字幼學，號留耕，嘉定七年（1214）進士，爲政寬仁，官至參知政事。寶慶三年（1227），時任南劍州通判的王伯大首次將朱熹《韓集考異》逐條散入韓集，加以刊印，是爲《朱文公校昌黎先生文集》，後世亦稱“韓文考異”。有關此書，歷來研究不多，[①]對其四庫提要中的問題更無人揭櫫。

對於本書書名，諸提要皆作“別本韓文考異”，文淵閣、文津閣庫本同。《總目》書名下標注“兩江總督採進本”。[②]《四庫館進呈書籍底簿》

---

① 楊國安《韓愈集注本概述》（《古典文學知識》2006 年第 5 期）曾略加介紹。
② 永瑢等撰：《四庫全書總目·下册》，中華書局，1965 年，第 1288 頁。

《各省進呈書目》和《四庫採進書目》之《兩江第一次書目》著録“《韓文考異》。唐韓愈著。十二本”。[①] 則“別本”二字爲館臣所加，以與李光地刻本之“原本韓集考異”書名區別。然本書實内容豐富，主體爲韓愈集正文，之下附有朱熹《考異》和王氏《音釋》，故有五十一卷之巨，并非類似只收朱熹《考異》而不收全文的李光地刻本之《韓集考異》，此書與《韓集考異》絶非不同版本的同一種書，則館臣定名“別本”以與“原本”相對反有誤導之嫌。今按：此本原爲王伯大南劍州宋刻本，原刻無存，今存最早爲元代至元十八年日新書堂刻本，半葉十三行，行大字二十三字，小字同，簽題“朱文公校昌黎先生文集”，首列《晦庵先生朱文公韓文考異序》，次爲王伯大《序》，再次爲《昌黎先生集諸家姓氏》，後爲李漢《朱文公校昌黎先生集序》和汪逵《汪季路書》，再後是《朱文公校昌黎先生集凡例》十二則（館臣考此《凡例》非朱子《凡例》，乃王伯大重編之《凡例》，甚是），卷一首行作“朱文公校昌黎先生文集卷之一”，次行署“晦庵朱先生考異／留畊王先生音釋”；之後每卷首行爲“朱文公校昌黎先生文集卷之×”，下注“考異、音釋附”，共《文集》四十卷、《外集》十卷、《遺文》一卷。後自此本出者有明洪武年間勤德堂刻本、正統年間王宗玉刻本、弘治年間善敬書堂刻本等，内容基本相同。後萬曆三十三年又出現朱吾弼重編、朱崇沐訂校之天德堂刻本，内容也基本相同，只是卷首之序改題“韓文考異序”，《昌黎先生集諸家姓氏》後增《重録韓文考異閲訂姓氏》，卷一“朱文公校昌黎先生集卷之一”之後署重編、校、閲、訂梓諸人，更遠離了王氏原貌。可見，此書實際上原是王伯大校刊的《朱文公校昌黎先生集》及《外集》，不過是王伯大綴入了朱熹的《韓集考異》和自己的《音釋》，所以他增加了十二條《凡例》，至日新書堂刻本時再補入《凡例》後語。然而，萬曆天德堂刻本之版心上方皆題“韓文考異”，且此萬曆本之國圖藏本偶見册首有“韓文考異”之簽題，遂致後人以此書爲《韓文考異》。疑江蘇巡撫所上者爲萬曆本或出自萬曆本者，如文淵閣庫本《凡例》後語之“校”字同萬曆本，而元刻本、勤德堂刻本、王宗玉刻本、敬善書堂刻本均作“較”；又文淵閣庫本卷一首葉“賦”前亦同萬曆本，且同無元刻本、勤德堂刻本、王宗玉

---

① 《四庫館進呈書籍底簿》第八册《兩江第一次書目》，《各省進呈書目》之《兩江第一次書目》，吳慰祖校訂：《四庫採進書目》，商務印書館，1960 年，第 35 頁。

刻本、敬善書堂刻本自"宋莒公云"至"正與馮合"之六十五字。都説明文淵閣庫本以萬曆本爲底本。館臣據萬曆本之名，又考慮到與李光地刻本區別，遂定名爲"別本韓文考異"。然館臣此舉實際上并不正確，此書實爲王伯大校刻之附有《考異》和《音釋》的《朱文公校昌黎先生集》，是不能改稱"別本韓文考異"的，館臣之改造成了名實不副，且因與"原本"相對而有誤導之嫌。尤其是《四庫全書》所收此本正與《天禄琳琅書目後編》所收有清高宗乾隆四十八年御題詩的《朱文公校昌黎先生集》相同，①這樣的改名就更不合適了。

對於本書内容，《文淵閣提要》言"《別本韓文考異》四十卷《外集》十卷《附録》一卷"，《文溯閣提要》《文津閣提要》《總目》言"《別本韓文考異》四十卷《外集》十卷《遺文》一卷"，《簡目》言"《別本韓文考異》四十卷《外集》十卷《遺文》一卷《補遺》一卷"，并不一致。今核文淵閣、文津閣庫書依次爲《別本韓文考異》四十卷《補遺》一卷《外集》十卷《附録》一卷，則諸提要所言類別、次序皆有問題。萬曆本類目依次爲《朱文公先生校昌黎先生集》四十卷《外集》十卷《集傳》一卷《遺文》一卷，其《集傳》同庫本之《附録》，其《遺文》同庫本之《補遺》。蓋庫本作了次序調整，又變動了類目名稱。自《文溯閣提要》《文津閣提要》《總目》所題書名來看，似可見底本類目及次序，然不符合文淵閣、文津閣文本實情。《簡目》題名中《遺文》《補遺》并見，最爲無據。

又《文淵閣提要》言"韓諄《解》"，《文溯閣提要》《總目》之"韓諄"作"韓醇"，《文津閣提要》作"韓淳"，亦不一致。楊按：韓氏《宋史》不載。元刻本、勤德堂刻本、王宗玉刻本、敬善書堂刻本、萬曆本卷首之《昌黎先生集諸家姓氏》，皆有"臨邛韓氏"，并注"諄，《全解》"，這是《文淵閣提要》

---

① 楊按：《天禄琳琅書目後編》卷一"宋版首部"有《御題朱文公校昌黎先生集》四函三十二册，書前有清高宗乾隆四十八年仲春題詩，提要云："唐韓愈撰，宋朱熹考異，王伯大音釋。《正集》四十卷，《外集》十卷，後附《遺文》，又附録《新書》本傳、趙德文録序、蘇軾《潮州韓文公廟碑》。前有《考異序》、伯大序、《諸家姓氏》、李漢序、汪季路書、《凡例》并刊書家識。"又言其爲宋麻沙本。此書今散播海内公私藏家。劉薔考訂其實爲元代刻本（《紀念韓愈治潮 1200 周年學術研討會暨中國歷史文獻研究會第 40 届年會主題報告論文》，韓山師範學院、中國歷史文獻研究會主辦，2019 年 11 月 22 日至 25 日）。

"韓諄"之來源,《文津閣提要》"韓淳"當"韓諄"之誤。宋慶元六年魏仲舉家塾刻本《新刊五百家注音辯昌黎先生文集》卷首《韓集所收評論詁訓音釋諸儒名氏》亦載"臨邛韓氏",注"名醇,字仲韶,有《全解》",又咸淳廖氏世綵堂刻本《昌黎先生集》之《重校昌黎集凡例》有韓醇,并注有"《全解》"。《四庫全書》收有韓醇《詁訓柳先生文集》,書末有其淳熙四年題記;又《天禄琳琅書目》之"宋版集部"收其《新刊詁訓唐昌黎先生文集》,言卷一下標"臨邛韓醇",且言"宋刊《五百家詁訓昌黎文集》列諸儒名氏,載醇,字仲韶",韶樂盡美,恰與醇通,則當作"韓醇"。"韓諄""韓淳"并皆"韓醇"之誤。

方崧卿《韓集舉正》、朱熹《韓集考異》和王伯大刊印的《朱文公校昌黎先生文集》是密切相關的三部著作,也是宋儒整理韓集的重要代表,三書連同宋魏仲舉所編《五百家注昌黎文集》均被收入《四庫全書》就表現了清代官方對宋儒整理韓集成績的肯定,這些書的四庫提要也竭力考索諸書的資料來源、版本性質和校勘得失,大多從正面對其成績作了評價。遺憾的是,四庫館臣在對方書、朱書和王書所撰提要中均有些瑕疵,本文於此期有補焉。

（本文發表於《貴州文史叢刊》2020 年第 3 期,今略有修改）

# 四庫提要總集類辨正五則

四庫提要是館臣爲編纂《四庫全書》先後撰寫的各類提要，有分纂稿、匯總提要、書前提要及總目提要等幾種類型，內容豐富，是我國古代目錄學的集大成之作，也是此後人們研究古籍、文獻學史和學術史的重要參考，是人們治學的重要門徑。但毋庸諱言，四庫提要在書名、作者、版本及內容等方面存在諸多問題，影響著人們的使用。筆者不揣簡陋，就總集類提要撰成辨正五則，期有補焉。

## 一、《唐文粹》

是書，《四庫全書薈要總目》（以下簡稱"《薈要總目》"）言"今依前安徽巡撫臣裴宗錫所上明徐焴刊本繕錄，據宋孟琪本恭校"，《四庫全書總目》（以下簡稱"《總目》"）於書名下注"內府藏本"，二說有異。今對其版本可略作說明。

《四庫館進呈書籍底簿》（以下簡稱"《底簿》"）《四庫採進書目》（以下簡稱"《採進書目》"）著錄《唐文粹》有兩種版本：一是《安徽省呈送書目》之"《唐文粹》，一百卷，宋姚鉉編，一十二本"，此即《薈要總目》所言"安徽巡撫臣裴宗錫所上明徐焴刊本"；二是《武英殿第一次書目》之"《唐文粹》一百卷，宋姚鉉編，二十四本"，此即《總目》所言"內府藏本"。

《天祿琳琅書目》卷三著錄有《唐文粹》北宋臨安孟琪初刻本，原爲蘭陵蕭氏敷教堂所藏，四函，四十冊，無姚鉉《序》，無目錄，有闕補，乾隆皇帝御題"是本字畫工楷，墨色如漆，猶見臨安孟琪原雕面目"，鈐"乾隆宸翰""幾暇臨池"二寶，此即《薈要總目》所言"宋孟琪本"。摘藻堂《四庫全書薈要》本《唐文粹》曾據此本校勘，但此本今已不知去向。此書今存最早版本爲南宋紹興九年（1139）臨安府刻本，爲文徵明、錢謙益、季振宜、徐乾學、李盛鐸等遞藏，二十一册，題名"文粹"，首姚鉉《序》，有目録，應爲北宋本之重校重刻本，已刊入《中華再造善本》。《總目》卷首《凡例》曾對《四庫全書》收書版本做出説明："諸書刊寫之本不一，謹擇其善本録之；增删之本亦不一，謹擇其足本録之。"①鑒於北宋本爲殘本，《四庫薈要》《四庫全書》只能以之參校，不會以之爲底本，《總目》所標"内府藏本"并非昭仁殿所藏北宋本。又《薈要》本和文淵閣庫本均無姚鉉《序》，館臣亦無言及，似乎未見紹興重刻本。

《薈要總目》言《薈要》本《唐文粹》以安徽巡撫臣裴宗錫所上明徐焴刊本繕録。徐焴本刊於嘉靖三年(1524)，各標籤題之首俱冠以"重校正"三字，收入《四部叢刊》重印初編本。今以《薈要》本與徐焴本相校，《薈要》本確以徐焴本爲底本，只是於各標籤題删去"重校正"三字。

文淵閣庫本《唐文粹》書前提要(以下簡稱"《文淵閣提要》")未言庫本所據底本。今將文淵閣庫本與《薈要》本對校，發現二本雖頗相近，但也有不同，文淵閣庫本并非簡單地謄録《薈要》本。郭勉愈《從宋紹興本看〈唐文粹〉的文本系統》曾指出徐焴本有不同於紹興本的情況，這并非如葉德輝《郋園讀書志》所言徐焴本是據北宋本重雕，而是據作家別集作了改動，以後各本"或依照徐焴本，或在徐焴本的基礎上作進一步的校改，與宋本之間的差距越來越大"。② 郭氏指出徐焴本《唐文粹》卷十韓愈《琴操》和嘉靖八年晉府養德書院刻本不同於宋元本的七處異文，《薈要》本和文淵閣庫本也均同徐焴本、晉府本，説明《薈要》本和文淵閣庫本與徐焴本是一個系統，但是又有不同。如文淵閣庫本卷一首篇《含元殿賦》，《薈要》本基本同於徐焴本，也與紹興本、烏程蔣氏密韻樓藏元翻宋小字本相近，只是宋明本"徵考室於周頌，會公卿以發之"之"頌"字《薈要》本作"詩"，同《文苑英華》卷四八；而文淵閣庫本則改動多處，如除此處"發"作"落"外(但文淵閣庫本"頌"仍作"頌")，又宋明本之"崿以沈沈"作"愕視沈沈"、"擁棟爲山"作"擁材爲山"、"高卑迭巨"作"高卑迭作"、"階瑩冰級"作"陛瑩冰級"，作"愕視""材""陛"同《文苑英華》和《御定歷

① 永瑢等撰：《四庫全書總目》，中華書局，1995 年，第 17 頁。
② 郭勉愈：《從宋紹興本看〈唐文粹〉的文本系統》，《清華大學學報》2003 年第 1 期，第 54 頁。

代賦彙》卷七三,作"落""作"同《李遐叔文集》卷一和《御定歷代賦彙》,説明文淵閣庫本校改的地方更多。又如雖然《薈要》本卷十一目録最後一篇爲《河之水二》章,但卷内篇名作《河之水二章寄姪老成》,同徐焴本,而與宋元本《唐文粹》作"水悠悠寄姪老成也"不同,至文淵閣庫本卷内篇名改爲《河之水二》章,與目録一致,同晉府本。當然也有例外的情況,如《薈要》本卷四六目録和正文的首篇題目作"讀荀子",同徐焴本,而文淵閣庫本作"讀旬",同紹興本和晉府本;又同卷文淵閣庫本目録先《工器解》後《人旱解》,而正文先《人旱解》後《工器解》,目録次序誤倒,同紹興本,但《薈要》本目録不誤倒,同徐焴本。尤其需指出的是,文淵閣庫本卷十一之盧肇《漢隄詩》無《序》,而宋元明諸本及《薈要》本有,又此卷文淵閣庫本脱歐陽詹《有所恨二章并序》,文淵閣庫本此兩處蓋爲謄録時遺漏,可謂疏略甚矣。

## 二、《宋文選》

此書翁方綱分纂稿、《四庫全書初次進呈存目》(以下簡稱"《初目》")、《文淵閣提要》、文溯閣《四庫全書》書前提要(以下簡稱《文溯閣提要》)、文津閣《四庫全書》書前提要(以下簡稱《文津閣提要》)、《總目》、《四庫全書簡明目録》(以下簡稱"《簡目》")皆用書名"宋文選",除《初目》未提卷數外,其餘皆云三十二卷。《初目》所言與三閣書前提要和《總目》大同小異,所指應爲一書。

《底簿》《採進書目》著録四庫館共收到三個《宋文選》的本子:《兩淮商人馬裕家呈送書目》有"《宋文選》,三十卷,八本",《浙江省第十二次呈送書目》有"《宋文選》,三十卷,國朝顧宸輯,三十本",《安徽省呈送書目》有"《宋文選》,三十卷,清顧宸編,十本",其中《浙江省第十二次呈送書目》著録本在《浙江採集遺書總録·閏集》著録爲"《宋文選》,三十卷(刊本),國朝無錫顧宸輯"。《總目》書名下注"浙江巡撫採進本",與《浙江省第十二次呈送書目》合,但實有誤。《底簿》《採進書目》所著録之本皆三十卷,又《浙江省第十二次呈送書目》《安徽省呈送書目》和《浙江採集遺書總録·閏集》均著録爲清人顧宸所輯,應該説當時四庫館收到的這三個本子相同,是顧宸順治十八年(1661)編輯的一個三十卷本,收兩宋人文章,并不限於北宋。而除《初目》之外四庫各提要均著録此書爲三十二卷,且言"不著撰人姓氏"或"不著編輯者姓氏",又各提要皆言是書專收北宋人文章,則《初目》《文溯閣提要》《文津閣提要》所云是書初爲宋刻傳抄,蓋北宋人輯,後抄出於徐元文家藏宋本。則收入四庫之《宋文選》與顧宸所編輯者僅書名相同,實爲兩書,性質完全不同,《總目》所標實屬張冠李戴。

在此,有必要補充説明一下收入《四庫全書》的《宋文選》的原書名問題。此書宋刻本今存兩部,一藏中國國家圖書館,二册;一藏南京圖書館,十册,均有殘缺,南圖藏本配清影宋抄本,三十二卷,書名爲"聖宋文選全集"。清嘉慶間有仿宋刻本,三十二卷,書名亦爲"聖宋文選全集"。光緒八年又有郯城于氏刻本,三十二卷,書名也是"聖宋文選全集"。此外,又有多種抄本,多名"聖宋文選全集"。可見此書本名"聖宋文選全集",清代之刻本、抄本亦多名"聖宋文選全集",而非"宋文選"。《四庫全書》所據本爲自徐元文家藏本抄出者。《四庫採進書目》之《浙江省第四次汪啓淑家呈送書目》有"《聖宋文選》,三十二卷,宋人佚名編,八本",此即《浙江採集遺書總録·辛集》之"《聖宋文選》三十二卷(寫本)",《浙江採集遺書總録》注云書前有嘉善柯崇樸康熙己巳《序》,其中云柯氏於康熙乙丑年至京師,因朱彝尊假得是書,知其藏自徐元文家,原本宋刻甚工,"卷帙完具","然無有序紀始末與撰録者姓氏"。何焯《義門讀書記跋》又據柯氏《序》知徐元文有此書,柯氏藉抄。則徐元文家原藏宋刻本,朱彝尊所有、柯崇樸所見者即自此宋刻本抄出者,書名已易爲"聖宋文選"。《文淵閣提要》和《總目》均引何焯《義門讀書記跋》爲説此書脉絡。可見,四庫館所收此書本名"聖宋文選",本朱彝尊所有自徐元文家宋刻本抄出者,又經柯崇樸再抄,由汪啓淑進獻。抄入《四庫全書》時,因體例原因易名爲"宋文選",遂與顧宸所編本同名。翁方綱《分纂稿》已發現此《聖宋文選》的文獻價值,建議"抄存",《四庫全書》收此書當與翁氏所言有關。雖然四庫館曾收到三部顧宸所編本,但由於《四庫全書》一般不收同名書或同書的不同版本,所有并未收入《四庫全書》,亦不入存目,不能比較二書,以致《總目》將二書弄混,誤標爲"浙江巡撫採進本"。

此書翁方綱《分纂稿》撰寫最早,雖然只是簡單描述了一下所收文章的内容特點和文獻價值,但其"應抄存之"的斷語直接導致此書收入《四庫全書》,此後各提要也大多沿此撰寫。《初目》參考了何焯言論,并將此書與呂祖謙《宋文鑒》加以比較,對此書的評價更爲客觀深入。《文溯閣提要》與《文津閣提要》相同,只是在《初目》基礎上增加了張邦基《墨莊漫録》記載《後集》一事,來源也較早。雖然《文淵閣提要》所言校上時間早於《文溯閣提要》和《文津閣提要》的校上時間,但内容却與相對簡單的《文溯閣提要》和《文津閣提要》不同,而是全同後來的《總目》,當爲據《總目》復抄的撤換稿。

## 三、《宋文鑒》

《底簿》《採進書目》著録四庫館共收集到《宋文鑒》三部:《兩江第一次書目》云"《宋文鑒》,一百五十卷,宋呂祖謙編次,二十本",《安徽省呈送書目》云"《宋文鑒》,一百五十卷,宋呂祖謙編,二十四本",《武英殿第一次書目》云"《宋文鑒》,一百五十卷,宋呂祖謙編,三十二本",卷數相同,但册數有别。《薈要總目》言《薈要》本《宋文鑒》"依前安徽巡撫臣裴宗錫所上明槧本繕録",此即《安徽省呈送書目》所云之二十四册本。《總目》於《宋文鑒》書名下注"内府藏本",當據《武英殿第一次書目》而言。此書國圖有宋嘉泰四年(1204)沈有開新安郡齋刻嘉定十五年(1222)趙彦適、端平元年(1234)劉炳重修本,明刻本有天順八年(1464)嚴州府刻本《新雕宋朝文鑒》、正德十三年(1518)慎獨齋刻本《大宋文鑒》、嘉靖五年(1526)晉府養德書院刻本《宋文鑒》及明刻本《校正重刊官本宋朝文鑒》等。嚴州府刻本卷首有商輅《序》;慎獨齋刻本卷首有商輅《序》、胡拱辰《序》,書末有胡韶題識;晉府刻本卷首有養德書院《重刊宋文鑒序》、周必大《序》和呂祖謙《詮次劄子》,書末有養德書院《題識》,可知此本出於嘉泰本。《薈要提要》只言及商輅《序》,則裴宗錫所上明刊本應似爲天順八年嚴州府刻本。然《薈要》本書前只有目録,而無商輅《序》,《序》當爲館臣所删。雖然《總目》於《宋文鑒》書名下注"内府藏本",但是文淵閣庫本《宋文鑒》書前首列商輅《序》,應也是據天順八年嚴州府刻本謄録,與《薈要》本底本相同,只是一有目録,一有商輅《序》而已。

《初目》《薈要提要》《文淵閣提要》《文溯閣提要》《文津閣提要》《總目》皆言未知此書爲祖謙原本抑或崔敦詩改本。然自《初目》已據《朱子語類》中言及崔敦詩所删吕陶《論制師服》,而此本仍有此篇,云"則非敦詩改本確矣"。今按:淳熙四年(1177)十一月宋孝宗詔吕祖謙編校此書,後二年書成進,孝宗稱"採取精詳,有益治道",命周必大撰《序》,并賜名"皇朝文鑒",然却因近臣繳奏,命崔敦詩更定,鋟板之議遂寢。不久,祖謙因病歸里,後二年病卒。雖然《宋文鑒》在吕祖謙生前并未付梓,但此書却已以抄本形式在當時流傳,如當時張栻、朱熹均針對吕祖謙定本發表過言論,又葉適稱此書"去取最爲有意,止百五十卷,得繁簡之中,鮮遺落之憾"也是針對吕祖謙定本。① 不久建寧書坊刊刻此本,今有宋麻沙劉將仕宅刻本傳世。稍後,嘉泰四年(1204)新安郡齋刊刻《皇朝文鑒》是第一個官刻本,此本歷嘉定十四年、端平元年兩次修版,後元明兩朝也遞有修補。嚴州府刻本據麻沙劉將仕刻本翻刻,故商輅《序》言"當時臨安府及書坊皆有剜板",②未提及嘉泰新安郡齋本。《薈要》本和文淵閣庫本又據嚴州府本謄録,則自應言其所出爲吕祖謙原本,非崔敦詩改本。於此,《簡目》言"今所傳者,猶祖謙原稿也"略得其實。

又《初目》《薈要提要》《文淵閣提要》《文溯閣提要》《文津閣提要》《總目》《簡目》據李心傳《建炎以來朝野雜記》與商輅《序》"當時臨安府及書肆皆有板"語不合,言"蓋官未刻而後來坊間私刻之",主於調和,似是而非。據上所論已知,雖然吕祖謙生前無《宋文鑒》刻本,但吕氏卒後不久即有建寧坊刻本流傳,後嘉泰四年又有新安郡齋官刻本,并非無官刻本也。

# 四、《古文關鍵》

《總目》於此書書名下注"江蘇巡撫採進本",《初目》《文淵閣提要》《文溯閣提要》《文津閣提要》《文瀾閣提要》《總目》皆云"此本爲明嘉靖時所刊,前有鄭鳳翔《序》"③,有關其版本仍需略作説明。

---

① 葉適:《習學記言》卷三十七。

② 商輅:《宋文鑒序》,吕祖謙編:《宋文鑒》卷首,明天順八年嚴州府刻本。

③ "鄭鳳翔《序》",孫利政告:作序者乃鄭鳳,字翔於,提要稱"鄭鳳翔"誤。提要所據爲明嘉靖十一年李成刻《東萊先生古文關鍵》二卷本,卷首《重刊古文關鍵叙》末署"嘉靖壬辰八月望莆田鄭鳳翔於書",卷末載嘉靖十一年壬辰李成跋云:"是板有傳,魯魚亥豕,讀者病之。予遊鄭翔於先生門,見其手録二卷,楷書端方,(注轉下頁)

《底簿》《採進書目》載四庫館共收到三部《古文關鍵》，分別爲：《江蘇省第一次書目》所載"《古文關鍵》，二卷，宋呂祖謙著，二本"，《兩淮商人馬裕家呈送書目》所載"《古文關鍵》，二卷，宋呂祖謙，二本"，《安徽省呈送書目》"《古文關鍵》，二卷，宋呂祖謙著，二本"。其中《江蘇省第一次書目》所載者，《江蘇採輯遺書目録》云"《古文關鍵》，二卷，前人輯（明嘉靖間刊本）"。《總目》據《江蘇省第一次書目》注爲"江蘇巡撫採進本"，此本爲明嘉靖間刊本。今存世明嘉靖間刊本有二：一爲嘉靖十一年李成刻本，書前有鄭鳳《序》，藏中國國家圖書館；一爲明嘉靖十九年楚府刻本，藏華中師範大學圖書館。此外，尚有一明刻本（以下簡稱"明刻本"），國圖、北大、中央黨校均有藏。今將文淵閣庫本《古文關鍵》與李成刻本、楚府刻本和明刻本相校，知庫本全同李成本，各提要所言"明嘉靖時所刊"實即嘉靖十一年李成所刊，《總目》所標亦是，只是不够詳明而已。

此外，有關此書版本尚需兩點説明：一是除《簡目》外，各提要皆言"又別一本，所刻旁有鈎抹之處，而評論則同"，由於今存李成刻本、楚府刻本、明刻本行右均有後人圈點，未詳館臣所言所指爲哪一本。然將李成刻本與明刻本相校，就《總論》部分看，兩本相異有八處，其中李成刻本脱文四處，衍文一處，則李成刻本應後於明刻本，且明顯不及明刻本爲優。四庫本以李成刻本謄録，底本選得并不好；而後同治十年《金華叢書》收《古文關鍵》改以明刻本爲底本實爲明見，浙江古籍出版社出版《呂祖謙全集》又以《金華叢書》本爲底本，亦具隻眼。

有關此書，各提要皆著録爲"二卷"，然《初目》《文溯閣提要》《文津閣提要》《文瀾閣提要》《總目》皆引《宋史·藝文志》卷二〇九所載是書作二十卷，《文淵閣提要》誤云《宋志》載是書作"十二卷"，各提要均認爲《宋志》誤增一"十"字。邱江甯在《呂祖謙全集》之《古文關鍵·點校説明》中

---

（續上頁注）校正明白，請而鋟梓。"考《興化府莆田縣志》卷一三《選舉》載嘉靖十三年甲午舉人有鄭鳳，云："字翔於，敏政子，桐城知縣。"《嘉靖十三年福建鄉試録》載第八十一名"鄭鳳，莆田縣學增廣生。《書》"，即此人。明林大輅《愧瘡集》載詩《同鄭翔於陳君復諸友飲月峰寺座中放歌》，所稱"鄭翔於"即"鄭鳳"。則作序者鄭鳳字翔於，提要誤以序文"鄭鳳翔"三字爲句。

認爲《宋志》著録"蓋蔡注本也",[①]當是。按:今中國國家圖書館藏有宋刻本《增注東萊吕成公古文關鍵》,署吕祖謙撰,蔡文子注,二十卷。蔡文子無考。是書將吕祖謙批點與蔡文子注均作雙行小字置於正文之下,雖內容完足,但吕氏批點與蔡氏注釋難以區分,又此書韓愈文脱《重答張籍文》和《與孟簡尚書書》,亦非善本。

《初目》列此書收文"歐陽"之後爲"三蘇",後引《看諸家文法》中又有"蘇轍"且云"而其文無一篇録入者",前後齟齬。有見於此,後《文淵閣提要》《文溯閣提要》《文津閣提要》《文瀾閣提要》《總目》《簡目》皆更"三蘇"爲"蘇洵蘇軾"。江慶柏等整理本《初目》已據《古文關鍵》卷下有"潁濱文"《三國論》《君術》兩篇,認爲"《初目》作'三蘇'是,文淵閣《四庫全書》書前提要等漏列蘇轍"。[②] 楊按:《文淵閣提要》等改"三蘇"爲"蘇洵蘇轍"是爲了使提要前後文邏輯一致,由於只著眼於表面行文的合理,以致與《古文關鍵》一書內容不合。實際上,提要認爲《看諸家文法》所列諸家"其文無一篇録入者"一語有誤。《古文關鍵》之《總論》先分家論述文法,所論至蘇軾止,之後所論古文家一并歸入《看諸家文法》,其中"曾文""子由文""張文"分別指曾鞏、蘇轍、張耒三家,其文均有收録,未收録的是"王文""李文""秦文""晁文",即王安石、李廌、秦觀、晁補之四家文而已。所以,提要始舉爲收文較夥的作者,應以"蘇洵、蘇軾"爲宜;後言《看諸家文法》應云"王安石、李廌、秦觀、晁補之四家無一篇録入者"。從各提要這樣的前後論述,正可見出諸提要之間有著密切的因承關係,如果前面的提要有明顯不足,一般就做些局部調整,而不會根據收書內容修改或重新撰寫提要。

除《初目》和《簡目》外,各提要皆引葉盛《水東日記》語"宋儒批選文章,前有吕東萊,次則樓迂齋、周應龍,又其次則謝疊山也。朱子嘗以拘於腔子議東萊矣,要之批選議論不爲無益,亦講學之一端耳云云",認爲"然祖謙此書實爲論文而作,不關講學,盛之所云乃《文章正宗》之評,非

---

① 邱江寧:《點校説明》,《吕祖謙全集》第十一册,浙江古籍出版社,2008年,第2頁。

② 江慶柏等整理:《四庫全書初次進呈存目》,人民文學出版社,2015年,第460頁。

此書之評也"。館臣所言非是。今按：自《古文關鍵》之《總論》、各篇解題和文中批點來看，此書確是宋儒批選文章、指導科舉的代表，不只論文，亦關講學，朱熹所評亦是一證。

## 五、《文章正宗》與《續文章正宗》

有關《文章正宗》的版本，除翁方綱分纂稿言"前代刻本不一，或有變其體例、各歸某家爲卷者，頗失編錄之旨。今應仍照原本重校刊之"外，僅《總目》於書名下注"内府藏本"，版本交代并不清晰。有關此書卷數，分纂稿、《文溯閣提要》、《文津閣提要》作"二十四卷"，《文淵閣提要》《文瀾閣提要》《總目》和《簡目》作"二十卷"，二者不同，有必要澄清之。

《底簿》《採進書目》共著錄四庫館收集到四部《文章正宗》，分別爲：《江蘇省第一次書目》之"《文章正宗》，二十四本"，[①]《都察院副都御使黃交出書目》之"《文章正宗》，二十卷，宋真德秀編，二十本"，《武英殿第一次書目》之"《文章正宗》，二十卷，《續集》二十卷，宋真德秀編，四本"，《福建省呈送第五次書目》之"《文章正宗前編》，二十卷，宋真德秀編，十六本。《文章正宗續編》，二十卷，宋真德秀編，八本"。《總目》當據《武英殿第一次書目》注"内府藏本"并言"《文章正宗》二十卷"。然文淵閣庫本《文章正宗》實二十四卷，[②]與《總目》所注并不一致。《江蘇採輯遺書目錄》著錄《古文正宗》，云"宋資政殿學士蒲城真德秀輯。按：此書選周秦迄宋代文章，共二十二卷。宋板"。又《天禄琳琅書目》卷三宋版集部載有疑似真德秀校刊本，二十四卷，四函，三十二册，此即江蘇採輯之本，因其精好，入藏昭仁殿。"《文章正宗》"又名"《古文正宗》"，《蘇錄》著錄卷數有誤。[③] 文淵閣《四庫全書》當據此謄錄，翁方綱分纂稿言"今應仍照原

---

① 楊按：吳慰祖括注"二十卷"，當據《總目》增，《底簿》和《各省進呈書目》均無"二十卷"。

② 楊按：文淵閣庫本卷二一、二二又各分上下二子卷，實二十六卷。

③ 楊按：趙希弁《讀書附志》著錄《古文正宗前集》二十二卷《後集》十二卷，《江蘇采輯遺書目録》或因此而誤。

本重校刊之",①正説明了這一點。分纂稿和《初目》於《文章正宗》和《續文章正宗》分撰提要,説明館臣所據二書原爲單行本。館臣蓋因見收書中《文章正宗》與《續文章正宗》連刻爲多,抄入《四庫全書》時也將二書相連,遂於《總目》併合撰寫提要。《總目》撰者并未核實原書,遂因二書相連、提要合撰的表面現象,據《武英殿第一次書目》加注書來源爲"内府藏本",并將卷數誤標爲"二十卷"。雖然文淵閣庫本校上時間爲乾隆四十二年三月,最早,但是其提要内容全同《總目》,當爲撤換後又據《總目》復抄者,因此卷數也誤作了"二十卷",遂與收書卷數不一致。一個很好的説明就是,文溯閣庫本和文津閣庫本,校上時間分別爲乾隆四十七年三月和四十九年閏三月,時間晚於《文淵閣提要》,但此兩本之書前提要全同,②篇幅只有《文淵閣提要》和《總目》提要的一半,且均言"《文章正宗》二十四卷《續集》二十卷",可見直至乾隆四十九年此書提要仍没有大的變動,且卷數不誤。而至乾隆五十一年校抄文瀾閣庫本時,提要已改同《總目》,且言"《文章正宗》二十卷",證明《文瀾閣提要》抄自《總目》,《文淵閣提要》抽換約在此時。

文淵閣庫本《續文章正宗》緊排《文章正宗》之後,無提要,其提要内容合於之前的《文章正宗》。翁方綱《續文章正宗》分纂稿,言:"晚歲復取并世名儒之作,分議論、叙事二體,稍加題識,未及釐正而德秀卒。咸淳二年,金華倪澄獲德秀手草,厘爲二十卷,其僅有目者則虚實於末,以成宋一代之文章。今此本則明嘉靖二十一年滁陽胡松復取倪本,益以大儒程氏、遊氏、朱氏諸疏文續成一編,仍爲二十卷。"核以明刻本和明嘉靖二十一年胡松刻本及所附倪澄《題識》,除翁氏所言分"議論""叙事"二體與實際分"論理""叙事""論事"三類不符外,其餘所言大致相符。實際上,胡松《序》已言"晚歲復取并世名儒之作,分議論、故事二體,稍加題識,其要主於經世,然未及釐正而先生卒",翁氏"分議論、叙事二體"云云正襲

---

① 翁方綱等撰,吳格、樂怡標校整理:《四庫提要分纂稿》,上海古籍出版社,2006 年,第 357 頁。

② 楊按:文津閣庫本《文章正宗》與《續文章正宗》與文淵閣庫本内容幾乎全同,當據相同底本謄錄,也可能文津閣庫本抄自文淵閣庫本,則二書最初的《文淵閣提要》應與《文津閣提要》相同。

自胡《序》。真德秀卒後，倪澄於咸淳年間自梁椅處獲得真氏遺稿之篇目與批點評論，與鄭圭重新裒定成書。書前有鄭圭《序》，云："先生心周程張朱之學，觀《正宗》筆削可以概見，故其所次，論理爲先，叙事繼之，論事又繼之。"①知《續文章正宗》一書分論理、叙事、論事三類，實出吕祖謙之意，與《文章正宗》分辭命、議論、叙事、詩賦四類本不同，胡松《序》言分議論、叙事二體不確。書後有倪澄跋語，云："索諸集類，入之門目，次叙間有未的，必反覆繹公初意，稍加整比，皆取正於梁公。窮日夜，力繕校。鄭君亦分其勞。凡三月而藁具，又四月而工畢，釐爲二十卷。僅有其目者則虚實於末。一代之文，粲然略備。"②可見，倪澄對一些具體的小的分類和次序可能作了調整，書分二十卷也是出於倪澄之手，倪澄通過調整將僅有存目無文章者列爲卷二十。胡松《序》："顧卷二十僅有其目與凡，非全書。余復過不自量，取大儒程氏、遊氏、朱氏諸疏文續之，以成先生之志。"胡氏又補以卷二十之文。文淵閣庫本正據胡松本謄録，其每卷下首列"宋真德秀原本""倪澄重編""明胡松增訂"正可證也，只是庫本重又删除胡氏所補程氏、遊氏、朱氏諸疏文，恢復爲例目而已。《初目》之《續文章正宗》提要云："是書僅有叙事、議論，無辭命，末一卷議論之文又缺，僅存其例目，蓋未成之本。"此當承翁稿而來，也沿襲翁稿的分類錯誤，但却將分卷和末一卷情況無意中歸入了真德秀門下。這就更加不對了。遺憾的是《文溯閣提要》《文津閣提要》《總目》《文淵閣提要》《簡目》言《續文章正宗》皆承《初目》一脉而下，并没有糾正這一錯誤。

（本文發表於《古籍研究》2019 年第 1 輯，今略有修改）

---

① 真德秀輯：《西山先生真文忠公續文章正宗》卷首，明刻本。

② 真德秀輯：《西山先生真文忠公續文章正宗》後附，明刻本。

# 《四庫採進書目》所收易類書目訂正

　　1921 年，商務印書館據涵秋閣抄本《各省進呈書目》排印成四册，收入《涵芬樓秘笈》第十集（以下簡稱"《進呈書目》"）。在此基礎上，商務印書館又請吳慰祖用兩年多時間對之作了重新校訂，在 1960 年出版了《四庫採進書目》（以下簡稱"《採進書目》"）。《採進書目》較《進呈書目》做了很多完善工作：全面校以國圖所藏抄本《各省進呈書目》，收書目録有所增補，收書範圍也作了擴大，①同時據《四庫全書總目》（以下簡稱"《總目》"）、《四庫全書簡明目録》進行了校訂，并附録了人名、書名索引，非常便於使用。《採進書目》出版後廣受學界重視，成爲四庫學研究者的必備工具書。

　　二十世紀後期，隨著其他四庫進呈文獻的發現，②尤其是隨著四庫學研究的深入，人們發現了此書的一些不足：一是收書仍有遺漏，如宋開金、張學謙均曾指出有書遺漏，③今發現《四庫館進呈書籍底簿》（以下簡稱"《底簿》"）有《兩淮商人馬裕家第四次呈送書目》計書 134 種，未收入《採進書目》；二是編目不够詳明、歸并不一，如《進呈書目》"兩淮鹽政李呈送書目"和"兩淮商人馬裕家呈送書目"皆分三次，《採進書目》目録前

---

　　①　《四庫採進書目》在涵秋閣鈔本《進呈書目》基礎上，新增了《武英殿第一次書目》《武英殿第二次書目》《江蘇採輯遺書目録簡目》《浙江採集遺書總録簡目》《奉天送到書目》和《四庫全書總目》之撤毁書目、未收目等。

　　②　近幾年發現有臺灣傅斯年圖書館藏《四庫館進呈書籍底簿》，美國哈佛大學圖書館藏鈔本《乾隆代呈進書目》。《進呈書目》除涵秋閣鈔本外，中國國家圖書館所藏民國京師圖書館抄本、陝西圖書館所藏清抄本、復旦大學圖書館藏清紅格抄本、浙江圖書館藏民國張宗祥抄本，等等。可進一步校正、補充涵秋閣《進呈書目》。

　　③　張學謙：《〈四庫採進書目〉考訂》，《圖書館研究與工作》2010 年第 2 期；宋開金：《〈四庫全書總目〉與〈四庫採進書目〉對證研究》，《圖書館工作與研究》2017 年第 1 期。

者作兩次、後者作一次，又《進呈書目》"江西巡撫海呈送書目"有五次，《採進書目》目錄作一次，等等；三是體例不一，如據其《出版説明》凡新補字標以"〔〕"，但杜澤遜、張學謙均指出許多地方新補字未標方括號，不少改動處不加説明，①等等；四是此書著錄存在不少訛誤，其中既有未加糾正的原書訛誤，也有校訂過程中產生的新錯誤。

相對來説，在未出《採進書目》修訂本或替代之作前，對其進行訂正，意義尤其重要。這不但有利於當今學者對此書的使用，而且有助於此書將來的修訂再版。

筆者因從事《四庫提要彙輯彙校彙考》項目工作，將《採進書目》所收經部易類書的條目訛誤做一番訂正。以下就以《總目》經部易類爲序，對《採進書目》訛誤之處逐條訂正。

1. 楊名時《周易劄記》

《採進書目》之《兩江第一次書目》："《易義隨記》，〔二卷，江陰楊名時著。按《四庫總目》作《周易劄記》〕，四本。"(P34 左)

按：《總目》卷六易類有"《周易劄記》二卷"條，書名下著錄"兩江總督採進本"，②《採進書目》據之添加括注，但并不正確。

《底簿》《進呈書目》和《採進書目》署名楊名時著作共三種：《兩江第一次書目》之《易義隨記》四本（《底簿》"楊名時"誤作"楊明時"）、《詩易講授》四本，和《兩江第二次書目》之《辟雍講義》四本。《江蘇採輯遺書目錄》著錄《易義隨記》八卷、③《詩義記講》四卷，④前者即《兩江第一次書目》著錄之《易義隨記》，後者即《詩易講授》。⑤《易義隨記》與《詩義記講》今存乾隆初年刻本，前者八卷，後者四卷，均署"楊文定先生講授/門人夏

① 杜澤遜：《吳慰祖校訂〈四庫採進書目〉舉正》(上、下)，《圖書館工作與研究》2000 年第 2、3 期；張學謙：《〈四庫採進書目〉考訂》，《圖書館研究與工作》2010 年第 2 期。

② (清)永瑢等撰：《四庫全書總目》上冊，中華書局，1995 年，第 40 頁。

③ 張昇編：《〈四庫全書〉提要稿輯存》第四冊，北京圖書館出版社，2006 年，第 99—100 頁。

④ 張昇編：《〈四庫全書〉提要稿輯存》第四冊，北京圖書館出版社，2006 年，第 129 頁。

⑤ 楊按：《詩義記講》今存清乾隆初年刻本，復旦大學圖書館、寧波天一閣圖書館等有藏，均爲四卷本，進呈文獻《詩易講授》當"《詩義記講》"之誤。

宗瀾記",與進呈書目單署楊名時不同。此二書均收入《總目》存目,前者入《總目》卷十易類存目,後者入《總目》卷十八詩類存目,卷數同乾隆初年刻本,《總目》均據兩書內容將作者改署夏宗瀾。《易義隨記》八卷,內容全面,《總目》卷十易類存目所收此書提要有具體概述,其卷數和內容均與只有兩卷的《周易劄記》完全不同,是兩種書。《採進書目》此處所載即爲《總目》卷十之《易義隨記》,係兩江總督第一次進呈之本,吳氏却徑據《總目》卷六"《周易劄記》二卷"條加以標注,屬張冠李戴。

《採進書目》大概因爲作者原因忽略了《總目》卷十之"《易義隨記》八卷"條,而將《易義隨記》與《總目》卷六《周易劄記》看成了一種書。實際上,《周易劄記》與《易義隨記》完全不同。據《翁方綱纂四庫提要稿》所載來看,文淵閣庫本《周易劄記》應來自楊名時之《辟雍講義》,與《易義隨記》無涉。《翁方綱纂四庫提要稿》載《辟雍講義》四册不分卷,此即《兩江第二次書目》之《辟雍講義》四本,有翁方綱劄記云:"《大學》《中庸》。《論語·學而》。《大學講義》。《中庸講義》。《周易劄記》(原注:上下)。《詩經劄記》。《大學劄記》。《論語劄記》。《中庸劄記》。《孟子劄記》。《程功錄》一、二、三、四。"[1]翁方綱提要稿言:"前四卷皆講義,《周易》以下七卷皆其劄記,《程功錄》以下五卷則語錄之類也。雖無卷目,而約計得十六卷。"[2]"前四卷"即《大學講義》《中庸講義》和《周易劄記》,《大學講義》《中庸講義》各一卷,《周易劄記》爲上下二卷。文淵閣庫本《周易劄記》正分上下二卷,可證其確自《辟雍講義》析出,此即《總目》卷六易類所載之《周易劄記》,是《總目》之《周易劄記》出自《辟雍講義》確矣,與《易義隨記》斷不相干。《總目》卷十六、三六、三七和九八分別著錄楊名時之"《詩經劄記》一卷""《四書劄記》四卷""《辟雍講義》一卷《大學講義》一卷《中庸講義》一卷"和"《程功錄》五卷"亦當自《辟雍講義》析出,均標注"兩江總督採進本"。自《兩江第二次書目》的著錄來看,《總目》之《周易劄記》和《詩經劄記》《四書劄記》等標注的"兩江總督採進本"應爲兩江總督的

---

① (清)翁方綱纂,吳格整理:《翁方綱纂四庫提要稿》,澳門特別行政區文化局、澳門中央圖書館、上海科學技術文獻出版社,2005年,第106頁。

② (清)翁方綱纂,吳格整理:《翁方綱纂四庫提要稿》,澳門特別行政區文化局、澳門中央圖書館、上海科學技術文獻出版社,2005年,第107頁。

第二次進呈本。

可見，《易義隨記》與《周易劄記》雖然都是楊名時的著作、都是兩江總督採進本，但前者十卷、後者二卷，卷數不同，而且前者爲兩江總督第一次進呈本、後者爲兩江總督第二次進呈本，進呈時間也不相同。《採進書目》於《易義隨記》下增加括注"二卷，江陰楊名時著。按《四庫總目》作《周易劄記》"混淆二書，非是。

相應的，《採進書目》之《兩江第二次書目》："《辟雍講義》，〔一卷，《大學講義》一卷，《中雍講義》一卷〕，江陰楊名時著，抄本，四本。"（P49右）新增括注也非是。據上所論，此書總名《辟雍講義》，實際包含内容甚夥，不止還包括《採進書目》所增括注的二書。《採進書目》此處括注當來自《總目》卷三七之四書類存目"《辟雍講義》一卷《大學講義》一卷《中雍講義》一卷"條。① 《總目》此處所標書名爲館臣後來改定，其中析出了《周易劄記》《詩經劄記》《四書劄記》和《程功録》，與《底簿》和《進呈書目》的《辟雍講義》已不是一回事，《採進書目》理應與《底簿》《進呈書目》一致，却據《總目》析出本括注就非常不全了。

還應指出，《總目》卷三七所標書名爲館臣所改，《辟雍講義》爲總書名，館臣標"一卷"非是，即使只包含《大學講義》《中雍講義》也不是一卷，當然《總目》將《辟雍講義》與其中所收的《大學講義》《中雍講義》書名并列屬於不倫不類，②《採進書目》誤襲《總目》亦屬失察。

2. 胡煦《周易函書約存》

《採進書目》之《督察院副都御史黄交出書目》："《周易函書約存》，〔十八卷〕本朝胡煦纂，一本。"（P175）

按：除了《採進書目》此處新增括注"十八卷"外，《底簿》和《進呈書目》之《督察院副都御史黄交出書目》所標書名爲《周易函書約》，無"存"字。此書文淵閣《四庫》所收書名爲《周易函書約存》，十八卷，《總目》卷六載"《周易函書約存》十八卷《約注》十八卷《別集》十六卷"，③《採進書

---

① （清）永瑢等撰：《四庫全書總目》上册，中華書局，1965年，第316頁。

② 楊按：《總目》此處書名實應作"《辟雍講義》二卷"。

③ 楊按：此書中華書局本《四庫全書總目》（即浙本《總目》）作《周易函書約存》十八卷，然天圖稿本和殿本《四庫全書總目》均作《周易函書約存》二十四卷，提要云"共爲五十二卷"，内合《約注》十八卷、《別集》十六卷之數，胡季堂乾隆重（注轉下頁）

目》所題書名及括注卷數源於《總目》。然《總目》此處著録爲"刑部尚書胡季堂家藏本"，[1]與《採進書目》此處不同，當然《總目》著録"十八卷"與《採進書目》之"一本"頗懸殊，令人生疑。

今考，文淵閣《四庫》本確來自胡季堂所獻，此書見載於乾隆三十七年十二月二十四日《江蘇按察使胡季堂奏謝特旨徵取先父胡煦遺書暨現在辦理情形摺》，[2]其中言胡煦"曾著有《周易函書》五十四卷……并有殘缺"，胡季堂遂重加校訂并於三十八年重刻，其刻本今北京師範大學圖書館有藏，包括《周易函書約存》十八卷、《約注》十八卷、《別集》十六卷，《總目》卷六此書提要言"共爲五十二卷"恰與之合，是《總目》著録"胡季堂家藏本"爲是，只是胡氏進呈書目不載於《底簿》《進呈書目》和《採進書目》。四庫本來源於胡氏乾隆重刻本，實含《周易函書約存》《約注》《別集》三種，書名、卷數均承此本，較此書之前版本略有改動，與黄副都御史之進呈本明顯不同。《底簿》和《進呈書目》之《督察院副都御史黄交出書目》著録黄副都御史進呈本作"《周易函書約》，本朝胡煦纂，一本"，此當爲胡季堂重刻之前的單行本，書名不同，卷數亦當有異，吳慰祖書名增"存"字，又括注"十八卷"，混淆兩本，非是，屬於張冠李戴。崔富章《四庫提要補正》載浙江省圖書館藏清康熙、雍正間葆璞堂初刻本《周易函書約注》十八卷《周易函書續集》十八卷《周易函書別集》十九卷。[3] 其中《周易函書別集》包含《函書約》三卷、《孔朱辨異》三卷、《易學須知》三卷和《籌燈約旨》十卷。[4] 此本刊刻時間早於胡氏重刻本，其中，《函書約》三卷未標"別集"字樣。黄副都御史進呈本《周易函書約》當爲此本。

3. 任啓運《周易洗心》

《採進書目》之《江蘇省第一次書目》："《周易洗心》，〔九卷，清任

---

（續上頁注）刻本《周易函書約存》十八卷《約注》十八卷《別集》十六卷，稿本、殿本《總目》"二十四卷"有誤，浙本《總目》之"十八卷"當爲刊刻前所校改。

① （清）永瑢等撰：《四庫全書總目》上册，中華書局，1965 年，第 42 頁。

② 中國第一歷史檔案館編：《纂修四庫全書檔案》，上海古籍出版社，1997 年，第 42—43 頁。

③ 崔富章：《四庫提要補正》，杭州大學出版社，1990 年，第 36 頁。楊按：此本五十五卷，與胡季堂《奏摺》"曾著有《周易函書》五十四卷……并有殘缺"略合。

④ 楊按：胡季堂重刻本《別集》十六卷無《函書約》，《孔朱辨異》書題作"《易解辨異》"。

啓運著】，十本。"(P5 左)

按：此書文淵閣庫本九卷，《總目》著録同，①《採進書目》據《總目》添加括注"九卷"，但非是。《總目》書名下著録"編修勵守謙家藏本"，并非江蘇巡撫採進本。《底簿》《進呈書目》和《採進書目》均著録此書兩部：一是《編修勵第一次至六次交出書目》之《周易洗心》四本，二是《江蘇省第一次書目》之《周易洗心》十本。《總目》標注與前者合。《江蘇採輯遺書目録》著録《周易洗心》十卷，②即《江蘇省第一次書目》著録本。崔富章、李婧認爲勵守謙家藏本爲此書稿本，九卷，確爲四庫底本，今存南京圖書館；十卷本爲乾隆三十四年刻本，與稿本差距較大，應該經過了任翔、任慶範、耿毓孝等人的修訂。③ 楊按：此書乾隆三十四年修訂本爲清芬堂刻本，天津圖書館、首都圖書館等均有藏，後乾隆四十七年刻本、光緒八年刻本均從此本出，明顯較《四庫》所收九卷本更爲流行。勵守謙家藏本九卷，《江蘇省第一次書目》著録本十卷，卷數不同，版本亦別。《採進書目》據《總目》括注"九卷"明顯混淆二本，誤勵守謙進呈本爲江蘇巡撫採進本，也是誤此書之清芬堂刻本爲稿本。

4. 吕祖謙《東萊易説》

《採進書目》之《浙江第四次鮑士恭呈送書目》："《易説》，二卷，二本。"(P88 左)

《進呈書目》之《浙江第四次鮑士恭呈送書目》亦未署作者。《底簿》之《浙江第四次鮑士恭呈送書目》署"宋吕祖謙著"，《浙江採集遺書總録·甲集》著録有《東萊易説》二卷，注"寫本"，④云"右宋著作郎金華吕祖謙撰。皆平時講説所及而門人記録之者"，此即鮑士恭進呈本，書名亦作《東萊易説》。《總目》卷七易類存目收有《東萊易説》二卷，著録"江西巡撫採進本"，與進呈書目《江西巡撫海第二次呈送書目》"《東萊易説》。一

---

① （清）永瑢等撰：《四庫全書總目》上册，中華書局，1965 年，第 43 頁。

② 張昇編：《〈四庫全書〉提要稿輯存》第四册，北京圖書館出版社，2006 年，第101—102 頁。

③ 崔富章：《四庫提要補正》，杭州大學出版社，1990 年，第 37—38 頁；李婧《四庫底本〈周易洗心〉考論》，《圖書館工作與研究》2018 年，第 1 期。

④ （清）沈初等撰，杜澤遜、何燦點校：《浙江採集遺書總録》，上海古籍出版社，2010 年，第 4 頁。

本"合。《總目》提要云"舊本題宋呂祖謙撰……實呂喬年所編《麗澤論説集録》之前二卷"。呂喬年爲祖儉子,學承呂祖謙,輯呂祖謙門人雜録師説爲《麗澤論説集録》十卷。則《採進書目》"《易説》"後當補"〔呂祖謙〕"或"〔舊題宋呂祖謙〕"。

5. 題宋馮椅《周易輯説明解》

《採進書目》之《江西巡撫海第二次呈送書目》:"《周易輯説明解》,〔四卷,宋馮椅著〕,三本。"(P159 右)

按:《底簿》和《進呈書目》之《江西巡撫海第二次呈送書目》作"易輯説。三本"。《總目》卷七易類存目有"周易輯説明解四卷"條,①《採進書目》書名當據之改,應注明。

此書未見書目著録,《經義考》亦失載,今存家藏本和美國哈佛大學燕京圖書館藏本,前者刊於乾隆五十二年,後者刊於乾隆五十九年,兩書扉頁、卷端皆題"周易明解輯説",均四卷三本,且均有《馮厚齋先生易輯説序》,中言"集四聖之成,宗百家之説者,則莫如《周易輯説》",知此書初名"周易輯説",亦稱"易輯説","周易明解輯説"當爲其刊定書名,"明"即睿智、高明,是對伏羲、文王、周公、孔子四聖的尊稱。《總目》"周易輯説明解"當爲"周易明解輯説"之誤,《採進書目》又襲之不察。

6. 季本《易學四同》

《採進書目》之《浙江省第三次書目》:"《易學四同》,〔八卷,《別録》四卷〕,明季本著,二本。"(P79 右)

按:《底簿》和《進呈書目》之《浙江省第三次書目》作"《易學四同別録》二卷,明季本輯,二本",書名原有"別録"二字,且著録"二卷"。《總目》卷七易類存目有"《易學四同》八卷《別録》四卷"條,②著録爲"浙江巡撫採進本",《採進書目》當據之删去《進呈書目》之"別録"和"二卷"并增加括注,然此舉非是。浙江巡撫第三次採進本爲二卷《別録》單行本,此即《浙江採集遺書總録·甲集》著録之"《圖文餘辨》二卷,刊本",③《浙江

① (清)永瑢等撰:《四庫全書總目》上册,中華書局,1965 年,第 48 頁。
② (清)永瑢等撰:《四庫全書總目》上册,中華書局,1965 年,第 53 頁。
③ (清)沈初等撰,杜澤遜、何燦點校:《浙江採集遺書總録》,上海古籍出版社,2010 年,第 11 頁。

採集遺書總録·閏集》之《易學四同別録》四卷解題云"分《圖文餘辨》《著法別傳》二種,各分内外篇。……按前經部已列《圖文餘辨》二卷,此爲全本云",①正可證也。可見,此書總名"易學四同別録",前二卷實爲《圖文餘辨》,《底簿》和《進呈書目》著録卷數爲確,所載書名爲總名。《採進書目》改書名和卷數、增加擴注,淆亂彌甚。

四庫館共收到季本此書四種:除《浙江省第三次書目》之《易學四同別録》二卷單行本外,還有《兩江第一次書目》之"《易學四同》,明季本輯,十本"和《浙江省第十一次呈送書目》之"《易學四同》,八卷,明季本著,六本""《易學四同別録》,四卷,明季本著,四本"。八卷本《易學四同》亦見載於《浙江採集遺書總録·甲集》。《總目》卷七收録"《易學四同》八卷《別録》四卷",著録爲"浙江巡撫採進本",當爲館臣將《易學四同》八卷與《易學四同別録》四卷兩本合二爲一的結果,均與《浙江省第三次書目》著録之《易學四同別録》二卷單行本無涉。《採進書目》於《浙江省第三次書目》改動書名且增加括注"八卷,《別録》四卷",明顯没有認識到四庫所收此書的複雜性,亦未看出《總目》所標書名及卷數爲館臣復合的結果,其改動書名且增加括注非是。

7. 唐樞《易修墨守》

《採進書目》之《浙江省第四次汪啓淑家呈送書目》:"《易修墨守》,一卷,明唐樞著,三本。"(P96右)

按:《易修墨守》有明刻本存,僅十四條,十五葉,作"三本"可能性不大。《底簿》和《進呈書目》之《浙江省第四次汪啓淑家呈送書目》亦著録《易修墨守》一卷三本,但書名"易修墨守一卷"下注"明唐樞著。《周易元包經傳》《元包數總義》",再核此二進呈書目《浙江省第四次汪啓淑家呈送書目》之前"《周易元包經傳》五卷"書名下注"後周衛元嵩述。《元包總義》《易修墨守》","《元包數總義》二卷"書名下注"宋張行成著。《周易元包經傳》《易修墨守》",且二書均著録爲"一本",則《周易元包經傳》《元包數總義》《易修墨守》三書各自一本,進入四庫館時被作爲了一個單元或叢書,兩種進呈書目都是將三者合并著録,兩種進呈書目於《易修墨守》

---

① (清)沈初等撰,杜澤遜、何燦點校:《浙江採集遺書總録》,上海古籍出版社,2010年,第758頁。

書名下著録的"三本"爲三書總册數,實際三書各自一本,《易修墨守》亦當一本。《採進書目》删去《進呈書目》原注"《周易元包經傳》《元包數總義》"後徑書"三本",非是,此處實應括注爲"原三本,含《周易元包經傳》《元包數總義》。實一本"。

8. 吕懷《周易卦變圖傳》

《採進書目》之《安徽省呈送書目》:"《周易卦變圖傳》,〔二卷,清吕懷著〕,四本。"(P142右)

按:《底簿》《進呈書目》之《安徽省呈送書目》著録此書均無卷數和作者,《採進書目》據《總目》卷七易類存目增補,然《總目》言"明吕懷撰"。①吕懷爲明嘉靖十一年壬辰(1532)進士,官至南京太僕寺少卿,事迹附見《明史·洪垣傳》。《採進書目》當誤"明"爲"清"。

9. 龍子昂《看易凡例圖説》

《採進書目》之《江西巡撫海第三次呈送書目》:"《看易凡例圖説》,〔一卷,明龍子昂撰〕,一本。"(P162左)

按:《底簿》《進呈書目》之《江西巡撫海第三次呈送書目》著録爲"《看易凡例》,一本",《總目》卷七易類存目收有《看易凡例圖説》一卷,著録"江西巡撫採進本",提要言"明龍子昂撰",《採進書目》據《總目》增補了卷數和作者,并改書名爲"《看易凡例圖説》"。《採進書目》改動書名,應注明。

此書未被收入《四庫全書存目叢書》,亦未見有館藏著録。《總目》此書提要言:"是編不標書名,前列讀易凡例,共三十二條;後列圖説,則解《河圖》《洛書》及朱子《本義》九圖象數之理。"②可知,此書原本不標書名;江西巡撫採進時因書前列《看易凡例》而擬名"看易凡例",無"圖説"二字;館臣因發現此書"《讀易凡例》共三十二條;後列《圖説》",遂改擬書名爲"看易凡例圖説"。書名即爲館臣擬定,則《採進書目》括注中當補"原作看易凡例"。

10. 王樵《周易私録》

《採進書目》之《江蘇省第一次書目》:"《周易私議》,〔不分卷,明

---

① （清）永瑢等撰:《四庫全書總目》上册,中華書局,1965年,第54頁。

② （清）永瑢等撰:《四庫全書總目》上册,中華書局,1965年,第55頁。

王樵著。按私議原作私録〕，三本。"(P25 右)

按:《底簿》和《進呈書目》之《江蘇省第一次書目》均著録《周易私録》三本,《江蘇採輯遺書目録》亦著録《周易私録》,言"不分卷次",注"刊本",①即《江蘇省第一次書目》著録本。《總目》卷七易類存目收有《周易私録》,著録爲"江蘇巡撫採進本",②亦即此本,均無"周易私議"之名。《周易私録》今已難覓,然黃虞稷《千頃堂書目》卷一、朱彝尊《經義考》卷五五、萬斯同《明史·藝文志》均著録有《周易私録》,而無《周易私議》,又王樵《方麓集》卷二有《周易私録序》,③均證明是書不作"《周易私議》"。《採進書目》所題書名及括注按語非是。

11. 姜寶《周易傳義補疑》

《採進書目》之《編修勵第一至第六次交出書目》:"《周易傳義補疑》,〔十二卷,明姜寶著〕,十一本。"(P175 左)

按:《底簿》和《進呈書目》之《編修勵第一至六次交出書目》著録"《周易傳義補遺》,十一本",無作者和卷數。《總目》卷七易類存目收有《周易傳義補疑》十二卷,④著録爲"編修勵守謙家藏本",提要言"明姜寶撰"。姜寶(1514—1593)字廷善,嘉靖三十二年(1553)進士,歷國子監祭酒,終官吏部尚書。《採進書目》據《總目》括注卷數、作者,并改書名爲"周易傳義補疑"。其改書名應注明。

四庫館至少收到此書三種,除編修勵守謙進呈本外,《底簿》《進呈書目》和《採進書目》還著録有兩部:《江蘇省第一次書目》之"《周易傳義補疑》,四本",《浙江省第六次呈送書目》之"《周易傳義補疑》十二卷,明姜寶著,六本"。《江蘇採輯遺書目録》和《浙江採集遺書總録》均著録姜寶《周易傳義補疑》十二卷刊本,⑤即《江蘇省第一次書目》和《浙江省第六次

①　張昇編:《〈四庫全書〉提要稿輯存》第四冊,北京圖書館出版社,2006 年,第93 頁。

②④　(清)永瑢等撰:《四庫全書總目》上冊,中華書局,1965 年,第 55 頁。

③　(明)王樵《方麓集》卷二,《景印文淵閣四庫全書》第 1285 冊,臺灣商務印書館,1986 年,第 131 頁。

⑤　張昇編:《〈四庫全書〉提要稿輯存》第四冊,北京圖書館出版社,2006 年,第92 頁;(清)沈初等撰,杜澤遜、何燦點校:《浙江採集遺書總録》,上海古籍出版社,2010 年,第 14 頁。

呈送書目》著録本。今中國國家圖書館藏此書之明萬曆十四年(1586)新安郡齋刻本,十二卷,六册,書名作"周易傳義補疑"。雖然《總目》卷七易類存目收録《周易傳義補疑》十二卷著録爲"編修勵守謙家藏本",但其著録本似來自江蘇巡撫或浙江巡撫進呈本,《總目》標注或有誤。《周易傳義補遺》一名見載於朱睦㮮《授經圖》卷四,作者亦爲姜寶,《編修勵第一至第六次交出書目》或即此本。《採進書目》據《總目》改勵守謙進呈本書名《周易傳義補遺》爲《周易傳義補疑》,或非是。

12.《周易傳義》

《採進書目》之《江蘇省第一次書目》:"《周易傳義》,〔補疑十二卷,明姜寶著〕,八本。"(P18 右)

按:《底簿》《進呈書目》之《江蘇省第一次書目》均著録書名"周易傳義",本數同。《總目》卷七易類存目有"《周易傳義補疑》十二卷"條,《採進書目》據之增加括注。崔富章《四庫提要補正》承之認爲四庫館收到四部姜寶《周易傳義補疑》。①

《江蘇省第一次書目》之《周易傳義》又見於《江蘇採輯遺書目録》。《江蘇採輯遺書目録》云:"此程子之《傳》、朱子之《本義》也,共二十四卷。"②則此書爲程頤《伊川易傳》與朱熹《易本義》的合編本,所以置於《江蘇省第一次書目》和《江蘇採輯遺書目録》之宋人易作中(進呈書目中羅列書籍往往按朝代集中排列),而非明人姜寶《周易傳義補疑》,亦非十二卷。《採進書目》所收《江蘇採輯遺書目録簡目》著録書名無誤,且小字注"宋河南程頤 新安朱熹著"(P205 左)亦甚確。由於《江蘇省第一次書目》和《江蘇採輯遺書目録》同時載録《周易傳義》和《周易傳義補疑》兩書,吳氏未能察覺二書之異,其所增括注實混淆了二書,崔氏承之亦誤。今考可括注"二十四卷,程頤、朱熹著"。

13. 胡庭、胡同《易疑》

《採進書目》之《陝西省呈送書目》:"《易疑》,〔案明陳言、方時化均有此書,詳見存目〕。"(P157 右)

---

① 崔富章:《四庫提要補正》,杭州大學出版社,1990 年,第 50 頁。
② 張昇編:《〈四庫全書〉提要稿輯存》第四册,北京圖書館出版社,2006 年,第89—90 頁。

按:《底簿》《進呈書目》之《陝西省呈送書目》均著録此書,未言卷數、作者、册數。《總目》卷七和卷八易類存目各收一部"《易疑》",①前者爲陳言著,三卷,後者爲方時化著,四卷。《採進書目》據《總目》增加括注,實非是。

《總目》於兩部《易疑》書名下均著録爲"江蘇周厚堉家藏本",來源與陝西省進呈本不合。實際上,《底簿》《進呈書目》和《採進書目》之《浙江省第六次呈送書目》均著録有"《易疑》,國朝胡庭、胡同著,三本",《浙江採集遺書總録·甲集》亦著録"《易疑》三册",②注"刊本",解題云"右國朝汾陽胡庭、胡同合撰",此當即周厚堉家藏本,《採進書目》P157 右欄括注遺漏。陳言海鹽人,明嘉靖十六年舉人;方時化,歙縣人,明萬曆二十一舉人,官至叙州府同知,均與陝西省地理較遠。而胡庭、胡同,爲清代山西汾陽人,汾陽毗鄰陝西,尤其是《易疑》在《陝西省呈送書目》清人著作序列中,則此《易疑》當爲胡庭、胡同之作,《採進書目》括注作者有誤。

14. 劉元卿《大象觀》

《採進書目》之《浙江省第四次吳玉墀家呈送書目》:"《大象觀》,二卷,劉元卿著,一本。"(P84 右)

按:《底簿》《進呈書目》之《浙江省第四次吳玉墀家呈送書目》書名作"《大像觀》",《總目》卷七易類存目作"《大象觀》",③著録"浙江吳玉墀家藏本",《採進書目》書名據《總目》改,應注明。劉氏此書詮釋《易·象》,《澹生堂藏書目》《千頃堂書目》均著録爲"大象觀",吳焯《繡谷亭熏習録》作"大象觀",④此即吳玉墀進呈本。又今臺灣"故宮博物院"藏四庫館鄭大節進呈本,書名亦作"大象觀",此即進呈書目《浙江省第五次鄭大節呈送書目》之"大象觀。二卷。明劉元卿著。二本"。《總目》提要言"是書詮釋《易·象》"正"大象"所指,則《底簿》《進呈書目》此處之"像"當"象"

① (清)永瑢等撰:《四庫全書總目》上册,中華書局,1965 年,第 56 頁,卷八第61 頁。

② (清)沈初等撰,杜澤遜、何燦點校:《浙江採集遺書總録》,上海古籍出版社,2010 年,第 36 頁。

③ (清)永瑢等撰:《四庫全書總目》上册,中華書局,1965 年,第 57 頁。

④ 左茹慧、邱居里點校:《吳焯〈繡谷亭熏習録·經部易類〉》,張濤主編《周易文化研究》第六輯,社科文獻出版社,2014 年,第 352 頁。

之訛，《總目》書名“《大象觀》”無誤，《採進書目》承《總目》所改是。

15. 唐鶴徵《周易象義》

《採進書目》之《江蘇省第一次書目》：“《周易象義》，〔十卷，明章潢著〕，四本。”（P25右）。

按：《底簿》和《進呈書目》之《江蘇省第一次書目》著錄同《採進書目》，無卷數、作者。《總目》卷八易類存目有章潢《周易象義》十卷，①書名下注“江蘇巡撫採進本”，《採進書目》據之增加括注。又《總目》卷七易類存目有唐鶴徵《周易象義》四卷，②書名下注“河南巡撫採進本”。《底簿》《進呈書目》和《採進書目》之《河南省呈送書目》亦著錄“《周易象義》。明唐鶴徵著。四本”，與《總目》卷七合，似乎《採進書目》之《江蘇省第一次書目》此處不注唐鶴徵亦有道理。但是，《江蘇採輯遺書目錄》著錄有《周易象義》，③署“明太常寺卿毗陵唐鶴徵著”，言“此書合爻象以觀理，因象文以辨爻，兼取互卦、倒體之説，共四卷”，注“刊本”，此即《江蘇省第一次書目》之《周易象義》，是四庫館收到唐鶴徵《周易象義》至少有江蘇、河南兩省進呈的兩部。可見，《底簿》和《進呈書目》之《江蘇省第一次書目》著錄者當爲唐鶴徵所著本，四卷。《採進書目》徑據《總目》卷八增加括注“十卷，明章潢著”，爲不明四庫館收有兩部唐鶴徵《周易象義》且混淆唐氏書與章潢《周易象義》，非是。

需要指出的是，《底簿》《進呈書目》和《採進書目》之《兩淮商人馬裕家呈送書目》收有《周易象義》，注“未分卷，明章潢。四本”，徐乾學《傳是樓書目》著錄章潢《周易象義》十卷五本，此或即《總目》卷八著錄者。章潢《周易象義》爲兩淮商人馬裕所進，《總目》著錄爲“江蘇巡撫採進本”可能因二書同名且均係江蘇巡撫進呈而誤，《採進書目》承之失察。

16. 吳撝謙《易象會旨》

《採進書目》之《浙江省第七次進呈書目》：“《易象會旨》，一卷，明吳文臺著〔案原題延伯生述，不著名氏，文臺乃其字〕，一本。”

① （清）永瑢等撰：《四庫全書總目》上冊，中華書局，1965年，第62頁。

② （清）永瑢等撰：《四庫全書總目》上冊，中華書局，1965年，第57頁。

③ 張昇編：《〈四庫全書〉提要稿輯存》第四冊，北京圖書館出版社，2006年，第94頁。

(P125 右)

按:《底簿》《進呈書目》之《浙江省第七次進呈書目》均著録此書"二卷""明吳文台著",與《採進書目》所載卷數不合。又《浙江採集遺書總録·甲集》著録《易象會旨》二卷,①注"刊本",言"右明陝西布政司理問臨川吳撝謙撰",此即《浙江省第七次呈送書目》著録本。《總目》卷七易類存目收録是書"一卷",②著録"浙江巡撫採進本",卷數或有誤,《採進書目》據之改作"一卷"似未是,但至少應注明。又此書作者,《總目》雖首言"舊本題曰延伯生述,不著名氏",但已指出爲"臨川文台吳君所著",并已疑爲吳撝謙,只是未定。《採進書目》應括注"吳撝謙"。今杜澤遜、王勇已考定此書作者確爲吳撝謙。③ 據《佩文齋書畫譜》卷四十四和《六藝之一録》卷三百七十之小傳可知吳撝謙字汝亨,號文臺,進呈文獻之"吳文臺"即吳撝謙,《採進書目》括注"文臺乃其字"當作"文臺乃其號"。

17. 焦竑《易筌》

《採進書目》之《江蘇採輯遺書目録簡目》:"《易筌》六卷《附論》一卷,明修撰上元焦竑著(刊本)。"(P205 右)

按:《江蘇採輯遺書目録》書名作"《易筌》",無《附録》署"明修撰上元焦竑著",④其提要言"共六卷""刊本",亦未提及"《附録》一卷"。《總目》卷八易類存目有"《易筌》六卷《附論》一卷"條,⑤注"江蘇巡撫採進本",《採進書目》書名源於此,應括注"《附録》一卷"并注明"據《總目》增"。《底簿》《進呈書目》和《採進書目》著録此書兩部:一爲《江蘇省第一次書目》之《易筌》六本,二爲《浙江省第四次汪啓淑家呈送書目》之《易筌》六卷四本。前者即《江蘇採輯遺書目録·甲集》著録本,後者又見《浙江採集遺書總録·甲集》。⑥《經義考》著録此書亦"六卷"。⑦ 此書今存明萬

---

① (清)沈初等撰,杜澤遜、何燦點校:《浙江採集遺書總録》,上海古籍出版社,2010 年,第 28 頁。

②⑤ (清)永瑢等撰:《四庫全書總目》上册,中華書局,1965 年,第 57 頁。

③ 杜澤遜撰:《四庫存目標注》第一册,上海古籍出版社,2007 年,第 29 頁;王勇著:《四庫提要叢訂》,齊魯書社,2018 年,第 11—12 頁。

④ 張昇編:《〈四庫全書〉提要稿輯存》第四册,北京圖書館出版社,2006 年,第 93 頁。

⑥ (清)沈初等撰,杜澤遜、何燦點校:《浙江採集遺書總録》,上海古籍出版社,2010 年,第 18 頁。

⑦ (清)朱彝尊《經義考》卷六〇,中華書局,1998 年,第 329 頁。

曆刻本《易筌》六卷《附論》一卷,正同《總目》所題。覈此刻本前五卷皆 60 葉左右,卷六 42 葉,《附論》16 葉。疑進呈文獻著錄時未細察,合《附論》於卷六,故只著錄爲"六卷"。《總目》據實分開著錄。

綜上補正,可見《採進書目》著錄書的訛誤大致有以下三個方面:

一、往往徑據《總目》改採進本書名或卷數,或增加括注,或不增加括注。這方面訛誤較多較常見,如本文所論《採進書目》對胡煦《周易函書約存》、龍子昂《周易凡例圖說》和吳撝謙《易象會旨》等的著錄。

二、往往對一書的多種進呈本甚至是同名異書缺乏鑒別,誤加混同。實際上,採進本并不等同四庫底本或《總目》著錄本。雖然《總目》對《四庫》收錄書和存目書只著錄一種版本,但往往四庫館收到這種書有多個採進本,這些採進本大多在版本、卷數甚至内容上并不相同,從衆多採進本中選擇一種作爲四庫底本是館臣的一項重要工作,《總目》卷首《凡例》曾對著錄本作了說明"諸書刊寫之本不一,謹擇其善本錄之;增删之本亦不一,謹擇其足本錄之",[①]從採進本到四庫底本或《總目》著錄本有一段距離,經過了館臣的鑒別、選擇,具體情況是需要加以考察、論證的。四庫底本當即《總目》收書著錄本,但實際上并不等同,頗有出入,原因複雜。《採進書目》混同進呈本與四庫底本、《總目》著錄本,進而作統一化的改動或括注,造成了不少書名、卷數和版本的混亂。如誤將浙江巡撫進呈本之《易學四同別錄》二卷單行本混同《總目》著錄之《易學四同》八卷《附錄》四卷二書,又如誤將《總目》著錄《周易傳義補疑》混同勵守謙進呈本《周易傳義補遺》。同名異書的混同更不應該,如《採進書目》誤將陳言、方時化《易疑》與胡庭、胡同《易疑》混同,又如誤將章潢《周易象義》混同唐鶴徵《周易象義》。

三、不明進呈文獻合書册數,徑直標注原進呈文獻的總册數往往與實際書册數不符。如《採進書目》對唐樞《易修墨守》的著錄。

（本文發表於《古籍研究》第 75 輯,今略有修改）

---

① 張昇編:《四庫全書總目》上册卷首,中華書局,1965 年,第 17 頁。

# 《七略》"互著""别裁"辩正①

《七略》是漢代劉歆(？—23)在其父劉向(前 77—前 6)去世後,繼承父業,校理群書,在劉向《别録》和自己校書成果的基礎上撰寫成的一部綜合分類目録,類别詳致,結構嚴謹,系統完整,對後世目録的編纂和目録學的發展産生了深遠影響。然而《七略》中究竟有無"互著""别裁"這兩種著録方法却歷來存有爭議,至今莫衷一是。筆者不揣簡陋,力圖澄清《七略》書中這一問題,推進人們對此的認識。

## 一、"互著""别裁"正名

首先,我們明確一下"互著""别裁"的定義。

現在,目録學界公認的"互著""别裁"的概念源於章學誠(1738—1801)。② 在其《校讎通義》卷一"互著第三"中,章學誠說:"古人著録不徒爲甲乙部次計。如徒爲甲乙部次計,則一掌故令史足矣,何用父子世業,

---

① 一般認爲《七略》亡佚於唐末五代時期。有關佚文今見嚴可均《全漢文》、馬國翰《玉函山房輯佚書》、姚振宗《快閣師石山房叢書》等;筆者曾從《昭明文選注》《初學記》和《藝文類聚》中輯録出五十餘條《别録》和《七略》的佚文,但仍無法見其原貌;後來,筆者借用电子版《四庫全書》又輯録《别録》七百餘條,《七略》五百餘條,基本搜羅完備。經比較,認爲《七略》著録的情況與《漢書·藝文志》基本相同,此亦與大家共識相去不遠。本文所論基本依據《漢書·藝文志》來説明《七略》的收書,故文中對二書同處限於篇幅,直接藉用。

② 有人認爲"互著""别裁"始於元人馬端臨,成於明人祁承㸁。馬端臨《文獻通考·經籍考》中雖偶有使用,但并不多,也没有提出這兩個概念。祁承㸁《澹生堂書目·例略》中提出"通"和"互"的概念,程千帆在《校讎廣義》(齊魯書社,1988 年)第 35—36 頁、周少川師在《古籍目録學》(中州古籍出版社,1996 年)第 172 頁認爲這就是"别裁"和"互著"。實際上,祁氏概念寬泛,并不嚴格全面,限於篇幅,不再贅述。

閱年二紀,僅乃卒業乎？蓋部次流別,申明大道,序列九流百氏之學,使之繩貫珠聯,無少缺逸,欲人即類求書,因書究學。至理有互通,書有兩用者,未嘗不兼收并載,初不以重複爲嫌,其於甲乙部次之下,但加互注,以便稽檢而已。"可見,"互著"又作"互注",是指把"理有互通,書有兩用者"在相應的部次中分別重複著録。

在"別裁第四"中,章學誠又説:"蓋古人著書,有採取成説、襲用故事者(自注:如《弟子職》必非管子自撰,《月令》必非吕不韋自撰,皆所謂採取成説也),其所採之書,別有本旨,或歷時已久,不知所出;又或所著之篇,於全書之內自爲一類者,并得裁其篇章,補苴部次,別出門類,明辨著述源流。至其全書,篇次具存,無所更易,隸於本類,亦自兩不相妨。蓋權於賓主重輕之間,知其無庸互見者,而始有裁篇別出之法耳。"接著,章學誠分析了《隋書》別出《小爾雅》以附《論語》,《文獻通考》別出《夏小正》以入時令後説:"或《爾雅》《小正》之篇有別出行世之本,故從而別載之爾,非真有見於學問流別而爲之裁制也。不然,何以本篇之下,不標子注,申明篇第之所自也哉?"可見,"別裁"是在綜合考慮之後,對於一書中"採取成説,襲用故事者,其所採之書,別有本旨"和"所著之篇,於全書之內自爲一類者"臨時裁其篇章著録在相應的部類中,①不包括"別出行世"的單行本,而且,別裁出的篇第之下應該用子注標注出處。

可見,這兩個概念都比較嚴格,内涵、外延、體例都有明確的規定。這是傳統目録學成熟的體現。但相對於中國古代兩千年的目録學發展史的實際情況來看,應該説這兩個概念都有個發生、發展的過程。一般,人們把"一書重出"叫做"互著",把"裁篇別出"叫做"別裁"就體現了較爲寬泛的這種觀念。這是討論在章學誠之前有無"互著""別裁"的理論前

---

① 王重民《校讎通義通解》(上海古籍出版社,1987年)第23頁云:"別裁是把一書内的重要部分(或篇章)裁出著録在相關的另一類(或另幾類)裏面。"這裏王氏云別裁的是"重要部分(或篇章)"并不正確,大概因爲誤解"權於賓主重輕之間,知其無庸互見者,而始有裁篇別出之法耳"所致。實際上,章學誠"權於賓主重輕之間"是指權於書之需要別裁的内容的主次輕重,衡量有無互著的必要。又有人把章學誠這句話理解成是爲防止濫用別裁"破碎支離"而發,這也不正確。"破碎支離",章氏是用"採取成説,襲用故事"和"所著之篇,於全書之內自爲一類"來防止的。又章學誠在《校讎通義·焦竑誤校漢志》中對此有生發,此不綴衍。

提,也是本文接觸《七略》之前要明確的。

## 二、《七略》一書無"互著"

《七略》一書有"互著"的説法始於章學誠的《校讎通義》一書,之後,姚名達在《中國目録學史》第 69 頁稱"此皆一時疏忽,偶未檢點"。此後多有人沿襲章氏之説。章學誠在《校讎通義》中又以此來批評班固《漢書·藝文志》對《七略》的"省"是不明互著,致使後世不復知有互著之例;於是,又有人認爲《七略》是藏書目録,《漢書·藝文志》是史志目録,作用不同所以對收書的要求也不同。① 但是,一般的文獻學和目録學的論著中又大多不説《七略》中有"互著",即使偶有涉及,也多語焉不詳,而且各執己見,莫衷一是。

那麼,《七略》一書究竟有無"互著"呢? 我認爲在前人的基礎上,再下一番努力,這個問題還是可以説清楚的。

爲了便於説明問題,我們先看一下章學誠對《七略》有"互著"之説的論述。章氏説:"劉歆《七略》亡矣,其義例之可見者,班固《藝文志》而已(自注:班固自注,非顔注也)。《七略》於兵書權謀家有《伊尹》、《太公》、《管子》、《荀卿子》(自注:《漢書》作《孫卿子》)、《鶡冠子》、《蘇子》、《蒯通》、《陸賈》、《淮南王》九家之書,而儒家復有《荀卿子》、《陸賈》二家之書,道家復有《伊尹》、《太公》、《管子》、《鶡冠子》四家之書,縱橫家復有《蘇子》、《蒯通》二家之書,雜家復有《淮南王》一家之書;兵書技巧家有《墨子》,而墨家復有《墨子》之書。"章學誠的論斷依據來源於班固在《漢書·藝文志》的兵權謀家中的自注:"省《伊尹》《太公》《管子》《孫卿子》《鶡冠子》《蘇子》《蒯通》《陸賈》《淮南王》二百五十九種",②和兵技巧類的自注:"省《墨子》重"。共合十家書。從字面上看,章氏這段話似乎"非常明確"地指出了《七略》一書有"互著",多數認爲《七略》有"互著"的學者也正是依據了章氏的這段話。但是,我覺得還不能就此得出結論。因爲僅看書名,我們很難確定是否有互著,書名相同也可以内容不同,所以還

---

① 曹慕樊:《目録學綱要》,西南師範大學出版社,1988 年,第 42 頁。

② 一般認爲這裏的"種"前省略或脱了"篇"字,"種"當作"重"。

應該進一步認識一下這些書的内容才是。著名文獻學家王重民已經做了這一步，并且進行了辯駁。

王重民的論述比較具體細緻，毋庸贅述，現總結如下：第一雖然章學誠所舉重複著録的十家都在《兵書略》，但是章氏以此得出"此外之重複互見者，不盡見於著録，容有散佚失傳之文"并不正確，《漢書·藝文志》絕無"散佚失傳之文"。第二這十家中，《諸子略》著録的是全本；《兵書略》著録的都是非全本，都是全本中言兵的部分，大概是"別出行世之本"，不是互著。第三兵書由任宏校理，與劉向、劉歆没有聯繫，章學誠對此也明白。第四《鶡冠子》看似互著，①班固"省"之，認爲是重複是正確的。之後，王氏指出："我認爲目録理論和方法的歷史發展，在西漢末年劉歆第一次建成系統分類目録的時候，不可能懂得互著法，而且，他們編的是藏書目録，都是著録的現成藏書，在這種情況下，就更不容易使用互著法，而把別裁單行之本夾雜著録在各個類目之内，倒是難避免的（自注：著録的是別裁本，而不是有意識的裁篇別出，'以辨著述源流'）。"②王氏否定了《七略》有"互著""別裁"。

在這裏，我認爲王重民第一、第二和第四是正確的，這在班固《漢書·藝文志》中很容易看出。王氏的第三須分別來看。説任宏校兵書，與劉氏校六藝、諸子、詩賦有所分工是實，班固《漢書·藝文志》已有説明，姚名達在《中國目録學史》中論述頗詳，此不綴；但是，説兵書與劉向、劉歆没有聯繫，則值得商榷。《漢書·藝文志》云："至成帝時，以書頗散亡，使謁者陳農求遺書於天下，詔光禄大夫劉向校經傳、諸子、詩賦，步兵校尉任宏校兵書，太史令尹咸校數術，侍醫李柱國校方技。每一書已，向

---

① 《鶡冠子》亡佚，情況不易確定。《漢書·藝文志》此條下班固自注："楚人，居深山，以鶡爲冠。"《昭明文選》卷 54 李善注："《七略》曰：'鶡冠子者，蓋楚人也。常居深山，以鶡爲冠故曰鶡冠。"《藝文類聚》卷 67 引文同李善注。蓋班固以此"省"之。梁玉繩《瞥記》卷五引翟晴江《涉獵隨筆》云："鶡冠疑鶡冠之訛"，翟引《汲冢周書》認爲"鶡冠"爲一術士冠，又考所見《鶡冠子》"率多談天之文"以證。梁玉繩亦認爲"鶡鷸字形相近，訛應有之"。然姚振宗在《漢書·藝文志條理》諸子卷二上考古《鶡冠子》入兵書，認爲翟氏之言不可據。明人胡應麟、近人王闓運均有《鶡冠子》與《龐煖》合一之説，實亦認爲《鶡冠子》爲兵書。就今所見資料與出土文獻來看（詳顧實、李學勤等人所論），姚氏言論似更近情理。

② 王重民：《校讎通義通解》，上海古籍出版社，1987 年，第 20 頁。

輒條其篇目,撮其指意,録而奏之。會向卒,哀帝復使向子侍中奉車都尉
歆卒父業。歆於是總群書而奏其《七略》。故有《輯略》、有《六藝略》、有
《諸子略》、有《詩賦略》、有《兵書略》、有《術數略》、有《方技略》。"①可見,
雖然校書由專人,而各書叙録和《七略》的撰寫却是由劉向、劉歆父子完
成的,也就是説《兵書略》《術數略》《方技略》的叙録和著録也都是由劉
向、劉歆撰寫完成的。就現存的收録在姚振宗的《快閣師石山房叢書》中
的八篇《別録》叙録來看,都有"皆已定,以殺青,書可繕寫"之類的話,可
以判定是一書校讎已定,書可繕寫時劉向、劉歆作的叙録。也正因此,劉
向、劉歆父子相繼校書,歷時頗久,章學誠説的"父子世業,閱年二紀"正
可做此理解。由於《別録》和《七略》今均亡佚,無法得見劉氏《兵書略》中
諸書的叙録,但僥幸劉氏佚文中有一篇《山海經叙録》,我們可以據此做
一些推測。《山海經》在《七略》中列於《術數略》,由太史令尹咸領校。這
篇叙録云:"侍中奉車都尉光禄大夫臣秀領校祕書言:②校祕書太常屬臣
望所校《山海經》凡三十二篇,③今定爲一十八篇,已定",之後又説,"待詔
太常屬臣望校治,侍中光禄勛臣龔、侍中奉車都尉光禄大夫臣秀領主
省。"秀即劉歆。由此也可以推測《兵書略》的書的叙録撰寫情況大致如
此。這就不能説劉向、劉歆不和任宏聯繫,更不能説兵書與劉氏没有關
係。看來,劉歆對《七略》中著録《兵書略》中的這十家書是知道的,甚至
是他清楚地認識了當時的情況後的做法。對比《漢書・藝文志》對各個
略的大序,我們不難看出《兵書略》不同於其他五略。在其他五略中都没
有古書整理的記載,即使頗受漢朝重視的六藝略和諸子略儒家也不例
外,而《漢書・藝文志》在《兵書略》的大序中却説:"漢興,張良、韓信序次
兵法,凡百八十二家,删取要用,定著三十五家。諸吕用事而盗取之。武
帝時,軍政楊仆捃摭遺逸,紀奏《兵録》,猶未能備。至於孝成,命任宏論
次兵書爲四種。"④可見兵書在漢代一直很受重視,并且在此之前已有了
兩次整理,産生了一部專科目録——《兵録》,恐怕這也是成帝年間的這

---

① 班固撰、顔師古注:《漢書》,中華書局,1962 年,第 1701 頁。

② 秀:即劉歆。《漢書・劉歆傳》:"歆以建平三年改名秀,子穎叔云。"

③ 望:疑爲具體負責校《山海經》的人,即下文所言"校治"。校治是領校下的
屬官,又謂"校秘書",猶後世之分校官。

④ 班固撰、顔師古注:《漢書》,中華書局,1962 年,第 1763 頁。

次校書中兵書整理和分類屢爲後人稱道的原因。可以説《七略·兵書略》中有書與《諸子略》重名，亦是傳統和形勢使然。① 限於分工和專業的不同，劉向、劉歆没有親自校理兵書，由任宏來具體負責，班固唯獨在《漢書·藝文志》的小序中提到任宏，也可能意味著任宏校書的重要性，這也許是這十種同名書存在於《七略》中的一個側面原因。而正面原因，我更傾向於劉氏看到了這些書在内容上的特殊性和認識到保存兵書的完整性才將它們另列出來，下面有關同名書的分析和有關別裁的論述進一步説明了這個問題。所以，劉氏對這些兵書與諸子類之同名書的關係，是十分明確的，其這種著録方法是其體例的體現之一，自然這不是互著，更不是重複。

又有人指出《漢書·藝文志》中重複著録的書不僅這些，認爲《諸子略》儒家有《景子》《公孫尼子》《孟子》，雜家有《公孫尼》，《兵書略》有《景子》《孟子》；《諸子略》道家有《伊尹》《鬻子》《力牧》《孫子》，小説家有《伊尹説》《鬻子説》，《兵書略》有《力牧》《孫子》。據此認爲《七略》有互著，而且《漢書·藝文志》繼承了《七略》的互著。

這種觀點也是就《七略》(實是《漢書·藝文志》)著録的書名得出的結論。由於這些書名現都存於《漢書·藝文志》，我們只要把《漢書·藝文志》中這些同名書的篇數和班固的自注摘録出來，事實就一目瞭然了：

（一）《諸子略》儒家：《景子》3 篇(自注：説宓子，語似其弟子)，《公孫尼子》28 篇(自注：七十子弟子)，《孟子》11 篇(自注：名軻，鄒人，子思弟子，有列傳)。

《諸子略》雜家：《公孫尼》1 篇。

《兵書略》：《景子》13 篇，《孟子》1 篇。

（二）《諸子略》道家：《伊尹》31 篇(自注：相湯)，《鬻子》22 篇(自注：名熊，爲周師，自文王以下問焉，周封爲楚祖)，《力牧》22 篇(自注：六國時所作，托之力牧。力牧，黄帝相)，《孫子》16 篇(自注：六國時)。

《諸子略》小説家：《伊尹説》27 篇(自注：其語淺薄，似依托也)，《鬻子

---

① 對於當時形勢，章學誠《校讎通義》卷二《校補漢書藝文志》第十七："任宏校兵書，鄭樵稱其最優，今觀劉《略》重複之書僅十家，皆出《兵書》，他部絕無其例，是則互注之法，劉氏具未能深究，僅因任宏而稍存其意耳。"章氏指出劉氏因任宏之勢而存重複之書，極有理；但説"重複之書僅十家"則似武斷，參看本文第三部分。

説》19 篇（自注：後世所加）。

《兵書略》：《力牧》15 篇（自注：黄帝臣，依托也），《吳孫子兵法》82 篇（自注：圖九卷），《齊孫子兵法》89 篇（自注：圖四卷）。

實際上，書名重複的還有五種，現亦列出：

（三）《兵書略》：《尉繚》31 篇，《師曠》8 篇（自注：晉平公臣），《伍子胥》10 篇（自注：圖 1 卷），《李子》10 篇，《龐煖》3 篇。

《諸子略》：《尉繚》29 篇（自注：六國時），《師曠》6 篇（自注：見春秋，其言淺薄，本與此同，似因托也），《伍子胥》8 篇（自注：名員，春秋時爲吳將，忠直遇讒死），《李子》32 篇（自注：名悝，相魏文侯，富國彊兵），《龐煖》2 篇（自注：爲燕將）。

通過比較，我們可以看出，除了《公孫尼子》與《公孫尼》、《伊尹》與《伊尹説》、《鶡子》與《鶡子説》、《孫子》與《吳孫子兵法》或《齊孫子兵法》名實俱異外，其餘書都是名同實異，即這些名相同或相近的書或因內容不同，或因篇數不等，根本就不是同一部書，這又怎麼能説是"互著"？實際上，對於古書名同實異的問題，章學誠在《校讎通義》卷三《漢志兵書》中已有指出，只是限於兵書，不全面，也不系統。如此多名稱相同或相近的書出現在《七略》之中，劉歆對此不會不知道的，這也證明了劉歆對《兵書略》中和《諸子略》中同名書的著錄是清楚的。爲什麼會有相同的書名呢？這恐怕要和古人對書的命名有關。古人以人繫書，屬於同一家的書取一個名字，類似同一家的書取一個和原來書名相近的名字，是給書定名的一般做法。劉向、劉歆校書的一項工作就是給書定名，這也是他們採取的方法。① 而人名相近、相同的現象在古代實屬平常，因此，我們決不能因爲書名相同而説書的內容相同，更不能説是同一種書，今天的考古發掘也證明了這一點。至於，班固爲什麼要"省"十家兵書呢？我認爲這和《漢書·藝文志》是史志目錄有關，和《兵書略》由任宏校書而與劉氏有所分工有關，② 更主要地和這些書在內容上的重複有關。③ 那麼，爲什

---

① 有關古書書名的問題，可參看余嘉錫《古書通例》一書。

② 《漢書·劉歆傳》稱歆"講六藝、傳記、諸子、詩賦、數術、方技，無所不究"，所言獨不及兵書，是否因爲兵書屬於專家，劉歆并非擅長。

③ 對於《兵書略》中十家書與《諸子略》中書內容重複，班固已明確指出，後人章學誠、陶宪曾等陸續有補充，亦廣爲目錄學界接受。

麼又有這麼多同名書班固沒有"省"呢？這在本文的第三部分再具體分析。

以上，我們根據《漢書·藝文志》和有關資料，全面分析了《七略》一書中著録的所有同名書的情況。通過論述，認爲《七略》中并没有"互著"之例，以此來歸咎班固《漢書·藝文志》對劉氏"互著"的抹殺也是没有道理的。

對於《七略》不存在"互著"的原因，前面所引王重民的話已經回答了這個問題，此不綴。實質上，"互著"是古人對具體書的內容和宏觀書目的分類的關係認識深刻之後的做法。由於古代書目多爲藏書目和史志目，對圖書重視分類，以類統書，一般不允許出現一書重出的意外，這在一定程度上限制了"互著"的産生。在圖書分類概念充分發展和人們認識逐漸全面、開脱之後，人們對這個問題才有了靈活的看法。至元代馬端臨撰《文獻通考·經籍考》時，在易門和占筮門分別著録了《焦氏易林》一書，并在易門《焦氏易林》下注"説見占筮門"。可以説，這已是很完善的互著了；但此書僅此一例，屬於偶然爲之，表明馬氏雖然已經打破"以類統書，不能重出"的樊籬，但對此并没有理性意識，更談不上自覺運用。只是他在《經籍考》第十一《紀蒙》下自注："并見論語條下"，在《經籍考》第六十《孟東野集》下自注："詳見詩集"，在《經籍考》第六十九自注："右謝惠連、陰鏗、杜審言、儲光羲、王昌齡、常建、孟浩然、岑參、李嘉祐九家集，晁氏書録在別集門，所論已附在本門，此更不重複。"説明馬氏對於所著録書的輯録內容有了明確而統一的認識，將不同類的書聯繫起來，熟練地運用互見法來處理輯録的內容。這樣全面認識圖書并對不同輯録內容加以合理安排，應該説是互著産生的先兆。至明代祁承㸁提出了"互"的概念，其中一個方面就是"互著"，他撰寫的《澹生堂書目》也大量採用了互著法，標志著"互著"的正式確立。

## 三、《七略》一書有不成熟、不完善的"別裁"

那麼，《七略》一書有無"別裁"呢？這個問題比前面的"互著"問題更複雜。

首先，我們分析以下古書的流傳和劉向、劉歆父子校書的情況。

　　古人隨事作文,不題篇名,更没有書名,其流傳多單篇,以文首二字區别,後學各以所得爲書,所以本子差别也大。雖然,孔子已開始編書,戰國諸子可能都有不同的古書文本,吕不韋利用門人編成了《吕覽》,淮南王劉安利用門客編成了《淮南子》,司馬遷寫成了《史記》;但是,個人著述仍然以單篇或單行本的形式流傳,編定集子多是魏晉以後的事。根據現存的八篇《别録》佚文來看,劉氏校書的第一步是廣搜衆本。如《晏子》一書搜集到的本子就有四種,共 30 篇,838 章;有的僅中書就可能有多種本子,如《管子》中書 389 篇,可能就是多種本子和單篇的總和;而有的則中外互補,以成全本,如《列子》8 篇就是由中書 5 篇、太史書 4 篇、劉向書 6 篇、富參書 2 篇除去重複後所得。漢代藏書,"内則有延閣、廣内、秘室之府",①"中書"即是指此;"太常""太史""博士"是劉歆稱的外藏。可以説當時的中、外、民間、私人收藏的書幾乎齊備。在這種前提下,補苴全本,除去重複,校讎訛脱,編定次序,再撰寫叙録,加以著録。在這裏,和本文有關的是劉氏對編書的處理和在著録中所採取的方法。那麽,劉氏是怎樣做的呢?《晏子叙録》云:"其書六篇,皆忠諫其君,文章可觀,義理可法,皆合六經之義。又有復重,文辭頗異,不敢遺失,復列以爲一篇;又有頗不合經術,似非晏子言,疑後世辯士所爲者,故亦不敢失,復爲一篇,凡八篇。"可見,劉向校書注重對内容的分别,并以此來編定次序,同時注重收録的全面。《列子叙録》云:"道家者,秉要執本……合於六經。而《穆王》《湯問》二篇,迂誕恢詭,非君子之言也。至於《力命》篇一推分命,《楊子》之篇唯貴放逸,二義乖背,不似一家之書,然各有所明,亦有可觀者。"劉向依然重在内容的分别,又側重時局的考慮,才没有加以别裁。《全漢文》卷 37 載有劉向的《説苑叙録》,云:"所校中書《説苑》雜事,及臣向書,民間書,除去與《新序》重複者,其餘淺薄不中義理,别集以爲《百家》,更以造新事,十萬言以上,號曰《新苑》。"②説明劉向在編《新苑》時已有"别裁"之舉,只是此書繫於劉向,與其校書還有差别。那麽,具體在《七略》中是什麽情况呢? 我們分别從幾個方面來認識這個問題。

---

　　①　班固撰、顔師古注:《漢書》引如淳注,中華書局,1962 年,第 1702 頁。
　　②　嚴可均:《全上古三代秦漢三國六朝文》之《全漢文》卷三七,中華書局,1958 年,第 668 頁。

　　第一方面,我們分析一下在本文第二部分所列的同名書的問題。由於《七略》和這些書中的部分書已亡佚,增加了問題探討的難度,有的地方只能靠推測,有的則只好存疑。我認爲可以大致分爲以下三種情況。

　　第一種情況是書名相同或相近,内容無關。這種情況有《諸子略》儒家的《景子》《孟子》與《兵書略》的《景子》《孟子》,《諸子略》儒家《公孫尼子》與雜家《公孫尼》,《諸子略》道家的《孫子》《力牧》與《兵書略》的《吴孫子兵書》或《齊孫子兵法》《力牧》。

　　《漢書·藝文志》在儒家《景子》下注:“説宓子,語似其弟子。”《景子》前爲《宓子》,宓子即孔子弟子宓子賤;《景子》後是《世子》,世子名碩,是七十子之弟子。《漢書》以義例謹嚴著稱,仔細分析《漢書·藝文志》對圖書的排列絶非粗率雜亂,而是在每個小類裏盡可能地根據人物的先後來排列,這和古人編書以人類書的觀念一致。所以後人認爲這裏的景子就是“七十子之弟子”。① 而《兵書略》之《景子》列在《魏公子》後,魏公子即無忌(? —前243),戰國中後期人,後人疑此景子即楚人景陽。很明顯,這裏的景子與儒家的景子雖名同而非一人,學非一家,書亦無關。儒家《孟子》爲人熟知。《兵書略》之《孟子》列在《東父》《師曠》之前,時當遠在孟軻之前。姚振宗懷疑此孟子即五行家猛子。章學誠在《校讎通義》中也指出此二《孟子》名同實異。《公孫尼子》列在《李克》後《孟子》前,班固自注:“七十子弟子。”《公孫尼》則列在《荆軻論》《吴子》之後,很可能爲漢初人作。稱“子”是漢人對春秋戰國人的尊稱,對商周和漢代的人,漢人一般不稱“子”,②直接稱“公孫尼”,可能也有特殊意味。《諸子略》道家之《孫子》,班固自注“六國時”,《吴孫子兵書》是孫武的,《齊孫子兵法》是孫臏的,年代都比道家《孫子》早,經後人考訂,基本認爲道家《孫子》和孫休有關。《諸子略》道家之《力牧》列在《孫子》前,班固自注“六國時所作”;《兵書略》之《力牧》列在《鵊冶子》前,鵊冶子在《漢書·古今人表》列在風後前,居第二等上中,似遠在道家《力牧》之前。

　　第二種情況是書名相同或相近,内容相關但不同。這類有《諸子略》道家《伊尹》《鬻子》與小説家《伊尹説》《鬻子説》,《諸子略》之《師曠》與

――――――――――

　　①　姚振宗:《漢書·藝文志條理》卷四。
　　②　詳見余嘉錫《古書通例》。

《兵書略》之《師曠》。

伊尹在《漢書·古今人表》中列第二等上中，鬻子名熊，在《漢書·古今人表》列第三等上下，都是較高的等第。而《伊尹説》《鬻子説》班固自注“其語淺薄”和“後世所加”，蓋與《伊尹》《鬻子》内容風格并不一致，當爲後人解説二書之作。對於《漢書·藝文志》著録的《中庸説》，王鳴盛在《蟻術編説録》中説是《中庸》“其解詁也”，姚振宗認爲是“説《中庸》之書”，姚名達認爲是“説《禮記》中的《中庸》而成一家之言的專著”。在《古書通例》中，余嘉錫認爲《伊尹》和《伊尹説》、《鬻子》和《鬻子説》都是一人有兩書，“以其學非一家”而分著於録。我覺得這兩種書可能内容上有相關處，後者應爲前者的衍生、解説之作，思想、風格或與原作不一。由於《伊尹説》和《鬻子説》均佚，今存佚文爭議頗大，具體情況只好存疑。師曠在《漢書·古今人表》中列第五等中，從兩部《師曠》在《漢書·藝文志》各自的小類中所處的位置來看，似乎時間也相近，估計二書也可能相關。余嘉錫亦將此二書列爲一人有二書，“以其學非一家”而分著於録。

以上兩種情況表明這些書不但在篇數上存在差別，而且在内容上也有不同，這説明它們僅是書名相近和相同，決不是同一種書，所以班固没有“省”，更不能説這些書是“互著”。這種情況劉向、劉歆和班固是清楚的：一方面是單行本的前在原因；另一方面是圖書複雜，思想學術多樣，可以列入不同的類别加以著録。事實上，劉氏也正是以此體例（綜觀《漢書·藝文志》此體例是比較明顯的）來區別它們，雖然用了相同或相近的書名，還是不至於發生混淆的。可以説這已經在某種意義上具有了原始“別裁”的意味，即在重視分類的前提下，注意區分書的内容，分別著録。

第三種情況是書名相同，内容可能部分相重。這部分主要包括同名的《伍子胥》《李子》《尉繚》和《龐煖》①。

這四種書在《漢書·藝文志》中分別列在《諸子略》和《兵書略》。就

---

① 《漢書·藝文志》兵書：《伍子胥》10篇（自注：圖1卷），《李子》10篇，《尉繚》31篇，《龐煖》3篇。諸子：《伍子胥》8篇（自注：名員，春秋時爲吴將，忠直遇讒死），《李子》32篇（自注：名悝，相魏文侯，副國强兵），《尉繚》29篇（自注：六國時），《龐煖》2篇（自注：爲燕將）。

它們各自所在的位置來看,應該説基本上可以斷定都分別出於一人。①
這種情況類似班固省去的十家兵書。這四種書在《諸子略》中班固都自
注了所出之人,而在《兵書略》除《伍子胥》下注"圖一卷"外都不再加注,
我覺得這可能意味著他已明注於前,在此不再復注。由於這四種書的各
自本子篇數不等,班固没有"省"。由於劉向校書的第一步是廣搜衆本,
使所收之書内容完足,很可能這四種書的相應本子間存在部分相重的情
況,十種與《諸子略》中相重的兵書就是一個側面證據。這樣處理也正是
劉氏爲了義例的原因。

現在,我們回過頭來看班固删去的十家兵書。劉向、劉歆父子校書
決非一日,如此多的同名内容相重的書出現在《別録》和《七略》中,説"偶
不檢點"是難以令人置信的,肯定另有原因。對此,本文第二部分已有初
步分析;在這裏尤需指出的是這十家書和上面認爲部分相重的四種書都
發生在兵書和諸子之間,更令我們深思。兵書在漢代有特殊的地位,甚
至自成體系,這是劉向、劉歆要考慮的。現在一般認爲這十家兵書是單
行本,能否將兩種《伍子胥》《李子》《尉繚》和《龐煖》的兵書本都分別看作
單行本,現在還不易確定,我們不妨做這樣的假設。② 但我們不能因爲是
單行本就否定了《七略》中有"別裁"的萌芽。劉向、劉歆所作的《別録》和
《七略》無疑都是藏書目録;但是,《七略》又不同於一般的藏書目録:因爲
劉氏并非只是登記庋藏,其大量的工作還是"校書",把精力用在搜集衆
本、編定全本、校讎訛脱和撰寫叙録上,其中非常充分地表現了他們對書

---

① 《尉繚》的問題比較複雜。對此歷來認識不一,爭議以清代爲大,梁玉繩、章
學誠、姚振宗都認爲可能是兩家。但是,1972 年在山東銀雀山漢墓出土的漢簡中有
《尉繚子》殘簡,很能説明問題。殘簡有六篇與今本《尉繚子》相合,有論政治、兵法和
其他的内容。這不但在很大程度上説明了今本《尉繚子》與古本《尉繚》的關係,而且
也爲認識今本《尉繚子》的性質提供了更多參考。何法周在全面分析後認爲《尉繚
子》是"梁惠王時期的尉繚的政治軍事思想的記録"(何法周:《尉繚子初探》,《文物》
1977 年第 2 期)。這與《漢書·藝文志》之《尉繚》的位置合,又與《隋書·經籍志》於
雜家《尉繚子》下注"尉繚,梁惠王時人"相符,也與晁公武和姚鼐的認識一致,應該説
是有相當的説服力的。

② 此處,從篇數來看,只有兵書的《李子》和諸子的《李子》可能是單行本和全
本的關係,兵書的《伍子胥》《尉繚》和《龐煖》篇數都多於諸子的相應的書,只能分別
假設是兩種不同的單行本。

籍内容的認識。由於古書多以單篇和單行本流傳,劉向、劉歆等人見到的就是這些大量的單篇文章和單行本,這從現存的八篇《別録》叙録中很明顯地看到這一點;但是,編成全本之後,這些單篇和單行本還有没有保存的必要,尤其是冠以人名體現在《七略》裏呢? 這肯定是劉氏所要解決的一個重要問題。我覺得一般情況下《七略》裏不收録單行本。如果《中庸説》是説解《中庸》的書,那麼,《中庸》應該單行,這在公孫弘《乞骸骨疏》引用《中庸》和《史記·孔子世家》的"子思作《中庸》"中都能得到印證;但是劉向校書將《中庸》收入《子思》後却不再單列。① 再如韓非的《五蠹》《孤憤》等在戰國末已單行,至此全部收入《韓子》。又如司馬相如的《子虚賦》《大人賦》亦本單行,至此收入《司馬相如賦》,也不再單行。這裏尤其要指出的是《孫子兵法》一書,1972 年在山東銀雀山漢墓出土的《孫子兵法》證明,在漢武帝時仍有十三篇的《孫子兵法》單行本,這個本子可能與吴王闔廬見到的本子相同,也與今傳的《孫子兵法》大體一致,但是劉向校書却將孫武之文全部收入《吴孫子兵法》,不再別出單行本。余嘉錫又指出《鬼谷子》入《蘇子》、《新語》入《陸賈書》、《六韜》入《太公書》;因此,《鬼谷子》《新語》《六韜》這些書都不再單見於《七略》。可見《七略》并不著録一般的單行本。綜合《漢書·藝文志》也基本會得出如此結論。然而,十家兵書單行本又爲什麼著録在《七略》裏呢? 這和它們的特殊性有關。仔細分析以上單篇或單行本收入全本後不再保存在《七略》中的情況,不難看出,這些單篇或單行本和全本都在内容上屬於同一部類,差別不在類別,這樣收列在《七略》的小類中完全合適,確没有必要保存單行本。而這十家兵書内容上有相對的獨立性,與全本類別不同,在以人類書時屬於諸子,但相對來説又有明顯的兵書特徵,隸屬於兵書,尤其是兵書已經形成獨立系統,爲保存兵書的完整,這些單行本就有保存的必要了。可見這又涉及圖書甚至學術的分類問題。當書屬於不同的類別,且已經爲人們廣泛接受時,爲使各自體系完整,則認爲有分列的必要,於是劉氏把書按内容性質區分全本、單行本分別收入到各自類別的書中去。十家兵書的出現應該説就是這種做法的體現之一。同名的《伍子胥》《李子》《尉繚》和《龐煖》應該也屬於這種情況。這樣,雖然劉氏

---

① 同時,子思的《中庸》等文又收入《記》,詳下。

可能没有具體做到"裁篇別出",但是看到這些書"於全書之内自爲一類",考慮兵家之書的完整,分別保留在了兩類之内。在諸子略内保留符合諸子要求之本,甚至是全本;在兵家略内保留符合兵書要求之本,可能是單行本,使二者内容或有全本與單行本之別,或有稍微的出入而不重合,以示分別,不留下重複著録或類別不明的印象。這應該説在一定意義上具有"裁篇別出"的性質,屬於初級的"別裁",只是限於兵書,未免片面;保留"別裁本"的動機雖有辨別各家的意味,但基本出於兵書的完備,并非"明辨著述源流";又都冠以和諸子中有關的相同的書名,没有具體加以區分;下面也不加標注,遠不及章學誠的觀點穩妥。這一"別裁"在概念上的含混、在外延上的不全、在體例上的不明,正表明了"別裁"產生之初不成熟、不完善的特點。

類似的情况,我認爲還有《子思》和《記》、《禮記·樂記》和劉向定本《樂記》。

《漢書·藝文志》六藝禮類載"《記》百三十一篇(自注:七十子後學所記也)",後人考訂認爲是合《大戴記》《小戴記》,又分別將《曲禮》《檀弓》和《雜記》一分爲二而成。同時,《漢書·藝文志》諸子儒家類載"《子思》二十三篇(自注:名伋,孔子孫,爲魯繆公師)"。應該説這兩種本子各自將當時屬於《禮記》和子思的文章搜羅全備。雖然《子思》宋以後亡佚,但是對於二者的關係,我們還是可以做一説明,主要有三個方面的證據:一是《史記·孔子世家》載"子思作《中庸》",則《中庸》在《子思》中,今《中庸》在《禮記》;二是《隋書·音樂志》載"《緇衣》出自《子思子》",今《緇衣》在《禮記》;三是王應麟在《〈漢書·藝文志〉考證》裏引沈約的話説"《禮記》之《中庸》《表記》《坊記》《緇衣》皆取自《子思子》",《太平御覽》卷四〇三有引《子思子》之文,今在《禮記·表記》,這證明了沈約的話是正確的,也説明了《禮記》和《子思》的關係。1993年,在湖北荆門郭店出土了部分戰國楚簡,以儒家和道家爲主,今人考定此墓儒家的楚簡主要反映了子思學派的言論。其中有《緇衣》和《表記》,與今《禮記》所載之文基本相合;又有《五行》,《荀子·非十二子》云"《五行》出自《子思》",今不見於《禮記》。雖然,據以上内容還不能推測《子思》全部見於《記》;但是,斷定《子思》部分與《記》重複已是事實。相同的内容,同時放在兩種書中,不是互著,却有部分別裁的傾向,因爲《記》的内容遠大於《子思》。出現這種現象的原因,無疑和《子思》屬於《諸子略》儒家,《記》屬於《六藝略》禮類,二者類別不同有關。當然,潛在的原因不但和《子思》單行有關,更主要地和子思的地位、影響有很大關係:他是孔子的孫子,曾任魯繆公師,又是孟子的先師;他代表的學派是孔子以後儒家的八派之一,甚至可能是戰國和西漢最有影響的學派之一,今天郭店楚簡似乎也説明了這一點。從這裏,我們也可以看出劉氏所爲有看重門類之别甚至有"辨章學術"的特點。

對於《禮記·樂記》與劉向定本《樂記》的關係,《禮記注疏》孔穎達於"禮記第十九"下疏云:"劉向校書,得《樂記》二十三篇,與禹不同,其道浸以益微,故劉向所校二十三篇著於《別録》。今《樂記》所斷取十一篇,餘有十二篇其名猶在,三十四卷《記》無所録也。其十二篇之名,案《別録》十一篇餘次,《奏樂》第十二,《樂器》第十三,《樂作》第十四,《意始》第十五,《樂穆》第十六,《説律》第十七,《季札》第十八,《樂道》第十九,《樂義》第二十,《昭本》第二十一,《招頌》第二十二,《賓公》第二十三是也。案《別録》《禮記》四十九篇,《樂記》第十九,則《樂記》十一篇入《禮記》也,在劉向前矣。至劉向爲《別録》時,更載所入《樂記》十一篇,又載餘十二篇,總爲二十三篇也。其二十三篇之目,今總存焉。"[1]可知,劉向已將十一篇的《樂記》作别裁處理:一承傳統入《禮記》,爲《禮記·樂記》;二收入全本《樂記》,爲二十三篇之前十一篇。又《樂記》第十一篇爲《魏文王》,馬國翰輯録《魏文侯》時指出:"劉向《別録》,《樂記》二十三篇,《魏文侯》爲第十一篇,以《樂記》佚篇有《季札》《賓公》例之,《季札》篇採自《左傳》,《賓公》篇取諸《周官》,知此篇爲文侯本書,而河間獻王輯入《樂記》也。"知《樂記·魏文侯》與《漢書·藝文志》著録的"《魏文侯》六篇"亦有"別裁"關係。可見,"别裁"爲劉氏校書之一法,《七略》"别裁"蓋有所承。《樂記》和《魏文侯》這兩種情況,也存於《七略》,這從《漢書·藝文志》樂類的有"《樂記》二十三篇",禮類的"《記》百三十一篇"是不難看出的。

第二方面,《七略》還有其他地方,也可以看作是"别裁"。

章學誠在《校讎通義》中舉《弟子職》和《管子》、《三朝記》和《記》的關係,認爲是别裁;王重民在《校讎通義通解》中認爲《弟子職》和《三朝記》

---

① 阮元校刻:《十三經注疏·禮記正義》卷三七,中華書局,2009 年,第 3310 頁。

都是古已有之的"別裁本",不是別裁。我認爲這個問題也應該聯繫劉向校書和《七略》一書的整體情況來看。《弟子職》和《三朝記》本已單行是目前文獻學界的共識。但從上面的分析來看,《七略》并不著録屬於同類的單行本;那麼,《弟子職》、《三朝記》和《管子》、《記》是什麼關係呢?《管子》列在《諸子略》的道家,内容龐雜;而《弟子職》列在《六藝略》的孝經,記古代弟子事師儀禮、受業次序,頗類《曲禮》《少儀》,這與《中庸》和《子思》基本都爲儒家有著本質的不同,屬於不同的部類,單列出來自然合理。對此,徐復觀認爲"此可反映出漢代繫以《孝經》爲五經的階梯,教育的基礎……(《弟子職》)與《爾雅》《小爾雅》及《古今字》,并爲治經者所必讀之書,雖未著之功令,但已成爲風氣,所以把它們列在一起",①可見,劉氏這樣處理,也可能與當時的現實情況有關。《三朝記》,《藝文類聚》卷五五引劉向《別録》云:"孔子三見哀公,作《三朝記》七篇,今在《大戴禮》。"②對此,余嘉錫指出:"言今在《大戴禮》者,明古本原自單行。"③是單行本無疑,收入《記》是劉氏校書的通例。但爲什麼又在論語類中單獨著録呢?對此,余嘉錫在《古書通例·論編次第三》中説:"《孔子三朝》與《論語》同爲一家之言,本非專爲言禮而作,若因收入《大戴禮》遂没其書。"余氏所論依據劉向《別録》,應該説有一定道理。我在這裏補充兩點:一是從劉向《別録》來看,《三朝記》的單行本名爲《三朝》,顏師古的《漢書注》也説明了這一點,而劉向在論語類中却名爲《孔子三朝》,一方面合於編書義例,另一方面則可能表明劉氏對此和《大戴禮》有不同的認識,甚至有標示的意味;二是和《孝經》一樣,《論語》在漢代也特別受到重視,二者與五經并稱"七經",在《七略》裏入《六藝略》,《漢書·藝文志》因之,《孔子三朝》與孔子關係密切,是論語類的一個組成部分。既然《孔子三朝》有如此的特殊性,也就可以單獨別出了。這兩本書和同名書、十家兵書的情況有一致性,書的部分内容與全書可以都屬於不同的類別,而

---

① 徐復觀:《中國經學史的基礎》,臺灣學生書局,1996年,第192頁。

② 《漢書·藝文志》《孔子三朝》下顏師古注:"今《大戴禮》有其一篇,蓋孔子對魯哀公語也。三朝見公,故曰'三朝'。"後人認爲顏師古所言之"一"蓋"七"之誤。

③ 余嘉錫:《古書通例》,上海古籍出版社,1985年,第95頁。余氏所言甚是。因《七略》并没有收單行的《大戴記》,雖然在當時《大戴記》與《小戴記》分行且有出入,但劉氏還是將其合爲一書——"《記》百三十一篇"。對此,錢大昕有詳細考訂。

且已爲人們接受并有影響，考慮到這些方面，劉氏在單行本的基礎上加以區別對待。只是兵書可能更多地和兵書系統有關，而此二書更多地和其内容及社會有關。可以説此二書更具有"別裁"的意味。至於爲什麽班固没有"省"，今只能做些猜測：一是班固尊劉思想明顯，這兩種書都是由劉氏獨立完成；二是二書書名不同，別出之意明顯。

此外，又有更近於章學誠所説的"別裁"的情況。

一是人們早已注意到的《孫卿賦》的問題。《諸子略》儒家有《孫卿子》33 篇，[①]這個本子即今傳《荀子》，其中有《賦篇》第三十二，包括《禮》《知》《雲》《蠶》《箴》5 賦，又有《佹詩》1 篇，共 6 篇。《詩賦略》收有《孫卿賦》10 篇，具體二者的關係，歷來有争議，但肯定一點是二者有交叉和重複。對此，余嘉錫的解釋是："《詩賦略》所著録，蓋別本單行者也"，[②]"孫卿之賦，皆以發明其儒家之學，故編入所著録中。然賦分四家，孫卿其一，不可不見於《詩賦略》，故又別著於録"。[③] 余氏後面的解釋著眼於書的思想和體例，尤其賦分四家之説，古已有之，都有一定道理。需要補充的是我認爲這兒更大反映了劉氏的認識。因爲類似的情況還有《賈誼賦》7 篇著録於《詩賦略》，而《諸子略》儒家也已載有《賈誼》58 篇。這樣看來著録《孫卿賦》的原因可能和劉氏對賦的認識關係更大。在《詩賦略》的大序中，劉氏先是引傳言"登高而賦，可以爲大夫"，接著引證《詩》之作用，突出古人尊《詩》，隨即指出春秋以後"學《詩》之士，逸在布衣，而賢人失志之賦作矣"，將賦與《詩》聯繫起來，給出賦的淵源的同時，把賦放在了較高的地位上。所以，大序説，"大儒孫卿及楚臣屈原，離讒憂國，皆作賦以風，感有惻隱古詩之義"。之後又説，"如孔氏之門人，用賦也，則賈誼登堂，相如入室矣，如其不用何？"這就完全是儒家的詩教觀念，而這正是西漢經學家較爲普遍的一種觀念，這種思想指導的結果是列於儒家的孫卿和賈誼有賦重出於《詩賦略》，而此外的情況却很少。可以説這和劉氏對詩賦的認識有關，更與"別裁"的概念相符。

二是班固"出"的淮南、劉向等的《琴頌》7 篇。對此，周壽昌在《漢書

---

① 實際 32 篇。

② 余嘉錫：《古書通例》，上海古籍出版社，1985 年，第 53 頁。

③ 余嘉錫：《古書通例》，上海古籍出版社，1985 年，第 64、65 頁。

注校補》中認爲《琴頌》7 篇“蓋止於頌琴而無與於樂故出之也”。周氏的觀點是值得商榷的。作爲當時的經學大師,劉向精通《魯詩》《韓詩》及《穀梁傳》《公羊傳》;在校書過程中,劉向負責校六藝、諸子、詩賦三大類,并總其成,撰寫敘錄,是校書中最重要的人物。以此學識、地位,劉向是不會因此授人以柄的。又《漢書·藝文志》之《六藝略》樂類的小序云:“劉向校書,得《樂記》二十三篇,與禹不同,其道寖以益微。”前論劉向對十一篇《樂記》的別裁也可看出劉氏對樂有很深的造詣,《漢書·劉向傳》也説明了這一點。劉向對體裁的認識還是有的。可以説劉向斷不至於將自己作的“無與於樂”的作品放入樂類,并撰寫敘錄上奏皇帝。實際上,在古代,尤其是在上古時期,詩和樂的關係非常密切。《史記·孔子世家》云孔子自衛反魯“然後樂正,雅頌各得其所……三百五篇,孔子皆弦歌之,以求合《韶》《武》《雅》《頌》之音”,其中就體現著自春秋至西漢司馬遷時人們普遍的用樂正《詩》,以《詩》合樂的觀念。而《漢書·藝文志》樂類裏有《雅歌詩》四篇,無疑也是詩樂合一的作品。“頌”本是《詩》“六義”之一,是“宗廟之樂歌”,至漢代逐漸演變爲賦的一種,樂的特點逐漸減弱。《琴頌》的“頌”經後人考訂,認爲可能是“詩賦”的“賦”的一類;但是,我認爲《琴頌》還明顯有樂的特點,在當時可以屬於樂的一類。周氏將“琴頌”理解爲“頌琴”只是臆測,并無其他文獻依據,也不符合訓詁原則。班固在《漢書·藝文志》中的“出”共有三例:一是在兵家出《司馬法》,入六藝;二是在雜家出《蹴鞠》,入兵家;三是在六藝出《琴頌》,沒有入。對於《琴頌》有出無入,姚振宗云:“此言出者,當是復見在《詩賦略》中。”①對於劉氏,班固甚爲推崇,在《六藝略》“入《稽疑》一篇”,則不會調出劉向的作品而使之殘缺,姚振宗的解釋基本上是令人接受的。但班固爲什麼要做此調整呢? 我認爲一方面可能和東漢人理解的“頌”是賦的一類的觀念有關,這反映了藝術觀念的變化;另一方面可能和班固的著眼點和注重史書義例有關。今天,人們認爲劉向是文獻學家,而在當時,劉向首先是著名的經學家;班固是史學家,其《漢書》首先是一部史書,所以二者對文獻的認識自然會有不同。收入《漢書·藝文志》時,班固將《司馬法》更名爲《軍禮司馬法》,將《七略》中《易傳淮南九師訓道》更名爲

---

① 姚振宗:《漢書藝文志條理》六藝卷一。

《淮南九師書》,將《子夏易傳》更名爲《韓氏易傳》都説明了他對史書義例的看重。這樣也就自然將以"頌"爲名的作品合入《詩賦略》,也許用"出"不用"省"就含有這層含義。但是,班固這一"出",就造成了忽略《琴頌》在樂方面特點的印象,而這却是劉氏將它別出的原因。可見,劉氏於此的做法更具有章學誠説的"別裁"的性質。

綜合内容相關的同名書、十家兵書、《弟子職》與《三朝記》、《孫卿賦》與《賈誼賦》以及《琴頌》等情況來看,我們不排除這些書的存在是由於單行本的存在,但是相對於其他大量單行本没有著録在《七略》中來説,這些本子都有特殊性,這反映了劉氏校書和撰寫《七略》的大致一貫的思想:即根據對圖書的認識和圖書甚至學術的分類觀念,在一定的範圍内,在"別裁本"的基礎上,當屬於同一書的内容可以分置不同的類別,且已經爲人們廣泛接受時,爲使各自體系完整,則認爲有分列的必要,於是劉氏在校書和著録時採取了保留特殊"別裁本"的做法,這種有意的行爲與一般意義上的著録"別裁本"不同,具有内容分類、甚至"明辨著述源流"的意義,在一定程度上具有"別裁"的性質,反映了目録學在"單行本"的影響下"別裁"的萌芽。自然,這種最初形式的"別裁"從其體制和出發點來説是不成熟的,從其表現形式和存在範圍來説是不全面的。

## 四、餘　論

我認爲"別裁"的産生和"互著"不同,二者的發展并不同步,因此,不能簡單將二者相提并論。

目録的産生首先注重分類,以類統書,所以在唐以前分類法由"七分法"(實質上是"六分法")逐漸發展爲"四分法",軌跡十分明顯,小類的設置、分合也日趨合理,表現了目録分類逐漸走向嚴謹統一、細緻精密的特點。在這種情況下,尤其和藏書目、史志書目有關,大大限制了互著的産生。但是,"別裁"則更多地和實際現實有關,更多地和書的流傳、組成以及人們對它内容的認識有關,而且和古代的社會環境、學術格局也有關係,相比"互著"來説有更爲自由廣闊的發展環境,尤其受"單行本"的影響更大。"別出"由一般人做出,反映其個人愛好并在社會上流傳或收藏就是"單行本";"別出"由目録學家做出,表現其對書的認識并著録於目錄就是"別裁"。因此,"別裁"的產生正是淵源於"單行本"。正是編書導致了劉氏對書的全面、綜合認識的深化,使他們意識到單行本與全本的不同關係,認識到書的內容與類別的關係。當其可以屬於不同的類別時,爲保持各自體系的完整,在著錄書時劉氏注意到區別對待書的各種"別裁本",採取了保留一些"單行本"的做法,相對於大量的單行本沒有著錄來說,具有了"別裁"的性質,從而產生了我國最初的"別裁"。

此後,單行本依然大量存在,至宋代,別裁的詩集數量幾乎和文人的全集一樣多,這在《文獻通考·經籍考》裏有充分的反映。同時,傳統學術類別劃分的成熟和分類意識的加強促進了目錄學的進一步發展,尤其是各種學術觀念的發展促進了人們對體裁的自覺以及對各種門類橫向的交叉與聯繫。至明代,祁承爜《澹生堂書目略例》中提出了"通"的概念,其中一個方面就是在總結單行本的基礎上和認識體裁的前提下爲符合單行和體裁兩方面的要求提出的,表現在目錄中已具備了"別裁"的特點,他在《澹生堂藏書目》中的做法就體現了他的這一思想,成爲我國目錄學史上重大發展的標志之一。

章學誠在《校讎通義》中不但給"互著"和"別裁"下了嚴格而完善的定義,而且指出"權於賓主重輕之間,知其無庸互見者,而始有裁篇別出之法",這就將"別裁"和"互著"聯繫了起來,綜合圖書的分類和內容,合理運用"互著"和"別裁"來圖書分類與圖書內容的矛盾,來充分體現目錄學"辨章學術,考鏡源流"的思想本質,解決宏觀和微觀的關係問題,是知識走向系統化、深刻化、條理化的體現,是傳統學術走向成熟的體現。王重民從目錄學發展史的角度指出了章學誠"互著""別裁"的理論價值,并用發展的觀點對章學誠的簡單歸納做了批駁,自然具有十分重要的認識論價值;但是,王重民沒有分析"別裁"與"互著"的不同特點和產生過程,尤其是簡單地由於"別裁本"的問題而放棄了在這方面對《漢書·藝文志》及《別錄》《七略》的進一步分析,致使對這一時期的文獻學歷史和這一重要的文獻學議題認識不確。

(本文發表於《史學史研究》2001 年第 4 期,今略有修改)

# 一位致力於中國學術多樣化拓展的漢學家

## ——田浩學術研究側記

二十世紀美國的漢學研究在世界漢學研究領域裏異軍突起,尤其是後三十年出現了前所未有的繁榮景象,爲數衆多的美國漢學家用自己的才華和激情在中國學(Chinese studies)領域裏進行了辛勤的耕耘,結出了一串串令人艷羨的碩果。田浩(Hoyt C. Tillman)就是這些學者中的一位佼佼者。

## 一、 求學之路

1944 年,田浩出生於美國東南部佛羅里達州的克雷斯特維尤(Crestview)小鎮,那個地方相對有些偏僻。雖然經過了二戰和朝鮮戰爭,美國人對中國早已不陌生了;但是當年在美國南方見到一個中國人仍然是件新鮮事。對童年的田浩來説,中國僅僅是在地球另一端的一個國家而已。

1962 年,田浩進入密西西比州的貝翰文(Bel-haven)學院攻讀歐美史,他到附近的密爾塞普斯(Millsaps)學院選修了一門長達一年的歐洲史課程,那門課的老師是從奧地利逃亡美國的麥克馬倫(Mcmullen)女士。撰寫期末論文時,竟意外地遇到了一個中國題目——"革命的中國共產黨員在 1950 年之前對俄國革命的態度",從此改變了他的一生。他對這個題目產生了濃厚的興趣,希望去弄個明白。論文的撰寫讓他發覺美國一般大學的圖書館中有關中國研究的資料很不豐富,研究更談不上深入,他希望在這個領域裏做出自己的貢獻,期待改變這種狀況。之後,田浩進入佐治亞州的埃默里(Emory)大學讀研究生,不久又轉到弗吉尼亞(Virginia)大學,師從馬思樂(Maurice Meisner)和林毓生兩位著名的學者。馬思樂是一位馬克思主義研究專家,林毓生是一位儒學思想史研究專家,他們都是著名漢學家史華慈先生(Benjamin Schwartz)的學生。由於馬思樂轉聘威斯康辛大學麥迪遜分校,這樣經馬思樂推薦,田浩在1968年正式轉入哈佛大學,師從史華慈先生和余英時先生。像一路攀援而上的藤一樣,他追尋著自己的夢想走上了學術的殿堂。

在哈佛,田浩遇到了費正清、史華慈、楊聯陞、賴蕭爾(Edwin Oldfather Reischauer)、洪業等著名的國際漢學家,向他們系統學習中國語言、思想和文化,如飢似渴地汲取著營養。此外,他還向卡洛琳·拜能教授認真學習了歐洲中世紀思想史。正如他大學時特別喜歡 Julius Scott 老師的早期基督教理論課一樣,這都爲他日後深入分析中國儒學思想結構打下了良好的基礎。臨近畢業那年,他有幸結識了前來參加會議的普林斯頓大學的劉子健教授。勤奮嚴謹、思路清晰的他給劉教授留下了深刻印象,他們結成了忘年交,劉教授後來爲田浩撰寫《朱熹的思維世界》提供了巨大幫助。八年充實而美好的哈佛時光,田浩先讀完了碩士,後又順利地拿到了博士學位,并成功地得到了亞利桑那州立大學的教職。學習中文尤其是儒家思想,不但極大地滿足了田浩的好奇心和興趣,而且讓他感到了某種深層的溫暖和感動,也令他在日後的研究和遊學中體驗了由衷的開心和快樂。

## 二、 專注陳亮研究

從不隨波逐流,人云亦云,而是透過歷史叙事的表面,突破學術傳統的主流話語,力求揭示研究内容的多樣性,可以說是田浩漢學研究的最大特色。

田浩的博士論文是《功利主義儒家——陳亮對朱熹的挑戰》,[①]這也是他的成名作。陳亮在我國歷史上歷來評價不高,二十世紀前中期國內學者對陳亮研究往往和現實政治有關,除了文獻優長之外,理論見解很

---

① Hoyt C. Tillman: *Utillitarian Confucianism*, *Ch'en Liang' Challenge to Chu Hsi*, Harvard Press, 1982;田浩著,姜長蘇譯:《功利主義儒家——陳亮對朱熹的挑戰》,江蘇人民出版社,2012 年。

難説客觀、深入,而國際漢學界在田浩撰寫博士論文時僅有爲數不多的幾篇論文。①《功利主義儒家》一書不管是文獻的利用、問題的考訂,還是材料的分析、内容的論述、觀點的提出,以及整體的理論建構,都可圈可點。此書從初稿撰成到今天雖已過去了四十多年,但仍然可以説并不過時。

朱熹曾評價陳亮的言論是"義利雙行,王霸并用",②此後人們對陳亮思想的界定衆説紛紜,莫衷一是,但一致將他排除在儒學尤其是道學之外。利用臺灣"中央圖書館"所藏宋本《圈點龍川水心二先生文萃》,田浩找到了一些不見於傳世《龍川集》中的文章,這些文章顯示陳亮早年曾經十分熱衷於程頤理學,後來才逐漸走上了自己的道路,這爲田浩深入認識陳亮思想提供了基礎,也爲他分析陳亮與朱熹論辯提供了新的視角。得力於史華慈先生人類文明比較學的理論思維,尤其是用比較史學的方法深入探討儒家文化内部多樣性和張力的學術取向,田浩也致力於儒學思想内部義與利、德性與事功等對立範疇的認識,在此基礎上去理解王與霸、公與私等概念在陳亮和朱熹思想中的實際意涵和各自言説動機。由此,田浩認爲雖然陳亮早期醉心於程頤的理學思想,但在特殊的時代背景下,加上自己的地區、家庭、經歷等原因,中後期他心中"道"的意涵發生了變化,轉向了重視結果的事功倫理,認爲在更高層次上義與利、王與霸是統一的,對立雙方可以協調統一,達成平衡,從而走向了功利主義。由於陳亮思想不注重抽象思辨,其形而上學未得到系統發展,他雖然用倫理價值支持其對政治問題的分析,仍不能有效克服功利主義在道德上的不足,致使其理論不夠完善;但這相比於北宋前期李覯主張獨立於道德價值之外的事功倫理、王安石忽視義利和王霸的歷史性而專重制

---

① 如莊司莊一之《陳亮の學》(《東洋の文化と社會》,1954 年第 5 期,82—100 頁)、《朱子と事功》(《朱子學入門》,1974 年,第 465—480 頁)與《功利學派陳亮の變通の理しついて》(《入矢教授小川教授退休紀念中國文學語學論集》,1974 年,第 511—524 頁);吉原文昭《陳亮の人と生活》(《中央大學文學部紀要》,1980 年,第 26 卷,第 31—118 頁);Hellmut Wilhelm, "*The Heresies of Ch'en Liang*", *Asiatische Studien* 11. 3 - 4, 102 - 112, 1958。

② 朱熹:《與陳同甫》,《晦庵先生文集》卷三六,朱熹撰,朱傑人等主編:《朱子全書》第 21 册,2002 年,第 1581 頁。

度取向來説，不但擴大了事功理論探討的學術視野，而且也深化了對該問題的歷史和學理探討，這爲嘗試解決南宋時代課題提供了一種有益的理論基礎。陳亮認爲義利、王霸可协调和平衡的認識，表現了中國儒學中這一理論在宋代的新進展。朱熹在形上學方面追求終極的理一元論，但他在談論歷史、政治時却單方面强調了倫理動機的重要性，以突出對性善的論述，并一定程度上限制和貶抑情和欲，進而嚴格區分義利、王霸（流露出二元論傾向），走向了强調動機的道德倫理。這樣當朱熹與陳亮在儒學理論範式上發生激烈衝突時，他對陳亮提出了尖鋭的批評。田浩認爲陳亮思想自有其歷史的、文化的合理性和創造性，這就表現了在史華慈之後對中國儒學内容多樣化研究的具體進深。

在《陳亮論公與法》一文中，①田浩進一步深化了他的論述。他認識到，陳亮在一定程度上已區分了"私"與"自私"、"欲"與"貪欲"的不同，他認爲"私"和"欲"并非本來是惡的，這使他能從自然主義的觀點、從生理的角度來看待人性，把人欲和善都包含在人性之内，表明陳亮已認識到人的自然欲望、"私"和"私利"都有合法性、正當性。"出於性，則人之所同欲也；委於命，則義有制之者而不可違也"，②"天運之公，人心之私，苟其相值，公私合一"，③"人生不能無欲……苟在我爲有自安之分，則在人無不盡之情"。④ 陳亮的"公""義"更多傾向於公益，是人們共同的欲望、利益，實際上也是社會的道德基礎，人的私、欲、情出於性和命，是個人的自然欲望和生存基礎，出於天運的公與出於人心的私、欲、情在一定程度上有相契度，二者也就具有了連通性、合一性，一定程度的私、欲、情也就獲得了正當性和合理性。這樣，産生於具體的歷史背景和社會秩序的"因事而作"的"法"正可使人由私入公，導民趨向公益，從而具有平衡公

---

① Hoyt C. Tillman: *Ch'en Liang on Public Interest and the Law*，University of Hawaii Press，1994；田浩：《陳亮論公與法》，田浩編：《宋代思想史論》，社會科學文獻出版社，2003 年。

② 陳亮：《問答》，《陳亮集》卷四，中華書局，1974 年，第 40—41 頁。

③ 陳亮：《祭王道富太宜人文》，《陳亮集》卷二十五，中華書局，1974 年，第379 頁。

④ 陳亮：《祭李從中母夫人文》，《陳亮集》卷二十五，中華書局，1974 年，第383 頁。

私、化私爲公的作用。這種弱化公與私、義與利的對立,力圖溝通其間道德鴻溝,并作有機統一的論述,不但使陳亮在儒學理論上超越了荀子(指其將善與人性分離、將禮抽離歷史背景認爲是古聖所制方面),而且表現了儒學理論的新發展。基於特殊的時代和地域背景,陳亮對人的生存和欲望正當性的認識具有某種現代意義的"公民意識",對政府起源的潛在認識也多少具有了契約論色彩。在此,田浩指出陳亮對尋求調和人我關照的公益和私利的關係的認識,以及對功利和事功內在合理性的論述,把儒家長期以來的二分法概念給綜合統一了起來,爲儒學理論的發展做出了新的貢獻。田浩指出陳亮的這一觀點是一種給人印象深刻的具有原創性的論述。田浩這一論述還證明了日本學者溝口雄三對中國儒學思想論述的缺失。溝口氏曾指出二程、朱熹的"公"指絕欲去私,程朱對"公"的論述強化了公私對立,因此他認爲受資本主義萌芽的刺激到 16 世紀中國儒者才發展出一套自然主義的人性觀,而長期的公私對立也削弱了中國人的自由和人權觀念。[①] 田浩從儒學結構方面對陳亮的論述,不但突出了陳亮在這方面的創見,而且在一定程度上揭示了儒學內在的人性機制、人文傳統以及儒學倫理落脚的義利關係,[②]這樣溝口氏的結論就不只是武斷,而且是膚淺了。

## 三、 轉而研究朱熹

早在攻讀研究生期間,田浩就曾跟隨史華慈先生選修過一門《朱子語類》的課,田浩研究陳亮也無法迴避對朱熹思想和學術的探討,但研究重心和主體論述畢竟不是朱熹。後來田浩研究的主體論述越來越向朱熹轉移,田浩的研究之路經歷了一個由陳亮到朱熹的轉化過程。

---

① 沟口雄三:《中國における公私概念の展開》,《思想》,1980 年,669 頁。又沟口雄三:《中國の思想》,大藏省印刷局,1991 年。

② 楊按:孔子有"見利思義"(《論語·憲問》)"因民之所利而利之"(《堯曰》)、孟子有"明君制民之産"(《孟子·梁惠王》)等言論,《周易·文言》有"利者,義之和也"的言論,説明利本來也屬於儒學最初關照的對象,并有探討二者統一的可能;只是由於時代和社會原因儒家突出了德、義的重要性,強化了義利的對立性,而擱置了對二者統一性的認識。

相對來說,《朱熹的思維世界》一書在中國臺灣和大陸流傳更廣,①爭議也更多,但一個不爭的事實就是此書將朱熹的思想置於一個更廣闊的學術背景下來展開,對宋代儒學、道學的群體研究和學理內涵做出了新的多樣化拓展。

20世紀八九十年代,我國大陸已出現了幾部頗有代表性的從哲學上系統探討宋代理學的著作,而且已經談到朱熹思想從道南一派尤其是李侗的理學思想發展而來的過程,有的還談得頗爲深入;但是,田浩此書顯然没有只是從哲學角度切入,而更像是一部從社會史與思想史相結合的角度來著手的南宋道學發展史。對田浩來説,"道學"一詞并非朱熹以來尤其是《宋史·道學傳》以來"程朱理學"的同義詞,而是特指宋代以來側重探討"道"并以"道"爲主要内容或特色的儒學。這樣的界定不但包含了程朱理學、陸王心學,而且也包含了張九成、胡宏、張栻、吕祖謙、陳傅良等以及陳亮早期的學説,内涵極其豐富。事實上,只有在更廣闊的思想背景下,才能擺脱後世學術話語和鏡像的束縛,也才能更好地揭示朱熹思維世界發展的軌跡和學理的特點。一如其《功利主義儒家》,田浩延續了將儒學内容分爲思辨哲學、文化價值和現實政治三個自上而下的層次理論,以此來對不同的宋儒做界定分析,從而得出:胡宏兼重形上學和政治制度,中心内容是以性爲天地本體,其用爲心,不嚴格區分天理、人欲;張栻接受了胡宏的心性理論,重視自我反省和日常功夫,比李侗更傾向於行動;楊時、羅從彦、李侗道南一綫把默坐澄心當作體驗本心和定性的方法,具有濃郁的思辨哲學的色彩。師承李侗的朱熹,受張栻影響以性爲體、心爲用,再結合程頤的主敬致知、理一分殊和張載的心統性情理論,主張性未發、情已發,從道德倫理上又反對胡宏混人欲於天理之説;同時爲了防止佛教虚無和墨家兼愛,不同於程顥、胡宏,朱熹將"天地以生物爲心"解釋爲生成萬物的作用,解釋爲論仁,又吸收張栻"心之德"之語發展爲仁即理,認爲仁是心之德,反對胡宏以覺言仁,形成了自己完善

① Hoyt C. Tillman: *Confucian Discourse and Chu Hsi's Ascendancy*, University of Hawaii Press, 1992;田浩:《朱熹的思維世界》,臺灣允晨文化實業公司,1996;田浩:《朱熹的思維世界》(增訂版);臺灣允晨文化實業公司,2007年;田浩:《朱熹的思維世界》(增訂版),江蘇人民出版社,2009年。

的具有實踐性色彩的心性理論,也完成了對楊時、羅從彦、李侗道南學派中思辨哲學的揚棄。因此,朱熹對從歷史秩序和政治制度兩個層面來談道的陳亮和從倫理原則與文化價值兩個角度來談道的陸九淵都提出了尖銳批評。

對於田浩此書,陳來評價道:"這部著作代表了南宋思想史研究的一個新方向,即在一個更豐富的話語和歷史環境中,更具體地把握和理解南宋道學的多元展開。"①

《旁觀朱子學》是田浩在 2011 年出版的一部論文集,②包括 11 篇論文和 1 篇訪談録,所論内容雖多與朱子學有關,但也反映了田浩一貫注重歷史複雜性和内容多元性的治學特點,而且學術議題更爲廣泛,有些内容國内學者也很少涉及。書的第一部分"思潮與經濟發展"探討了宋元思想與經濟、政治、社會的關係及其當代意義。在此,田浩不認同某些韓國學者以及余英時、黄進興等認爲程朱思想更符合馬克思·韋伯"新教倫理"的觀點,他認爲朱熹由於重視道德培養、心性探討反而降低了對政治和公益的關注,這與儒商吳火獅正視利益、通權達變的支流傳統(更近陳亮)有明顯斷裂,主流儒家關心的是公平分配和人文良心,這對監控和批評人們的經濟活動,尤其是批判資本主義和國家權力的過度膨脹有一定意義,人們不應過分鼓吹理學能轉化爲生產倫理,因爲當今社會的動力更應從自由、公平、合法的市場企業中去尋找,而不只局限於儒家。第八章"陳亮與中國的愛國主義"首先對民族主義或愛國主義概念作了説明,田浩指出中國的"民族主義"與近代西方啓蒙運動之後以對國家的忠誠與認同爲中心的觀念有所不同,而是重民族精神的歷史積澱和傳承,有排外性,與德國人的觀念更爲接近,但"天下"大一統的論述使"中國""華夏"的民族主義含義長期隱而不彰;由於南宋偏安,"中國"一詞在陳亮頭腦裏出現了歧義,使他走向了民族主義,主戰抗金,反對和議,這與追求普遍價值的朱熹明顯不同,也與李鴻章有程度之異。

此書其他章或論述教育,或論述創造力,或論述文化和哲學,縱論古

---

① 陳來:《推薦語》,田浩:《朱熹的思維世界》(修訂版)封底,江蘇人民出版社,2009 年。

② 田浩:《旁觀朱子學》,華東師範大學出版社,2011 年。

今中外，包羅萬象，對宋代學術做了多方面的拓展性的探討。

## 四、 金元道學研究及其他

此外，值得一提的是田浩對金元北方道學的研究。受《元史·趙復傳》及《宋元學案》的影響，人們一般認爲我國金元北方理學自趙復被俘始；但是北宋時周敦頤、張載、二程等都是北方人，其後學在南宋期間的金國就沒有一點傳承嗎？

田浩在 1982 年就關注到了這個問題，通過閱讀大量金儒文獻，考索道學傳承的信息，他撰寫了《金代的儒教：道學在北部中國的印跡》一文。[①] 金滅北宋，確實有大量宋儒南遷，但田浩也發現仍有不少宋儒留在了家鄉，他們撰寫文章，傳承二程道學，而且到 1190 年前後還掀起了一股重要的思潮，編輯了《道學發源》一書，趙秉文和王若虛均撰前言來贊歎編者，大儒郝經也正是在繼承以周敦頤、二程道學爲主的家學基礎上才形成了自己的思想。田浩由此認識到《元史》及《宋元學案》裏的"道學"概念和傳承敘述都深受朱熹學派的影響，甚至是經過了朱子學譜系化的篩選，才形成了這樣的偏頗敘事。對於此文，鄧廣銘評價説田浩的發現打開了一個嶄新的研究方向，并預言中國學者會進行更深入、更徹底的發掘。此後的學術發展一如鄧先生所言。

後來，田浩在與蘇費翔合撰的《文化權力與政治文化——宋金元時期的〈中庸〉與道統問題》一書中設"郝經和宋金元時期的道學""郝經對經典、《中庸》與道統的反思"兩章專門來探討郝經與北方道學的傳承與發展。

田浩很早就對從事中國學術多樣化拓展研究具有了清晰的思想意識。他在 20 世紀 80 年已經跳出"費正清模式"的束縛，認識到美國學界有關中國學研究的許多概念和思路均有混亂之嫌。90 年代初，田浩逐漸形成相對清晰的觀點和思路，開始與陳榮捷、狄百瑞（Wm. Theodore de

---

① 田浩：《金代的儒教：道學在北部中國的印跡》，《中國哲學》第 14 輯，人民出版社，1988 年；此文後收入《文化權力與政治文化——宋金元時期的〈中庸〉與道統問題》（中華書局，2018 年）一書之《附錄》。

Bary)等美國著名漢學家就"Neo-Confucianism"概念展開了辯論。雖然"Neo-Confucianism"一詞可能形成較早,但其流行却是20世紀的事,我國的胡適、馮友蘭均曾使用過這一概念,這一詞語尤其被所謂的"哥倫比亞學派"和"狄百瑞學派"所習用,指的是程朱理學。田浩撰成《儒學研究的一個新指向》一文,①指出這一詞的所指實際上含混不清,不同學者使用這一詞時意涵并不一致,而且有將複雜内容歸約化的傾向。因爲單從字面上看,"新的儒學"也應包含歐陽修、王安石、方以智等人的學問,即使指"道學"也并不限於狄百瑞等人所說的程朱理學或陸王心學,但是有著狹隘固定使用義的這個概念在20世紀的廣泛流行却對儒學或道學研究内容的多樣性造成了遮蔽,朱子學和陽明學之外的重要思想家的研究被擱置,有關中國思想史研究的複雜脉絡也被簡單歸并,因此他建議使用宋儒的"道學"(Tao-hsüeh [Daoxue] 或 Tao-learning)概念來指稱宋代儒學,而對宋代儒學的具體内涵則應置於特殊的社會語境,探討其内容的多樣性和歷史脉絡的複雜演變。事實上,早在辯論"Neo-Confucianism"概念之前,田浩已把他與包弼德(Peter K. Bol)、艾爾曼(Benjamin Elman)、韓明士(Robert Hymes)等代表的從社會史與思想史相結合的角度來展開的對中國學術做全面而深入的研究稱爲是"文化史"或"新文化史"研究了。

田浩在其主編的《宋代思想史論》的序言開頭寫道:"在20世紀後期的宋代思想史研究中,存在著各種不同的思潮和主題,其中一個最關鍵的問題是多樣與正統之間,多元性與一元權威之間的張力。"②他正是那個從事"多樣""多元性"研究的代表。

(本文發表於《斯文》第七輯,今略有修改)

---

① Hoyt C. Tillman: *A New Direction on Confucian Scholarship: Approaches to Examining the Differences between Neo-Confucianism and Tao hsüeh*, *Philosophy East & West*, 43, No. 3, 1993;田浩:《儒學研究的一個新指向》,田浩編、楊立華、吳艷紅譯:《宋代思想史論》,社會科學文獻出版社,2003年。

② 田浩:《編者序言》,田浩編、楊立華、吳艷紅譯:《宋代思想史論》,社會科學文獻出版社,2003年,第1頁。

# 一個旁觀者的心聲

## ——田浩訪談録

筆者有幸自 2015 年 2 月至 2016 年 2 月在美國亞利桑那州立大學國際語言文化學院訪學一年，合作導師爲該校東亞語言系主任著名漢學家田浩教授。2015 年 12 月 29 日下午，筆者在亞利桑那州立大學（坦佩校區）國際語言文化學院 411 室訪問了田浩先生，以下爲訪談筆録。

**楊新勛**：田老師，您的很多著作我都曾不止一次地拜讀，在教學和科研中，也經常參考、引用，您能潛心研究中國文化真不容易。很多漢學家走上中國文化研究的背後都有許多故事，請您談談最初是怎樣走上這條道路的？

**田浩**：我來自美國東南一個偏僻的地方，①在 20 世紀的五六十年代，在美國南方看到一個中國人都很困難。1962 年 9 月，我進入密西西比州的貝爾黑文學院（Belhaven College）上大學，讀的是美國史專業。其間，我到附近的另外一所大學——密爾塞普斯學院（Milsaps College）去聽一門 20 世紀歐洲史的課。開課的麥克馬倫（McMullen）老師來自歐洲，比較傳統。期末，發給我們一份論文選題的單子，上面有許多題目。我來自別的大學，坐在最後。由於有一位同學沒來，這樣我有兩個題目可以選擇。一個是"波蘭在兩次世界大戰期間的經濟政策"；另一個是"1950 年以前中國共產黨對俄國革命的看法"。我覺得後面這個題目比較有趣，就簽了名。可是，我不瞭解這個題目，老師也不太瞭解，所以我就不斷地跑圖書館，自己找材料。從此，我產生了興趣。這個過程給我一個

---

① 田浩 1944 年生於美國佛羅里達州的克雷斯特維尤鎮（Crestview），在那裏度過了他的童年、少年，至中學畢業才離開家鄉。

印象，雖然我碰到有關中國歷史的材料都很陌生，可是這些美國的作者看起來也不太瞭解，這個發現對我很重要，我希望弄清真相。1966 年我畢業後，進入佐治亞州的艾默里大學（Emory University）攻讀研究生，那裏有一個老師在開東亞的課程，①我就上他的一些課。第二年我轉到弗吉尼亞大學（University of Virginia），在那邊跟馬思樂（Maurice Meisner）、林毓生兩位老師學習。② 馬思樂老師的博士論文是跟哈佛大學的史華慈（Benjamin Schwartz）教授做的，受到馬思樂老師的幫助③，第三年我又轉到哈佛大學去④，這樣就可以專心研究中國的歷史和文化。

在哈佛第一年，我很辛苦，要上很多課，必須用中文，對我來說有點吃力。開始，我打算研究中國現當代歷史。第一學期，我跟賴蕭爾（Edwin Reischauer）老師上課，我的學期題目是 50 年代初期日本領導人吉田（Yoshida）給杜勒斯（John Foster Dulles）寫的信。⑤ 我到普林斯頓大學圖書館、檔案館去找材料，找到了一些信，有些信竟然是杜勒斯自己寫的。這給了我一個新的研究角度，但也增加了新的困難。要看到保存在普林斯頓大學檔案館的杜勒斯的信，就必須先提出申請，然後接受層層審查，再等到獲得特別的批準才可以看閱，我時間來不及。這樣，我發現研究中國的現當代史會有很多限制，太不方便；同時，我認識到自己對中國宋代思想研究越來越感興趣。第二年，我跟史華慈老師一起讀《朱子語類》，做翻譯，從這門課起，我注意到朱熹的思想，并產生了濃厚的興趣。

**楊新助**：您在哈佛讀博士，有那麼多著名的學者和漢學家給您上過課或指導過您，誰對您的影響最大？此外您還受到哪些學者及其思想的啓發？

---

① 這個老師是艾文・海厄特（Irwin Hyatt）先生，當時在讀哈佛大學博士生，回母校任教一年，之後返校。

② 自 1966 年到 1968 年，田浩得到伍德羅・威爾遜（Woodrow Wilson）基金會的大學奖學金資助。

③ 馬思樂在這一年的下學期改赴威斯康辛大學麦迪遜分校任教。

④ 田浩在哈佛大學 1968 年到 1970 年攻讀碩士，1970 年到 1975 年攻讀博士，其間，得到了福特（Ford）的大學研究生奖學金資助。

⑤ 此論文後來以《五十年代初期美國的對華政策——杜勒斯的外交權術與吉田信件的由來》爲題發表於我國《歷史研究》1983 年第 5 期。

**田浩**:當然有。在哈佛時,我的兩個最主要的指導老師史華慈先生和余英時先生對我影響最大。同時,我也受到從事歐洲史研究的卡洛琳‧拜能(Caroline Bynum)教授的影響,歐洲的宗教倫理爲我分析儒學倫理提供了藉鑒。我在大學時,不但研究歷史,也研究宗教。當時我的一個老師,叫 Julius Scott,他的研究領域是早期基督教徒及其思想,這個也給了我很大的啓發,留下了深刻印象,尤其是他的研究方法,從歷史角度來搞清一些人的社會關係和思想信仰,這讓我記忆深刻。

我做研究生時,没有搞宋史,那時余先生還不太注重宋代或朱熹,而史華慈老師主要做中國近現代史的研究,比如嚴復、毛澤東等等,雖然他對宋代尤其是朱熹很有興趣。所以,我覺得自己搞宋史研究的基礎性培養不夠。幸運的是,後來在我從事宋學研究道路上碰到了三位對我最有影響的人。

第一位王德毅先生。1970 年 7 月至 1971 年 8 月,我第一次出國去臺灣學習中文,①開始結識王德毅先生,他是臺灣大學歷史系宋史研究的教授。我常常去拜訪他,找他聊天。你知道,他當時在編宋人和元人的傳記資料索引,這很有用。我就幫助他申請哈佛大學燕京學社的項目資助。我受他的影響很大,跟他認識到宋代好多的學者,學習了搜集和整理資料的方法,他還送給了我很多資料,包括非常珍貴的陳亮的《陳龍川文集》等等,這對我博士論文的撰寫和後來的學術研究都很有幫助。

第二位是普林斯頓大學的劉子健教授。1975 年夏天,也就是我做博士研究生的最後一年,哈佛大學開了個學術研討會,他來與會,會上做了個報告。這個報告給了我一些啓發,可是我有一些不同的意見,所以我就提了一個問題。後來,會議領導要求我把意見寫成一兩頁的小文章,被收進出版的論文集裹。② 從此,我認識了劉先生。我博士論文寫成後,先寄給王德毅先生,王先生説英文他看不懂,告訴我應該寄給劉子健先生。於是,我又寄給劉先生。這樣,我和劉先生來往就多了。劉先生看

---

① 田浩這次赴臺前後時間是 13 個月。

② 田浩:*Professor James T. C. Liu's Analysis of Reforms in Traditional China*(Paul Cohen 與 John Schrecker 主編:*Reform in Nineteenth-Century China*,哈佛東亞學術會議、哈佛大學出版社,1986 年)。

了我的稿子,提了一些寶貴的意見,更寶貴的是我後來寫朱熹那本書(指
《朱熹的思維世界》)時他提了很多意見,包括探討呂祖謙的那一部分。
劉先生對呂祖謙很有興趣,做過一些研究,寫成文章,可惜一輩子都沒有
出版,他都寄給了我。我寫朱熹這本書時,每寫完一章都寄給他看,他都
認真地看,提意見。在看呂祖謙那章時,我提到朱熹對呂祖謙特別客氣,
説明呂祖謙對朱熹有影響力。劉先生就在這頁的空白處寫道:"當然了,
因爲呂祖謙年齡大,通過進士更早。"我曉得劉先生專門研究呂祖謙,他
知道這是歷來一些人的錯誤説法,他這樣博學的前輩非常清楚朱熹年齡
大且中科舉早。可見,劉先生是利用這個例子來鼓勵我,他一直認爲我
太謹慎、太小心,要讓我膽子更大一點,把自己的發現、自己的意思説得
更直白、更清楚。因爲劉先生在別的意見裏也表達了這個意思,讓我不
要拘束。劉先生故意這樣説,他對我用心良苦,這讓我很感動。

　　第三位是北京大學歷史系的鄧廣銘先生。1981 年 5 月,我第一次到
中國大陸去,①先後結識了陳智超先生、鄧廣銘先生和張岱年先生。拜見
鄧先生之前,我已看了他寫陳亮的大學論文,我的博士論文也寫陳亮,這
樣我們見面有一個共同話題。1982 年,我申請到了基金資助,就到北大
去做兩年的學術研究,②鄧先生很熱心地幫助我、指導我。1977 年暑假,
我再次赴臺時,發現臺灣"中央圖書館"的宋本《圈點龍川水心二先生文
萃》有些著作没收進明代以來的《陳亮集》,這令我喜出望外。這次,我就
把這個善本的縮微膠卷送給鄧先生。鄧先生一輩子都在研究陳亮,他早
就對大陸傳世的《陳亮集》有懷疑,覺得一定被後人改編過、删減過,却苦
於没有好的善本無法確認,所以他拿到我送給他的材料十分高興,這一
下子就證明了他的懷疑是對的。這樣,鄧先生利用這些材料補充、校正,
終於在 1987 年由中華書局出版了增訂版的《陳亮集》。訪學期間,我常

---

① 　此次北京之行是由亞利桑那州立大學資助的研究計劃項目。

② 　此次北京之行先是亞利桑那州立大學資助的帶薪休假和專業研究資助,後
得到了美國資金局"美中學術交流委員會"的資助。當時田浩的課題是研究諸葛亮
是怎樣成爲一個文人學者的模範和國家英雄的,撰寫有 *One Significant Rise in
Chu-ko Liang's Popularity: An Impact of the 1127 Jurchen Conquest*,發表於臺灣
《漢學研究》1996 年第 14 卷第 2 期。期間,田浩幫助鄧廣銘爲《宋人文集篇目分類索
引》的編纂申請到了哈佛大學燕京學社的基金資助,此書 2013 年由中華書局出版。

常去拜訪鄧先生，他跟我談了很多事情，包括他對當時學界的意見。他說許多學者喜歡迎合他，不和他辯論，這讓他很失望也很難過。也許因爲我是美國人，我没有顧忌，可以和他辯論，比方說我們對陳亮就有一些地方認識不一樣，我們時常爲那些小事爭執。1985 年，在杭州開第一届宋史國際研討會，與會的有歐洲、日本、中國臺灣的學者，我也收到了邀請函。我就利用這次會議寫一下我研究陳亮與鄧先生有區別的地方，鄧先生一看我的題目，就把他自己定爲我的評論者，這讓我很高興。我論文寫好後，①寄給他，當然寫得比較委婉、禮貌；但是，開會討論時，我就講得比較坦率、直白，鄧先生也這樣答復，而且還很高興，這樣我們意見就表達得很清楚，後來鄧先生在論文集出版序言裏還特意説明他修正了自己原先的觀點。我一直認爲我是鄧先生的學生，我們年齡差别那麽大，但是鄧先生却把我當做朋友，對我很親切。他告訴鄧小南，説我是他最要好的外國朋友，這讓我很感動。

**楊新勛**：你們是知己，應該説是知音吧。

**楊新勛**：《功利主義儒家——陳亮對朱熹的挑戰》是在您的博士論文基礎上修改出版的。陳亮在中國歷史上歷來評價不高，20 世紀前中期中國學者研究陳亮往往和現實政治有關，很難説客觀、深入，而國際上幾乎没人研究他，您當時爲什麽選擇陳亮來作博士論文？

**田浩**：這個也是有很複雜的原因。我開始并没定這個題目，因爲跟史華慈老師讀《朱子語類》，大考的時候準備做朱熹的“天心”的研究。爲此，我搜集了很多資料，也看了很多歐洲的、中東的宗教知識，包括基督教的、伊斯蘭教的，這樣我對如何切入分析宋儒的“心”很有自信。② 我去拜訪史華慈先生，告訴他我要研究這個題目，他非常高興。改天，我再拜訪余英時先生，告訴他我的這個題目，余先生覺得這個題目太大，要我再花些時間，去圖書館多看書，選一個具體的題目。恰在這時，余先生去了香港。四個月後，我去找史華慈先生，説我對朱熹的政治思想感興趣，可

---

① 田浩：《從南宋末期刻本〈圈點龍川水心二先生文萃〉的“漢論”看陳亮與宋儒道學的關係》，《浙江社會科學》1985 年第 4 期。

② 田浩爲此撰寫了 *Consciousness of T'ien in Chu Hsi's Thought*，1987 年發表於 *Harvard Journal of Asiatic Studies* 第 47 册第 1 期，後以《朱熹論天和天心：其哲學系統與修養德業的意義》爲題收入《旁觀朱子學》（華東師範大學出版社，2011 年）。

以從他和陳亮的書信交往這個角度去切入，來寫我的博士論文。史華慈先生又覺得這個題目太小了。我發現史華慈先生和余英時先生做學問的立場有很大的不同，這正好給了我一個很大的自由發揮的空間，假如我很好地利用條件，説出來很好的理由等等，我就可以走自己的路綫。我把這個想法説給史華慈先生，尤其是以前學者没有注意到朱熹和陳亮辯論這一點，史華慈先生同意了我的意見。

接下來，我就仔細閱讀朱熹和陳亮來往的這些書信，把它翻譯成英文。老實説，在這些充滿著瑣碎家務和寒暄客套的書信裏能找到的政治、哲學的内容并不多，至於不同觀點甚至尖鋭對立的意見就更少，這不但讓我感到了困難，而且也有些失望。我妻子告訴我這些書信能够被收集起來、流傳下來，肯定有它的價值，應該調整自己研究的角度、態度。這樣，我又去閱讀這些書信，去瞭解他們的生活，看他們關心的問題、説話的方式，尤其是背後反映的思想，慢慢發現他們的論争往往出自各自不同的立場，他們對"道"有不同的理解，一個偏向動機和意圖的道德倫理，一個偏向事功和成效的政治倫理。這時，我收到了王德毅先生送我的《龍川集》，這使我能够比較真實地瞭解早期陳亮的"道學"思想，他是儒家，不是法家，"道學"的内涵和外延在這時陳亮的思想中發生了變化。我確定了研究的切入點在朱熹的政治思想，正好從陳亮這裏打開了一扇探討的大門。同時，我關注到歐洲研究陳亮的政治思想只有兩篇文章，幾乎是一片空白，這就更堅定了我做這個題目的信心。做研究，找到學術空白很重要。

**楊新勛：**《功利主義儒家》這本書從撰成到現在已近四十年，我自己覺得，不管是文獻的利用、具體問題的考訂，還是材料的分析、内容的論述、觀點的提出，以及整體的理論建構，都可圈可點，基本的論點到今天來説都并不過時。這本書從博士論文完成到今天一共出了多少個版本，相互之間有什麼不同嗎？

**田浩：**我是 1976 年從哈佛大學博士畢業的，博士論文在畢業後又徵得了很多人的意見，稍微做了一點點的改動，尤其是根據宋本《圈點龍川水心二先生文萃》在文獻和論述上做了調整，在 1982 年由哈佛大學出版社出版了英文版，[①]這是第一個版本。中文有兩個版本，都是在這個英文

---

① 　此書由美國國家人文基金會資助出版。

版的基礎上翻譯的,基本没有什麼大的不同。北京大學的劉東博士主編
《海外中國研究叢書》,向我致信商討出版中文譯本的問題,但那時我很
忙,不能專心譯事。劉東先生找到姜長蘇先生,由他來翻譯。這本書不
好翻譯,姜先生下了很大功夫。雖然當時有機會交流,但畢竟條件有限,
很不方便,有些地方也没有辦法。中文版出版以後,姜先生申請到基金
到我這邊來,我才認識他。所以,中文版我基本上没有介入,有的甚至没
有過目,也説不出相互間有什麼不同。如果將來有機會再版,我再參與
修改。在亞利桑那州立大學,我要求我的研究生讀英文版。

**楊新勛**:我也期望將來能够出版更好的中文本吧,因爲我特別喜歡
這本書,尤其是您認爲陳亮與朱熹理解的"道"不同是基於儒學三個層次
的理論認識,很值得人去深思,我覺得這有助於我們認識儒學理論結構。

**楊新勛**:相對來説,《朱熹的思維世界》在中國大陸流傳更廣。這部
書有多少個版本,之間有什麼不同?

**田浩**:這本書最初由夏威夷大學出版社 1992 年出版,書名叫"*Con-
fucian Discourse and Chu Hsi's Ascendancy*"("儒學論争與朱熹的正
統")。① 到 1996 年,我擴充了接近三分之一的内容,增加了對陳亮和陸
九淵的論述,由臺灣的允晨書局出版了第一個中文版。② 2002 年,黄進
興先生安排在西安的陝西師範大學出版社出版了簡體中文本。之後,我
又做了些改動,增加了兩篇文章,一篇是《朱熹的祈禱文和道統觀》,一篇
是《從宋代思想論到近代經濟發展》,2008 年在允晨文化公司出版了增訂
本。2009 年,這本書又被收入《鳳凰文庫·海外中國研究系列》,在江蘇
人民出版社出版。四個中文版中,1996 年版和 2002 年版基本相同,2008
年版和 2009 年版基本相同,如果不考慮繁簡字的區別,也可以説是有兩
個中文版本,連上英文的共三個版本。③ 將此書譯成中文早在英文版出
版之前就已有動議,并且開始著手。兩個系列的中文版,我都參與了翻

---

① 此書緣起於受英國著名漢學家、歷史學家杜希德(Denis Twitchett)邀請,田
浩爲其《劍橋中國史》"五代十國及宋代史下卷"撰寫的《南宋儒家思想》一章,於 2015
年 3 月由英國劍橋大學出版社出版。在《南宋儒家思想》的基礎上,田浩得到美國學
術團體協會的基金資助得以撰寫成書。

② 此書得到了臺灣蔣經國基金會 1994—1995 年的資助。

③ 三個版本的每一版均有余英時分別撰寫的《序》。

譯和修改，又請了朋友和同事幫我把關，包括語言的潤色。每版出來後，我都收到讀者的回應和鼓勵，這樣我做出新的調整、變動，把增加的東西放進去，就不斷地完善、成熟。最後的中文版比較理想，比原初的英文版要好。

**楊新勛**：《朱熹的思維世界》展現了南宋思想史的廣闊背景和豐富內容，拓展了人們的學術視野，也加深了人們對問題的認識。有人認爲您此書雖然名爲"朱熹的思維世界"，但實際上是在"消減朱熹"，余英時先生説您對朱熹的態度是"承認主流但不承認正統"，您是怎麼看的？

**田浩**：是的，有些人看了我這本書，覺得我不喜歡朱熹，説我在攻擊他，認爲這樣不公平。他們説，我在書裏批評朱熹不太考慮尤其不能接受別人的意見，卻往往要別人接受他的意見。有人説知識分子都是這樣子，我們都是這樣子的，現在我從這個方面來攻擊朱熹，那是因爲他成功了，我不成功。當然這些話有一定的道理，知識分子都要説服別人，接受自己的意見。事實是，我瞭解的朱文公在這方面表現得尤其突出，當然他非常傑出，在哲學、思想方面取得了巨大成就，但是我們不能因此就不談他的這方面，甚至忽略了他論爭中的意氣和論述時的片面、偏激，這樣子不客觀，也不利於認識他和他的道統觀。所以，我研究了朱熹的鬼神觀，寫了《朱熹的祈禱文和道統觀》，來説明朱熹的個性和意識。我發現朱熹在寫祭孔文的時候、在教導弟子的時候特別認真、虔誠，認爲他是弟子和孔子之間的中介。雖然其他宋儒也寫祭孔文，但多數是應景，是客套話，朱熹的不一樣，有學統、道統的立場，有明確的意識，也因此特別感人，而這也確實影響了他弟子的觀念。這裏面，特別清楚地顯示了他的意識。當然，我只是提出了一個例子，説明朱熹在這方面有特色，大家可以進一步探討。日本有學者認爲朱熹後來地位那麼高，是他弟子推崇的結果。朱熹弟子的推崇當然很重要，我還發現呂祖謙的弟子喬行簡在南宋朝廷將理學定爲官學的過程中起了重要作用，但是如果説清楚朱熹自己這方面的原因就更全面了。

**楊新勛**：中國大陸有人認爲《朱熹的思維世界》這本書的題目與内容不太吻合，我有時覺得您對朱熹思維世界的杰出性挖掘不夠，也可能是主觀回避，尤其相較書中張九成、張栻、呂祖謙、陸九淵等部分寫得都很精彩，這就使得本書給人一種圍繞或旁觀朱熹思想來論述的特色，您是怎麼看的？

**田浩**：可能書名不是最理想的。上面提到了，它的英文版是另一個書名。到出版中文版時，内容增加了很多，也有了新的議題和論點，提出了新的觀念，黄進興先生通讀後提出了這個書名。

事實上，我寫這本書基本有兩個目的，這是前後一貫的。一個是要研究道學演變的軌跡，怎樣從一個比較具有政治性、開放性的群體，一個被攻击的群體，逐步演變成一個學術性的、相對狹窄了的、官方的團體，這個過程道學的内涵也在變化，我想在這個過程中來看朱熹思想的變化和影響，在這本書的許多章裏我都陸續探討了這個方面，只是沒有把它單獨放在一章裏那麼集中地來談，這是確定這個書名的主要原因。另一個是學術界，不管中國還是歐美，都有一種傾向，喜歡研究學術精英，認爲精英是橫空出世的天才，這就把他絕對化、理想化了。有些人推崇朱熹也有類似的傾向，認爲他非常優秀，非常聰明，没有人能和他比。我想從不同的角度、另外的方面來證明，朱熹當然很優秀、很聰明，但他的偉大也源於他與同時代的人的交往上，也有這方面的原因。這些人一部分是朋友、同好，可以交流、吸收，如和張栻、吕祖謙等的交往，朱熹能非常準確地找到、把握住他們好的概念、理論，藉鑒來發展自己；另一部分是意見不同甚至對立的人，如陳亮、陸九淵等，通過對他們的批評，與他們辯論，朱熹能進一步搞清楚自己的思想、明確自己的立場，這也是朱熹補足、發展和明確他學説的一個方面。我覺得如果没有這兩類人，朱熹的思想不能這麼偉大。我希望當代學者做研究能夠認識到，創造性的天才，不是一個人孤立地無任何依傍地出現的，向他之前的人學習，與他同時代的人交往都很重要。

此外，我覺得人們很自然把朱熹提到很高的地位，後人很容易接受這一點，相信權威，依賴權威，形成了權威傳統。這裏面有它的邏輯，也有合理性，但是我發現這會給年輕人一個印象，就是中國古代的傳統太重，創造性或創新能力不足，以至於年輕人對中國古代的傳統文化不會有太大的興趣，尤其與西方文化的熱鬧相比覺得西方文化更好玩。我希望告訴人們不是這樣子的，朱熹是把佛、道、儒等方面綜合起來發展自己的"純儒"，把歷史上的尤其是同時代的人的思想的很多方面藉鑒來創新，他不但恢復了孔孟的一些概念，而且做了翻新、創新，來成就自己思想的偉大,形成了自己的傳統。可見,這個傳統可以是多樣性的,而且是一直在發展演變的,不是一成不變的。今天的年輕人也可以這樣來創新,下功夫去鑽研、選擇,繼承傳統裏的一些好的東西,同時加進去外面的一些東西,表現出自己才智、自己的創造性,從而塑造出新的思想和傳統。

還有,我碰到一些中國人特別重規範,用思想觀念、行爲禮儀等等來約束自己,覺得這是中國人的特徵。這會給年輕人很大的壓力,會帶來逆反心理。可是,我看中國古代尤其宋代的學者,他們不是這樣的,很活潑,都很有個性,中國文化有豐富性、多元性,也有不同的領域和層次。所以,我希望展現他們的多樣性、複雜性,希望讀者能更多瞭解中國古代文化的豐富性、多元性,即使儒家思想也是多樣的、複雜的。年輕人不要有太多的不必要的限制。

可能"朱熹的思維世界"這個書名不能包括這部書內容、觀點以及視角、立場的複雜性,這不像一般主題單一的書,以致有些人誤解它。

**楊新勛**:説到朱熹對前人的繼承,中國大陸20世紀80年代以來,侯外廬等先生主編了《中國古代思想史》《宋明理學史》,張立文、陳來等先生也有著作來論述朱熹思想從道南一派尤其是李侗的理學思想發展轉變過來的歷程,但是您的《朱熹的思維世界》仍然用了新的材料、角度來展開,爲什麼?

**田浩**:你説的是個事實,他們的學術功底都很好,尤其是有很好的當代哲學訓練和概念,他們做了很好的研究,深化了這個問題的認識,但是他們仍然和歷史傳統的説法較近,這個説法與朱熹尤其《宋史》以來的"道學"概念有一定的關係。如果跟著他們走,我當然比較容易寫本書,因爲他們做了很好的學術前沿準備。可是,我給了自己一個挑戰,我應該從別的角度、從別人不注意的方面來做,我想更多從歷史而不僅僅是從哲學的角度來展開。我也把握了一點朱熹思想演變的方面,討論朱熹思想的演變不能僅限於單獨的一個圈子、一個脈絡,不能只談他對老師説法的繼承或改變,還應放在當時的歷史背景中去,當時宋儒理解的"道"的內涵和外延複雜得多,不同人的認識差異很大。我的印象是,朱熹早期的思想比較自由、靈活,敢於獨立思考,是在慢慢的互動中發展成熟,逐漸形成後來自己獨立的思想和立場。這可能和他父親去世比較早,他又是老大,受到的管教和影響會比較少有關。余英時先生也跟我説,中國的男人受父親的管教和影響很大。所以,朱熹的身世使他更容易接受外面的東西,也更勇於承擔,有使命感,更容易用自己的眼光去辨別、分析,提出自己的想法,去定義"道"。這爲他聽老師講學、與別人交流等等都提供了和別人不同的心理基礎,有一種自由而獨立的意識,這有利於他思想的發展。朱熹在廣泛地學習、交流中來吸收營養,并不斷地做區分、剥離,來明確立場、提陞水平,不斷地培養、發展自己。因此,我要更多關注同時代和他交往的人,關注他的歷史背景、社會交往,這會幫助我瞭解朱熹早期的情況,比較清楚地認識朱熹思想的演變過程,他的性格也在變化,他後來思想的獨立性越來越彊,使命感越來越大,使他的"道"的意涵越來越清晰,這影響了他的道統觀。當然了,我做得還不夠,沒有全面地、深入地解決這個問題,希望將來有人做得更好。

**楊新勛**:*Chen Liang on Public Interest and the Law* 是 1994 年在夏威夷大學出版社出版的,此書與《功利主義儒家》有關嗎?

**田浩**:這是單獨的一本書,此書和《功利主義儒家》都主要研究陳亮,而且也延續了我一貫的思路,注重社會現實的多樣性,注重政治史,但議題有了不同。我在這本書裏論述了陳亮思想中對法律積極意義的主張,比如它能使人們與公共利益的關係更社會化,還能保护居民的合法權益等等。太平洋文化基金在 1993 年夏季資助我加工、潤色這部書的手稿。此書的中文版收在我主編的《宋代思想史論》中,①2003 年由中國大陸的社會科學文獻出版社出版。

**楊新勛**:《旁觀朱子學》一書内容有點散,這部書是先有計劃然後展開的研究,還是更多反映了您研究的觀念和心態?

**田浩**:應該説後面的説法比較接近。書的出版也是偶然的。朱傑人先生向我約稿,想出版增訂版的《朱熹的思維世界》,可是我已經答應了劉東先生和江蘇人民出版社,所以我就告訴朱先生給他另外沒有出過中文版的稿子。這本書的内容原本是一些發表的單篇文章,有點散,書名就不好起。那一年,我常常參加他們朱氏聯合會的活動,我不是他們朱家人,是老外,難免會有各種感受,所以我就慢慢想出來了這個書名。"旁觀"有兩個含義:一個含義,旁觀者是旁邊的、外來的,雖然我們很禮

---

① 指《陳亮論公與法》,姜長蘇譯,《宋代思想史論》,第 518—576 頁。

貌、很友好的相處，但我畢竟是外人，正如我研究朱熹和宋學，這是我的身份意識，不管是朱氏、中國人看我，還是我看朱氏、我看我的研究對象；另一個含義，中國有句話，旁觀者明，看得清楚，提出的意見往往客觀、中肯，我是理性地、認真地去對待我的研究對象的。雖然我是外來的，但我的研究是認真的，我的觀點和意見是中肯的，我是努力去做的。我希望我的這個用意他們能注意到。

**楊新勛**：田老師，下面我們轉入另一方面。中國大陸有學者認爲您的研究方法是"外在的社會史"與"內在思想史"的結合，與包弼德、艾爾曼等相似，您認可嗎？

**田浩**：這個要具體來談。我們三個人在 20 世紀 80 年代前後大致可以用這樣的說法來概括。當時，我們的思想比較一致，關注社會史和思想史，我們叫作"文化史"，或者"新文化史"的研究，①與陳榮捷、狄百瑞等重哲學的研究是有區別的。我們三個人也有不同，我的學術視野包括社會史，但更注重政治史，包弼德注重文學，艾爾曼注重考據，當然研究方向、對象也有不同，包弼德自己也說我們要回答不同的學術問題，所以研究的視角、方法和思路會有區別。到了 90 年代，我們又有了一點變化，比方說包弼德，我覺得 80 年代他對詩文與政治關係的研究是符合的，但他後來轉到宋代《易經》研究上去了，這更多是從經學的角度切入，與思想史有一定的關係，但已經減弱，與政治的關係更遠，而艾爾曼越來越注重考據了。

**楊新勛**：您的研究與美國有些著名學者不同，在 20 世紀的八九十年代曾經和他們針對一些概念（如"Neo-Confucian""Daoxue"等）、觀念（如"道統""正統"等）有過一段時間的論争，②有時被人理解爲"求異""他

①　田浩在 *A New Turn in Sung Intellectual History*（*Journal of Sung-Yuan Studies*1994 年第 20 卷）和《八十年代以來美國宋史研究》（《中國文哲研究通訊》1996 年第 3 卷第 4 期）兩文提出并論述了"新文化史"這一概念。

②　田浩在《功利主義儒家——陳亮對朱熹的挑戰》中曾區分了"宋學""道學"和程朱理學，之後馮友蘭在《略論道學的特點、名稱和形式》（中國哲學史學會編：《宋明理學》，浙江人民出版社，1983 年）亦對"道學"作了界定，田浩在 1992 年 *Philosophy East & West* 第 42 卷第 3 期發表 *A New Direction on Confucian Scholarship：Approaches to Examining the Differences Between Neo-Confucianism and Dao hsüeh*（譯文《儒學研究的一個新指向：新儒學與道學之間差異的檢討》收入 （注轉下頁）

者"，我注意到您更多是治學的認真和要求的嚴謹，這使您更多具有冷靜理智的學術理性，但其實您對研究對象如張栻、陳亮尤其是呂祖謙也不乏欣賞和同情，與別人相比不過是換了個對象而已，是這樣的嗎？

**田浩**：我覺得你的説法比其他一些人更瞭解我。學術概念、觀念是需要澄清的，對研究對象有感情是自然的，這是兩碼事。

我想説的還有一個方面，這也是給人這個印象的原因。可能因爲我在美國的一個鄉下長大，又在一個沙漠、偏僻的大學工作，我在這裏工作快 40 年了，所以我特別注重學術團體的討論，希望寫文章來交流、互動，尤其是探討一些概念和觀念，弄清楚它的含義，這會加深我的理解，明確我的思路，豐富我研究的方法，幫助我確立觀點、理論，幫助我發展思想體系。這樣，我很喜歡把我對一些概念、觀念的不同意見提出來，和大家交流、討論，看大家有什麼反應，又有什麼不同的認識，有什麼更好的建議，我好去修正、完善這些内容。

**楊新勛**：您的治學觀念和路徑特別能給人一種社會科學需要多元文化視野和對等互動的學術啓示，撇開任何的預設和偏見，以開放的心態，回到原本的歷史場景和脈絡中去，獲得更客觀更多元也更真實的歷史認識才是學術研究的最大價值，[①]對嗎？

**田浩**：這是我的希望。每個人的能力有限，不一定能够完全實現這個希望，但這是我的目標。我希望盡最大的努力，客觀地去研究，特別是作爲歷史學家。古代歷史已經過去了，没有辦法完全回到過去，面對這樣的現實，我們應該盡最大的能力去做，不應限於主流傳統、精英文化，而要盡可能去復原"歷史語境"，從他們的立場出發，思考他們碰到的問

---

（續上頁注）田浩主編《宋代思想史論》，社會科學文獻出版社 2003 年版）對"新儒學"與"道學"做了詳細説明，後狄百瑞於 1993 年在同一刊物第 43 卷第 3 期發表 *The Uses of Neo-Confucianism: A Response to Professor Tillman* 進行回應。1996 年，日本學者吾妻重二撰寫《美國的宋史思想研究》（發表於《關西大學文學論集》第 46 卷第 1 號，後收入田浩主編《宋代思想史論》，社會科學文獻出版社 2003 年版）第一部分專門論述此概念議題。

① 田浩在其主編的《宋代思想史論》序言開頭寫道："在 20 世紀後期的宋代思想史研究中，存在著各種不同的思潮和主題，其中一個最關鍵的問題是多樣與正統之間，多元性與一元權威之間的張力。"他正是那個"多樣""多元性"的代表。

題,深入理解古代的多樣性、古人的複雜性,探究儒學內容的多樣性和演變過程,這樣來獲得客觀的歷史真實,這是我的學術追求。

**楊新勛**:田老師,回顧您的學術研究,您覺得最大的成績在哪裏,主要的不足又在哪裏?

**田浩**:從我的研究立場出發,我希望瞭解中國人的思考方式、思想觀念,以及演變過程和背後原因,因爲我覺得這是最主要的、最寶貴的,包括當代人的價值觀等等。當然,這是個大題目,是個太理想的目標,古代的歷史背景非常複雜,研究起來不容易成功,所以我就從宋代尤其是南宋去入手。針對這樣的研究對象,需要收集主流文本之外的大量資料,而我古文的功底不好,中文水平有限,很可惜沒有早點學中文,看的書不夠多,瞭解的材料不夠多,有些讀起來很慢也很吃力,這樣研究就會受太多的限制,立論會有偏頗,沒有獲得更多的杰出成果。

**楊新勛**:古漢語功底與文獻閱讀也是現代許多中國學者的不足,畢竟古代漢語遠離了我們那麼些年,對當代人來說有點陌生,而您已經是那麼勤奮了。

**楊新勛**:就二十世紀以來歐美的漢學尤其是宋學研究做一個回顧,您覺得總體進展主要體現在哪些方面,又有哪些不足?

**田浩**:這個很難講,因爲太寬泛了,有一些我瞭解的不是特別多。扼要地來談,歐洲的漢學研究特別是德國的漢學研究比較早,到現在來講,他們的研究仍然在許多方面比美國人要好,尤其是研究方法方面,用語言來分析中國古代的文獻、文學,具體的例子就是許多德國漢學家習慣用文法來思考、分析古代漢語、古人思想,這就做得很深入,他們研究的系統性也很好。跟德國人相比,美國學者往往沒有這麼清晰的方法意識。美國學者的研究路子是多讀書,多有經驗,可以更多地瞭解經典,去發現新東西,但沒有德國人那麼有系統化的、講究文法的研究方法。美國學者的優點是更注重社會科學,而且喜歡多學科綜合。今天美國學者研究漢學的人更多,興趣更廣泛,也更注重當代的社會問題。

**楊新勛**:可不可以說,美國的漢學研究更廣泛、更自由,歐洲的更系統、更嚴謹?

**田浩**:這個只能是個大概,當然也有例外,美國也有系統的。比如費正清和狄百瑞的研究,他們兩人都形成了自己的理論系統,他們弟子的研究大多深受其影響，就都有系統性，此外也有很多美國教授的研究比較嚴謹，尤其是 20 世紀 80 年代以來。當然，美國有很多重要的學者研究很廣泛，對學生要求也很自由，比如史華慈先生。所以，美國漢學研究的情況一方面是比較廣泛，一方面是比較多元。

**楊新勛**：20 世紀 90 年代以來，中國大陸學者非常關注你們這一代美國學者群，做了些研究，也想有更深的瞭解。您覺得你們這一代學者的特點和優缺點是什麼？

**田浩**：缺點比較清楚，就是有局限，常常偏執，古文資料的收集、閱讀也有問題。從另一個角度來講，我希望中國學者應該明確，西方的學術傳統、思路與中國有區別，比方說學術、學問的概念就有不同的認識，中國學者注重知識、考據，各有各的好處。中國學者看西方學者的文章，很容易就發現他們資料收集得不全、理解和使用資料有問題，往往看到這些文章就沒有看到那些文章，考慮到這個人就沒有考慮到另外的人，討論到這個方面就沒有討論到另外的方面。中國學者自己的文章就不會犯這些錯誤，會比較全面地論述問題。可是，西方學者與中國學者寫文章有不同的立場，不同的出發點和目的，不同的問題意識。我們寫文章，不是要把所有相關的東西統合起來找一個結論，我們是要從一個規劃（指西方當代學者共同來發起的研究議題）來談起，我們的研究是要做出新的貢獻來推動或改進那個規劃，這當然包括我們最主要的根據等等，但我們注重的是 Creativity（創新性）。我們研究的目的是要參與這個規劃，自己可以有不同的計劃，寫文章參與討論。這個規劃就在學者的參與、研究中不斷得到推動、發展，有持續性。所以，西方學者寫文章的目的不是要那個最後的結論，而是要參加這個規劃的討論，互相交流、辯論、學習，要推動、發展那個規劃。這和中國學者寫文章的立場有區別。因此，西方學者寫文章特別重視論點，我們叫做 Argument，這個詞不是要和別人發生矛盾的意思，也可以翻譯作"觀點"或"立場"，沒法太準確，但我們必須要有明確的意識，有清晰的理論和論點，這一點和中國學者寫文章很不同。中國學者的知識準備很好，這在你們的學術文章中有很好的展現，你們看了題目需要的所有材料，你們的文章是一個比較全面的報告，可是我們覺得你們的 Argument 不太重要，意義不夠大，有些概念也不清晰。比方說對於孔子的思想，一個非常著名的中國學者跟我説，我們没有辦法繼續發展對孔子思想的研究，因爲已經有兩千多年的學者做了那麽多研究，方方面面都談到了，我們没有話講。我覺得他的話就反映了中國學者注重材料、知識的傾向；可是從我們西方學者角度來看，社會在發展、改變，有新的理論認識、新的問題意識，自然會有新的理解和詮釋，討論完全可以繼續，不必擔心没有話講。所以，我覺得中國學者和西方學者應該多交流，應該加强瞭解，這樣對雙方都有好處。

**楊新勛**：你認爲今後美國漢學研究應該朝哪些方向發展？今後您的研究主要放在什麽地方？

**田浩**：我不敢講研究應該朝哪個方向發展，我覺得在新的時代會有新的動向。比方説，二十世紀前中期特別是五四運動以後社會和政治的原因，人們幾乎不研究禮學，更不用説具體到宋代的禮學了；可是最近二十年來中國國内的學者對此越來越有興趣。社會經濟、政治等等的改變會給學術的發展創造一些新的條件，會越來越自由、多元，這是一個好事情。

我目前有一些研究計劃没有完成，包括對金元儒學的研究、對儒學現代化的研究，對諸葛亮我也打算寫一本書，但目前還没有寫完，還要花些時間。朱氏聯合會推出復興儒學思想的研究活動，要我寫文章，也没有完成。此外，也有一些題目已經没有辦法去做，比如中國文化史、醫疗史，我曾經很有興趣想寫本書。

**楊新勛**：田老師，謝謝您今天接受採訪，不但讓我更好地認識了您，而且也明白一些道理。

（本文發表於《中國典籍與文化》2016 年第 3 期，今略有修改）

# 後　記

　　這本小稿本來是準備在我五十歲那年出版的，存在電腦裏已經快兩年了，遲遲没有送交給出版社，有很多原因。現在終於要送交出版社，五味雜陳，想想還是説幾句話吧。

　　從 2003 年暑假我來南京師大工作至今快二十年了，而從 2012 年出版《經學蠡測》也已十年，這是最初編纂這本小稿，用以總結自己成長的一個想法。

　　小稿共收文章 26 篇，大多在刊物上發表過，這是我首先應該感謝的。

　　文章大致可以分爲三類，既可以看出我教學和研究的主要内容和方向，也可以看出我努力的不同階段。首先是有關《論語》及其注釋文獻研究的文章 9 篇。我從 2007 年開始給本科生開設博雅課程《論語導讀》，前前後後開了近十次，對《論語》文本的解讀曾經下過一點功夫，但寫成的文章并不多。一方面是我自己功底并不好，單位章黄學風很濃，趙生群老師、方向東老師等都功力深厚，我向他們努力學習，幾篇解讀文章就是習作；另一方面，近幾十年隨著出土文獻的豐富，上古漢語和古文獻學的研究發展迅速，我也積極豐富自己這方面的知識，希望能在《論語》解讀方面有所認識。2015 年我申報了教育部課題《論語注疏整理與研究》，我搜集、匯校了《論語注疏》的一些版本，作了《論語注疏》整理本，撰寫了系列有關《論語注疏》版本的文章，只是還不完善。其次是有關《楚辭》研究的文章 6 篇。我從 2006 年開始給本科生講授《楚辭導讀》，至今還在上，有很多思考，但寫成的文章更少。説老實話，由於我在這之前没有研究過《楚辭》，基礎十分薄弱，儘管自己上課前努力準備，仍然會很膚淺，甚至有很多錯誤，感謝同學們的寬容和善意的幫助。隨著自己認識的深入，課上得才慢慢有感覺。2018 年，我出版了自己點校的王夫之《楚辭通釋》。但總的來看,我在這方面的研究是比較簡單、零碎的,今後還要更加努力。第三是有關四庫學的文章有 8 篇。2015 年,江慶柏老師垂詢我能否做他申報的重大課題《四庫提要彙輯彙校彙考》之子項目經部卷的主持人。江老師研治四庫學已近二十年,成果豐碩,這是我向他請益的好機會,自然非常榮幸。課題獲批後,我開始進入到四庫學研究領域中,到今天有關經部提要我已經考辨了大半部分,也撰寫了幾篇四庫文獻的文章,有些成果在刊物上發表過,選幾篇收集在這裏。2015 年 2 月到 2016 年 2 月,我赴美國亞利桑那州立大學訪學一年,合作導師是美國漢學家田浩(Hoyt Tillman)先生,最後兩篇是我在訪學期間所寫,都經過了田浩先生的審定。

整理過去的這十年,乏善可陳,十分汗顏;但諸位師長的教誨和幫助、鼓勵,卻值得我深深銘記在心中。我的導師楊忠先生一直關注著我的成長,浙江師範大學的黃靈庚先生在楚辭方面時常對我加以提携,我們專業的江慶柏老師在四庫學方面對我的教益尤大,專業裏的趙生群老師、方向東老師、王鍔老師等在學業、工作及生活上給予了我很多幫助,都是我應該感謝的。

2003 年,我入職南京師大古文獻專業,當時專業的領導是趙生群老師和方向東老師,得以和他們相伴十餘年何其幸運,也結下了深厚情義。如今兩位先生都已從專業榮休,小書編成也是爲了獻給兩位先生,所以我誠請兩位先生寫了序,非常感謝。

我的研究生理凌雲、陳丹琪幫我核對了引文和繁體文字。編輯崔廣洲也是我的研究生,責編了小稿。感謝他們。

孔子曾説"生而知之者,上也;學而知之者,次也;困而學之,又其次也。困而不學,民斯爲下矣",《學記》裏又説"學然後知不足,教然後知困",兩句話都很契合我自己,一是我本資質愚鈍,一是我的成長歷程學教相伴,困學自知,故藉以名小稿。

楊新勛

2023 年 3 月 31 日